唐君毅全集卷十六

# 中國哲學原論 原道篇卷三

——中國哲學中之「道」之建立及其發展——

臺灣學生書局印行

# 目錄

## 中國哲學原論　原道篇（三）

### 第三編

第十四章　宗密論禪原與禪宗之道……三四〇



第十五章　湛然以後之天台宗之佛道與他宗佛道之交涉……三六六

## 附　錄

# 中國哲學原論 原道篇（三）

——中國哲學中之「道」之建立及其發展

本書共三册，於一九七三年五月由新亞研究所初版，一九七六年、一九七七年學生書局修訂再版。全集所據爲再版本，並經全集編輯委員會校訂。

# 第三編

## 第一章 中國固有哲學中之道與佛道之交涉（上）

### 一 印度佛學之根本問題與其思想方向

以前所述之中國哲學思想中之道，乃中國民族原有之學術文化中之道，而次第表現于由上古以至魏晉六朝之歷史中者。此中之各種思想之次第生起，皆可說依于一學術文化之本原而發，以先後相承。由此可知中國之哲學思想中之「道」之流行，其種種姿態方向所在。如總其始終而觀之，即可默識此道之規模與大體。但今不擬更加提要複述。下文將先就由漢末魏晉以來中國之佛學思想中之道，與當時之玄學或中國固有之哲學思想之接觸，以論佛學之如何輸入中國，與佛學思想之如何次第興起，以見其中皆未嘗無此固有之哲學思想之精神之貫注。由此佛學思想之次第興起，至唐而中國佛學之各宗派皆備。歷五代至宋明，而各宗派之思想，更互相攝取，以趨于融合。此中之大開大合之歷史，亦極爲複雜。而其中高深廣大之思想之次第出現，以次第開出種種佛學之道，實爲人類智慧表現之一奇觀。唯下文論佛學亦暫限于指出此諸佛學之道，如何得次第開出之哲學義理之線索。至于各宗派佛學之內容之詳，與五代宋明以降之佛學各宗如何趨于融合之詳，則非所及論也。

關于佛家思想之流與中國固有之玄學等思想之流，其如何接觸，而相影響之歷史的事跡，多尚有待于歷史家之次第考索。然阮籍、稽康、何宴、王弼、向秀、郭象之言玄理，稽康、阮籍之論音樂，陸機、劉彥和之論文，以至宗炳之論畫，就前文所述及者而觀，則皆出自中國固有之學術思想之傳，而可由其所陳義理，言義理所用之名辭，以見之，而更無可疑者。佛學雖自漢末已來中國，然魏晉時學術思想之主流，仍是中國固有學術之傳。如魏晉之言玄學者，多宗孔聖而用莊老，以兼崇儒道。東晉與南朝之士人之言佛學者，則多三敎共宗，亦兼學三敎之學。如上述之劉彥和雖爲僧，宗炳亦信佛，而論文論畫，則皆純本儒道之義是也。大率玄學之流之連于佛學之流者，有僞列子書之言有西方聖人，並取其幻化生死之言，以合于道家言生化之旨。後皇侃論語集解義疏、成玄英之疏莊子，更明用佛書之辭語。此佛學之流之思想，其連于中國固有思想之流，則由佛經之初譯，即用中國典籍中辭語，以爲格義，已可見之。至對佛家思想，加以消化，更加論述者，如僧肇，乃由其妙善老莊與王弼等之注，而後有其論述。故其書之行文，亦與王弼等相類似。如其般若無知論謂：「言之者失其眞，知之者反其愚，有之者乖其意，無之者傷其軀」，即全仿王弼老子微恉略例「言之者失其常，名之者離其眞，爲之者敗其性，執之者失其原」是也。又佛家之著述，則自吉藏之大乘玄論、法華玄論、三論玄義、淨名玄論，智顗之妙法蓮華經玄義、觀音玄義、金光明經玄義，智儼之華嚴一乘十玄門，法藏之華嚴探玄記，窺基之法華玄贊等，皆不能離此「玄」一字，以成其書名。大率在玄學或其他中國固有思想與佛學相接之時，學者皆唯重觀其立義相類，而可相證會、相發明者，以自求其安身立命之道，而自爲心安理得之言。然初無比較學術宗派異同之念，亦無運用辭語之忌諱。故吾人由其所用辭語之同，亦卽不易見其義之同而異之處。唯可由其所視爲不可意譯之辭語、及其新造之辭語，或對舊辭語，所作之新釋中，乃可明見佛家之義，異于中國固有思想中之義者之所在。然其所視爲不可意譯之辭語，如涅槃、菩提，或對新辭語之解釋，又仍須用舊辭語。舊辭語之新釋，亦由舊辭語合成。此卽爲一循環。而使人于佛家思想與中國固有之思想之同異，仍不易定者。今吾人欲定之，則須先觀佛學之思想所自出之印度之文化學術之背景，與佛學之原始之問題之所在，更觀其問題與中國學術思想原有之問題之異同，然後可不惑于其辭語之同，其所表之意或義之異者也。

自佛學之起原以觀，則釋迦之發心作佛，乃由于深感于人與有情生命之生老病死苦，並知其原在此有情生命之業障，而求自此業障中解脫，以拔除一切苦，得寂滅寂淨之究竟樂。在印度固有之思想，素信一切有情生命所作之業，不隨其一生而盡。依此業力之不散失，而有其生命之三世流轉，以至無窮。此三世流轉之生命所遇之世界亦無窮，而此生命之苦亦無窮。今欲拔除此苦，則必須轉化此生命無始以來于無數世界中、所造一切招苦之業，藏于當前生命狀態之底層者。此則大非易事。在印度他派思想，同有此如何轉業，以致寂滅之樂之問題。在婆羅門教之吠陀、奥義書，及吠檀多學派，大皆信有天神或大梵，爲一切有情生命所自出，而其自身則超越于一切流轉生死之有情生命之上，而永恆遍在，亦圓滿自在，無一切苦，具究竟樂者。故人對之禮讚崇拜，更加觀想，亦卽可超于其所造之業、所感之苦之上，出此生命之流轉之外；而由證知其自我生命之原自大梵來，知此我之卽梵，而我卽可還歸于梵，與梵爲一。此爲由吠陀奥義書至吠檀多學派，所啓示之人之拔苦轉業，超越三世流轉之道路。此外又有如數論之以生命之原自一神我，此神我自束縛之之自性解脫，卽可超越流轉者；又有如彌曼差之由永恆常在之聲所示之法，而得超越世間之無常者。更有勝論、尼耶也、耆那諸宗之種種說。然凡此各宗派之哲學或宗教，皆或信有一神我或信有一自我。然在釋迦之說法，則首謂人由信一常在之自我而執之，以造種種業，卽其流轉三世，而招種種苦報之本。人之信大梵爲神我，而執此我爲眞我，亦是我執。有此我執，則終不能超越流轉，而亦終不能自苦中解脫。必須見及吾人所執之自我或神我，皆本來無有，然後可去此我執，而超越流轉，自一切苦中眞實解脫。釋迦言無我，乃謂我只是種種心色之法之和合集結而成。言無我，乃謂此心色之法外，更無爲常、爲一，而能自外主宰此心色之法之我。然此心色諸法，則自是有。知其有，並知此外更無「常、一而能主宰之我之智慧」，自是有。又證解脫得寂滅寂淨之究竟樂之心，亦自是有，否則亦無所謂解脫也。

然此佛之言世間之苦、與其苦之原于業、業之原于執我之惑；更言此無我之理，以使人有知此等理之智慧、而得自苦業惑解脫以成佛之果，皆對此在世間流轉，而現有其種種苦、種種業障之有情生命而言。此由流轉之世間解脫而超此世間、出離此世間、則須經一逐漸自世間中拔出之道路。此道路卽一在生活上精神上心靈上之修持之道。此道乃使人自世間之苦超拔，亦自形成此苦之種種原因——卽心色諸法之和合集結所成之業——超拔，而達于寂滅寂淨之究竟樂之媒介。故釋迦之四諦之一爲苦，二爲苦之因之集、三爲滅，四爲道。道爲四諦之終。道之效用，爲轉世間之苦集，以集人之修道之功，而得滅或解脫，以成佛果者。故道爲由世間至超世間之媒介，卽爲使人得渡過世間之苦海至彼岸之解脫之渡船或寶筏。佛家之教，卽以四諦之最後一諦之道爲歸宿。此道之所以爲道，則在其爲一由世間以過渡至超世間出世間者，故應自其在此世間與出世間之二端之間或之中，加以了解。知此道，在于人之覺悟或智慧，卽菩提。故菩提亦初譯爲道。直至智顗摩訶止觀卷一大意文中，仍言「菩提者，天竺音也，此方稱道。」此菩提，亦同應自其在此世間與出世間之二端之間或之中，加以了解者也。

由佛學中之道，乃由世間之苦與其苦之因——一切色心之法之集結和合中，超拔，而度過之，以至于滅之道；故佛道卽一面對世間之苦集，而求滅度之道。世間有情生命無窮，其苦無窮，爲其苦之因之一切心色之法之集結無窮，其所成之世界亦無窮。于此人如欲面對此無窮，而求加以滅度之道，卽爲無窮的沉重之一負擔，而與一無窮的悲憫之情相俱者。由此而釋迦對世間人說法，亦必對種種苦、種種心色之法之集結、說種種道。其說之也，恆須就世間人所及知者，依種種譬喻而說之，更來回重複說之。弟子所聞者，代代相傳，更不斷增益，遂成佛經之繁。故卽原始佛經之阿含經，其卷帙亦甚多。其故蓋卽在佛之說法，乃面對世間之一般人說，而亦依于沉重之負擔與悲憫之情而說之故。然此亦可說由印度之地，草木禽獸，繁殖至速，其爭生存而相殺之事，亦至慘烈；故使其聖哲，特感此世間之有情生命之生死流轉之事之可怖；而欲教人自此世間中超拔，乃非以此繁複之語言成教，不能爲功。更可說印度之聖哲或其徒衆，亦初卽印度之常人。今觀今日之印度之人生殖率之高，正如其地之動植物，再觀印度語言構造之繁複，與今日印度人談論之喜自多方面論述，亦喜重複；則于佛家經論之繁複，亦自有由印度人之習氣使然者。又非僅由佛說法原依一沉重之負擔與悲憫之情而說之故也。

由此佛家之言說之繁複，恆使吾人對佛家之根本意旨之了解，亦變爲繁難。今欲循一簡單之路在哲學義理上加以了解，當知佛之說法，乃教人以由世間得解脫滅度之道，則自必有一說明現世間之爲如何如何之理論，又必有一說明現世間之可超拔、可出離之理論，再必有一次第成此超越出離之道之理論，更必有一次第得超拔出離之「果」之理論。此中前二者大乘佛學名之爲「境」，今所謂知識論宇宙論形上學也。第三者名之爲「行」，今所謂道德宗教修養論也。第四名之爲「果」，今所謂佛學之人格論或佛格論或究竟論是也。然原始佛教之四諦中之苦集二諦卽境，滅卽果，道卽行。已具此三者。又原始佛學之十二因緣論順說無明緣行、行緣名色……之流轉，卽世間所由成之境行；逆說無明滅則行滅，行滅則名色滅……之還滅，亦卽由修道之行而至出世間之果也。此外則原始佛學之五蘊、十二處、十八界之說，皆是境論，八正道則是行論，凡說涅槃者皆是果論。部派佛學之有種種不同，如見于大毘婆沙論等書者，乃由對世間境與成佛之行及果，有種種不同之見而生。此部派佛學之複雜，卽由吾人順世間之境以修行致果，原爲一複雜之歷程之故。尅就此歷程之爲一歷程以觀，乃爲在時間中者。然此歷程之所歸向在成佛果，又爲出世間而超時間者。故部派佛學之分野，又多依于其對時間與超時間之觀念之不同、及對必須歷若干生之時間，乃能得此佛果之觀念之不同，而分野。在印度佛學之發展史中，大率上座部以下諸部派至一切有部，對世間現有境之分析最詳；而大衆部以下諸部派，則直趣向于超世間而空世間之現有境，遂對世間現有境之分析，卽不如前者之詳者。大乘之瑜伽宗或法相唯識宗，由前一流之思想出，而詳于說世間現有之境。大乘般若宗或中觀論，則循後一流之思想，而言般若智慧之能照見世間一切法之空，以至言空亦空者。至于華嚴、涅槃、法華諸經，則多是依佛之果德上立言者。印度大乘佛學之進于小乘者，如攝大乘論等書所辨，雖極複雜，然要在言能深觀世間與出世間之不二者，卽爲大乘。此卽依于佛之原有道諦爲世間與出世間二者間之過渡與連接之故。通過此「道」以觀世間與出世間之關係，卽必不可只視爲二也。故大乘佛教亦由原始佛教發展而出。又大乘法相之論歸在唯識，卽攝客觀外境以歸于主觀之心識。般若宗言般若智慧，乃轉識所成之般若智慧。此亦屬心。故唯識、般若之大乘，皆以心爲主，不同于小乘恆只平觀心色諸法者。又依心以言修道之歷程，則此歷程屬于心；此歷程所經之時間，與在修道心中所見一切事物之時間，亦依心而有；復依心之轉識成般若智，而得超出于此時間之外。則不能有小乘佛學之時間為外在客觀之論。此皆大乘般若與法相唯識二宗之所同。至于華嚴、涅槃、法華之依佛果立言，則佛之法身，又必遍主觀之心法與一切客觀之色法，亦遍佛界與衆生界。則依此而發揮之義理，自又有可進于唯識般若之宗者。然此則唯在中國之佛學中，乃有天臺、賢首諸宗之論典，加以發揮。然此諸論典，亦非不本于此諸經而有。此上所說，即印度佛學之發展之大較，中國之佛學之淵原所自者也。

## 二　佛學之傳入中國與般若之教

印度佛學書入中國，傳始漢明帝時之四十二章經。今存此經，據湯用彤先生漢魏兩晉南北朝佛教史考證，乃迭經改竄，其原文甚平易，唯重戒愛欲以求佛道。湯書又謂佛教傳入，初附于道教。漢末，安世高譯書，多關于小乘禪數。後支讖始譯大乘之禪法及般若書，然于世初未有影響。牟子理惑論果眞，則牟子之學佛道，亦初由學神仙不死之術轉手，遂求依佛道，得魂神之不滅，而更不求此身之長生。其言「道之為言，導也，導人至于無為」，明以道家義釋佛家出世義。安世高所譯禪教書，如安般守意經，要在使心意不起。此與淮南子所傳之安精養神之旨，初不相遠。其禪法以心寄托于出入息，亦道教所傳之吐納之術之類。故佛教之傳入，初未能大別于道教之說。唯安世高之禪法，已重形成一觀境，如作不淨觀，以白骨死屍爲所觀，以使人對世間生厭離心，以代吾人日常生活中心所觀之境。由此而發展爲種種禪定禪觀之學，則非中國之所固有者也。

至于佛家之敎理之入中國，則初傳入者，卽以大乘般若之敎義爲主。按在印度大乘般若之敎義，乃對小乘如一切有部等之毘曇（對法、無比法）而發，亦對其他大乘宗派之論而發。故其說空、說般若，乃有其所欲破、欲空之外道小乘執見爲所對者。佛學入中國，雖早有毘曇義之傳入，然毘曇之大論，如六足論、大毘婆沙論等，尚未傳入時，卽已先傳入般若之勝義。此般若之勝義，初卽只能與中國原有之玄學中之思想相印證，而見其能表狀一智慧的心境之價值。至其破斥種種印度之外道小乘之執見之價值，則初固不顯也。然于此一智慧的心境，則中國之玄學家如王弼、郭象之所陳，亦已至極高之境，亦未必初傳之般若義之所能勝。東晉時所謂六家七宗，其詳雖不可知，然據吉藏中觀論疏（卷二）等書所記，則道安之宗本無，謂「無在萬化之前，空爲衆形之始。夫人之所滯，滯在末有。若宅心本無，異想便息」，及本無異宗之琛法師謂：「未有色法，先有于無，故從無出有；卽無在有先，有在無後」，在王弼注老，皆早有其義。卽色宗之關內卽色義言，「色無自性，故言卽色是空」，未言卽色是本性空；亦正如郭象之言「有之未生，不能爲生耳」。支道林言「色不自色」，「知不自知」，故卽色是空。則如郭象之言物我皆冥耳。吉藏謂琛法師言心無。陳寅恪謂心無義始于支愍度（湯用彤漢魏兩晉南北朝佛教史第二分第九章）。此無心之義，亦王弼、郭象之所恆言。至壹法師之幻化宗，則謂心神不空，然世諦之法皆如幻如化。此幻爲非質實之意。則凡本莊子意以言化者，皆有幻化之旨。列子書之用幻化之名，亦兼本道家之旨，以言化之非實質，而如幻、未必專本佛家言也。

在六家七宗之中，最能代表印度佛學之精神者，實乃于法開識含宗、于道邃之緣會宗。蓋由二人之言之簡，而後之佛學言識含、緣會者，更大有勝義，致後人不加以重視。于法開謂「三界爲長夜之宅，心識爲大夢之主，今之所見羣有，皆于夢中所見。……卽倒惑識滅，三界都空」（中論疏）。此謂吾人所見之世界不離吾人之識，而吾人之心識之未見眞實，如在夢中，當求夢醒出三界，正爲原始佛學之精神。按此世界由心識變現之說，乃印度唯識宗所暢論之義，初爲中國思想中所未有者。至佛家之言緣會，本于重因果。佛之說四諦，以集爲苦因，道爲滅因，與依流轉與還滅，說十二因緣，修八正道成佛，皆全賴因果關係中之「此有故彼有，此生故彼生」。而言有種種因果關係，亦各派佛學之所同，皆以謗因果爲大邪見。卽龍樹、提婆之本般若義之言空，亦是卽因緣所生法以言空，非無因緣以言空也。于道邃明「緣會故有，名爲世諦；緣散卽無，稱第一義諦」，蓋其旨歸亦在兼通于空有。其說雖不詳，然自是印度佛學之宗旨。若在中國當時之玄學，如王弼、郭象之言自然獨化，固未必卽否定因果。如前論郭象時所辨。如郭象之言謂：「人之生也……雖區區之身，乃舉天地以奉之。故凡天地萬物所有者，不可一日而相無也。一物不具，則生無由得生。……故知之所知者寡，而身之所有者衆。……故所知不以無涯自困，則一體之中，知與不知，闇相與會，而俱全矣」（大宗師注）。此即明承認一身與他物有因緣關係之語。唯以此一身與他物之因緣關係，乃在人所不知之處，自然而有。非人之知之所必須知，故可任其居不知之地，以與人之知，闇相與會，以使此「知」不一往外馳于無涯，而自困，方是郭象之旨。故此因緣關係，在郭象之意，即非如佛家之視為人之知所必當知，或更即此因緣之所在，見其為空之所在，以成般若智者。而郭象之偏重在就物之自然自生，以說其非他生，亦可說其意在闢除此因緣之知，以使人得直下觀物之自然自生中之無待而獨化。此亦如王弼之重「心」之「緣虛無以通于有，而觀有之自然」，以成其當下之純觀照，而不重觀有之因果因緣之論也。佛家則反此，而特重因果或因緣，即言人之證空，亦依因緣義上言，便成其另一套之玄理。此則又不同于魏晉之玄學之玄理之未能重此者也。

## 三　僧肇之物不遷義與玄學義

中國佛家學者之能承佛家之宗旨之重因緣，而即因緣說空，以發明印度般若宗之義，而又會通之于魏晉之王郭之玄學之論者，蓋唯有僧肇之數論，可以當之。僧肇之論，其進于當時之六家七宗之論與玄學家之論者，以及其言表面上若與般若宗之經論之不同之處，亦皆當于此僧肇之言，能兼通般若宗之經論與魏晉之玄理中求之。

僧肇之數論，爲物不遷論、不眞空論、及般若無知論。至于涅槃無名論、寶藏論，是否僧肇著，中日學者之考證不一，今不擬論。而吾人亦只須及此三論，已可見僧肇之所會心，與立言之善巧，有進于般若宗經論及玄學家之明言所及者。大率印度之般若經，皆謂是佛自本其般若慧而說。般若宗之論，如大智度論，明謂在釋般若經。中論、百論、十二門論之三論，則重在破小乘及外道之邪見。玄學家之注老注莊，則要在說聖人體道之境界，而不重破邪見；唯要在教人緣其當前之境，以契入聖人體道之境。今觀僧肇之論，初乃直下就常人之俗見所及，卽俗以見眞，而證之于經中之聖言，以使常人亦得有契于聖心，則正與王郭之解爲近。故物不遷論之文，首謂其無意「談眞則逆俗」，亦不「順俗則違眞」。其謂「近而不可知者，其唯物性乎」。卽謂俗人于近之物性，有所未知，不當順俗而談。然又謂之近，卽不逆俗以談眞也。此眞俗二諦，固中論所原有。于俗諦之因緣所生法中，卽說其是空，而具眞諦，亦中論之原旨。然中論與百論十二門論必廣破依俗諦而有之種種一異、來去、因果之執見，卽以破斥爲立。然僧肇文，則殊少此種種破斥之辯論。要在卽俗之所見，而觀其所依者之卽眞；故俗心能自反觀其所以成俗心，卽知聖人所有之聖心。此則其道亦至近。故不必待對由種種執見所成之種種異論，一一加以辯斥，如三論所爲，然後能明此般若經之旨也。此則由佛學之傳入，原先未有般若宗所對之種種外道小乘之論之傳入，而中國固有之思想中，則素無此外道小乘之種種執見，卻有承道家而來之玄學之論之故。此玄學之論，原已意在卽當前之境之俗，而見聖人之體道之境之眞，由俗心以契聖心，而中國固有著述之尙簡要淸通，亦原不必如印度傳來之三論之書，其言義理者之重往復破斥，以成其曲折迴環之論者也。

按僧肇之物不遷論之文，歸于言如來之「功流萬世」，「道通百刧」。此自是論佛道。其中之論及時間因果等者，皆印度各派佛學與般若經論之所繁辯，而中國思想則素未嘗于此中見有如此複雜之問題者。僧肇文之自「生死交謝」一句起，此亦是自佛家之求解脫生死之問題來。然僧肇此文之論述，則直下由人當下之所意想之有物流動之見，說到人之可不釋動以求靜，而求靜于諸動，乃于動見靜，而見動靜一如。是卽于世所謂遷中見不遷，變中見常，于今昔之時間中見超時間，于因果中見超因果，于世間中見出世間之佛道之功流萬世，道通百刧。故此物不遷之論，亦卽人當下所謂物之流動中，見物之靜，而發明大乘般若宗「以世間之俗與超世間之眞爲不二」之佛道者也。

此僧肇于遷見不遷、于動見靜、于時間見超時間、于因果見超因果等，皆不同于三論等書之先破斥一客觀外在化之「遷動」、「時間」、「因果」之觀念；而直謂在吾人所謂物之遷動之觀念中，卽預設一物之不遷之義。故人卽可直接由對其「物之遷動」之觀念，有一透徹之反觀，而一念卽見得此不遷之義，則可進而于時間見超時間，因果中見超因果，以至于世間見出世間之佛道之流行。則成佛之事雖遙，而其道則至近矣。

僧肇此論曰：「夫人之所謂動者，以昔物不至今，故曰動而非靜。我之所謂靜者，亦以昔物不至今，故曰靜而非動。動而非靜，以其不來；靜而非動，以其不去。然則所造未嘗異，所見未嘗同。逆之所謂塞，順之所謂通。苟得其道，復何滯哉？傷夫人情之惑也久矣！目對眞而莫覺。旣知往物而不來，而謂今物而可往？往物旣不來，今物何所往？何則？求向物于向，于向未嘗無；責向物于今，于今未嘗有。于今未嘗有，以明物不來；于向未嘗無，故知物不去。覆而求今，今亦不往。是謂昔物自在昔，不從今以至昔；今物自在今，不從昔以至今。故仲尼曰：回也見新，交臂非故。如此，則物不相往來，明矣。旣無往返之微朕，有何物而可動乎？……是以言常而不住，稱去而不遷。不遷，故雖往而常靜；不住，故雖靜而常往。雖靜而常往，故往而弗遷；雖往而常靜，故靜而弗留矣。」

據此段文之前數語，卽言俗見與眞見，乃依于同一之人所共喻之「昔物不至今」一事實。然俗見由昔物不至今，遂謂昔物已往而有遷動。然此昔物之所以不至今，亦反證昔物之自在昔，而未嘗有遷動，是卽眞見。此俗見與眞見，乃出于吾人對同一事之順逆兩種觀法。此順逆之觀法，如人之思想在一道上兩種行走之方式。其一方式是責昔于今，卽于今中求昔物，而不得，卽見昔物不來至今，常人卽由此以謂其已往、已遷動。另一方式則卽于昔物之不來今，見昔物之在昔，而不去，亦未嘗有此遷動。本此以觀今物，則今物亦自在今，而亦不去不遷。此所謂不遷，非謂人所謂已往者之常留不去，而是卽此常人之所謂往或不住中，見其常靜不遷。此中之要旨，實唯在言如人之應物之心，恆與物俱往，俱不住而俱動，而不留滯其意念于已往之物，更求此已往之物于人心所正應之物中，則不見有物之不來今，亦不見物之有所謂往與遷動。此便是卽動以求靜。此如以一般經驗喻之，卽如人與火車俱往俱動，卽不見火車之有往有動。又如詩人之心與水俱流、與花俱落，則可不見水與花之遷動，而可見「水流任急境常靜，花落雖頻意自閑」。此固亦常情之一轉念而可喻者。而王弼、郭象之承儒道之旨，更宅心虛無與玄冥之境，「芒然無執」，以觀物之自然獨化，亦固皆同有此卽變而觀不變之義。僧肇此文，亦以孔子、莊子之言爲證，則僧肇亦未有此義爲佛家所獨具之意。故更明言其乃卽常人所同知之昔物不至今之一事實，以立論。唯于常人之由觀昔物之不來者，而謂昔物往而遷者，直下加以翻轉；以改而觀此昔物之所以不來今，以見此昔物之自在昔而不去。此卽所以超拔此常人之俗見，而得眞見之不去不來，亦使印度之經論之旨，中土聖哲之言，咸得相證者。此卽見其談眞未嘗順俗，然亦未嘗逆俗。亦未嘗逆中土聖哲之言。而是于俗見直轉一步，卽以成其眞見，而亦兼通中土聖哲之言。是則正又爲印度之論所未有者也。

按僧肇言昔物自在昔，今物自在今，後文又有古今常存之句，或者以僧肇乃以今昔、今古之時，爲客觀實有，而客觀實有之事物，則各住其時；有如今之依四度空間，以言事事各據一時空點之說。此則大謬。蓋時間非客觀實有，乃般若宗經論所共許。中論等書已廣破過現未爲客觀實有之說。僧肇言物不遷，乃卽動以觀其不動而靜。一般所客觀實有之時間，乃依視爲客觀實有之動而立。一般所謂客觀實有之動，既非只是動而非靜，則一般所謂依動而有之時間，亦必非「只是時，而非超時」。此義亦非難解。原吾人之感昔物，初只感此一物，而不感其在昔。感一今物，初亦只感其物，而不感其在今。吾人之謂某一物在昔時，乃由吾人之求先感之某一物，于正感之某一物中而不得，更還觀此不得，方謂其不來而過往，如只在心靈之回憶所及之一虛位中。吾人以此虛位，為其所在之時位，而名之為昔時。更還觀此所正感之另一物，則如在心靈之知覺所及之一實位中，遂以其所在之此位為今時。此中若吾人未嘗求先所感之一物，于後所正感之物中之事，或求之而未嘗有上述之二還觀，則無今昔之時之觀念之出現，亦無時之今昔之分之可說。唯在人求昔于今，及有上述之二還觀之後，乃見有時之今昔之分。今尅在有此今昔之分處說，則今非昔，昔亦非今，今不至古，古不至今，而互不相往來。故僧肇文有「古今常存」、「不從今以至古」之言，若其亦視今昔今古之時皆在。然其所以如此說者，唯在人已有求昔于今與反觀之心上說。此僧肇之所以說之之故，則所以使人由今古之不相往來，而使人「不馳騁于古今」，知「各性住于一世」，而于古觀古，于今觀今，古如其古，今如其今，而不見有古今之時間流轉，亦不見一般所謂物之遷動往來。故後曰「故各性住于一世……有何物而可去來」。古今之時間之分，依物之去來而立。僧肇之言歸于不見物之去來，則固當歸于不見古今之時間之分。則其言及古今之時，亦即由古今之時，以超古今之時，于古今中超古今，于時間中超時間，如于世間中求出世間而已。固不可以之為持時間之客觀實有之說者也。

至于其文之末節，則合因果以言「如來功流萬世而常存，道通百劫而彌固」之義。此因果之義，乃佛家所特重，非玄學家所重。前文已及。然人依其以物有遷動與一般時間之觀念，以觀因果，恆謂因果爲流轉法，果現則因已往已滅，則如來之說道，皆數千年前之已往已滅之事。然如知今古之想，本由人心而立。旣立之後，人能知今古不相往來，今自在今，古自在古，各住一世而不去，則亦無「如來之說法，爲已往已滅」之可說。如來之說法，非已往已滅，則說其住一世，卽說其住一切世；而如來之說法，卽功流萬世而常存，道通百劫而彌固矣。此中之要義，則在「果不俱因，因因而果」。「因因而果」則「因不昔滅」；「果不俱因」，則「因不來今」，而果自在今。通因果以觀此如來之說法，則其說法在昔，不來今說法，亦不礙其「說法」之因不滅，而恆有其功流萬世、道通百劫，爲其果矣。

## 四　不真空論言有無、真俗義，及王弼、郭象之有無義

僧肇之另一論爲不眞空論，此乃要在論有無之問題，兼及眞俗二諦之問題。此般若宗之中論，原有眞空俗有之二諦，合二諦爲中道義之言。而中國思想之論有無之問題，則遠可溯至老莊，近則王弼、郭象、裴頠，皆于此有所論。佛學東來，言般若學者之六家七宗中，本無、卽色、心無三宗，皆說有無義。僧肇之不眞空論，則非此三說。謂本無宗偏重在說非有，有卽無；非無，無亦無，卽偏在無。卽

色宗以色不自色爲宗，而未了色之非色，則偏在有。心無宗則只無心于萬物，而萬物未嘗無，則偏在只說主觀之無心，仍以客觀之物爲有。僧肇文則不偏在有或無，亦不偏在主觀之心以言空，而卽萬物之自虛，不假虛而虛物，以通有無。言有而不眞有，卽是無。其所謂「卽萬物之自虛」之言中之「萬物」卽有，其「自虛」卽空。不假虛而虛物，卽不以心之虛無，爲虛無彼物之具，而萬物自有非心之所能虛之者，故唯有卽萬物之自虛，以言空。人心所當知者，亦卽實知此萬物之自虛，非只在主觀心上滌除萬物，杜塞視聽，作虛物之工夫，專以求「心無」爲功也。此評論三家之說，原文自明。細觀自可得其義也。

僧肇文既言上列三說之非是，其所提出之正義，則在言此心之「卽物順通，故物莫之逆；卽僞卽眞，故性莫之易。性莫之易，故雖無而有；物莫之逆，故雖有而無。雖有而無，所謂非有；雖無而有，所謂非無。如此則非無物也，物非眞物；物非眞物，故于何而可物。故經云色之性空，非色敗空，以明夫聖人之于物也，卽萬物之自虛，豈待宰割以求通哉」。

玆按此僧肇所謂卽萬物之自虛，與所引經言色之性空，乃以此虛、此空爲物之自性，又與王弼之言虛無，乃要在以虛無爲用者，初不同其義。以虛無爲用，卽心用此虛無，以滅私忘身、去智去僞等，以成其心之虛通。則此近乎僧肇所謂心無宗之旨。心無宗求無心，卽致心之虛靜，此未爲非是。蓋若不先致心之虛靜，則觀萬物與觀其自虛，皆不可能。然致心之虛靜，非只是杜塞對萬物之視聽，而正在以虛通之心感萬物，而觀萬物之自然，以得其眞信。此在中國思想，則遠如韓非解老言虛靜之道，更言不可制于此虛，已卽此意。近則王弼之以虛無爲用，亦所以成此心之卽物順通，見物之「性莫之易」。順通而物我冥然一如，則正爲郭象言游于獨之旨。此中僧肇之言，並未能更有進于王郭。唯僧肇由卽物順通，言物雖有而無，而「非有」；由性莫之易，言物雖無而有，而「非無」。則此非王郭之明言之所及。然亦可由其言而引致。王弼之用虛無以通于物，物在寂然至無之中，卽雖有而無，而一般之有，卽非有，亦非只是無也。郭象之言獨化于玄冥，玄冥卽無可知而爲無，而其中自有獨化在，卽雖無而有，而非無，亦非只是有也。然王郭未嘗有此非有非無之名，而僧肇則承般若三論之旨，而亦言非無非有。般若三論之言非無非有，意重在超出一切概念之執着，故于有無二概念之執着，必求亦加以超出。然只單言非無非有，則有旣無，無亦無，則落在無邊，亦落在超世間一切有之出世間一邊，又成偏執。故僧肇于此更溯非無非有之義之原，乃在吾人之可卽物順通，見物之性莫之易。此卽初非離所順通之物，而單言非有非無，乃是于物之可順通而透過處，見其有而無，卽非有；于其性莫易而如其性處，見其雖可順通而透過之，亦必如其性以順通，卽見其無而有，亦非無。而此卽是謂：物之非有非無，乃依物之有而無，無而有，以立。物之有而無，乃由心之可順通言之。「無」乃說此通之辭，原不在物之自身。物之無而有，則由其性非心之所能易言之。此亦原于心之感知其不能易。感知其不能易而說其有，而此有之辭，亦依心之感知其不能易而立，亦初不在物之自身。有無既皆不在物自身，則于物自身，自不能說有無。然在物可順通處見物之有而無，則于此必可說非有。于性莫易處，見物之無而有，則于此必可說非無。則說非有非無，表面依于物之有而無，無而有，實則依于心之能即物順通，而感知其性之不易。此則將有無、非有非無之言，皆收歸在心之即物順通，而感知其性之不易上說。然此即物順通而感知其性之莫易，亦如王弼之以虛無之心觀物之自然其所自然，又如郭象之于玄冥中觀物之獨化其所化。此中僧肇之論，在根本義理上，固可與王郭之言互證。僧肇亦或先習老莊之書與王郭之注，而後會之于佛義。故能言之透闢而無滯，而大有進于般若經論言有無之論者，多曲折迴環之論辯，而或欠清通簡要者也。

在上所引僧肇言有無之義中，吾以爲僧肇所立之義，初並未有進于王弼郭象。然其文之後段，即因緣生，以言有無或不眞空之義，則我以爲實大有進于王郭。其故則在因緣之問題，乃佛學中之核心問題，而王郭所注之老莊，則自始未重此因緣之問題。故王郭與玄學家之心思所注，自亦不在因緣之論。此亦非謂王郭之智，必不能就因緣言有無，以言不眞空之義也。

關于因果之觀念，本爲一般常識與今之科學及西方印度之哲學所共重。在中國哲學中，王弼郭象雖不重因果關係，漢儒則甚重因果關係。但在中國固有思想對因之一辭，初乃指人之以後事承已前事物之活動。如孔子所謂「周因于殷禮，殷因于夏禮」，即周人之爲禮之事承殷人爲禮之事，此後者又承夏人之爲禮之事也。孟子言「爲山必因丘陵，爲下必因川澤」，亦由人之爲山爲下之事，必因承前已有之川澤丘陵之物也。直至呂氏春秋淮南子之貴因，皆因承、因順、因任之意。王弼郭象之言及因者，亦是此類之意。此與今之科學與西方印度哲學之言因，乃視因爲客觀存在事物由成之原因之義，初大不同。順事物有原因之觀念以思想，人必求一事物爲原因，以致其未來之果，而人之心思卽在前求因後求果之鏈索中，作無盡之追求。人之心思，卽亦爲此鏈索所縛，而不能自拔。于此欲自拔之一道，是如文學藝術家，魏晉玄學家之根本不重循因果關係以觀物。另一道爲西方印度哲學宗教之思想之求究竟之第一因，以爲人心之止息之所。然佛學則肯定此事物之因果關係之有，亦重求知世間之流轉與還滅之因果，如前所已及。然佛家之言因果，與常識科學及西方印度哲學之言因果之一大不同，則在此其他思想，皆重在由果之有，以求其所有之因，更以因之有保證此果之有。此言因果，乃所以便于說明種種物之有。然佛家言世間因果，則要在言一切世間之物，既待因而有，則亦原可不有。因去果無，而物之有卽無常，非實有亦非眞有。此則非言因果以便于說有，而是卽因果以說無說空。此則在原始佛敎，已有卽因緣生以說物無常之義。而在大乘佛學，則更卽因緣生，以說物之有非實有、非眞有，而不執之爲實有或眞有，正爲轉一切業障而拔苦之本。故佛學不須如其他宗敎之求一上帝爲因，以助其轉業拔苦。此固佛家之一大慧所存也。

此上所說之義，乃印度佛學原有之義。僧肇此文卽亦用因果因緣之義，以說有非眞有或實有，及不眞空之旨。故曰「夫有若眞有，有自常有，豈待緣而後有哉。**譬彼眞無，無自常無，豈待緣而後無**

也。（如龜毛兔角，即眞無）若有不自有，待緣而後有者，故知有非眞有。有非眞有，雖有不可謂之有矣」。此即謂待因緣而有者，其有，同時非眞有，而可說爲非眞有，或實有。然此謂事物之待緣而有、而生、而起，則此因緣自是不無。此緣所生所起者，亦自是不無。故下文又謂「夫無則湛然不動，可謂之無。萬物若無，則不應起。起則非無，以明緣起故不無也。故摩訶衍論云：一切諸法，一切因緣，故應有；一切諸法，一切因緣，故不應有。一切無法，一切因緣，故應有；一切有法，一切因緣，故不應有。……是爲設有，以明非無，借無以辨非有。……然則萬法果有其所以不有，不可得而有；有其所以不無，不可得而無。何則，欲言其有，有非眞生；欲言其無，事象既形。象形不即無，非眞非實有。然則不眞空義，顯于茲矣。……是以聖人之乘千化而不變，履萬惑而常通者，以其即萬物之自虛，不假虛而虛物也……非離眞而立處，立處即眞也。然則道遠乎哉，觸事而眞；聖遠乎哉，體之即神」。此皆文義自明。而其中所引摩訶衍論言：「一切諸法，以一切因緣，故應有，一切無法，一切因緣，故應有」者，即言有待因緣而有，因緣聚則無法成有也。其言「一切諸法，一切因緣故不應有，一切有法，一切因緣，故不應有」者，言待因緣，即非實有眞有，離因緣則有法成無也。此即因緣以通有無之義，而言物之有其所以不有，有其所以不無。則有即非有，亦不可得而有，亦不可得而無。聖人之乘千化而不變，則其化不無，履萬惑而常通，則其惑亦不有。聖人之所以爲聖人，亦即在其恆行于此不變常通之道上，而此道則在當前所見之「事象之形，而非眞有實有」之中。其非眞有實有，即事之眞。故言觸事而眞。知此道、即體于聖心之神明，故聖亦不遠也。

# 第二章　中國固有哲學中之道與佛道之交涉（下）

## 五　般若無知論言心知，與中國固有思想中言心知之同異

僧肇之般若無知論在論般若智慧心。此般若智慧心即佛聖之心，亦學佛者所求有之心。此佛聖之心是否盡于般若智慧，乃一問題。如佛之悲心願力，是否可攝在般若智慧心之內，即一問題。般若波羅密爲大乘六度之一，其餘五度如布施、持戒、忍辱、禪定、精進等所成之佛心，是否可以般若智慧心攝之，可是問題。但般若宗經論以般若波羅密爲最勝，佛之般若智慧心，即可攝一佛心之各方面。然佛智慧是否可以般若智慧攝之，亦初是一問題。佛經言智慧有種種說，對智慧有種種分類，不可勝述。如成實、俱舍至瑜伽師地論，皆有聞思修之三慧。此乃自智慧之來路或工夫，而分慧爲三種。由工夫來者，即由學養來者。然智亦有不由工夫而自然呈現者。大毗婆沙論以由學養工夫來者爲有學，爲一切智、世間智，不由學養工夫來者爲無學，爲一切種智、解脫智。法華經則有自然智、無師智，

是不由後天漸修之學來之智，而爲頓悟者。至于俱舍論之言法智、類智，由觀四諦法斷見惑而來，又是兼以智慧所知之法言。品類足論分法智、類智、他心智、世俗智等十智。成實論分十智、四十四智、七十七智，皆以所知之法言。然其言四無礙智、六通智，卻皆以智之運用言。瑜伽師地論于智慧之分類，更有種種說。如卷八十一言十智，卷八十六言九智，卷四十三言九慧，餘不能盡舉。其中亦有自智慧之所知言者，如九智中諸行流轉智、諸行還滅智等，九慧中第一之自性慧，悟入所知之自性；第二一切慧，知世間或出世間之一切佛法。復有自智慧之來路言者，如九慧中之第二難行慧，則自其智慧之來路之難行言。再九慧中之第四一切門慧，此乃門路之門。門路卽來路也。故聞思修之慧，皆在此中。此外亦自智慧之運用言者，則如九慧中之遂求慧。此慧中，有于法無礙、辯才無礙慧，則自對佛法之運用解釋上言。至龍樹大智度論言疾慧、出慧、廣慧、深慧、大慧等，蓋皆是自智慧之運用上言。觀大般若經言佛之般若慧，亦多言證空而無礙之般若慧之廣、遠、深、大等。大約大智度論之言一切智，乃自此般若智之能于世間一切智之所知，知皆本性空而言；其言道種智，則自有一切智者兼知化度衆生之道言；其言一切種智，則自表現此能觀空之一切智，于此種種度化衆生之智中而言。般若宗種種之論，如中論，百論，十二門論，亦皆重在表現一辯才無礙，以成其度化之業者也。大率由俱舍、瑜伽來之法相唯識宗之言智，重在以智之所知分類；而般若宗則重在智之運用功能之表現上，分說各智。如般若之有觀照般若、方便般若、文字般若之分，亦自般若之用在觀照、或行方便、或用文字上而分也。至于由智之來路工夫等，而意謂智有由學養來與否之分、與頓漸之分，則蓋二宗之所同。唯法相唯識宗重漸修之學，而般若之宗，則重頓悟實相耳。

今觀僧肇諸論中，其物不遷論乃在境物上，言卽動而知其靜；不眞空論則言于境物上，卽其自虛言有卽無，而非有非無；般若無知論，則要在言能照此卽動卽靜，卽有卽無之境物之實相之般若智慧之心之本身。境物之實相爲所照，而此心只是一爲能照之功能，是名般若智慧。然僧肇之言此般若智慧，則未嘗言此智之有種類，亦未嘗如般若經之廣說此般若智之大。其旨要在言此般若智慧之體性或本質，不同于一般有知之心者何在。故其言以精約見長，自不如印度言智慧與般若智慧者，自種種方面廣說者，其言之廣大。故僧肇之言般若，似只有一泓淸水，不似印度之言般若心者，如大海中之有蛟龍起伏。然亦無彼之汗漫無涯，難見要領之失也。

此僧肇之般若無知論，言般若智慧心之體性或本質，卽以其無一般之惑取之知，加以標別。此如連于其前二論言，則一般之知，于動只見爲動，不知卽動見靜，卽爲惑取之知；離動求靜，亦是惑取之知。不知卽物之觀其自虛，是惑取之知；假虛以虛物，而杜塞視聽，以于物外求虛無，亦是惑取之知。凡于動靜、有無，偏執一邊者，皆是惑取。一切偏執、偏取一邊之義理、或偏着于一物或一類物，所成之情見，皆是惑取。凡有取着，亦無不偏。于所取着者外，更無所知，卽是迷惑。故此取着卽惑，惑亦卽此取着。由一般之取着，卽有一般之知；無此一般之取着，卽無此一般之知。無此一般之知而無取着，而心自有智照之用，在境物上于動見靜，于有知無；而此心之智照之用之運行，卽恆應恆寂，亦恆照恆虛，而于萬動萬有，亦見其一如之眞諦。此卽般若無知論之大旨。而其文之宗趣，原甚簡易。但更設有種種問難，再爲之答，故見複雜耳。

如就此文簡易之宗趣而論，則此論之言有般若智之聖心之恆應恆寂，恆照恆虛，與王弼郭象之言聖人之心之虛通于物之自然，恆獨化于玄冥，亦不特其義無根本之別，卽其名言，亦多取諸老莊王郭之書。故其言聖人曰：「虛其心而實其照，終日知而未嘗知也。故能默耀韜光，虛心玄鑒，閉智塞聰，而獨覺冥冥者矣。然則智有窮幽之鑒，而無知焉；神有應會之用，而無慮焉。神無慮，故能獨王于世表；智無知，故能玄照于事外。智雖事外，未始無事；神雖世表，終日域中。所以俯仰隨化，應接無窮；無幽不察，而無照功。斯則無知之所知，聖神之所會也。然其爲物也，實而不有，虛而不無，存而不可論者，其唯聖智乎。何者？欲言其有，無狀無名；欲言其無，聖以之靈。聖以之靈，故虛不失照；無狀無名，故照不失虛。照不失虛，故混而不渝；虛不失照，故動以接麁。……是以般若可虛而照，眞諦可亡而知，萬動可卽而靜，聖應可無而爲。斯則不知而自知，不爲而自爲矣。」

玆按僧肇此文大旨，皆在此節之文中。其後皆問答之辭。此節文中言聖心之無一般之知，只是一智照之用，卽只是一純觀照之能，亦卽只是如王弼所言之寂然至無，而能虛通之心，或郭象所言之于玄冥中觀物之獨化之心。此乃純自心之能上看，而將此心之能之所着之物相，或由物相而得之觀念，或心用以知物之範疇，如有無、動靜、時、空等，全部撤開；則此心之能，卽只是一靈照或虛照，或一靈知之明，或一光耀。此是心之用，亦卽心之體。此義，亦初不難見得。其難處，唯在人對其所着之物之相、或觀念範疇等，恆撤不開。其所以撤不開，有生活上之理由，故必有生活上之修證，然後此心之爲一靈照、虛照，乃不只爲理解之所及，或偶然之呈現，而得全幅呈現。然只由人之理解，以及于此義，則亦不待于其全幅之呈現。人將其心中之種種所知，與用以知所知之觀念範疇，一一撤開，此心知中，卽無此所知等；則于所留下者，卽依純理性以思維，亦必歸于只見有此一知之虛照之明。如于一光將其所照之物、及光自身之色相去掉，此光之只是一虛照之明也。此虛照之明，雖無所照、無色相，而自是一能照，自是一照用。此能照或照用自是有。故一方言其「實而不有」，一方言其「虛而不無」。實而不有，乃言其無所照，無色相，卽自其「所」或「相」方面說。虛而不無，乃自其能或用上說，此用卽其體。此中之虛與實，及不有與不無之名，各有所指，固不相矛盾，而可合之以說此虛照之一用一體也。

此僧肇之說此人之心之能，只是一虛照之用。此用卽體。聖人之心卽能全幅呈現此心之能，以恆虛照者。吾不以其所見，必有異于王弼、郭象之所見。此義亦可爲儒道諸家所同見。此中僧肇此論之特色，唯在其言此聖心之照境「于萬動可卽而靜，聖應可無而爲」二句。此卽應合于其物不遷論與不眞空論之旨而說，亦應合于佛家之常與無常、流轉與還滅，及空有之問題之說。蓋在印度，人對此二問題，亦原有種種偏執之見。佛家大乘般若宗，廣破此中之諸偏執之見。鳩摩羅什既傳其論于中國，爲僧肇所受，而有物不遷論、不眞空論之著；更對此「能照見此物不遷與不眞空之境」之聖心之般若智慧，爲此般若無知之論，以契于中國固有之玄理之論。此則別經一大迂廻之思想路道，而後致，便不同中國玄理之論，未嘗經如此之大迂廻而生者。此一大迂廻，卽經一對客觀境相之知識論、本體論上之大迂廻，而後反諸心之虛照之能。中國玄理之論，未嘗經此大迂廻，卽直下在人之心之主體之能上，見其爲一靈明、靈照、或虛照。近如王弼、郭象，遠溯至老莊，皆有直下以虛照之明，言心之語。而孔子之言毋意、毋必、毋固、毋我，與空空如也；孟子之以「日月有明，容光必照」喻心；荀子之言大清明之心；亦無不涵具此心自有此虛照之明之義。此亦任何人能自觀其心者，所同能多少見及者。然由直下自觀而見及，與先觀客觀境相，經一知識論、本體論上之大迂廻，而見及，則其道路不同。此亦印度哲學及佛學與中國固有之哲學之所由分。則于其歸趣之有所交會，與其思想之來路之不同，皆不可忽。而此僧肇之般若無知論之特色，亦卽在其連此所照之境相而論之處。其後文之所以更有種種之問難與答辯，亦皆由其言般若智慧，乃連其境相而論，方有此種種問難與答辯。若循中國固有思想之傳統道路，直下不連境相而論，則亦可無此諸問題，亦不待此諸答辯，人亦可知此般若智慧之心之所以爲心。而上所引僧肇之一段文，亦可具見其歸趣，而更無餘蘊矣。

茲可略析下文，以見其皆起于人將般若智慧心連于其境相而生之問難。如其首一問難，卽爲人問般若非一般之知，然既是一能知之照用而與境相應會，則「有知于可知，故聖不虛知，必有會于可會，故聖不虛會……安得無知哉」。此問卽由能知必待所知而立，以謂般若智慧應爲有所知之知，而所謂聖智之無知會者，不過由聖人之自觀照其「無私于知會」，而「不自有其知」而已。僧肇之答文，則謂言聖心之無知，非只不自私、不自有其知之意。此不私、不自有，乃由進一步之反觀、反照而見及者。今言聖心無知，乃言「知自無知矣，豈待返照然後無知哉」？僧肇之意是謂：此聖心之知之用或活動之進行，自始卽不取着物相，照而恆虛，便已是知無所知，不同于人之知之取着物相而有所知者。是名無知。此卽謂聖心之無知，不須在聖心主觀上之「無私，不自有其知」上說。此是另一層之義。此聖心之無知，初當直至聖心之照境之無知上說。至于此聖心之反照其知，而無私，不自有其知，此乃依于聖心之知其「知之性空」。卽依于聖心之自將此知，化爲一反觀之所對，而見及者，故是另一層義。然若將此知作反觀之所對，而說其性空，則不只此知之性空，一切惑取之知或惑智，亦原無不性空。則此知與惑知，卽落在一層面，以爲所知，而卽非自聖心之般若智爲一純能、純用以觀，亦不見此般若之獨尊矣。故下文言「若有知性空而稱淨者，則不辨于惑智。三毒四倒，亦皆清淨，有何獨尊于般若？若以所知美般若，所知非般若。（般若非所而爲能）所知自常淨，故般若未嘗淨，亦無緣致淨歎于般若。然經云般若清淨者，將無以般若體性眞淨，本無惑取之知，……不可以知名哉。豈唯無知名無知，知自無知矣。」所謂「豈唯無知名無知」卽豈惟「不自有其知，見其知之性空，而名爲無知」。所謂「知自無知矣」，卽此般若之用或活動之自身，無惑取，而不着于物相，卽無所知，而爲無知也。此般若之不着相而無所知，則般若之所照者，卽無相之眞諦。故下文更言「以無知之般若，照彼無相之眞諦，眞諦無兔馬之遺，般若無不窮之鑒……寂怕無知，而無不知者也」。此卽言般若之虛照而無取着之知，不着所知之相，而照無相，是名無知，而非知。然般若之虛照之自身，自是一虛照之知，故亦非不知，亦無此「不知」，而爲無不知也。

此上第一問難，純由連般若與其所知境相關係而生之問題甚明，故元康疏名之爲能所難。其第二難，昔元康疏謂爲名體難。則此難生于對聖心之一名，旣言其無知，又言無所不知，似在邏輯上有名言之自相矛盾。然人果知上文所已及之旨，此問實可不發生，因無知，是自無所知、無惑取之知說；無不知，是自此虛照之知之用或能之自身說。此段之答，歸于「言知不爲知，欲以通其鑒；不知非不知，欲以辨其相」。此二句之旨是說：所以言般若無知，乃言其鑒照之明，由不取着物，亦不限于物，而通于物之外也。後二句之旨是說：般若無知而又無不知者，所以表此般若之知之活動之相貌，無惑取之知，而自是一虛照之明，非是「不知」，是爲此般若之知之相也。故更綜之曰：「辨相不爲無，通鑒不爲有」。卽謂般若之知之相，自是知而非無。但其通鑒之用，不限于物，而虛通其外，則不可以物之有說之也。此中言般若之用，亦有其相，則實亦是以般若爲所論、所對、所知，而言其相。此般若之相，固唯當對般若之自身而顯。此卽般若之自相。然亦緣般若之可在一義上，自開爲一能所以自觀，而後可說此般若之自相。此亦印度式之思想進路，初非中國所固有者也。

再下一難，元康稱之爲境智難，更顯然以般若智與所會境相之眞諦，一者對言而生之難。難者謂：般若卽知眞諦者，眞諦爲般若生起之緣或所知，則般若自當說有所知，而亦爲知。僧肇之答則謂此般若之知眞諦，無一般之能知所知之關係。般若之知眞諦，不同一般之知之有所知，不可以一般之知名之。蓋一般之知，知其所知，恆取物相。取物相之知，待物相爲所緣，可說爲此所緣之所起。此中以所緣是有，則知亦是有。然不取相之般若之知，則不取相，亦不待物相爲所緣，則非此所緣之所起所生，亦非由此物相而生之知，卽不可以一般之知名之。故曰：「知與所知，相與而有，相與而無。相與而無，則物莫之有；相與而有，故物莫之無。物莫之無故，爲緣之所起；（此指一般取相之知）物莫之有故，則緣所不能生。（此指通于物相外或照見無相之般若之知）緣所不能生，故照緣而非知；爲緣之所起，故知緣相因而生。是以知與無知，（知指一般之知，無知指般若之知）生于所知矣。何者？夫智以知所知，取相故名知。眞諦自無相，眞智何由知？所以然者？夫所知非所知，所知生于知。所知既生知，知亦生所知。所知既相生，相生卽緣法。緣法故非眞；非眞，故非眞諦也。…是以眞智觀眞諦，未嘗取所知。智不取所知，此智何由知。然智非無知，但眞諦非所知，故眞智亦非知」此文義自明。卽眞智之知眞諦，卽知無相之知，亦不以相爲緣，而起，而生；非同一般之知之待所知之物之相爲緣起者。故不可相提並論，亦不可以後者有所知，而名爲知，而謂前者亦有所知，亦視之爲知；而當說後者非一般之知，而爲一眞智也。

至于再後之一問難，更問聖心之般若智不取相，爲無知故不取，或知然後不取。僧肇之答曰「知卽不取」，此中無先後。此文義亦易明。其下之難，問聖心不取，無取則「無是」、「無當」，是否聖心只取無相，而當于無相？則答文謂聖心「無當，則物無不當；無是則物無不是」。然亦不取此「無是」，爲其相。其見眞諦之「無相」，亦不有此「無相」。故聖心無相，亦無無相。「若以無相爲無相，無相則爲相」。此乃謂聖心之無相之無，乃一純用、一純活動。此純用、純活動，自無相可見，然人不能由反觀及此活動之無相，而更肯定執取此無相爲無相，以有此無相之相。此只是多一翻折，義與前同。故元康皆並攝入「境智難」之討論中。再下一難，由聖心之應境，問聖心有無生滅，元康名之爲生滅難。然聖心不取着物相，不執有無，自無生滅可言。其意蓋在引起最後之一問。

此最後之問是問「聖智之無、惑智之無，俱無生滅，何以異之？」此問之答，乃連于般若與眞諦之別以答。依眞諦言，一切法性空，惑智之性亦空。然般若則爲知一切法之眞諦之智，純屬能邊，不同眞諦之屬一切法之所邊者。故其答文曰：「聖智之無者，無知；惑智之無者，知無。……聖心虛靜，無知可無，可曰無知，非謂知無。惑智有知，故有知可無，可謂知無，非曰無知也。無知，卽般若之無也；知無，卽眞諦之無也。是以般若之與眞諦，言用則同而異，言寂則異而同。……何者，內有獨鑒之明，外有萬法之實。萬法雖實，然非照不得；內外相與，以成其照功。此則聖所不能同，用也。內雖照而無知，外雖實而無相。內外寂然，相與俱無。此則聖所不能異，寂也」。此卽明謂般若純自內之能邊之功用言，而眞諦則自內外之寂之義理言。自此義理言，則聖智與惑智，相俱而寂然。然自功用之能言，則惑智之知可無亦當無；而般若智則非惑智，而無可無。至于最後一問，則是問般若旣是用，又爲寂，然則是否有用寂之異。則答文謂：「用卽寂，寂卽用，用寂體一，同出而異名，更無無用之寂，而主于用也。是以智彌昧，照逾明；神彌靜，應逾動。」此所謂用卽寂，寂卽用，同出異名，乃自此用與寂之不離，以成此般若心言。用自是一活動，寂自是其性相，所以表此活動之義理。寂與用之名，自是異，但此寂自是此活動之寂，此活動亦是寂的活動，故言同出也。

自此僧肇文之言用寂同出之義而觀，亦與老莊、王弼、郭象之言聖心之旨，初無殊異。「智彌昧，照逾明，神彌靜，應逾動」，與孔子之空空如也，而依叩以應、老子之致虛守靜而觀萬物之作、莊子之聖人用心若鏡，又應而不藏，皆爲旨不殊。唯僧肇文中間一大段問難，則由佛學之重能所、境智、般若眞諦之對應關係之問題說來。要之，皆是連于境相以言此心智所引起之問題，故有此種種曲折之論。是爲僧肇之論之特色所在，亦一切佛家之論之特色所在；而與中國傳統之思想之直下就心智言心智，或依人之德行生命生活以言心智，而不繞至境相之動靜、有無、眞妄上作思惟，以成此曲折之論者，大不相同者也。

## 六　執見之起原，一般藝術、哲學之觀照心，與佛家之觀照心、悲憫心

吾人上來略析僧肇三論之文旨。吾人之言與昔人之爲肇論注者不必盡同。其不同處，在昔之爲肇論注者，乃在佛教或佛學之內部，而以佛家其他經論之義爲釋。此乃于佛教既立，而成一獨立自足之教之後，意在專對佛徒而爲之釋。吾人之論，則視肇論之思想，爲中國固有思想之一種，而與其前之玄學思想對觀，亦與印度佛學傳統之問題對觀，而論之。吾人之析僧肇三論之文旨，乃在指出僧肇所言之聖心之境界，與玄學家言，自有同契之處，而彼亦明取孔莊之言以相證。故知在其心目中，亦未嘗視孔莊與佛學所謂聖心有何不同，而生殊見，亦不能臆斷其取孔莊之言，只爲權假之辭。謂之爲權假之辭，乃佛教既立，而成獨立自足之教之後之辭，亦非僧肇之時代之辭也。

然此僧肇之論，自是以發明般若宗之旨爲目標。而其論述聖心之境界，要在自聖心對世界事物之自身，能卽動而知其靜，卽有而知其無，卽俗而知其眞，而無一般人與諸外道小乘與他宗佛學，偏執有物流動，偏執有、偏執無，離俗言眞，或離眞言俗之病而說。如以今語言之，卽其論聖心之境界亦承印度般若宗主旨，**而更透過對客觀境物之知識論、本體論上之他種執見之破除而說**。此則較中國固有

思想之論聖心之境界，多有一曲折、一迂廻。經此一曲折、一迂廻，卽一思想上之新路，而展示種種新義理與新理。此則昔所未有，而中國固有之思想之流，亦未必知此一曲折迂廻之論之亦不當少也。

此言聖心之境界，亦當通過對執見之破除，而經一曲折迂廻，以展示之故，在此種種執見，非只印度之外道小乘等中有之，而亦爲一般人多少共有者。故僧肇謂見「有物流動，人之常情」，而執有執無，持俗見以非眞理，或視眞理必異于俗見，固亦皆人之常情。人對動、靜、有、無之觀念，加以自覺而提出之，視爲一普遍之概念、範疇，而偏執其一、或並加以論列，以成一套哲學思想，亦自有其精采。在西方哲學中，遠如希臘之赫利克利塔主變動，帕門尼德斯主恆常，近如康德黑格爾之論有無動靜諸範疇，亦皆能極此中思辨之能事。然在中國固有思想之傳統中，則殊缺對此類概念範疇之偏執及加以論列之思辨哲學。然亦不能以此而謂中國人之常情，卽全不知此有此類概念範疇，而無對之之偏執。漢人之思想，卽明偏在以宇宙爲實有，一切因果關係爲實有者。至于玄學家如王弼之言虛無，其旨在滅私忘私，郭象之言自有自生，其歸在玄同彼我者，雖不可說是偏執，而當如上文所言謂其與僧肇之旨未嘗不相契；然其說此虛無或自有、自生之言過多，亦卽不免于偏執。而裴頠之爲崇有論，如其意在去偏尚虛無之病，固非偏執。然只標崇有，亦是偏執也。

至于就談佛學者不自覺間而自陷之偏執而論，則如僧肇不眞空論中，所評論之卽色宗，卽偏有、

註：前論郭象章言裴頠嘗作崇有、**貴無二論。則盖亦知以貴無去崇有之偏執者，但其後一論**不傳耳。

本無宗卽偏無、心無宗卽偏心無是也。此不偏執之所以難，其故在此諸偏執，皆連于人日常生活而起。如人在其日常生活中，其生命恆有所求，有求而有得失成敗，于得與成中，見有而生，則不免于執有；于失與敗中，見無而滅，則不免于執無。于得而成中，見其「求」其「行」之能爲因、能致果，則或執因中有果；于失而敗中，見其「求」其「行」雖爲因，不能致果，則或執因中無果。得而成，則心暫安靜于其得與成，而暫以其所在之世界自足，而執此世間；失而敗，則心擾動而不寧，必別求其所在之世界之外之他時之一世界，或後生之一世界、而執他世間。則于有無、生滅、因果、動靜、現世與另一世之諸分立對待之觀念中，不能免于偏執，乃人之不能無求無欲，而不免于得失成敗，而必有之事也。然人在其觀照之心靈中，則可于一時中，不見此諸分立對待觀念，此卽如在藝術文學哲學之心靈中，人可以離于實際事物之「純意象」或「純義理」，爲其觀照心靈之所對，而其心只與此純意象或純義理俱運，而不見此意象義理之有所謂有無、生滅、因果、動靜之分。故人在聞音樂時，心隨音聲之純意象之起伏而俱運，自神凝心靜，而可不覺音聲之起伏動盪。而在人之純觀照義理之哲學心靈中，其所思維者縱是有無動靜之理，其思維恆止于理，亦可卽動而靜，其思維恆與理俱運俱化，亦可卽有而無，而不見有此動靜有無。故在人之文學藝術哲學之純觀照的心靈中。人可居世間而超臨于世間之上，而于其心靈之運行中，若與一永恆之世界相接。故由魏晉人之玄學與文學藝術之心靈，以接佛家之言般若之義，其勢至順。吾人欲理解此般若之義，亦宜沿吾人之如何理解此心靈而契入。然人之觀照的心靈或文學藝術哲學之心靈，在吾人日常生活中，只為一偶有。即文學藝術哲學之家，在其不從事文藝哲學之欣賞創作與思維之時，順其日常生活上之恆有其所欲與所求，而有得失成敗之感，則其所見之世界之有此有無生滅動靜之分如故。故其在偶有之觀照心靈中，不見此有無生滅時，其心靈之背景中，亦仍有此有無生滅等。又文學藝術哲學之家，于其文學藝術哲學中之欣賞創作思維等事，亦可自加執着，視為己有，而生驕慢等情；或嘆惜其不能常有此文藝哲學中之意境呈現于心，或貪求此意境之常在。卽見其有此等事之心靈之後之外、仍有俗情，或凡俗之心靈，為其觀照心靈之所依。遂與佛家所嚮往之般若的觀照境界，乃于一切生活境界中見卽動而靜，卽有而無等，相距甚遠。故此人所偶有之觀照心靈，與般若的觀照境界，雖可依同一之義理而契入，以見其相類處，然亦可說其有本質上之不同，而只屬于佛家所謂相似法流，或似之而非者也。今欲使此相似者，進至于全同，則唯有待人于其生活境界中，處處見卽動而靜，卽有而無等，然後能致。今欲致此，則必待于生活上之堅苦的修行工夫，而不能是如常人之只偶有一觀照之心靈。文學藝術哲學之家之有一觀照之心靈，賴于靈感與天資或天才。此亦是偶有。同不可恃。今欲使此偶有者為常有，無時無處而不有，捨生活上堅苦修行工夫，亦別無其道。此堅苦上之修行工夫，何時至極，而達于一圓滿之境，亦非任何人所能預斷。然吾人可說若至其極而達一圓滿之境，卽為人之觀照心靈之全幅呈現，亦卽人之哲學藝術文學之心靈之充量發展，而見整個世界為此卽動卽靜，卽有卽無之哲學義理，亦般若義理之流行；

見整個世界皆爲天開圖畫，天音天樂之流行、或一宇宙之詩歌之唱頌，而亦同時是一般若之觀照境界。過此以往，更有由此般若之觀照的心靈之無我，而生起之「對一切未達此境之人與衆生之有迷執者之悲憫，而求加以超度，使之同契此境之悲願與深情」。合此般若之智慧與悲願深情，卽爲眞正之佛菩薩之心。此則學佛者之最後歸止之處。如大智度論七十九之言佛有二因緣，魔不能壞。一者觀諸法空，二者不捨衆生。菩薩二道者，一者悲，二者空。若但有憐愍心無智慧，則心沒在無衆生，而有衆生顚倒中；若但有空心捨憐愍度衆生心則墮斷滅中。觀一切法空，空亦空，故不著空。是故不妨憐愍衆生。但憐愍衆生引導入空」。又如攝大乘論卷三增上慧學言「菩薩智者，諸大悲爲體」。此卽悲智雙運，卽遠超乎世之爲哲學文學藝術之事，其觀照心靈之只爲偶有，賴靈感天才而有，更缺悲心者之所及。則學佛所當歷之生活上之修行工夫之艱難，亦可想而知者也。

## 七　佛學之工夫論，與道生之學

吾人如知佛家之般若的觀照境界，必由生活上之修行工夫而致，則知佛家之般若學，必不止于言般若義理之故。言般若義理無論如何高，仍可說是屬于哲學。人在不以思維契會此義理時，仍是一凡俗之人，而對此義理之思維，仍屬偶有之事。故必須于此思維之外另有生活上之修行工夫。自此整個之工夫觀點看，此思維義理之本身，自亦是一種工夫，但非工夫之全。此工夫之全中，必須包涵吾人之原有之日常的生活與其中之心靈之改變。此日常生活與其中之心靈之改變中，包括生活行爲上之禁戒與規律。此卽佛家之戒律之學。此戒律之學中，包括佛徒個人生活上之戒律如何，與其他佛徒相處，組織成僧伽團體，及與世人相處之戒律如何。此固爲佛教成爲世間之宗教團體，佛徒之存于世間之所必需，亦爲佛徒在生活行爲自修之根本。除此戒律之學外，佛教更有個人之如何調適其身心之學。此卽廣義之禪定、禪觀之學。此禪定、禪觀之學，用以調適個人之身心，要在對治吾人日常生活由種種對世間事物之習氣或情欲，所引起之心靈上生命上之擾動，求加以止息而得安靜，以漸希于卽動卽靜、卽有卽空之境。此中所謂禪定，初偏在心身之消極無擾動上說。言禪觀，則偏在心之積極的有所觀之境上說。此禪定之義，通于生活上之禁戒。禪觀之義，則通于純義理之觀照。印度所謂禪卽靜慮。靜連于定，慮卽是觀。而靜中觀照思慮義理，亦可爲靜慮之所攝。唯一般言禪定，則只連身心之定靜言，故禪學非戒律之學。又一般言禪觀，乃對一定之境，而又反覆觀之，以求安住其中。思慮義理，而心順義理以俱運，則不屬一般之禪觀，而屬理解或慧解；本對義理之觀解而說之，則屬于言教理之事。此皆不同于依戒律以生活之事，與禪定、禪觀之事，純屬修持工夫者。依釋迦之八正道言之，則理解、慧解，屬正見、正思維；戒律屬于正業、正語、正命；禪定禪觀屬于正定、正念。以大乘戒定慧三學言之，則戒是律學，禪定是定學。于義理有理解、慧解，以成慧觀，而通于禪觀，則是慧學也。然定自依于有所戒，由定而有所觀解，亦必終有慧。故三學異而未嘗不通。般若宗之重本智慧以觀照般若義理者，亦必與禪定、禪觀之學連。印度佛學之入中國，初傳入爲禪法，而鳩摩羅什之言般若，固亦同時傳禪法也。

世之論中國佛教史者，多謂中國佛教自始卽重禪法；此乃由中國思想素重知與行之合一之故。後之禪宗亦由禪法而轉出。淨土宗之信淨土，其工夫亦初在觀一淨土之境界，方更有其往生之信願。只單持彌陀名號，以修淨土，乃後來之義。龍樹大智度論講般若，其卷六十一亦言念佛。鳩摩羅什講般若之禪觀，亦言淨土。道安之弟子慧遠，更倡淨土之敎于廬山。皆見禪與淨初未嘗異原，其目標同在使人心自形成一觀境，而自定其心于此觀境，以轉化此人之日常生活、日常心境。此自形成一觀境之事，可有種種不同。故禪法亦有繁簡高下之不同；而人之觀淨土境界，亦可有種種之不同。中國自安世高以降，所譯印度禪法之書亦甚多。如羅什之坐禪三昧經言，以不淨觀治貪，以慈悲觀治嗔，以因緣觀治愚癡，以數息觀治思慮多，以念佛觀治重罪；以及四念處之觀治種種念處；（卽觀身不淨，觀受是苦，觀心無常，觀法無我），更言煖、頂、忍、世間第一法。此卽爲兼攝種種小乘禪法而論之者。其歸在無生法忍，卽爲對諸法實相之無生之印定，則所以通大乘般若義者。而此所謂禪法，皆是依此心所形成之一觀境，對治轉化吾人之日常生活日常心境。禪觀中之一，爲淨土觀，卽見禪淨之同原。其言以思維法門治愚癡，卽見禪觀中亦可思維義理。其以對無生法忍（卽信可）契般若義，卽可見禪觀與般若義之契會，而不可相離，而可歸爲一事。後人之以禪與淨土與般若異宗，謂學禪必超思慮，自是後人之說，其初固不必如是說也。

今無論吾人如何看此禪淨般若學之關係，又無論吾人對此中禪觀工夫次第如何說，與此工夫之如何艱難；然吾人經此種種工夫，以求有佛之般若智慧，而知一切法之眞實義理，如卽動卽靜、卽有卽空等，視之爲卽一切法之眞諦或眞實性相，而加以如實之觀照，而證知此「法性」以至成佛、更有其救度衆生之事業時；則此佛又必不只有一依于最高之安靜境界、或寂滅寂淨之涅槃境界之智心悲心，而亦有其以此法與法性爲其生命、爲其自身之法身。其有此法身，亦卽見其自吾人原有之生命之徹底的解脫。此人可由工夫而成佛而有般若智、有法身、有解脫等，乃依于人或有情衆生，原有由用工夫以成佛之可能。卽人之原有一能成佛之心性。若人根本無由工夫，以成佛之可能或心性，則一切工夫皆無用。由此而人之言學佛之工夫者，宜當引致于吾人生命中佛性之肯定。然吾人又現尙非佛，則對此吾人之是否有能成佛之性，或一切人與其他有情衆生是否皆有此能成佛之性，亦初不能無疑。又此佛性畢竟有若干方面，皆可引致種種問題，亦隨人之修行之事，而必然產生者。故于羅什、僧肇言般若禪法及法身之義之後，羅什之徒道生，卽大論此佛性之問題。于後人所謂正因佛性（卽成佛之理）、緣因佛性（成佛之外緣）皆已論及。而其言「照緣而應，應必在智」，卽後人所謂了因佛性也。道生又主一切有情衆生，皆有佛性，以與其時由印度傳入之一闡提人無佛性之說辯。此卽直本于孟子人皆可以爲堯舜之旨，以言一切有情，同具佛性，爲其眞我。故人之學佛之事，卽是開其本有之知見，顯其本有之佛性之事。如儒家之言成聖，只為盡心知性之事。此旨與涅槃經、法華經之旨正相合。道生之學，即由般若而通于法華、涅槃。道生又言法身無色，與僧肇言法身亦有色之義，似不相同。然僧肇固已言色即非色。道生之說，唯所以斥執佛身有色，而不知其色非色者耳。道生更有佛無淨土論，善不受報論，皆佚。據佚文以觀，其旨蓋是謂佛無封疆之土，而無不土，又至體極無為之境，則善無功利可言。又言「貪報行禪，則有味于行矣，既于行有味，報必惑焉」。故主善不受報。道生更言頓悟之義，謂佛所悟一極之理，為一不分之理，故為頓悟。此乃言自吾人之現有生命得究竟解脫之理。此解脫是一全體之解脫，故此解脫之理，自是一不分之理。故曰「無生之證，生盡，其照必頓」。此皆見道生言成佛之境界，為超一切世間色相或國土之境，亦為頓超而全體解脫，以與一極為一如，以成其法身之無所不在者也。

然吾人之聞道生有此頓悟、善不受報、佛無淨土之論者，或以為此即言吾人當下即可有此頓悟，如後之禪宗之言頓悟，或佛學可不講善惡之因果報應，則又非是。實則道生唯言成佛時，必有頓悟。人在成佛前，固仍須歷種種次第漸修之工夫，次第破除執障。唯破除至淨盡時，必有一頓悟耳。故上所引「無生之證」之語之前一語，為「斬木之喻，木存故尺寸可斬」。又言「十地四果，聖人提理令近」（此所引道生語，皆據湯用彤先生漢魏兩晉南北朝佛教史）。則修證之次第工夫，與所證之等地有種種，道生固亦承認。又其言善不受報，乃意在言無為之善，不當貪報，言貪報而行有味，其報必惑。

即以惑爲此貪報之報。則亦未嘗否認一般之善惡之有報。其言「因善伏惡，得名人天業，其實非善，是受報也」。卽謂受人天業之報之善，非無爲之大善也。然此固非謂一般善惡，不受報也。

如實言之，佛家之論，要必言在成佛之頓悟前之有次第工夫，與次第境地。又必言此工夫可爲因而致果，再必言一般善惡皆受報爲果。由此而亦必言人在成佛前，其神識之不滅，以使其工夫境地次第升進，至于佛境之事，成爲眞實可能。在印度思想，原信三世輪廻之說。諸宗派言成佛之事，亦必歷多生而後能成。如俱舍論分別賢聖品，謂已生起「順解脫分者，聲聞極速，亦須三生，遲則六十刼。獨覺則極速須四生，遲則須百刼」。至于有一般之修道，而未至聲聞獨覺者，更無論矣。中國佛學天臺智顗之圓頓法門，亦只言「卽破兩惑、卽入中道，一生可辦」（摩訶止觀卷六明中道止觀）。然盡伏吾人現有心靈生命中，對一切有之惑執，亦必俟三生而後成。華嚴宗亦有三生入法界之說。則雖言涅槃、法華之敎，不能廢工夫境地次第之論，亦不能依此以謂無他生、無死後之識神或心識之長存，以至解脫成佛，而後已也。故吾人亦不能據道生言頓悟義，而謂其不言次第工夫境地，有現世無後世也。

## 八　佛家之境地論與果德論，及中國佛學之分流

然在中國固有思想之流，則對此吾人之生命之必有後世，其神識或心識之不隨形骸以俱化，必至

成佛方得解脫之義，則初未有確定之論。中國古代思想謂人之有功德者，死後爲鬼神而在天，卻未言人之爲惡者，必入地獄、餓鬼、畜生諸道。顧亭林日知錄謂楚辭中之宋玉招魂，有近似地獄之說，但亦只近似而已。此則表示中國昔人對人之爲惡者既死，卽加以原恕之心情，故不同佛教與其他宗教，必設地獄諸道以待惡人者。中國思想之教人爲善，亦自始以理之當然爲說，使人不本于希報之心以爲善，而其善更純。再則中國思想教人爲善，卽教人爲善于其有生之年。至于人之有死，則中國思想中早有盡道而死，卽無愧于心，與老而當安死之教。此卽表示其于此生命之存在，原較少貪執。爲神仙之說之道教之徒，固求長生。然道家之流所成之玄理之論，則大皆不言長生。如稽康言養生，明謂神仙爲不可能，而只以養生盡年。列子楊朱篇亦謂人死則唯存腐骨。自司馬遷、王充以至魏晉玄學家，皆不以人之善惡，與其禍福，有必然之關係，而以一切吉凶禍福屬于偶然之遇。此偶然卽自然。觀自然者不必觀其因果，更不必觀其因果之原于人行之善惡者，與前生之行之善惡者。故魏晉玄學家言皆對人之當生而說。人于當生，安于所遇，于偶然而自然者，以虛通忘我之心應之，或觀其獨化于玄冥。此卽其心神之無所不運，而此心神則非神識之神。在此心神之中，可更無「于所遇物，作前因後果」之思。卽若無異直下自佛家所謂一般善惡果報之業中，得一解脫。在此一固有思想之流，與佛家之言三世與神識之不滅及善惡之因果報應之說，互相遭遇，自必有一番思想之大激蕩。此卽爲范縝與宗少文、何承天、顏延之、孫盛、蕭琛、曹思文諸人間之對報應因果問題、神滅不滅之問題之一大論辯之所由出。此諸文具見弘明集中。其辯理有針鋒相對者，有不針鋒相對者，有盡理者，有不盡理者。今不擬一一細析。而此一問題，亦有非可輕易解決，定其一是一非者。然佛家之義，自是新義。而與之辯者，唯承舊說。則在思想史上言，佛家自是開一人生之新道路。此一人生之道路，由今生之修道，以至來生，必歷種種工夫，至出三界而成。其途遠，而其道高。其所及之義，至于生前死後之種種境地，其義理亦更繁富，故能成大教，使賢哲之士歸心，以至于今。此則不同于魏晉玄學之論，雖一時高唱入雲，旋卽音沈響絕也。

由此佛家之言次第之修行工夫、與次第所達之境地，而印度佛學自始有種種修道證果之境、地之說，見于大小乘之經論。般若經之發趣品已有十地之說，華嚴經之十地品，彌勒之瑜伽師地論、世親之十地經論，爲其大宗。西晉竺法護已始譯華嚴十地品，名漸備一切智德經。羅什亦譯十住毗婆沙論。十住卽十地也。菩提流支譯十地經論，而開地論宗，更分南北地，以更與眞諦所傳之攝論宗及後之華嚴宗相接。眞諦譯攝論，傳法相唯識之學，此卽以心識爲中心之佛學。心識卽神識。法相唯識宗之成立賴耶、末那之識，亦卽所以建立此心識或神識之不滅，以實成立此三世因果，與歷刼修行之可能者也。至于華嚴經之有十地品，言地地間之因果相生相攝之關係，亦言佛境菩薩境界之相攝相入，則開後之華嚴宗之根本義。由眞諦之法相唯識學，至玄奘窺基之法相唯識學，是一流相接。地論宗則華嚴宗之先導。然無心識之相依而起，則無由世間至出世間，以至成佛之種種境地可言，更不能有華嚴宗之通佛境菩薩境，以觀一切境，依佛心菩薩心，以觀一切衆生之心識，而以眞心觀代法相唯識宗之心識觀之說。故華嚴宗義，又多由法相唯識宗義之升進而成，而可合視爲佛學中之一大流者也。至于般若經之言智慧以知法性，涅槃經之言常、樂、我、淨之涅槃四德之常住，與一切衆生之有佛性，則皆要在言究竟義之智慧與佛果，及得此究竟佛果之佛性，而非重吾人現有之心識之分析者。天臺宗本法華經，言開衆生原有之佛知見，說三乘之一切工夫之歸一，則亦是自一切工夫，皆畢竟滙歸于佛知見之開之論。天臺之言佛與衆生同有佛知見，與華嚴宗之以佛心觀衆生心，而言衆生心中卽有佛心，固同爲圓教義。然思想之入路則不同。此由東晉南北朝之般若學、涅槃學至天臺學，則可合視爲中國佛學之另一大流也。

今言此後一大流，當說始于道生之兼言般若、涅槃、法華。然羅什晚年譯近般若之成實論，而成實之學在南朝亦大盛。依成實言眞俗二諦，其說與般若近似，而不同。僧朗、僧詮、法朗至吉藏，乃重揚般若宗三論義，謂爲關河古義，以抑成實。涅槃經言佛性。後論佛性者，據淨影慧遠（非廬山慧遠）大乘義章言有十一家義。其漸滙歸于天臺宗之智顗之由般若宗義，融涅槃、法華與其前之禪觀之學，以成其學，亦經種種之曲折。此皆當先加以略述。然後可再進至言天臺宗所開之學佛之道，與由眞諦至玄奘、窺基所開之佛學之道，及由地論至華嚴所開之學佛之道，再及于由般若、楞伽之禪觀，所轉出之禪宗所開之學佛之道，而合以見此中國佛道之大，蓋更有進于印度之佛道者也。

# 第三章　成實論、中論，至成實宗之中道論

## 一　成實論之辨假名有與實有

此下言成實宗及三論宗之論，將先自僧肇之論之所未及說來。按上文述僧肇物不遷論，言物之即動而觀其靜，不眞空論言卽物順通，卽見萬物之自虛，不假虛而虛物。此中于物之所以爲物，實尚未嘗有分析之論，故此卽物之動而觀其靜，而順通之，卽尚可說只是主觀之心境中事。僧肇又由物之可順通，以言其無，及其性之莫易，以言其有。此無，乃依吾人之可順通而說。此有，乃依吾人不能易之而說。其義雖甚精，然乎「物」未分析，則于種種不同之有無，亦未深加分析。其于有分俗有假有與眞有實有，而言出世間之眞諦，世間之俗諦之分，雖本于般若經第一義諦、世諦之分，然此只是初步分析。于種種俗假之有、與種種眞實之有、及種種之無、及眞俗二諦，僧肇固未能深加分析也。羅什譯維摩詰經言種種世間出世間之二諦與不二法門，僧肇隨文作注，亦未總攝之，而深析此二諦之義。僧肇又言物無當名之實，名無得物之功。此中對名實二名之義，亦未深析。然在印度部派佛學中，則于種種之假實之有無，早有種種之討論。據瑜伽師地論六十五謂「若諸法不待所餘、不依所餘，施設

自相，應知略說是實有相；若有諸法，待于所餘，依于所餘、施設自相，應知略說是假有相。非實物有；謂以色等諸蘊、想事，爲待爲依，施設有我及有情等。」此卽謂凡依待他法，而有之法爲假法，不依待他法者爲實法。此蓋爲佛學中判假實之共同標準。然依此標準，以論某類法爲假或實，則又有種種分歧之說。如一切有部則分析種種之實有，並爲之立種種之名。于三世法中蘊、界、處三科之法，如五蘊十八界、十二處之法，皆謂爲有其名，卽實有其法。而他部之說，則恆縮減此實有之範圍。歐陽竟無先生早年之唯識抉擇談，嘗總述之。謂「大眾部則于三世法中唯說現在法、及無爲法有；說假部于現在法中，又分別界處是假，惟蘊是實；說出世部于現在實蘊中，更分別世俗是假、勝義是實；一說部于勝義世俗蘊，現在蘊法是實，界處是假；說假部及經量部別派之成實論，皆同此計。而以界處是實，蘊是其假者，則俱舍論作此計。界爲因義、種子義。」可見其說之多。今所論之成實論所自出之經量部，原屬上座部，此上座部，亦一切有部所自出；而其論界、處皆假，則又近大衆部之說假部。是正爲能會通上座、大衆二大部派之學者也。

玆按成實論之書乃先以其所謂實有，破其所謂假名有，而謂之爲空，此爲人空。更言此實有者之亦空，以言法空。故人之只知有世俗之假名有與實法之有者，乃世俗諦；知其空者，方爲第一義諦。由此以言空假名心、空法心及空心之次第。此卽已對吾人所謂物之有之不同義、空之不同義，及「世俗諦」、「第一義諦」之義，更有一辨析之功；而不同僧肇諸論之無此辨析之功者；是卽能連繫于印度佛學之問題，亦連繫于人類之哲學思想中之一應有之問題，而有之思想者也。

按在吾人通常言物之有之中，首爲種種實體性之物，如瓶桌等實物，及我與他人或其他衆生之個體之有；次爲種種色聲香味等色法，心理活動之受想行識之有；三爲物之關係，如因果關係之有，及物所在之時空數量之有。此種種有之義皆不同，爲常識中所能辨，亦西方哲學、印度哲學之所重加以分析者。然在中國文字皆只以一物字概之，即可忽其中之種種問題。在印度佛學中，釋迦即言無我，而我與人及衆生之生命，皆只爲色心等五蘊之和合。後之犢子部言我爲一不可說之實有，而人稱之爲附佛法之外道。部派佛學中之說一切有部，亦不以「我」爲實有，而以三世之三科之法爲實有，即過、現、未之色心諸蘊，與其自生之因或界，其生之「處」，以及因果關係，過、現、未之時間等本身，皆實有。其中亦包括以一切色法之物所自生之地水火風四大或四大種爲實有。然成實論則旣主無我，不以過去、未來之法爲實有，而以過去之事能爲因而生現在之果者，其因已滅而非實有。然亦不礙此中有因果關係可說。而于一切一般所謂實體性之人物與四大，吾人視爲諸心色之法所自生、所自在之處者，亦不視爲實有，而視爲假名有。其書卷二即詳論過去、未來之法爲假名有，卷三詳論四大爲假名有，皆非實有。此所謂「假名」之有，乃謂其有乃依名想而立。此「名」是指一語言文字，亦指吾人之語言文字所表之意想或概念。凡人依經驗更由意想或概念之構造，而成之實體之物之有，皆是假有法，亦即假名有。據云在梵文中之假名，原爲取因施設之義。取即是受，由根和境相對，而有所見聞覺知，皆謂之受。以受爲因之施設，卽爲取因施設（呂澂三論宗，現代佛學五卷四月號）。今按此受，正無異今所謂經驗。凡依經驗中之色等蘊，而經意想或概念之構造所成之有，卽依于此受爲因，而施設之假名有也。此假名有，固不同于吾人對所謂實體之物之「色聲等之經驗之有」之爲實有者也。然在成實論，則于吾人之經驗之有之爲實有者，又更說只是世諦或俗諦中之實有。若在第一諦，則此假名有與此實有，又皆當空。此則依于吾人現有之一切經驗之本身，當轉化滅度而說。故第一諦之「空」，有二義，一爲破假名，一爲破五陰（卽五蘊）。（成實論卷十一至十二）然吾意其論之有哲學意味，而最足補僧肇之言之不足者，則要在其卷十一辨假名有與實有之一部。

茲按成實論卷十一假名相品：「問曰：云何知瓶等物假名故有，非眞實耶？」此卽問所謂實體物之個體人物，非眞實有，爲假名有，其意義爲何？下文之答：㈠爲「假名中示相，眞實中無示相。如言此色是瓶色，不得言色色」。此卽以假名有，乃可以一賓辭所表之性質或相貌說之者，實有則不能如此說。如人可說瓶是紅的，但不能說「紅的」是紅的。㈡假名有者能具他法，如燈「以色具能照，觸具能燒」，實法不如是，如一識不具異識，……故知「有具是假名有」。此卽謂能具實法者，是假名有。只如其自己，以爲一法者，是實法。如吾人可說瓶具有色，燈具有色。瓶燈是假名有，色是實有。㈢「因異法成，名假名有；如因色等成瓶，實法不因異成……如受不因異法成」。此卽謂綜合異法而成者，皆假名有。如瓶由色、形、堅等法，綜合構成。至于受如苦，此苦之爲苦，不由異法合成，則爲實有。此外如色法中之紅之爲紅等五蘊法，皆不由異法合成，而爲實有。㈣「假名多有所能。如燈能照、能燒，實法不見如是……如受不能亦受亦識」。此卽謂假名有者，有多種作用。如燈有照燒二用。實有之作用，則只如其自己，如受便是受，不具識之作用。㈤假名有之名字，依于其所構成之成份，而實有者之名字，不依于諸實有者所合以構成之物。如車之名字依輪軸等立。而色等名字，如紅黃之色之名，不依由紅黃之色與其他形觸等合成之物而立。㈥假名有者所依以構成之成份中，無此假名有者之名。如輪軸等是成車因緣，是中無車名字。然則「車因緣中無車法，而因此成車，故知車是假名。」實有則無此情形。

茲先綜上所說，則成實論所謂假名有，正是吾人一般所視爲實有之實體性的個體物。而其所謂實有者，則是于一般所謂于個體物之所經驗之性相作用等，而爲個體物之成份者。然依釋迦說法，卽謂此個體物爲非實有，而唯此物之性相作用如色、受、想、行、識等爲實有。此義在小乘之一切有部之主無「我」者，亦同此義。成實論卽謂此一般所謂實有者爲假名有，爲世諦。諦者，誠諦義，卽眞實義。此卽謂順世間說，亦當說爲一種世間之有。但其有唯依于人之本經驗，而意想構造，更爲之造名，而形成者，故只爲假名有。在此點上，其論與西方休謨一流思想，唯謂經驗中色聲香味與心之知覺記憶等活動，爲實有，物之實體，乃意想所構造而成之說，初無分別。然人旣構成此物之實體觀念，則可以其所由構成之性質作用等說之，並說此實體具有此性質作用等，故有上列第一第二與第四之義。然此實體等，實由綜合不同之性質作用等異法構成，其名亦依此異法而後構成，而此異法中初無此名。此卽第三第五第六之義也。

至于成實論之下文，則是本上所說，而謂吾人之再以語言，論說了解假名有與實有者，其知識之方式、言說之方式不同。故其謂「如以色等名，得說色等，以瓶等名不得說瓶等」，卽當屬之下一節文，加以理解，不能如譯文之單列爲一項。今于下節之文，列爲九項，以便讀者：㈠有假名中，心動不定，如人見馬，或言見馬尾，或言見馬身，或言見皮，或言見毛……。」此卽謂吾人說馬之一實體或假名時，吾人心之所見所知者，可爲此實體之任何一方面或一部份。故吾人之所知所見者不確定。然人在知「實法中，心定不動，不得言我見色，亦見聲等」。此卽謂見某色便是某色，其經驗確定不移。不同于說見馬爲實體時，吾人之經驗可只是見馬尾或馬身等。㈡「可知等中不可說，亦名是有，是爲假名，如瓶等……色等法不名可知等中不可說」。此亦當連下文「色等法自相可說，瓶等自相不可說故知是假名有。或有說假名相，是相在餘處，不在假名中」加以理解。此卽謂對爲實體之假名有，吾人雖知其有，而吾人所知之相，則不在其自身中說。此不同于實有者之有自相，此自相卽在其自身所在之處。如瓶之爲實體之物，卽假名有，于瓶吾人雖自謂知其有。然吾人所知于瓶之相，如其色，乃表現于瓶之外之他處，而不在吾人所視爲瓶自身所在之處。然如色爲實有，有其自相，其自相，應卽在其自身所在之處，而不在其外或餘處。此則如西方哲學之以物體之自身，人雖知其有，然其相狀，則爲其自身所表現之現象。此乃其現于他物之相，而不在其物之自身者。然對此物之自身，吾人雖可知其有，然人又除物所表現之相外，于物之自身相，實無所知，而不可說。故西方哲學恆謂物之自身之自相不可知，亦不可說。此即同成實論之言瓶之自身為「可知等中不可說」，或其「自相不可說」之旨也。此下文更舉「智者、不智者相：若身、口、意、能起善業是名智者；身、口、意、起不善業，名不智者」為例。此身、口、意、起之善業、不善業，可知、亦可說。但視智者或不智者為一實體之人，此實體人之自身，若離其所表現之善業不善業，則不可說其自相。㈢吾人說此假名之實體所表現之現象或相，雖在餘處，亦復不一。如于一假名之實體之人，或說其色相、說其受相、說其想相、行相。于假名之實體為一者，有多相可說。此則依假名之實體，原由綜合多性相，意構而成故。然在實法，則「色等相不在餘處，亦無多相」。此即謂說色等相，如說紅色之相，即在紅上說。紅只是以一紅為相，無多種相。如人謂紅中雜有藍，此藍亦只是一藍，藍自相是藍，仍無多相。不同于吾人之說瓶之表現為紅又為堅之有多相，乃自其自身之表現，說其自身有多相也。㈣「若法為一切使使，是假名有。實法不為使使，以諸使使人故」。此即謂假名有如個體人為被決定者，被諸使所使者。如人為諸心理活動所使，實法如某活動即某活動，某色即某色，不為他活動他色所使。以上說，假名有、實有作認知對象言之別。以下說其認知歷程之異。㈤人乃先于實有知有，如先見色之相，乃依之起分別，方更言我見瓶。此乃後有，亦不如實，以實未見瓶故。㈥言于假名有，人可生疑，色等中不生疑、如人于瓶之色可生疑，于實見某色，不疑其為聲。至于如聞說色空，而復見色則生疑，問其為有為無；則是依另一因緣，于色之有無義生疑。非于色疑其爲聲之疑也。㈦于一實體之物得生多識，而由多入所攝。多入即多種感官。如由視觸諸官，以知瓶之有。實法如色，則只生一眼識，亦只爲一眼官所攝。㈧「若無自體而能有作，是假名有……又所有分別是怨親……來去、斷壞等、燒爛等，所有作事……又罪福等業，皆是假名有……，皆非實法」。此數語可合爲一。即謂有一實體之人或物，視之爲一作者，對之生怨親分別，而以其能作一事以生起他事，皆假名有。此即一般所謂實體或實事有爲因而生果之能，亦是假名有。實法則各如其爲一實法。如色只是色，見只是見，一事即一事。其中無「生果之能」可說，亦不能稱爲一作者。此謂因無生果之能，藏于此因中，爲作者，亦休謨之所論。皆可依同一思路理解。㈨假名有相待而成，故有此彼、輕重、長短、大小、師徒、父子、及貴賤等。實法無所待而成，色不待餘物，以更成聲等。此即謂凡吾人言某物有，更將其與他物相比較，以想見其相待相對之差別關係時，此差別關係之有，皆是假于他物之有以成其有，亦依于吾人之兼意想他物之有，方知其有，而成其有之名。故其有亦皆是假名。唯不待意念之及于此關係，而直就其自身而言之有，方爲實法有。依此上種種義，則于假名有與實法有之不同，人可確切把握。至對于此二種有之關係，則成實論于此原謂于此二種有，如定說爲一則當破，以是二有故。如定說爲異亦當破，因離實有，無假名有故。但亦非不可說色等法之實有，亦非不可說此一異之當破，更不可一往說無。此則見後諸品文。要之，此假名有與實法有，乃皆可說爲有者也。

上所述成論之言人于假名有者，其知不確定，人于此心動不定，又于假名有者，恆視之爲被決定，被使者，亦其內容不定者；再人依于實有者生分別，方謂我見一假名有者；于假名有，人又恆有疑，更依之生怨親、來去、斷壞燒爛等想，比較輕重、長短、貴賤等念。總而觀之，即是說吾人只往念彼假名有者，便使吾人之心不能定于一實法之有，以知實法之有，而只有一假名心。眞修道者必須進至知實法之心。而當其進至知實法之心時，則亦當空此世俗之假名心。故在其立假名品時，謂當以智先滅此假名心。然此品又更言滅法心、滅空心。所謂滅法心者，即此品以空智滅法，假名相品中所謂以空破實法有。此則爲更進一層之義。至于滅空心，則又是再進一層之義也。

在假名相品中，言不假空破，是假名有。即謂人之執有實體之人物或有作者，因中有生果之能等，只須以實法破。即謂知此人物等只是依五蘊之實法，所意想構造而成之假名有，則可不以假名有爲實有，而破此假名有。在此處成實論之立場，與一切有部等以實法破人我之執正相同。此即賴知實法之有，以成無我之行。故此品更言隨無我行處，是實法有。而成實論之所以名爲成實，蓋即由其破假名有，原依于先見此實法之有之故也。

然成實論之進一層之義，更言以空破實法有，又言隨空行處，是假名有。此蓋謂人之所以能隨空行，不依于其知實法之有；而由于其知假名有者之只是假名有，而非實；即依此非實之知，以隨空行，而更空其現有之五蘊之實。此現有之五蘊之所以當空者，以佛之四諦教，原以見滅諦，而滅吾人苦集，方爲得道者。吾人現有之五蘊，原只是苦集也。此義則詳于成實論中卷十二滅法心品。在此品中，行者不見五陰（卽上文之五蘊），但見五陰滅。又謂「若見五陰，則不名爲空，以陰不空故。如是空智，則不具足……見色等無常……但未是清淨，是人于後見五陰滅，是觀乃淨」。又言「若壞衆生，是假名空，若破壞色，是名法空。……是故若人觀色等法空，是名見第一義空……因諸法說作者不可得，是說假名空，……若遮某老死，則破假名；遮此老死，則破五陰。……此空非但是衆生空，亦有法空。……當知第一義，故諸行皆無；但以世諦，故有諸行」。此皆明言空假名，空作者或實體之人我、衆生之執，只是空假名心；必空現有之五蘊諸法，得清淨，方爲空法心。故言諸五蘊等行，亦是世諦。此則見此成實論中之世諦，實包括假名有，與五蘊諸行之二者也。

至于卷十二滅盡品論緣涅槃是否空心，則答案是人不只當有空法之心，亦當空此空法之心。合此空假名心、空法心，而又空心，是爲滅三心。此卽成實論言滅諦之宗趣。至于此下言如何修道，以證此滅諦，則今不擬述，讀者可自觀之。

## 二　成實論與不空假名、空假名、及假名空

吾人上來之所以稍分析成實論之內容，重在見其辨假實、言世諦、與第一義諦，乃于世諦中分假名有與實法有，分假名心與法心；于第一義諦中，言空假名心、與空法心，更至于言空心；乃處處于有

與空，皆以二義辨析，實較僧肇、道生之言、未能分析空有爲二義者，有所進。在羅什、僧肇、道生以後，成論之盛，亦當由其所言之有此更進之處。成實論于世諦言有，于第一義諦言空。「第一義諦故說無，世諦故說有，不墮見中。如是有無二言皆通……若定說無(我)，是則爲過；若定說有(我)，是名不及。故經中說應捨二邊，捨二邊……行于中道。」成實論十）又云：「若說第一義故無，則智者不勝；若說世諦故有，則凡有不諍。又佛法名清淨中道……第一義諦無故非常；世諦有故非斷」。則此成實之言中道，與大乘般若經似無別。其卷十一破因果品之言與般若宗中論等書破因果之方式論證，亦幾全同。故齊、梁人以成實爲大乘。周顒爲三宗論，謂當時言空者，或主不空假名，或主空假名，或主假名空，以綜論當時言空諸家義。湯用彤先生言前二宗疑出成論。此中不空假名爲鼠嘍栗義。吉藏大乘玄論云「不空假名者，但無性實而假，世諦不可全無，爲鼠嘍栗。」吉藏二諦義解云：「明色無定性，非色都無，如鼠嘍栗中肉盡，栗猶有皮殼，形容宛然，栗中無肉，故言栗空」。至于空假名宗則稱爲案苽義。吉藏二諦解云「謂世諦舉體不可得。若作假有觀，舉體世諦；作無觀之，舉體是眞諦。如水中案苽，手舉苽令體出，是世諦；手案苽令體沒，是眞諦」。吉藏中論疏又言「空假名者，一切諸法，衆緣所成，是故有體，析緣求之，都不可得，名爲眞諦。……苽沈爲眞，苽浮爲俗。假名空有」。所謂假名空者，則吉藏中論疏謂「假名空者，假名宛然，卽是空。尋周氏假名空，原出僧肇不眞空論」云云。今按此周顒三宗之論，原文已佚，其所指之說之詳，已不能考。然若如湯先生之謂前二宗皆出成實，則不空假名宗，蓋是依成實論之在世諦中之實法有而說；空假名宗，則蓋自第一義諦之空而說。此二義在成實論，互不相違，則二宗當是各得成實論之一端。然成實論之世諦中，包括假名有與實法有如色等五蘊之二種。故其言空除空假名有以外，更有空實法有之空。成實論並未謂此實法有，即是假名有，此乃當注意者。今如統言世諦之有如色等皆爲假名有，則明與成實論之所謂假名有之義不合。此色等，正乃成實論所謂一義上之實法有也。故成實論于言空假名心後，更有空此實法有之空法心。在此空法心中，乃唯重見此實法之空。若謂此成實論之實法亦是假名，則成實論之空假名，當說是空兩種之假名。而其後一種之空假名，乃專卽因緣生之實法有而空之。此豈不類似周氏所言第三宗之假名空？若周氏之假名空卽僧肇之卽有卽空，于因緣宛然而見空，則當問此因緣是否指由苦集而至滅度之因緣？若是由此因緣以見滅度之空，則卽成實論之義，而當說成實論兼有三宗義。若其只是泛指人所觀之有或因緣法，而當下體之爲空，則成實論無此義。當更問如何人可卽當下之因緣而體之爲空？如是依僧肇之卽物順通，以體之爲空，則此中有不及成實義者，亦可有超過成實義者。大約吉藏是循此第三宗假名空之具此僧肇義，而超過成實義者措思，故贊成此第三宗假名空之說。所謂超過成實義者，則以成實論唯以由假名心空，至實法心空，及至心空，以轉化吾人之苦集，而使之滅，言空。便仍是偏重由世諦之有，次第進至第一義之空；尚未至于直接卽此當下之苦集之因緣法之有上觀空，或卽有觀空，于世諦中見第一義諦，于假名見空也。而吉藏之異于成實，則蓋在由空而空空，卽可還至卽有觀空，以合于周顒第三宗假名空之旨，亦還至僧肇之旨。然此亦非謂成實之旨，無進于僧肇之旨之謂。依吾人之意觀之，成實之分析世諦之有，爲假名有與實有二種，空亦有二種，明有進于僧肇之論。而中論之于世俗諦有此二種，未明分析說，亦不及成實。當時之二諦之辨，亦以此「假名」之一名之義之不確定，而產生種種混淆之論。吾人須一加疏抉，然後可更知中國之成實論師及吉藏之言二諦等義，對般若宗之貢獻之果何所在也。

## 三　中論與成實論之異同

按除成實論言假名外，中論言「衆因緣生法，我說卽是空，亦爲是假名，亦是中道義」。此所謂假，初只是假借依待義。則凡事物假借依待其他事物而生者，其名皆假名，亦皆不能自爲實有，亦無自性。而執之爲實有、或有自性之執，皆當空。此所執之實有或自性亦空。此乃成實論與中論及大乘般若宗義之所同。因緣所生之一切法，皆假借依待因緣而生，則名之爲有，卽是假名有，或其有是一假名，非眞實有，亦卽世諦之言說或世俗諦上之有。諦卽言說中之眞實。在世俗言說中，以其有爲眞實，然實非眞正之眞實，亦卽非眞諦或第一義諦之眞實也。中論分二諦，並以實體性之我物爲世俗諦有，蓋以其亦因緣生。此亦如成實論之以實體性之我物爲世俗諦有。然成實論于實體性之我物與五蘊之法，分爲二，先說前者爲假名有當空，更于五蘊之法中，謂過去未來者非實，再在現在五蘊之法中，分苦集與滅道之法，而更以滅道之法，空苦集之法，更言空空，便成一次第之空有之歷程，則中論未如此說。中論乃將實體性之我物與過現未之五蘊法，直下加以平觀，皆視爲世俗諦中假名有，更于四諦法，亦平觀，而由「此中之滅道之法之空苦集，苦集既空，而更無所空，故其自身之能空亦空，而直下歸于畢竟空」，以言此空亦是假名，而亦當空，爲第一義之眞諦。故中論無成論所說之次第的空有歷程，而只言世俗諦與第一義之眞諦。又在上引四句中，今之學者皆謂據梵文，此假名與空，皆所以直指此因緣所生法。依此義，則因緣生法爲假名有亦卽空，亦依其爲假名有而爲空，非如天台學者之謂空亦爲假名。唯吾意則以如依義理言，亦非必不可以此空亦是假名，否則中論言空亦空之文，亦不可解。此後詳。但今卽據梵文謂中論之「假名」與「空」，初乃直指因緣生法，以觀中論之旨，此所謂爲假名有者，亦當有二義：一是假借依待因緣而生之法，如實體性之我物或五蘊等法，是假名。一是此生之自身或因緣與法間之關係之自身，是假名。故中論亦言不生。如生是假名，則由因緣生一法爲果後，此因緣自身之「滅」之自身，亦是假名。以至言因緣與其所生之果之間之其他關係，如爲一爲異，爲常爲斷，爲來爲去等，皆是假名。由此而此整個之因緣關係或因果關係，皆是假名有，而在第一義之眞諦上當空者。然此空，亦是依待假借此在因緣關係中之事物而說，故其自身亦是假名。而此空亦當空，乃不著有，亦不著空，是爲中道。此蓋卽此中論之四句之旨也。

如吾上文之解不誤，則中論之言空義，與成實論之不同，而可說爲其特色所在者，首在其言實體性之我物與五蘊法之空，乃平等觀實體性之我物與五蘊法，而由其相依待，以見其皆爲假名，亦可用之以互相破斥，而見其自性空。故中論一方以實體性之作者、染者、去者、我、有情衆生爲假名而無實，一方謂構成此實體性之人物之性相作用之屬五蘊法者，爲假名而無實。如其破去來品，言離「去」無「去者」，亦言離「去者」無「去」法。破染與染者品及破作與作者品，言離染與作業，無「染者」「作者」；亦言離「染者」、「作者」，無「染」法「作」法。破六情品言無自實之「見者」、「聞者」，亦言無自爲實之「見」法「聞」法。破五陰品言離「色等因」，無「色」等；亦言離「色」等無「色等因」。此皆是以實體性之「作者」、「去者」，依待「作」、「去」之法，以破「作者」、「去者」之實；更以「作」、「去」之法，亦依待「作者」、「去者」，以破此「去」法、「作」法之自身之實。合以成其互斥互破。此卽不同成實論之只以「作」、「去」等五蘊法，破實體性之人、物，而不以實體性之人、物，破此五蘊法者。此乃由中論于「實體」與「爲實體之相用」之「五蘊法」觀念，乃平等的觀其相依待之因緣關係，方能使之互斥互破，而見其皆不能自爲實有各具自性，而在第一義之眞諦上爲空。由此而中論所更進之一義，卽謂依此因緣關係而說之生滅、一異、常斷、來去等，一切吾人今所謂抽象的思想範疇，其本身亦無實在性，而非實有，其自性亦在第一義之眞諦上爲空。而連于此生滅、一異、常斷、來去之其他人所用之思想範疇，如時間之過、現、未、空間、生住老、有與無、合與異、然（爲主辭之實體或受者）可然（爲賓辭之屬性或受），在中論亦皆自其依因緣關係中之生滅、一異等而立，以見其皆無自身之實在性，而非實有，在第一義之眞諦上爲空者。由此等等皆空，則所謂因緣關係或因緣與其果間之「生」的關係之自身，亦非實有，而此生卽不生，而非生，亦爲空。故曰：「衆因緣生法，我說卽是空」。則以修道爲因緣以去苦集，而證寂滅之涅槃，自其亦爲因緣所生法言，亦是假名亦是空。故中論言涅槃亦是空。涅槃原爲空一般之苦集之法者。今言涅槃是空，卽正無異言此空當空，或此空是假名而當空。故在「衆因緣生法，我說卽是空」之義中，已涵空是假名，空亦空之義。然此非謂人不當由修道爲因緣，以空一般之苦集之法。唯是謂人空一般苦集之法，而證其空之後，更當知其亦依因緣有，知其非能實有一自性，亦不當執此空，實有一自性。執之卽空成有，而非空。故必空此空，而不見此空，唯證一般苦集之法之空，或涅槃境，而亦不見其有、或執有此涅槃境。于是凡所見有而執有者，由一般之實體性之人物、五蘊之法、抽象之思想範疇，如用以說因緣與其果間之關係者，以至涅槃之境，皆無能自爲一實有，亦無一爲可執之、見之；如自爲一實有者，而見之執之爲實有之見之執，乃無不當空者。唯于此一切，加以空盡，而此空亦自空，方爲證空，證第一義之眞諦，或證涅槃境之實事。此原是大般若經言「畢竟無其法，有入有出，有生有滅，有斷有常，有一有異，有來有去，而可得者」、「一切法如幻如化，涅槃與勝涅槃者，亦如幻如化」之旨（大般若經卷三十，功德較量品），亦中論以及百論、十二門論、大智度論之旨。然其所以有進于成實論者，則吾仍不謂其在能言空亦空，而唯在其「能用因緣依待義，以使實體性之人我，與爲其相用之五蘊法，互斥雙破」，及言「人用以說因緣關係之一切抽象的思想範疇，不能自爲實有而當空，而于因緣之生法處，見不生」之兩點之上。而尤要者，則爲此中之第二點，最爲三論書之思辨之特色之所在，而前所未有者也。

## 四　中論之破生滅等範疇之哲學意義

此生滅、一異、常斷、來去、時空等吾人之抽象的思想範疇，原爲吾人用之以形成對諸由因緣所生之法、或事物之知識者。吾人之思想，若不沿此諸範疇而進行，則吾人于因緣生法或事物之知識，不能形成。故此諸範疇，若只爲吾人之思想運行之所經過之軌道或形式，初固無害，亦人之所不能免。世間既有此生滅、一異等名，亦必各有其所表之義。般若宗之言空者，亦必承認世有此等假名，此等名之各有所表之義，可用之以說諸因緣所生之法或事物，爲吾人用此諸名時其思想運行之所經過，亦爲人可由反省，而知及者。中論等之于衆因緣生法，更言我說卽是空，言不生、不滅、不一、不異等，亦卽應非否認此等假名之亦有其所表之義之謂。則其所說爲空者果爲何物？此必爲人之沿此等名義之知，而更增加之情見與執見。如吾人知一物生而有，更于其上生一貪得心，而欲有此有，更謂其有爲常有，卽爲于其生而有之上，所增加之一情見或執見。復次人于一物滅而無之後，生一喪失心，更謂其一無卽永無，亦爲于其滅而無之上，增加一情見或執見。于此人若不于物之生滅上，增加情見或執見，則其生已而滅，卽見其生不自有其生，而不生，不生則無可滅，而不滅。生滅如是，一異、常斷、因果等思想範疇，在吾人之思想運用中之情形，亦如是。故若純在此諸範疇更迭運用之主觀方面，看此諸範疇，乃旋顯旋隱，亦初可不被執者。然當其被運用，而連于物時，則可依人心之着于客觀外在之物，而此諸範疇，亦如着于客觀外在之物。人之情欲得某物，則欲有某物之有，更謂某物之有其有，有其生，而此「有」、此「生」，卽成物之屬性。反之，滅無亦可視爲物之屬性。而說物爲一爲異，爲常爲斷時，此等等亦皆可視爲屬于客觀外在之物者。人之思想更可進而綜世間萬物而思之，遂可于世間萬物之全體，或說之爲一大有、大存在，或說之爲一大虛空；或謂之爲一元，或謂之爲多元；或謂之爲始終恆常，或謂之爲前後間斷；或謂之爲能自爲因以生果者，或謂之爲另一物，如上帝、梵天之果。此卽成種種偏執之客觀的宇宙論，或形上學之哲學。此類之哲學，雖皆由綜宇宙萬物之思而得。然其偏執一端，則初當是自吾人之情見之偏向一端而始。此類之哲學，亦終將更加重人之情見之偏向，以使人對其所偏向之物，起種種貪欲，與得失之心。如謂世間爲一大實有者，而能自爲因者，則使人貪住此世間，以在此世間之我之此身心爲我，其所有之世間物，爲我所有。其謂世間爲虛無、或爲其他世間外之上帝、梵天之果者，則使人于世間感空虛，而別求此世間外之上帝、梵天，而執之爲我，以貪求上帝、梵天所有者，得爲我所有。此在印度他派之思想中，固有此種種視世間爲自有或梵天所創生之不同之論，更有于世間或主一元或主多元、或主常或主斷之種種說。人凡有一思想範疇，可普遍應用于所謂客觀外在之物者，人皆莫不可于其被思想所運用之時，更將其黏附于物，而客觀化、外在化之，爲一切物之普遍的屬性，以成一哲學上之宇宙觀，而形成人之一大偏執或情見；遂使人更不易自其偏執與情見相連而生之貪欲、與得失之心中解脫。此卽大乘般若宗之所以必破：「一切依此諸範疇之客觀外在化，而謂實有物生、實有物滅，實有一異或常斷或因果」之執見，而一一由其在眞理上實不可如此建立，加以辯斥之故也。

按此種于世間主一元或多元，世界爲自有或有超越之神爲因之情見之哲學，乃原自人既有貪欲等情，並將其思想範疇，黏附于物而客觀化之，所成之見。合此情與見，卽名情見。在西方哲學中亦多有此類之哲學。在西方哲學自康德起，方知此等等範疇皆只爲人之思想之形式，而內在于人之思想中，不可加以客觀外在化，而用之以構造一形上學或宇宙論者。如用之以構造形上學，則世界之物爲有衆多之單元而不可分之論，與物一直可分、無此單元之論，相對反。世界爲自因而有自由之論，與爲被前因所決定而必然之論，相對反。世界有始有邊之論，與無始無邊之論，相對反。凡相對反之論之中之一，皆可立，亦皆不可必立。黑格耳更由此一切普遍範疇皆不離人之思想，隨思想之運行而展現，以論西方之哲學家所提出之一切範疇，皆思想之循正反合之序，而由簡至繁，以次第運用者。

故吾人亦可由反省此思想之如何依正反合之序，而次第運用之，而對之作一系統的展示。此爲西方哲學對範疇論之空前之一大成就。至于後之承黑格耳之範疇論，而能更進一根本義者，則吾不得不推英哲柏拉得來。柏氏之進于黑氏者，要在言人若將其思想範疇，無論一多、常斷、本體與屬性、因果、時空，等以客觀外在地，論述實在，而成一形上學，皆無不歸于與實在相矛盾，而亦導致哲學思想之自相矛盾。人欲超越此思想與實在之矛盾，即必超越哲學思想之自身，而必歸于哲學之自殺。由柏氏之哲學，吾人可見般若三論宗之義，與西方哲學之發展相通之契機。此吾于四十年前尚在大學讀書時，即有文論及。後發表于哲學評論一刋。吾人亦可說，人若亦循柏氏之思想道路而進行，即可斷定一切將人之思想範疇客觀外在化，而成之形上學或宇宙論，無論如何複雜精微，皆必不免于見此論與實在之矛盾，而必歸于此論之自殺。

然以印度思想之流與此上所說西哲思想之流相較，又有同有異。如依康德說，則此諸思想範疇，只爲思想之運用之形式，而內在于思想之運用中，以形成一般之知識者，此可成一系統之知識論。黑格耳以各思想範疇可依其簡繁，以次第展現于思想運用之歷程中，而可加以系統化之說明，則可成一形上學。般若宗則未嘗爲此二事。然康、黑二氏之論，亦與般若宗義，無相違處。蓋此諸範疇不能在思想之外，自附屬于客觀外在之物而存在，則正爲康德、黑格耳所共許。而康德、黑格耳之言一般之知識之形成，必待範疇之運用，而對此諸範疇，可由反省而知，兼對之求有一系統化的說明，其功已至大。

後人之補充，亦不能不循其途以前進。而無論前進至何處，亦與般若宗義，無相違處。人如欲以般若宗義，破康德、黑格耳之範疇論，而視同一般客觀的形上學中之範疇論，則破非所破，亦不能破也。

康德之言思想知識中之範疇，乃具普遍性亦具必然性者。此乃謂此諸範疇，必可用于世界之理解，以成人之思想知識，因而在人之理性中，亦更有關于此人之「自我」與「世界」，以及「上帝」之諸理念，皆人心之所必有，而不能去者。黑格耳更謂人之思想中所展示之絕對理性，即此一切範疇理念所組成之一絕對系統。然二人之說，又似皆如以人心爲此諸範疇理念之所亘塞，是則非般若宗所許。依般若宗義，當謂人之形成其對世間事物之思想知識，固須用範疇理念，此只是世俗諦中事。然人心自有超知識之一境。在超知識之境中，則一切知識中之範疇理念，亦必須超越。依康德義，人之理解與理性中之範疇理念之運用，乃唯對經驗直覺中之現象事物而運用。若無此所直覺之現象，則無此範疇理念之運用，亦無其出現之事。則其存在之地位，亦只在人之心靈與現象事物之發生主客關係處。故其運用與出現，雖根于心靈之自動，然此心靈之自動之所依，則只在心靈與事物之發生主客關係。若離此主客關係，則範疇理念，即將爲此心靈所自加以收捲。此收捲，非捲而藏之于心，而仍亘塞于內，乃一收捲而更不復存在。此則在佛學中之法相唯識宗與般若宗，皆同此見。法相唯識宗承小乘佛學中之世友品類足論、世親俱舍論等，言不相應行法，並以生、住、老、無常，流轉、定異、時方、數、和合、不和合等範疇，爲不相應行法，唯依心境有主客之分，而繫存于此主客之分位上。若心境無主客之分，則亦無此不相應行法之可說。在大乘般若宗，則亦以此生滅、一異等範疇，乃依色心等實法而有之假名。在世俗諦中雖當說其有，然若將此生滅等客觀外在化，爲色心等實法之所有，而執之爲一客觀之實在，則當更如理而思，以見其原無實、非實、而其實爲空者。此空卽爲其第一義之眞諦或眞理。然亦必人先執之爲客觀實在，然後人乃能如理而思，見其原非實、而爲空。此人之執之爲客觀實在，亦由人之恆欲循諸範疇之普遍性，而思世間一切物而致。此人之恆欲循範疇之普遍性，而思世間一切物，初亦所以引出人之心思，以使之得無所不運者。今再去除由此範疇之着于物，而成之種種執見，則此心思卽化成一遍照之智慧。故此人之心思之範疇之着于物之執，固當破，然亦宜先經此執，而後破之。人若先無執，亦須試思此執是如何如何，而更破之，以有助于此遍照之智慧之出現。由此以觀，中國傳統哲學中之缺乏由此範疇之客觀外在化所成之客觀的形上學，固見中國人心智之清明。善能養此清明之心智，亦可直接形成一遍照之智慧，而不必先經種種待破之哲學執見，而更一一破之，以助成此遍照之智慧之出現。然自學術思想之內容而觀，則中國傳統哲學，缺此種種待破之哲學執見，亦未有如般若宗之一一破之之思想，仍當說是中國傳統思想之一缺點。魏晉時有此般若宗思想之輸入，更有三論之譯出，使人知人固有種種待破之哲學執見之形成，如在印度思想之所表現，亦有能破之之般若思想，而吉藏等卽有三論宗之立，則又不能不說爲中國思想之一大發展也。

## 五　關係與關係項之宛然有而實際空義

此三論書之破種種哲學執見，乃破吾人對世間事物之執見。依佛家義，世間事物皆卽是因緣生法，故亦卽破有關因緣生法之執見。此中之一根本執見，卽是吾人將此「因緣生」，作一思想範疇，而連于爲因或爲緣之物，謂其物爲能生其果之物，而謂「此因緣之法與其果之法間，客觀的實有此生」之執。由此而人或執實有過去因能生現在果，現在果生時過去因滅；或執現在因能生其未來果，未來果生時，現在因滅。于是執實有此過、現、未、與生、滅。生而不滅，爲「常」；常而自同，爲一。滅卽不生，爲「斷」；斷而前後不同，爲異。向于滅，爲去；向于生，爲來。由此而人亦更可執實有此常、斷、一、異、來與去等。然在中論，對此諸執，則一一皆加以破斥，謂無此所謂生滅、常斷、一異、來去，而主「不生不滅，不常不斷，不一不異，不來不去」，合成八不。此八不之義，要不外言此生滅、斷常、一異、來去之非客觀外在地實有，以明因緣與果間，非實有此生。故曰「衆因緣生法，我說卽是空」。由此因緣與其所生之法之爲果者之間，無實有之生，以言不生。不生則無可滅，而言不滅。不生不滅，自亦無斷常、一異、與來去。此卽中論第一章破因緣品所言之全書宗旨也。

此中論如何破因緣與所生果間之實有此生？豈不與因緣所生法之自語相違。既言有因緣所生法，如何又可說此生非實有？此則當知說生可只是自宛然有之現象上說。此在世俗諦，固可說、亦當說。然當知此自宛然有之現象說，初乃自爲因緣之法與果之法間，有一生之關係說。然此生之關係，若落到實際去看，則不能稱爲一實有。其所以不能稱爲一實有，可說在此關係乃兩頭掛帶者。故落到實際去看，在此中任一頭，皆不能見此關係之存于其中。無論就爲因緣之實法自身看，或爲其果者之實法自身看，卽皆不能見此關係之存于其中。然又不能謂法可不待因緣而生。此卽破因緣品「諸法不自生，亦不從他生，不共不無因，是故說無生」一偈之所從出也。

此所謂諸法不生，卽自就諸法自身看，無「自己爲因又爲果」之因果關係之謂。所謂不從他生，卽由「他之爲因者之自身看，其中無此果之自身」之謂。「不共」，是「既非自生亦非他生」，卽非自他合生之謂。「不無因」，卽自此法非不待因緣而生，或一法非無因緣之謂。然合此四句所表者，只是爲果之法之自身，不生其自己，爲因之法之自身中，亦無其果，與爲因緣者之不無，又不見此因緣之法與果之法間之一「關係」之爲一客觀的實在而已。

此一關係之不能爲一客觀的實在，西哲柏拉得來嘗有種種辯論。依吾意說，要點在知關係乃吾人思想由一關係項至另一關係項，所經之道路。關係爲思想所經，則非思想所可停下，而住于其中者。思想不能停下，而住于其中，則思想亦不能置定之爲一實在。如置定之爲一實在，則成另一關係項，而待另一「關係」，加以連繫。關係如不成另一關係項，則只爲思想由一關係項，至另一關係項之所經。既經之，而不能住之，卽必不能被置定爲實在。既經之，而思想達于另一關係項，則思想可暫停于此關係項，而只見此另一關係項爲有。然關係既被經，亦卽被超越，人卽只見所達之關係項，而不見此關係。然無此關係爲所經所超越，人又不能由一關係項達另一關係項。故關係不能說無。然此無礙上說之不能置定之爲實在。此在一切關係，無不如此，在因果關係，亦然。在因果關係，從因項看，只此因項，經其間關係至果，此關係被經、被超越，亦卽不被見爲實；而自所達之果上看，則只見此果項。然不由因更經此關係，又不能達此果。故又不能說無此因果關係或無因。由是而此因果關係之有，卽爲有而非實者。不實卽空實。此卽一宛然有而實際空，或眞空而俗有者矣。至于此中之任一關係項，乃關係于其他關係項者，亦雖有而不能自爲一實在或實有，而皆在其「關係于他關係項」之意義上，超越其自身之實；而吾人在思其關係于他關係項之意義時，亦同必忘其自身之實、超越其自身爲實之想者，故亦同爲宛然有，而實際空。此外于常斷、一異、來去等，皆可作諸法之關係看。作關係看，則皆只爲思想所經，所超越，而皆爲在兩頭之關係項中，不能見其實者，卽皆只爲宛然有而實際空者。此外任何其他抽象思想範疇，如：時、空、生、住、老等，如作爲綜合諸現象、或諸法者看，皆是連結諸現象諸法，而有成就此諸法或諸現象之關係之用者，亦皆屬于諸法或諸現象所合成之整個的大因緣網、或大因緣關係中之諸關係，而其有皆爲宛然有而實際空，卽無不同。而凡關係項，亦皆在其「關係于他關係項」之意義上，同為宛然有而實際空，如上所說。故一切世間之關係法與關係項之法，皆宛然有而實際空，而世間之法皆為關係項或關係，故世間之法，皆是宛然有而實際空。此宛然有，是世俗諦；實際空，是眞諦，在中論與成實論皆名第一義諦。中論之總述本論宗旨，則在觀法品第十八，及觀四諦品第二十四。觀法品言「以得一切法空無我慧，名為入，析求諸法實性，皆入第一義平等一相，所謂無相為實相，更說非實等」。中論觀四諦品、則明二諦義，以說四諦義，謂「以有空義故，一切法得成」，又言「衆因緣生法，我說卽是空，亦為是假名，亦是中道義」。待衆緣而有，卽空義，故言空而不著空，空亦空。由此而言四聖諦之所以得成，亦以苦集無定性，而有空義，人乃可由修道之行，成其滅度。故空義不可破，但亦不可執空，則當更空此空、以證空。如前所說。此卽中論之歸趨。讀者可觀原書，今不贅述。

## 六　中論言性空，與成實論、僧肇言空之異同

由上所論便知中論之旨，要在說種種一般所謂抽象思想範疇，如有無、一異、因果、時空等之不可執為實有，以更說世間一切法皆宛然有，而實際空；或世俗諦有，第一義諦空。卽成其二諦義。此其言二諦義，與成實論，僧肇主假名空、及後之法相唯識宗與吉藏所言者之同異如何，亦可進而次第

論。其與成實論之同者，在同歸于言空。然成實論要在先言過去未來法之非現有而爲無，更謂由色心諸實法所意構之「實體性之我，或人與物」之有，爲世俗諦中之假名有，在第一義諦空。再由吾人現有之苦集等實法，可依修道而滅、以捨染取淨，言此現有苦集等法，在第一義諦亦空。然于此由集而苦之因果關係，由修道而滅吾人現有之集，以去苦之因果關係，則成實論未言其非有而空。故于過去對現在，現在對未來之因果關係，成實論亦未視爲非有而空。成實論雖謂過去已無，然亦承認人能于現在往憶過去。此于現在所以能憶過去，亦當說爲一過去對現在之因果關係也。然在中論，則破此視因果關係與過現未三時爲實有之說，亦兼破以空間及一異、來去、有無等其他等種種關係或抽象範疇爲實有之說。是爲其書大部論辯所在。而于實體性之我及人與物等執，則唯于破作者、染者，破本住等處，略及其義，而未嘗詳論。則明不同于成實論之所重者，在破此實體性之我與人物之執着，而于諸抽象之範疇爲實有之執，未能如是一一加以破斥者。如以對時間觀念而論，成實論只謂過未無而現在則有。中論破時品，則言過現未三時皆相待而有，皆不能自爲一實有，亦不能以因果關係，說三時。如不能說因過去，而有現在未來。此卽大進于成實。其所以不許因過去，而有現在未來者，乃自過去中不能有現在未來立論。此亦如其破因之生果，自因中不能有果立論。人若視爲因之事物自爲一客觀實在，人卽恆不免視其關係于一後繼之果，爲此客觀實在之一屬性一內容，而謂因中有生此果之能，更或謂因中有果，此固當破。人以過去時爲現在未來時之因者，亦可謂此現在未來時，由過去時中生出，而先在過去時中有，此亦當破也。然中論破時品又實許現在時未來時與過去時之相依相待之關係。故一方破過去時中有現在未來時，以爲現在未來時之因之說；又謂現在未來時非不依待過去時而有。此依待義，亦卽一因緣義。故破時品又破不因過去時，而有現在未來時之說。此則如其在因果問題中，既破因中有果以生果之說，又破無因之說。其破因過去時有現在未來時，在不以「過去自爲一實有，而現在未來由之出」；其破因能生果，在不以「因自爲一實有，而果由之出」。其破現在未來不因過去時，則在破現在未來之自爲一實有，不依待過去之說；其破果無因之說，亦在破果自爲一實有，不依待因之說。此過現未各自爲一實有，因與果之各自爲一實有，皆中論之所破。過現未與因果之相依待，初非其所破。此相依待卽是一因緣關係。然此關係亦不可執爲實有。此則依于吾人前說凡關係皆爲一關係項所通過而超越，以至于其他關係項者。如因通過其與果之關係而至于果，過去時通過與現在未來之關係，而至于現在未來。既由因至于果，于果觀果，果中無因，卽不見其與因之關係，而見此關係非實有。既由過去至于現在，現在中無過去，亦不見其與過去之關係，而見此關係亦非實有。關係在人之思想進程中，永只爲人之思想之所通過，而非其所留駐，亦卽永非此思想所能置定爲一實有者。如要將此關係化爲實有，只有先留駐其思想于一關係項，而執定一關係項自爲一實有，以一主辭表之，更將其關係于另一關係項之事，視爲其屬性。若然，則必導至上所說因生果，而因有此生果之屬性，而因中有果之論，或過去中有現在未來之論。然此說必破。因吾人如往思一關係項之「關係于另一關係項」，則吾人之思想，亦正不能留駐于此關係項，而執定之爲實有者。則此關係項之實有，亦當破，如前所說。故人無將此關係化爲實有之道，而更有將此關係項之實有，亦加以破斥之道。故因果關係與因果之關係項，非實有而性空，時間關係與過去、現在、未來之視爲時間之關係項者，皆非實有而性空。凡關係與在關係中之一切法爲其關係項者，皆非實有，而其性亦無不空。

此一中論所言由因果等關係之與關係項，非實有而性空，以言一切法之性無不空之論，明爲成實論所無。成實論言苦、集，滅、道之因果關係，明尚未有此性空義。言過未無、而現在有，亦未知過現未之相依待，而皆性空義。說相依待，則現在未來自依待過去，過去未來亦依待現在，過去現在亦依待未來，不能說無此依待。由此以說其無自性而性空，則不只過去、未來性空，現在亦性空，則當說三世皆爲相依待之假有，而性空爲其眞實義，是爲眞空。此心能觀此三世相依待之假有，而知其性空或眞空，則此心兼居于此三世之上，而非留駐于現在之中。則亦不執此現在爲實有。心知三世皆性空，則心居三世之上，亦卽居時間之上層，心知因果關係之性空，心亦居因果關係之上層。依此心以觀一般因果關係以至苦、集、滅、道間之因果關係，此心亦居在其上層，以平觀苦、集、滅、道；而非只順一般之苦集經修道，以至于其最後之滅，以由苦集之現在至于道滅之現在。此乃中論之義，確切進于成實之論之處。而中論之義。亦正對人之修道，有大方便者也。

欲說此中論之義對人之修道所以有大方便，當先略說此中論所破之因中有果與無因之說，及過去中有現未與現未不依過去之說，正爲常人在生活中恆不自覺的持取之見，而一般修道者亦恆不能免者，常人在生活中于備足某因時亦恆想望其果，而如在因中幻見有果，由因之實以執其果之亦實。如人于得錢財時，若見由錢財得之歡樂，皆在錢財中是也。常人在生活中，又恆以其過去中卽有現在未來。如其在過去得意，卽以爲前途光明無窮，過去失意，則前途全是黑暗是也。人之幻想未來者，又恆望未來之與過去全然不同，亦望未來之從天而降，若無因而至。此在人之修道之心情中，亦兩者皆有。如人見世間種種心色諸法之集結可爲苦因，人卽視若有無窮苦在世間中，而對世只求厭離，卽成小乘法。又人在修道以求涅槃果時，亦可視此果如已在此因中，而于未得謂得，未證謂證，生大我慢。此皆由無意間謂因中有果之所致，謂過去或現在中有未來之所致也。反之，人如幻想不修道忽然得度，則又由意謂果不待因，未來不依現在過去之所致也。至于人之能正信此因緣關係而修道者，一般亦只能于求自出離于苦集二諦之外之修道之事中、修道以證滅，而不能于觀苦集二諦中修道。此則以其修道之事，亦只爲欣慕於苦集滅道之因果串系中之後二事故也。然今設人能如中論之知因果與時間之過現未相依待而有，又非實有而性空，則此心可當下超于因果與時間之過現未之上，平觀因果與過現未。于因果關係可不作因能生果，因中有果之想，亦不作過去現在有未來之想；則見世間中之集只是集，由之而起之果如苦，既尚未生起，則此集中無此苦等；並見此集自身，雖以因果關係而連于其苦，其性則空。此性空是其當體性空。本此以觀一切苦，一切苦亦當體性空。更本此以觀吾人修道之事亦性空；證性空之謂寂滅而此寂滅亦性空。若苦集滅道之法，皆當體性空，則于苦集滅道之法之當體，皆可證寂滅，不須說由一般苦集之出離而更修道，方證寂滅。亦不須說苦集是世間事，滅道是出世間事。當說卽此世間苦集之當體、而證其性空，便是出世間事。此世間苦集之法，卽以性空爲其法性，以空相爲其實相。一切苦集滅道之法，同此性空之法性，同此空相之實相；則苦集之世間非所厭離，滅道之出世間非所欣慕。今無此厭離欣慕，亦正所以成其觀性空、證性空。此卽是修道而得滅度之事。由此而人于四諦之看法，卽不以其中爲因者眞能生果而有其果，則集中無所生之苦，道中亦無所生之滅。平觀四諦諸法，皆同此性空之法性，同此空相爲實相，而不見其因果之次第相生。故吉藏言般若宗言空爲體法眞空，不同成實之空爲析法空。析法空者，乃將一切法析散，而一一除去，而觀其空，如成實論將假名有之我與人物之實體，自其由心色等法所構成，而觀其空。卽爲將法析散除去，以觀其空。成實之用修道以次第去除吾人之苦集，以至滅諦之空，亦卽次第析法以至空也。然依中論，則于苦集滅道諸法，可不見其因果之次第相生，而直上加以平觀，以一一卽其法，觀其當體同此性空爲法性，空相爲實相。故人體其法卽同時體其性空爲法性、空相爲實相，而爲體法眞空也。

如吾人知中論之義，于四諦諸法歸于當體見其空，而此亦卽般若經義，則吾人可說僧肇之言卽物之自虛，不假虛而虛物，正契于般若中論之旨。而此卽法當體見其空之法，如說爲假名有，則周顒之言假名空宗之旨，亦正契于般若三論及僧肇之旨。然中論等之言諸法之性空爲法性，或空相爲實相，要由對「因果、一異、時空等，不可執爲實有，或其實有之性不可得」之一一思辨或觀照中得來。此原有其所對治之佛家之小乘與外道之種種對因果等之執見在。而僧肇之論，則唯契于其最後之歸趣。想周顒所謂假名空之義，亦只是契此最後之歸趣。故皆無中論等書之詳密之論也。

此中論之言一切世間因緣所生法，或有因果關係之法，其實有之性空，乃自第一義諦或眞諦說。至說此世間之因緣生法，非無因而生，亦非無，則爲世俗諦。中論明二諦，即兼此二者。至在世俗諦中，人之依種種因緣生法之集聚，而意構一我或人、物之實體，而謂其有，亦屬中論之世俗諦。故在世俗諦中，亦許人說有我有衆生等。然世俗諦中之因緣生法，如色受想行等，與我或人、物之被視爲有實體性者，則大不相同。言此實體性之我或人、物之空，與言因緣所生之心色等法之性空，及言因果時間等關係之自身，不可執實有而性空，亦皆不同。此實體性之我、物等，可說純由意構，更加以一名，人即更以其名之常，而意想其名之所指之常而執之者。對緣此意構而成之執，亦宜先將此所執之我或人、物之實體，再分析爲其所由構成之色心等實法、加以破除，如成實論言假名空之義之所說。至人之執此心色諸法之自身爲實，則當依其無常，必待因緣而生，即非自生以自爲實，而破其實。至于人之執因果、時間等關係爲實，則當依「此關係必依待爲關係項之心色諸法，而吾人之由一關係項通過此關係，以至另一關係者，此關係即必在思想上被超越而不見」，以破其實，言其性空；或自其「若自爲實，必產生思想上之矛盾」，以言其非實而爲空。故此中之三種執不同，破之之道，與所顯之空，亦不同。故中論只于世俗諦皆許其有，于第一義諦皆說其空，則欠分別。而成實論之分假名空與法空，于義又較長。然成實論之言法空，非卽法之當體見空，如上所說，則于義又較短也。

## 七　附論：法相唯識宗對「假」、「實」、「空」、「有」之分別，與般若宗之義之不相違

除成實論、中論對假實空有之分別作種種說之外，在佛學對假有與實有、及世俗諦與第一義諦或勝義諦，更能加以分別說者，乃法相唯識宗之流，承部派佛學辨假有、實有而生之論，及以五法三性分辨一切法之論。此則較爲繁密。人對其名相生疏，更不易發生興趣。然其問題，實與成實論中論所辨者無殊，義初不相衝突。如瑜伽師地論除有分辨假實之標準，前文已引及外，其第一百卷，又分假有爲六種，卽聚集假有、因假有、果假有、所行假有、分位假有、觀待假有。瑜伽論之聚集假有，卽依五蘊等法之聚集而假立之實體性人物。所行假有，卽指過去之行，而非現有之實者。因假有者，謂未來世可生法，而名爲因。果假有者，謂未來世當有果，而名爲果。此三者所以爲假有者，以過去未來之法，原非實法，故依之而立之有，皆爲假有。此皆不出成實論言假有之旨。分位假有，謂諸心不相應行，如生等。觀待假有，卽相對之有，如相對于諸色趣而假立無色之虛空。對此後二類假有，成實論

未論其何以非實有。然在中論，則破一切以之爲實有之論，而此二類之假有，則皆可名之爲一「關係性之有」者也。觀後文自明。無著顯揚聖教論卷十八謂「心不相應行皆是假有;假有之性，略有六種……謂若事能起六種言論……一屬主相應言論，二遠離此彼言論，三衆共施設言論，四衆法聚集言論，五不遍一切言論，六非常言論」。所謂能起屬主相應言論者，即「如說生時，此誰之生?觀所屬主，起此言論。所謂色之生，受想行識之生。非說色時。此誰之色，觀所屬主，起此言論。如生如是，住、異、無常等，心不相應行類，如其所應，盡當知。是名屬主相應言論。若事能起如是言論，當知此是假相。」此即謂凡須屬一實法，如「色」爲主辭，而加施于其上之賓辭，如生滅等，皆是假借依待此實法而說，而其自身無獨立之實在性，而爲假有者。故後文謂:可說有「色」生，但不能說「生」能生。所謂遠離彼此言論者,「謂諸言論，非以此顯此，亦非以彼顯彼，此說名爲遠離彼此言論」。其下文謂以此顯此,以彼顯彼之言論,乃指其中有一實相者，如地之「堅」，眼之「識」等。至于遠離彼此言論，則「一向于假相處起，如舍之門……軍之車……百之十等」。此即謂其中之「舍」「門」「軍」「車」「百」「十」皆是經意想或概念之構造而成之假有也。所謂衆共施設之言論，則指衆人依其現識所取之事相，而加施于其上之言論。下文未舉例。當知顯揚論只是謂假有之「性」有六種。今謂假有恆是衆人共依種種相而施設，即如所謂約定俗成，此便是假有之一種性質。則上所謂「生」「滅」「舍」「軍」等，亦皆可說爲衆共施設，而皆可以爲例也。至于所謂衆法聚集言論，則謂「是于衆多和合，安立自體言論，如于內色受想行識說我等言論」。此卽謂假有恆由依衆實法所意想構造而成，此亦不只可以「我」爲例，亦可以「軍」、「舍」等爲例。所謂「不遍一切言論者，謂諸言論，有處隨轉，有處退還。如于舍，舍言唯隨舍轉，于村亭等，卽便退還」。此乃謂由意構所成之法，如「舍」，于舍可用，于異類之村亭，便不可用，以言假有之性。至于其所謂非常言論，則是自事物之破壞轉變等，以見意構所成之法，由可用而成不可用，其下文之例是：如瓶壞已，便不可用「瓶」說之，而當說爲「瓦」。如飲食在身中，變爲糞穢，便不可用「飲食」說之，而當說爲「糞穢」……。此二者皆就意想所構成之概念名言，如瓶瓦等，可用可捨，以言其非能自爲實在，而另說出爲假有者之二性質。故此顯揚論所說者，只是假有之性質有六種，非謂假有自身有六種。就假有自身說，顯揚論亦只舉出二種，一則爲意構之實體性之人、物，如「瓶」、「軍」、「舍」、「我」等，一則如「生」、「滅」、「無常」等抽象的「關係之有」或範疇而已。

但在法相唯識宗之對諸法之假實空有作分類，更有其所謂五法三性之說，爲其所特提出，而非沿襲部派佛學而來者。

在此宗所宗之經論中，在楞伽經卽分五法：名、相、分別、正智、眞如。依瑜伽師地論卷七十二釋此五法依何義說爲有或無？依何義說爲假有或實有？依何義說爲世俗有或勝義有？五法之相互關係如何？其說亦繁。粗略言之，則凡「名」之義，專指由人之意構而成之實體性之我或人物者，則是全不實。解深密經、瑜伽師地論、辯中邊論、攝大乘論及成唯識論，皆視凡「名」之義之指實體性之我等者，純爲遍計所執性，或無體隨情假。（唯攝大乘論又謂此「名」亦依因緣生，屬依他起性。唯其「義」則只屬遍計，此與辯中邊論籠統言名屬遍計者又略異。至于顯揚聖教論謂遍計非五事攝，則蓋謂此五法中所謂名，亦爲依他起、遍計在此五法外者。）至于楞伽經中所謂相，則初是指因緣生之色心之法，而實有相可分別者。此分別相之分別，或依分別相而計有實體性之我之虛妄分別，或偏計分別，其自身自是心法，亦應爲因緣生。故皆屬依他起性。至于正智，則爲「知名之全不實，知一切相與心之分別、與依分別起之一切法，爲因緣生法，「無主宰、無有作者，無有受者；無自作用，不得自在；從因而生，託衆緣轉；本無而有，有已散滅……，唯法所潤，墮在相續」（瑜伽師地論卷五十六），及此主宰作者等自性空，而對一切法之眞實，如實知，或知一切法之眞如者。此正智與所知諸法眞如，爲三性中之圓成實性。

此唯識法相宗之遍計依他圓成之三性之說，原由次第演成。據云在親勝火辨難陀之唯識古學，于遍計依他合名虛妄分別，辯中邊論首言虛妄分別有，亦合遍計依他爲一名（一九六一年現代佛學呂澂記唯識今古學）。此則無大異于二諦之說。及三性之說既成，法相唯識宗依二諦辨一切法，亦有世俗諦與勝義諦之分。而由瑜伽師地論、至辯中邊論攝大乘論成唯識論，至窺基法苑義林章（卷二二諦義），其說不斷有所改進增益，可見其說亦次第發展而成。按在瑜伽師地論卷三十六眞實品，有世間極成眞實、道理極成眞實、煩惱障淨所行眞實、所知障淨所行眞實之分。又卷六十四言三種世俗。一世間世俗，二道理世俗，三證得世俗。「世間世俗者，所謂安立宅舍瓶盆……又復安立我、有情等。」此卽瑜伽師地論之世間極成眞實，亦卽成實論所謂假名有。「道理世俗者，所謂安立蘊處界等」，卽眞實品之道理極成眞實，亦卽成實論所謂心色等實法。「證得世俗者，所謂安立預流果。」此卽指在世間之修道之法，可由之以引至眞實品所謂煩惱障淨、所知障淨所極成之眞實者。煩惱障淨，賴于破我等實有執；所知障淨，賴于破所知之心色等法之實有執。下文更言有勝義世俗，卽勝義諦。由「此諦義不可安立，內所證故」。此卽煩惱障所知障淨時，心所內證之諸法眞如。辯中邊論辯眞實品，于世俗諦中有三世俗：一假世俗、二行世俗、三顯了世俗。勝義諦中，一、義勝義，謂眞如勝智之境，二、得勝義，謂涅槃，三、正行勝義，謂聖道。成唯識論卷九，言世俗有假世俗、行世俗、顯了世俗。述記五十二言「假世俗者，實無體性，唯有其名，可名世俗」。此卽如實體性之我、人、物。行世俗，卽心色諸行。顯了世俗，卽于世俗修證，以之顯了眞實者。此同辯中邊論。然述記五十三言「勝義則有四：一世間勝義，謂蘊處界。二道理勝義，謂苦等諦」。此第二與辯中邊論正行勝義相當。「三證得勝義，謂二空眞如」。此與辯中邊論之義勝義相當。「四勝義勝義，謂一眞法界」此與辯中邊論得勝義相當。然窺基法苑義林章，及說無垢稱經疏卷一，更變世諦爲四：一、世間世俗諦，依情名假，說爲世俗，如實我法、瓶、盆等是」，此卽辯中邊論之假世俗。「二、道理世俗諦，卽立蘊處界等法「名爲道理，事相顯相，差別易知，名爲世俗」，此卽辯中邊論之行世俗，而對前者爲勝義者，故亦在勝義諦中，爲世間勝義。「三、證得世俗諦，又名方便安立諦，以佛之方便安立：斷證修之苦集滅道，施設染淨因果差別，令其趣入」。此卽相當于辯中邊論之顯了世俗，亦相當于勝義中之二「道理勝義」者也。「四、勝義世俗諦，二空眞如」。卽空我而得之眞如，與空法而得之眞如也。是離諸相，而爲聖智所覺，故云勝義，以假相安立，體非離言（假名之義），故名世俗」。此相當于勝義中之三「證得勝義」，而勝義中之四、勝義勝義卽一眞法界，則世俗中無與之相當者。

觀成唯識論與義林章之分世俗諦與勝義諦共爲五諦，後者對前者卽爲勝義。此五諦卽有名無實之世間世俗或假世俗。此卽一、一般所執之實體性之我與人、物等。二、蘊處界等行之因緣生者，卽由因緣生之心色等實法。三、用以修證之四諦。四、所證得之諸法眞如。五、聖智所內證之一眞法界。如以三性配之，則一爲假世俗屬遍計所執二爲道理世俗、爲依他起，而兼染淨者，三爲證得世俗或道理勝義，爲淨分依他。四眞如及五一眞法界，屬圓成實。」此窺基之辨析世俗諦與勝義諦之種種，共成五諦，較中論之只有世俗諦第一義諦二者，成實論之辨假實空有，而分之爲三者，實較爲完備整齊，而亦見諸諦之次第升進之義。對蘊處界心色諸法與其種子，由因緣而生者，則特爲法相唯識宗所重，並恆說之爲實，而非假者。然法相唯識宗亦未嘗不謂依此緣生之實法由「聚集相續分位」而立者，爲假法。故于此因緣生法上，說其有一、異、常、斷、時、空之法，皆非實法，而屬于其所謂心不相應行法。此當爲五諦外之又一諦。合此六者。乃可括一切法而無遺。

不相應行法，即依心色等諸法，而假立之分位假法。依心色分位假立，即假心色之某方面，而應用建立于其上者。謂之爲心不相應者，即以此諸法皆爲抽象，而具普遍的關係性之範疇，此心之緣之，以思其所可能應用之範圍，恆溢出正與心相應而心所知之心色之實法之範圍，即與心不相應。謂之爲行法者，當是自其爲心所運用，與此運用俱行而言。唯說其是不相應而假立之法，則亦非無。（註一）然般若宗則自其爲假立，而說其無自身之實性，或其自身之實性空，亦必證知其爲空，人然後能得菩提涅槃。然唯識宗之謂其爲有，亦非謂在證諸法實性眞如，而至涅槃境界時，仍有心不相應行法之亘塞于心之可說。此心之依不相應行法以思，而使其心溢出其所知之實法之外，固亦唯在此心與其所知之實法，有能所之對待，而未達如如之境時所有者。瑜伽師地論卷七十五言勝義諦五相：一、離名言相，二、無二（無能所之二）相，三、超過尋思所行相，四、超過諸法一異性相，五、徧一切一味相。此爲後之唯識法相宗經論所共說。依此五義，以觀證眞如之勝義諦時，亦固無在此能所對待中之不相應行法之可說，而必見其法之實性空也。則法相唯識之義與般若之義，在此點上仍不能相衝突。然唯識宗必假立因果等，以說明心色諸法之生滅，而有之一套大理論，則畢竟在般若宗之系統之外，亦別有其切實成就人之捨染取淨之修道歷程之價值，而非般若宗所有者。然般若宗之必言因緣生法其實性空，而以其性空爲第一義諦，而于一切因緣生法與由人之心識爲因緣，而妄執之實體性之我等，心色等五蘊之法，與生滅一異有無等思想範疇，皆統在一世俗諦中；並謂其皆不能自爲實有而有自性，同此以自性空爲性，亦另有一化歸簡易，以達高明之價值。此則二宗之義，不相衝突，而又可並行而不悖之故也。于法相唯識宗義，後章當更及。下當先緣上所說，更言吉藏之承法朗而講三論，其義之更有進于三論之本文與法相唯識之論之所在。

**註一**：法相唯識宗之不相應行法二十四，蓋由俱舍論之不相應行法十四，成實論之非色非心法十七等，增益而成。然未嘗依一定之原則爲之分類，以說其不可增減。大率其中之「生」、「住」、「老」、「無常」，直屬變化狀態之前後之關係之範疇；「流轉」、「勢速」、「次第」，屬因果關係之範疇；「相應」、「和合性」、「不和合性」、「定異」，屬諸變化狀態或諸系列因果間之關係範疇；「時」、「方」、「數」；則爲指目一一事物之時間空間位與數目之關係之範疇。此皆西方哲學所常論。但其以「名身」、「句身」、「文身」之文字，爲不相應行法；又以「無想定」、「異生性」、「滅盡定」、「無想報」之似表生命心靈之報果者，爲不相應行法；再以一衆生之「命根」，諸衆生之生命之同處之「衆同分」，及「得」，爲不相應行法，則似甚怪。此則當知凡法之直依共相關係而建立，而人心只通過之，以行于其中，方得底于色心之實法與其實性者，皆爲不同于此心色之實法實性之自身，而爲不相應行法。「異生性」只由其未得聖道得名；無想定」、「無想報」，只由其無于想得名；「滅盡定」只以止息想、作意得名。卽見皆只是自其消極的關係，而形成之概念；而非積極的自其生命心靈之報果之心色之法之內容，而形成之積極的有所指之概念。而外道之執此「無想定」、「滅盡定」，常人之執「異生性」爲能積極的表義者，更視之爲實有之究竟法者，亦實非究竟法，亦無此一究竟法，與此執相應。故皆爲不相應行法。至于「文」、「句」、「名」身，依其可普遍的被應用，以對事物有意指之關係而建立，亦只爲人所通過之，以底于心色之實法者。「衆同分」依共同性相建立。「命根」依現有之有情心身「根于」其種子之關係建立。「得」依有情心身之「得」心色等法之關係建立。故皆屬不相應行法，而不同于有積極內容之心色之實法，以及爲其實性之無爲法，在爲心所緣時，心得止息于其所緣，而相應不二者也。

# 第四章　般若三論宗之二諦義與吉藏之中道義及佛性義（上）

## 一　二諦之根據問題

上章末所言般若三論宗與法相唯識宗辨假實眞俗二諦之不同，吾人當承認後者之所辨更爲完備。其以假實眞俗有種種，成一次第，則人不能執前之假俗爲後之眞實，而于執之之見，亦當加以破斥，言其當空，而知眞實之當有。此中卽有種種空有之義。至其皆歸在于俗有之因緣生法中，證一切我法之執之空，則與般若三論之旨，又未嘗不同。故般若三論宗亦可只歸約之于眞俗二諦，而唯以破人于俗有之因緣生法所生之執，而觀照證知其性空或眞空爲教，此亦未嘗不足。人對俗有之因緣生法之知識或智愈廣，其可能有之執見亦愈廣，其由觀照而證其性空，所成之空智，亦愈廣。一般之對因緣生法之智恆相差別，而空智所知之性空，則遍一切而如一。故空智亦自相如一，自相涵融成一味，而其愈廣者亦愈深。人對一切蘊、處、界之因緣生法之知識或智，爲一般之智。知此一切因緣生法之性空之智，則爲更深一層之一切智或一切智智。知一切因緣生法之性空，則亦知此一般之智自身之性空。故大智度論以此一切智，爲根本義之空智。此一切智之知性空，遂知有相應之成道之行，爲道種智。能于此一切法中生此道種智，是爲一切種智。此在三論中，于此諸智，未詳加分別，蓋謂能于一般之智中知性空，以成此一切智，則道種智與一切種智，自亦可相隨而至也。此一切智，乃于一般之對因緣生法之智中，更知此因緣生法之性空，則亦初不須先廢此一般之智。一般之智所知，屬世俗諦。若無此世俗諦爲所知，則亦無知其性空之智。故中論亦必依世俗諦，乃有第一義諦，卽必于一一所知之因緣生法中，知其性空也。故吾人亦可說人于因緣生法之智愈廣，此一切智或空智，亦愈廣而愈深也。

至于尅就因緣生法何以爲性空而言，則循上文所論，其根抵上實甚簡單，卽法依因緣生，卽見法之不能自有、自生，其因緣中又不能先有此法，卽見此法非先爲他所有，而後生之。此中論開始所謂「諸法不自生，亦不從他生」，實卽是言現見諸法初不自有，亦不爲他法所有。此初不自有，亦不爲他所有，卽初非已有。然現見諸法不依其已有，而生而有，亦復不依「非已有或其先之無」而生而有，復不依「非已有或其先之無」而不生不有。故亦非無。蓋就現見之法之自身看，其中亦明無所謂此法之無。唯在吾人于一法自身求他法而不得時，乃可說之爲無。人如于所謂現在法中，求過去法而不得，方說其已過去，已無而滅。故此有與無，生與滅，皆增益于法自身之上之抽象概念範疇，而在法自身上，畢竟不可得者。**人依有無、生滅，**而有常斷、一異、來去等。**有無、生滅不可得，**則常斷、一異、來去，皆不可得。一切人在思想中用于所知之法上，其他任何抽象思想概念或範疇，在法自身，皆同爲不可得。不可得，故當非之、不之。而此非之、不之之根本，即爲不此生滅、非此有無，而言不生不滅、非有非無。不生非有，是第一義諦；不滅非無，即俗諦。欲證第一義諦，須順一般知因緣生法之智，以知其性空之一切智爲出世智，以知其非有而畢竟空。欲言俗諦，則須順一切因緣生法，以生一般之世智，以知其非無而宛然有。此遍知一切法之非有非無，可爲廣度的，亦可爲深度的。如于一法，知其有衆多因緣，此知爲廣度的，知其因緣之因緣，則可說爲深度的。于此衆多因緣，一一觀其非先有此法，其中空無此法，則增吾人對此法之廣度的空智。于其因緣之因緣中，以至因緣之因緣之因緣中，觀其非先有此法，其中空無此法，則增吾人之對此法之深度的空智。又于一一法皆分別由其因緣，以知此一一法之不自有，而由其不自有，以知其性空，亦爲廣度的。于一法中觀其不自有，亦不自有其有……不自有其生，不自有其一，其常，其來等，以至不自有其無，不自有其滅，不自有其異、其斷、其去等。由此以知一法之「不自有此有無生滅等一切」，則又爲深度的空智。欲有此廣度深度的空智，而學觀空、證空，此所學者，可說無窮無盡。此所證之空，亦可無盡之深廣。唯學者證者，可自知其深廣之度。以此人所自知之廣空深空，以觀任何法，則任何法皆如浮游于一無盡深廣之空面上，以淩虛而成透明，如太虛之浮雲，爲太虛與日光之所徹，而浮雲之意味，即不同地上之雨霧。今若將吾人平日所接之萬法之皆實而不透明，皆視同一一之雨霧，而一一移之于空濶之太虛，更以無盡之光明，透過之，卽可粗喻此依深廣之空智，以觀萬法時，其所內證自知者之何所似。然在純粹之義理上說，則要不外說此一切因緣生法卽性空、而非有非無之義理。然言非有非無，可是依無以說其非有，依有以說其非無。此乃以有無相對作橫說，而其中之義理，仍不出有無。然吾人亦可說此有無必以超有無之非有非無義爲根據。依非有非無義爲根據，以說有無，而說有卽非有，無卽非無，則是于有無作竪說。然說非有非無，是否亦是以非有非無與有無二者相對，作橫說，則是一問題。若此亦爲橫說，則由非有所展示之第一義諦或眞諦，與其非無所展示之世俗諦，仍只爲二諦，而無其上之更深之根據爲之統。今問是否眞有此更深之根據，如何說此更深之根據，則此本身爲一關于空有自身之義理上之深度的問題。此下卽循此問題以言吉藏對般若三論之學之進一步之貢獻所在。

## 二　二諦異體、同體之三家義

吉藏之學自謂承僧朗于般若學所傳之關河古義。然其更由般若學以兼通法華、涅槃與他宗之論，規模弘濶，似智顗、法藏，著述之富，亦不相下。然其學似無傳人。唐均正大乘四論玄義，能發揮其義，此外未有聞。蓋後天臺、華嚴之學盛，其學遂成湮沒，其書多佚于中國，清末乃自日本取回。實則其言二諦、言絕名、言佛性、言二智、言八不，皆極有其精義。其年雖較智顗爲晚，其書蓋早于智顗之書而出，其所言之義，亦宜視作其前之般若學至天臺學之一過渡。今略說其言二諦、絕名、及佛性之義如下：

按對此二諦之問題，除上說之般若及法相唯識之論，皆有世俗諦、勝義諦之二諦外，維摩詰經、涅槃經之言及二諦，皆根于佛學原有世間與出世間之二者而立。小乘佛學重由世間至出世間，大乘佛學則欲卽于世間中出世間，而恆歸向于說二諦，更言其不二。如涅槃經之言常與無常不二，維摩詰經之以不二法門言不二是也。然不二，必先有二而後能成就。此不二者爲何物？中論言「衆因緣生法，我說卽是空，亦爲是假名，亦是中道義」。此中道似當卽就此二而見其不二者。則此中道豈不可說另爲一諦？然由二見不二後，亦可更無所得，如維摩詰經之歸于無得無說，大般若經無所得品、多問不二品，皆言諸法無二者，名無所得；遍學道品言二是有，不二是非有。在般若宗經論之文中，則初無中道爲另一諦之說。觀印度西藏之學之言中觀之二諦，亦似不同于中國佛學之求二諦之根據之于此中道，而更必以之爲二諦之體者。今如謂二諦必以中道爲根據，或爲其體，此中道又當如何理解？又謂此二諦以中道爲體，則于此二諦，又當如何理解？此則爲六朝至隋之佛學所討論之一問題，而吉藏則對此有其特殊貢獻，而其說實無異下開天臺三諦之說者。

此二諦之根據或二諦之體問題，據吉藏之二諦義有十四家義，但約有三家義。此三家中之第一家又分三家。故大乘玄論中又分爲五家義。此三家中第一家明二諦一體，第二家明二諦異體，第三家明二諦以中道爲體。又言當時龍光（僧綽）主二諦異體，謂三假爲俗諦體，四忘爲眞諦體。名相爲俗諦體，無名相爲眞諦體。至第二家主二諦一體者，則或以眞諦爲體，或以俗諦爲體，或以二諦互爲體，故其中可分三家。第三家明二諦以中道爲體，此是開善（智藏）義。彼謂開善既以二諦互爲體，又以中道爲二諦體。中道中更分眞諦中道、俗諦中道、與二諦合明中道，卽非眞非俗中道。于此三中道中，乃以眞諦中道爲體。彼又謂開善言二諦攝法盡，莊嚴（僧旻）則主二諦一體，又言佛果涅槃出二諦外。此諸家之說如何，今已不能詳考。然觀此諸家言二諦義之不同，則見此二諦之問題，爲一當時所共同討論之眞問題，亦當時所譯佛經中未有決定之答案者。如在涅槃經、維摩詰經言不二，並未明言中道。成實論、中論言中道，亦未明言中道爲二諦體，或二諦必有體或根據。然二諦既是二，是否有共同之根據，亦當是一問題。今卽據吉藏之書所述，更可見諸家之言，亦非無理趣。吉藏于二諦義、大乘玄論、中觀論疏、淨名玄論等書，雖評斥諸家之說，然吾人亦正可說吉藏之說，乃由諸家之說之所發展而成。今試本此意，以言此中之思想發展之迹相。

玆按成實論自被吉藏判爲小乘，卽爲後世所忽。然此論在南朝固嘗被視爲大乘。當時之所謂成論大乘師，亦初不以成實與般若三論之義爲相悖。在印度，成實論之成書，在般若經及三論後，其中如破因果品，亦大體同于般若三論之旨。則當時論師必嘗兼取般若三論與成實論之說，以成其自論，而亦對成實論思想，有所增益或發展。如吉藏書中謂成論師言三假，上文所引龍光以三假爲俗諦體，四忘爲眞諦體，卽依三假義說。今按成實論原書言假名諸章，並未明用三假之一名。此當是出于成論師所爲一綜合之說。所謂三假者：一因成假，二相續假，三相待假。有爲法以因緣生，曰因成假；有爲法前後相續而生，名相續假；待短而有長等，名相待假（註一）。吉藏、智顗講佛家義，皆不重此成論師三假之說。唯智顗于摩訶止觀，更言大乘經論中亦有此三假之說。謂此三假與大智度論卷四十一，所謂名假施設、法假施設、受假施設，大體相應。蓋凡受者皆相續假，法假施設皆因緣生，名假施設而非受與實法者，則皆依相待關係而假立者也。對此三假之觀念，後慧遠于大乘義章，更開因成假爲二，一爲因成，一爲緣成，于相待假，更分種種。然合此因成、緣成，爲因緣成，或因緣生亦可。此說因緣生者爲假，乃諸宗共許義。說相續者爲無常、不常，亦不斷而爲假，復佛家所共許。毘曇之言無實體性之我與人物，亦卽要在自因成假，與相續假立論。至于相待假，則成實論中固有之；而中論等之言因緣生法卽空，而以生滅、常斷、一異、來去、時、空、有、無等，皆非實有，正是自其皆爲相待而說

**註一**：前文引及之瑜伽師地論卷一百分假名爲六：一、聚集假有，卽成實論之因成假。二、因假有，謂未來世可生法，而有其因，當可生故。三、果假有者，所謂擇滅，謂是道果。……唯約已斷煩惱，于當來世畢竟不生而建立。四、所行假有，謂過去已滅，諸行唯作現前念所行境，是故說名所行假有。此三者，乃兼依因成與相續之義而建立。思之可知。五、分位假有，名不相應行法，此可說爲兼依觀待、相續，因成而假立者，六、觀待假有者，謂虛空非擇滅等。虛空無爲待諸色趣而建立。此同成實之相待假。

之故。然中論中，則無此相待假之一名。成論師之言相待假，則可攝中論之義。再加餘二假，則亦攝毘曇義。故此三假之名之標出，卽甚有意義。而龍光之依三假以說爲俗諦體，更依此三假之「非實有」義，而忘一切四句之分別，（如自生、他生、共生、無因生、四句，與有、無、亦有亦無、非有非無四句）見眞空爲眞諦體，亦卽所以通成實論與般若三論之義爲說。以三假爲俗諦體，乃自客觀之法上說，以四忘爲眞諦體，則是自主體之心上說。此亦未爲非是。然龍光以二諦別體，則二只是二，未有通此二之道。于二諦中，只以二諦之一之眞諦或俗諦爲體之說，固有所偏，然亦由于欲在二諦中求一體或定一本末先後之要求。其中以俗諦爲體者，蓋依于人初所知者，皆種種因緣生，而相續相待之假法。謂此假法爲空，乃對假法而說，卽以假法爲主辭主體，而以空爲其性，爲其賓辭。此亦非不可說。其以眞諦爲體者，蓋自假法既以空爲性，則此空性，卽假法之所以爲假法之本質而說。此同非不可說。假法既有空性，空性亦在假法，則說此二者相待，以互爲體，亦非不可說。至于主二諦以中道爲體者，蓋卽由此假有與眞空之相待，而不更偏主一邊，以言此相待中，有一中道，以通此二邊。而人之觀行，亦當依此不偏此二邊之中道而行，以兼知此假有與眞空之二義。此卽以中道爲體，而以通此二邊爲用也。此中道，既通于此眞諦與俗諦之二邊，而其自身又非此二邊，只兼通二邊。則自可言有眞諦中道、俗諦中道、及眞俗合明之中道。于此更重此眞諦，則必重眞諦中道，而言眞諦中道爲俗諦中道之體，亦眞俗合明之中道之體也。

此開善（智藏）之言二諦以中道為體，即以中道之一，統二諦之二。其開中道為眞諦中道、俗諦中道，即將此二諦之二，更攝入中道之一，使中道成一而二者。其言眞俗合明中道，即再使此眞俗二中道之二，更統于一，以二而不二。其在眞俗中道中，更以眞諦中道為體，則再由二而一。此中亦固有一思想上之開合工夫，亦見一對其前之中道之說之有一發展。據吉藏大乘玄論卷二述開善義曰：「以諸法起者，未契法性也。既未契，故有有；則此有是妄有，以其空，故是俗也。虛體即無相，無相即眞也。眞諦非有非無而無也，以其非妄有故。俗雖非有非無而有，以其假有故也。與物舉體即眞，故非有；舉體即俗，故非無。則非有非無，眞俗一中道也。眞諦無相，故非有非無。眞諦中道也。俗諦是因假，即因非即果，故非有；非不作果，故非無。此非有非無，俗諦中道也。」此如以吾人上述之中論之義衡之，亦皆未嘗不可說者也。

## 三　吉藏言二諦是教、不二為理義

然吉藏于上列諸說，則皆加以破斥；于開善之說破斥尤甚。吉藏于其三論玄義、大乘玄論卷二中，謂成實人明中道有三種中道之說，似以開善之說為成實人之說。然大乘玄論又謂龍光亦主三種中道，則其所謂成實人或指龍光，非指開善。其二諦義卷下，復謂開善之說，出自周顒三宗論之假名空之說，而不得其實義，故還以眞諦爲體，則似以開善爲學般若者。于二諦義中，吉藏自謂其發揮山門正義，卽般若宗正義，一爲彈成論，一爲斥學三論不得意者。于後者中，卽斥眞俗二諦相待之說。此正爲開善義。則吉藏亦未必視開善爲成論人，而是謂其爲學三論不得意者。然依吾意觀之，則當時成論師，原可兼採成論義與三論義以爲說。開善之言三種中道，不只爲成論所未有，亦三論原文所未有。成論言二諦，以行于中道，中論兼言二諦與中道，皆未以中道爲二諦體，更未有三種中道之說。開善言有中道爲二諦體，而以一統二，是以中論之中道義，兼統中論與成論之二諦。其更依二諦以分一中道爲三，則是本中論、成論之二諦，以開中論之中道爲三。正當是兼綜中論與成論所成之論也。

至于吉藏之評斥開善等之三中道，以眞諦爲體之說，則見其大乘玄論卷二及二諦義中，今不擬述。然吉藏亦自開中道爲此三者。唯謂開善等不得此開爲三之眞旨，而「學三中不成」耳。在吉藏意，學三中而成者，當知二諦乃以「非眞非俗爲二諦體，眞俗爲用，亦名理教，亦名中假；……不二爲體，二爲用。」（二諦義下）而吉藏之言此非眞非俗爲二諦體，則其理論根據在其言二諦初是自教上說理，以使人緣理悟境。教是二，而教所示之理，則爲二。此則吉藏之言二諦之勝義之所存，而亦實有進于開善之仍歸于以眞諦爲體者也。

所謂二諦是教，不二是理者，卽說二諦乃佛爲化度衆生以轉迷成悟而立，非依客觀之境上有此二諦之二理而立。今觀中論言二諦，則正多是自客觀之法境上，一方言其是因緣生法，爲俗有而非無，再一方則言其實性空，眞空而非有。此俗有眞空，非有非無，正似是一切法境本有之二方面之理。在中論唯于如來品中說，于如來自身，不能說有無、與非有非無。如來所證，自當超有無，亦即超非有非無。于此不須更說有無或非有非無。此無問題。然人欲成如來，必須先悟諸法之實性實相之空或無相，則似必須先知其「因緣生而非無，其實性空而非有」之二諦或二理，而由之以入中道中觀。故在中論，此因緣生法之有而非無，其實性之空而非有，自是中論于一切法上所說之二諦理。中論固未言此二諦初只是依敎而立，而非依境理而立。則當時開善等謂二諦是天然之理，雖或不得三論密意，然亦未必悖于中論等之明文也。然吉藏之說此二諦，初只是敎，更說二諦所依之理，是不二之理，而非二境理，亦有其根據。此根據要在自境上說，則此二方面之境理之呈現于聖與凡（凡俗）之情形，乃不同而相違反者。如于此諸法在境理上，只執爲有，此于凡固爲實，爲眞理而爲諦，是爲世俗諦。然凡初不知此有者之空之眞諦，則此眞諦初非于凡爲實，而非眞理，亦非諦。至于對聖言，則以其知一切法之性空，則此性空或眞諦，于聖爲實；而于凡人所執之有而視爲實者，則聖又知其爲不實。故凡人所視爲眞理或諦之所在，于聖卽非實非眞理，亦非諦。故二諦義首言「世俗諦者，一切諸法性空，而世間顚倒謂有，于世間爲實，名爲世諦。諸賢聖眞知顚倒性空，于聖人是實，名第一義諦」由是而此二諦，初乃分別對聖與凡爲諦；而于聖爲諦者，于凡初非諦；于凡爲諦者，于聖亦非諦。凡只執其所見之有爲實，以此實有爲諦；聖知此實有空，卽以此實有之空爲諦。卽于凡則初只俗諦爲諦，于聖初只眞諦爲諦。此二諦之義，于聖及凡，卽互相違反，只分別各于凡、于聖爲諦，而初不能同時爲諦，以相並爲二諦二理。則吾人亦不能自客觀之法之境上，說有此二諦二理矣。此俗諦之于凡爲諦、眞諦之于聖爲諦，乃取于聖、于凡之「兩情爲諦」，吉藏名之曰「于諦」，以別于汎說之境理之諦，亦別于聖爲化度衆生而立之「敎諦」。

觀吉藏之旨，是純自「于諦」上說，聖心中初無俗諦，以其不如凡人之執實有爲諦故。凡心中，亦初不知眞諦，以此實有之性空，初不對凡爲諦故。于此人如謂此凡心雖不知此實有之性空，然此實有自具此性空，爲法性，此卽般若三論宗傳統之依境理言性空之法性之說。此亦非吉藏所能否認或所欲否認。吉藏之意是此性空，唯對聖心而呈顯，而當其呈現之時，聖心只見眞諦，不見二諦，亦初無二諦之敎之立。此二諦之敎之立，唯是聖心旣見此眞諦後，更爲化度衆生而立。爲化度衆生，故須先順衆生心，而言其所視爲實有者，對衆生心爲諦，而亦說之爲諦。此卽世俗諦。故說世俗諦是實說，以此「有于凡實」故也。然聖亦同時對凡說：除此世俗諦之外，更有眞諦，以使衆生知其所謂實有者，非眞實有，而爲空。由此以使衆生知「空于聖實」，凡諦外有聖諦。聖依此二諦說法，以使衆生，轉凡入聖。于此如聖不欲轉凡，或不順凡心所視爲實者，亦先說之爲諦，則無此二諦之可說。故說此二諦，其所依者，乃上述之「于諦」，而說二諦法，則是敎諦。固非直對一境，說其中有二諦所表之二理也。聖之說二諦法，乃在使衆生于實有不見爲實有，而更見其性空，而更不見其所先見之實有之爲實有。故說二諦之理，乃所以示一轉凡成聖，于凡之實有，見其空之道。道運于此實有與空之間，故爲中道。此中道只是一道，亦卽只是一不二之理。此不二之理，卽二諦敎之所依之體。故二諦以一中道爲體也。

依吉藏說諦，則于凡只俗諦，于聖只眞諦，此「于諦」中，並無二諦之並存。言二諦乃自聖爲化凡而立之敎諦說。聖爲化凡，卽知眞諦于聖爲實，此爲聖之實智；又知世諦于凡爲實，此爲聖之權智。聖依此二智，而兼知聖凡之境；亦知此于聖與于凡之二諦，乃有二諦可說。聖之說二諦敎理，乃依其二智于聖凡二境之所照者，更爲化凡而說。凡之聞敎而知二諦之理，亦卽知轉凡境至聖境之道，是爲凡之「識敎悟理，悟理；……敎卽轉名境」（二諦義中）。聖之說法，是境轉爲敎；凡之聞敎，是敎轉爲境。此是由上而下，與由下而上之二相對歷程。然此中凡聞二諦之敎，可不必卽能知由二諦敎，以悟理成智，而可本其平日之習，只謂俗諦爲實，而聞此敎中有此俗諦，卽更以此俗諦爲實；于敎中之眞諦，則視爲俗諦外之另一諦，認爲與俗諦相對立，而不依之以悟理，轉境生智。此在吉藏名之爲「迷敎于諦」，以別于聖之依其權實之智，所照之聖凡二諦，乃聖說法之「所依于諦」者。聖說法之所依于諦是本，敎之二諦是末。聖說法依二諦，其說俗諦有，不只說俗諦如何有，而意在使凡之聞法者，更知其有于聖爲空，而由所執之俗有，以知眞空。聖說眞空，亦非只意在說眞空是如何，而意在使凡之聞法者，知此眞空，以往向于空其所執之俗有。故其說有，乃意在導凡不住凡，說空亦意在導凡，以不住空，以往向于空其所執之實有。其兼說俗有眞空二諦，則意在合此二者，以悟一由凡入聖之不二之理。故曰「二是教，不二是理」（大乘玄論卷一、二諦義，一標大義），而其說一不二之理，亦所以使人本此理以觀二諦，見不二于此二中。故曰「如來說有，爲表不有，說無爲表不無，說二令識不二」。然凡之聞教而禀教者，則可不知說法之意，而「聞有住有，聞無住無」、「聞二住二」，皆是「迷教于諦」，而「住教遺理」。故此二諦在聖乃依之成教。聖心中自有此二諦，此爲聖所眞解之二諦。然在賢未脫凡情者，卽皆未必能眞解二諦，不免住教遺理。此則如二乘有生滅斷常心者，聞涅槃境爲眞空，卽住此眞空，成爲斷滅世間法，是卽聞無住無。此卽與人之聞有住有者，同爲不見理者。故其聞此俗有眞無之二諦教之後，「有不得無，無不得有，有不能無用，無不能有用；二不能不二用，不二不能二用，橫豎皆礙」。依吉藏義，凡相對相反爲用者，是橫；凡上下層相貫者，是豎。有無相對相反爲橫；有而非有，無而非無，不二于二、二于不二，爲上下層而相徹，卽是豎。禀教遺理者，不知二者之不二，于相反只視爲相反，有不作無用，無不作有用；于上下層之二與不二，原當相徹者，加以隔斷，是爲橫豎皆礙。此卽凡夫之二諦。

吉藏卽依上說，當時龍光以三假是世諦，四忘爲眞諦者，其「三假不得四絕，四絕不得三假」，「無不得有，有不得無」者，仍是此凡夫二諦。更言大小乘皆有學二諦而失二諦者。其中或是學二諦，成性二諦，卽上之聞有住有，「聞無住無」，而「無不得有，有不得無」，而不知由無故有，由有故無，「失因緣二，成性二」，亦失此有無二者之相因待之不二，即「失不二二」，成「二故二」者也。此外又有學二諦成一諦者。此則或唯成一空諦或眞諦，或唯成一有諦或世諦。于學二諦，成一諦者，二諦章唯舉六家七宗中，卽色、心無二宗爲例。又言毘曇不明空，只就事理判二諦，而其所說事理皆世諦。于成實論，則謂其只知析法明空，不明諸法本性空，亦失第一義諦空，而仍只有世諦。依吉藏之他文所論，則當時之只以眞諦爲二諦體，或只以俗諦爲二諦者，亦皆學二諦成一諦，以失二諦者也。

此學二諦成性二，乃由視此二諦之二卽是二，非不二二。學二諦成一諦，則可說由于欲使此二成不二，而不得其道，遂歸于二中之一諦。依吉藏意，此中之二諦之二，自不可化爲一。然聖教之有二諦，乃在化凡爲聖，由世俗諦有以知眞諦空。此只是一道、一不二之理。依此不二之理，以觀二諦，則二諦卽不二，亦依此不二而成二。欲見此一道或不二之理，要在使吾人思想向內向上，觀相對者之相攝，以統于一；而不可反此以向外向下。此卽其言由「橫動」而「竪拔」「須上揚不得下抑」之旨。由此而人之理解此二諦，則有三四重之次第之可說。第一重說「有爲世諦、無爲眞諦」。此卽上說之凡夫境之一重二諦。「第二明說有說無二，並世諦辨說非有非無不二爲眞諦。」此卽由有無之相待言不二，由有之待無而非有，無之待有而非無，以說非有非無不二爲眞諦。此是第二重二諦。然此不二與二，乃上下相徹者，不二卽二之不二，二卽不二所不之二。故不二依二，卽依非「不二」之二，而非不二。二依不二，卽依非「二」之不二，而非二。故更言：「說有無二，說不二，（非有非無之不二）爲世諦，說非二非不二爲眞諦」，此卽第三重二諦。此三重二諦，卽包括一切敎門。在大乘玄論更說第四重二諦者，則是因「說此三門，爲令悟不三，無所依得，始名爲理」。卽說此三重二諦敎，乃是爲使凡悟一轉凡成聖之道之理。此三門之敎，皆爲世而立，亦皆是世諦，不言之理，方爲眞諦。此四重二諦之設，卽可使人不致住敎迷理，失二諦義，亦可去佛學他宗迷理住敎之偏。故在大乘玄論更謂對毗曇事理二諦，明第一重空有二諦。二者對成論師空有二諦，言汝空有二諦是我俗諦，非空非有方是眞諦。故有二重二諦也。三者對大乘師依他分別，（卽遍計所執）二爲俗諦，依他無生、分別無相，不二眞實性，爲眞諦。今明若二若不二，皆是我家俗諦，非二非不二方是眞諦。故有三重二諦。四者大乘師，復言三性是俗，三無性非安立諦，爲眞諦。今明汝依他分別二，眞實不二是安立諦，非二非不二、三無性，非安立諦，皆是我俗諦，言忘慮絕，方是眞諦。」此中第四重二諦，乃謂凡屬敎者皆是俗諦。故大乘法相唯識宗之言安立諦之三性，與非安立諦之三無性之屬敎者，皆是俗諦。則屬理敎之二諦，皆是俗諦。其中只有三重二諦。在二諦義一書中，以理敎說二諦，故亦只說三重二諦。其法華玄論卷四，依二智說二諦，亦只三重二諦。此三重二諦在四重二諦中言，皆只爲俗諦。則此中之眞諦，卽指能說此敎之聖智聖心，與聞此敎者，轉凡成聖後之聖智聖心。此在言敎外。卽四重二諦中之眞諦在言敎外，而在言敎中言二諦，卽只此三重二諦也。（此大乘玄論言四重二諦，唯言其所對之他宗，在三論玄義等書，則更評及他宗之說。可互相印證。）

此上所說之三重或四重二諦之說，乃正對毘曇、成實、大乘法相宗之論，而般若宗言二諦之特殊義，卽可由之以見。至于言中道，則此只是眞俗二諦之根據，或二諦之體，而在二諦之上層者，故不同其時他家所言之體用相卽。二諦是二，其所根據，在能通此二諦而說法之聖智。此聖智通此二諦，卽不落二諦之二邊，而行于中道。不落二邊卽不二；故不二，卽非眞非俗之中道而爲二之體者。此中隨二諦之有數重，中道自亦可說有數重。在第一重之二諦中，以有爲俗諦，無爲眞諦。此有爲定性有，此無爲定性無。此爲二，則通此二之中道，卽兼通此定性之有無，于有見非有，于無見非無之不二之中道。此中之定性有無之定性，卽俗，故此中道爲俗諦中道。依此中道卽于此中之實有實無，見爲假有假無。有無卽生滅，故依此中道，卽于生滅見不生不滅之中道。由此中道，而定性之有無生滅，成爲假有無、假生滅，故此中道又稱爲「假前中」或「破性中」。在第二重二諦中，無與有之二，爲俗諦；非有非無而有無不二，爲眞諦。此亦卽以此有無不二之中道，所成之假有假無，或假生假滅爲眞諦。而通此中之眞俗二諦者，則爲「于此不二與二，亦見不二」之中道。亦卽「于不二視爲非不二，于二視爲非二」之中道。依此中道，而依「非有非無」以有無，依不生滅以生滅。亦卽依假有假無，而有無，其有無卽非有非無；依假生假滅，而生滅，其生滅卽不生不滅。于此見中道之用于成此假，故稱爲「中後假」，亦稱爲「用中」。此假生假滅，假有假無，卽由去定性之有無生滅，而見得之眞諦。故通此眞諦與俗諦之中道，爲眞諦中道。至于在第三重二諦中，則于上述之二與不二，皆爲俗諦，以非二非不二爲眞諦，亦卽以上述之眞諦中道爲眞諦；而通此重二諦中之眞諦與俗諦者，卽通「二與不二」及「非二非不二」之二者之中道。此中，能通「二與不二」，乃上述之俗諦中道；見「非二非不二」之中道，爲眞諦中道；則通此「二與不二」及「非二非不二」之中道，爲眞俗合明中道，亦卽眞俗不二之中道。依此中道，而于有無，見非有非無，唯視爲假有假無；于生滅見不生不滅，唯視爲假生假滅；亦于非有非無中見假有假無，于不生不滅中見假生假滅：更于此非有非無不生不滅，見此不二之中道之體；于此假有假無假生假滅，則見此中道之用。此中道乃依體起用之中道。故稱爲「體中」。大乘玄論卷一明中道節曰「初明性空，次後明假，第三明用中，第四明體中」。此體中，亦稱爲「假後中」其所起之用，卽爲上之「中後假」。此眞俗合明中道，卽其三重二諦中最後一重眞諦所在也。

吉藏言三中道，在二諦義及大乘玄論卷一、卷二中，尙有種種曲折之析論，如言中假之相攝及單中、複中、單假、複假等，今不贅述。要之，在吉藏，任何眞俗二諦皆以不二，而非眞非俗者，爲其體。此不二，而非眞非俗者，卽說此眞俗二諦之聖智所契之理。而此理只是一理。卽轉凡成聖、拔俗成眞之理。此智兼權實二者。依實智知眞，依權智知俗；更依其所知之眞俗，以說二諦之教。此中如自聖智之所契之理境言諦，亦可說在眞俗二諦之上有第三諦。吉藏本仁王經有諦、無諦、中道第一義之言，謂此中道爲第一義諦卽第三諦。後智顗言三諦，據云本於慧文。慧文言三諦，乃直將中論之「衆因緣生法，我說卽是空，亦爲是假名，是爲中道義」中之「空」、「假」、「中」三者，先並立而說。然此只是慧文之解釋、與中論之本文只有二諦者不合。智顗于法華玄義卷二言三諦，亦謂三諦之名本在瓔珞經與仁王經。但依吉藏，則佛說眞俗二諦，在使凡拔俗契眞，而唯見眞者爲諦，見俗爲非諦，俗于凡爲諦，于聖非諦。故所謂俗諦，亦諦亦不諦；而其爲諦與否不定。凡人以俗爲諦，固亦可以聖所知之眞非諦。然凡不能知聖，亦不能眞知眞非諦。而聖則能知凡，並知凡所謂諦非諦。故凡有智而成聖，亦必知其初所謂諦非諦。而必歸于只有眞爲諦之一諦。（此詳論在二諦義卷中卷下）由是而此二諦之教，只是聖爲凡說，以化凡，而使凡歸于一諦之教者。故二諦亦只是在聖之教諦。此二教諦中所說之理似爲二理，而實只表一不二之一理、一道。大乘玄論卷一釋二諦名所謂「能表爲名，則有二諦，若從所表爲名，則唯一諦」是也。

## 四　吉藏言二諦之絕名義與不絕名義

吉藏之言二諦以不二之中道爲體，並辨于諦與教諦之不同，自謂是只發明中論言二諦之本意，故其三論玄義又謂中論直以二諦爲宗，破衆迷；百論則明對此二諦之二智之相爲宗，以破外道小乘之迷；十二門論則以二諦所連之境智爲宗，以破大乘教內部之內迷。則中論之旨，卽統三論之旨。然三論之文中，則並未如吉藏之明言及此等等，而三論之論辯，則明似乃自境理上言二諦。吉藏自「有于凡實，空于聖實」上言于諦，謂依于諦說，只是情謂。只依情言諦，卽失二諦教之本義。二諦教乃聖依一不二之理，並本其實權二智而立。此乃依理依智言二諦。而天臺智顗于法華玄義中言二諦，亦卽有依情依智之分。又吉藏說中道第一義諦可名爲第三諦，亦隱含智顗三諦之說。大乘玄論言合四假四中，方爲圓中圓假，亦隱涵圓教義。又其言空有權實二智，不止在般若、維摩，亦通一切經，如涅槃。（二諦義下）其以化他、自行、分權實二智，亦幾于智顗言權實之旨。故吉藏年雖稍晚于智顗，然其學則可說爲其前之般若學至天台宗之學之中間之學。由吉藏言二諦，以中道爲體，更辨及二諦之絕名與否之問題，以及佛性當以中道說，此亦有其在中國佛教哲學思想史中之特殊地位。今略述于下：

此名言與所表之義理或眞實之關係問題，原爲人類思想所共有之問題，而魏晉玄學中之有言盡不盡意之問題，亦由此而起。在印度佛學如瑜伽師地論六十四卷說種種不應記及六種不可思議，卷十六言四種不可說。在中國佛學之傳中，則僧肇恒言「眞諦獨靜于名教之外」，「物無當名之實，名無得物之功」。成實論與中論皆言假名空。法相唯識宗之經論，亦同以遍計所執而立者，卽只依名想而立，而其實性空者。然能表第一義諦或眞諦之空或眞如、般若、涅槃等者，亦是名。名似亦皆當有其義，人乃能依名起想。然依名起想者，不必爲眞實，卽又只是名想，而當言其實性空，更求絕此無實之名與想。然知名想無實，或知名想之空爲實際，又似當先有名想。然後可更緣其「空」之名，以想其空，更依「實際」之名，方知此空爲實際。則名與想，似可絕而又不可絕。此卽形成一思想上之矛盾衝突情形。吉藏時之光宅、莊嚴、開善，卽皆討論此當絕名與否之問題。據大乘玄論卷一立二諦名云：「常途相傳，世諦不絕名，引成論文，刼初時物未有名，聖人立名字，如瓶衣等物，故世諦不絕名。眞諦與佛果，三師不同。光宅云此二皆不絕名，眞諦有眞如、實際之名，佛果有常樂我淨之名；但絕麁名，不絕細名。莊嚴云：此二皆絕名。佛果出于二諦外，是故絕名。眞諦本來自虛，忘四句，絕百非，故絕名。開善云：眞諦絕名，佛果不絕名……佛果，此世諦，所以不絕名。若佛智冥如，絕名」。此卽見當時佛學中，對絕名之問題，有種種說。大率于世諦之有名，人恆以為可說。以「瓶」、「衣」等名瓶衣，已是一說。而說瓶衣如何如何，更是一說。至于對眞諦、佛果，則言其絕名者，必以之為不可說，以之為非絕名者，則雖以名說，而亦可對此名無可說；或並以此眞諦之名，亦是借名，卽借俗名眞，以其本當無名也。此亦正如西方中古哲學有謂：凡說上帝德性之名，皆只類比世人德性為名也。

佛家于眞諦、佛果，通常恆以為超出一切世間法之上者。一般之名，皆所以名世間法，故佛家皆喜言眞諦、佛果之超名而無名，不可思、不可議而不可說。然「眞諦」、「佛果」自身，畢竟亦是名。如此名由世間名假借，而同其名之世間義，則此諸名只說及其世間義所指之世間法，只為世諦非眞諦。如其不同于其名之世間義，則非假借。如其有義，則名得其義，非不可名。如其義不可名，此名則無義。吉藏卽由此而言此絕名之問題，而謂眞諦與世俗諦，同可有不絕名之義，亦同可有絕名之義。其淨名玄論卷一、二諦義卷中，皆論四句絕，卽俱絕、俱不絕、眞絕世不絕、世絕眞不絕。絕既有四句，故于二諦說不說，亦有四句。大乘玄論卷一曰：「若言二諦俱絕者，眞諦絕四句、離百非，世諦亦絕四句、離百非。然此義，從來所無，唯今家有也。」

由此吉藏之謂世諦亦離四句，絕百非而絕名，故于淨名玄論卷三謂俗境、眞境、合眞俗、泯境智四句者，同不可思議。此確不同于其前佛學之論，皆以世俗之物，必有名，而不絕名者。大乘玄論卷一釋其義曰：「火名爲當卽火、離火？若使此火名卽火，呼火卽燒口。若使火名離火，何故不得水耶？故知非卽離體有名。若在口中，不在火上，是卽火絕名。且復從來蛇牀虎杖，世諦絕名。復問人是何物？人頭手等何意呼人耶？強爲立名，豈非皆絕」。此謂名在口、在人、不在火，虎杖之名，乃人依意造，人之名依頭手等假立；則名在人之主觀，客觀之世諦法，原無此名，卽絕名。二諦義卷下言：「言二諦皆絕四句，離百非者，俗不定俗，俗名眞俗；眞不定眞，眞名俗眞。眞俗假俗，俗眞假眞。假俗則百是不能是，百非不能非；假眞亦爾。何者？假俗則是是不能是，百是亦不是；非非不能非，百非亦不非。假眞卽非是不能是，百是亦不是；是非不能非，百非亦不非。是故皆離四句，絕百非也。……然二諦俱絕而大異，何者？俗諦絕則絕實，眞諦絕則絕假。俗諦絕實者，是是則是實是，非非則是性非。以俗諦絕實故，是是不能是，百是所不是，非非不能非，百非所不非也。眞諦絕假者，非是，是假是；是非是假非、眞諦絕假故，非但：是是不能是，非是亦不是；非但：非非不能非，是非亦不非。是是與非是，一切不能是；非非與是非，一切不能非。眞諦雙絕，世諦假實。此卽漸捨，明二諦皆絕義（此上是第一）……第二、次就平道明二諦俱絕義。俗不定俗，由眞故俗；眞不定眞，由俗故眞。由眞故俗，俗是假俗；由俗故眞，眞是假眞。既云假俗，即四句皆絕。假俗非俗，假俗非不俗，假俗非亦俗亦不俗，假俗非非俗非不俗。假眞亦爾。」此文稍繳繞，但細觀之其旨自明。此初不外就俗之是是，不能爲實是（即定是），其非非亦不能爲性非（性非即實非、定非）。于此言百是百非，皆實不能有所是非。故世諦之名，即皆可絕也。至于眞諦絕假者，則以眞諦既非「是是與假是」，亦非「非非與假非」，故「是是」「非是」「非非」與「是非」四者，皆不能是之或非之。故眞諦之名，皆可絕也。再由眞俗相依，以眞非定眞，俗非定俗，而爲假俗假眞。假俗假眞，皆離四句，則四句名亦皆絕也。

二諦義卷下文又言「第三明二諦絕者，二諦絕即絕二諦，明二諦是教門，爲表不二之道。諸法非是有，非是無。非是有，爲衆生故，強說有，爲表不有。非是無，爲衆生故，強說無，爲表不無。此即有無，表不有不無，故有無絕也。正意者，不絕爲表絕，故不絕即絕也。第四、明二諦絕者，只二諦即絕，與前異。前二諦望表道，故二諦絕。今明只二諦即絕，只言說即絕，如淨名經天女與身子論解脫相。關中云：身子雖知，解脫無言，不知言即解脫。只言說文字即解脫，解脫不內不外，不兩中間，文字亦爾。不內不外，不兩中間，故文字即解脫，只文字即絕」。

由二諦之絕名，有上四義，故二諦皆有絕名義。然在上列第三義中，言有以表不有，言無以表不無，則見名言之所表，在名言外之相反一面。而在上之第四義中，更可就名言之自身，言絕名言。此卽前所謂自名言與其所表之不卽不離，以言名言之不在所表內而相卽，亦復不在其外而相離。名言于其所表，不卽亦不離，卽見名言不附着于所表之實，而亦能超其自身之實，以有所表。則用名言，卽同時有絕名言之義。由此說二諦之名言，有上列之四層「絕」義之第一層，則說二諦之名言或絕實或絕假。由第二層義，則表眞諦之言非定眞，表俗諦之言非定俗，而皆離四句。自第三層義，則說二諦之言，其意可在言外之相反一面。由第四層義，而名言卽絕名言。由此依二諦而有之說與不說，在大乘玄論卷一、淨名玄論卷六、及二諦義等書，皆謂有多門分別。今據大乘玄論卷第一章作四門分別：㈠一者世諦說生滅，眞諦不說生滅，故云世諦說，眞諦不說也。二眞諦說不生滅，世諦不說不生滅，故眞諦說世諦不說也。三世諦說生滅，眞諦說無生滅，故二諦俱說。四世諦不說無生滅，眞諦不說生滅，故二諦俱不說也。㈡明生滅是世諦說，不生滅是世諦不說。不生不滅，是眞諦說，非不生非不滅是眞諦不說。是卽二諦俱說俱不說也。㈢說生滅、說不生滅，皆是世諦故說。故眞諦不說生滅，亦不說不生不滅。故云世諦說，眞諦不說也。㈣眞諦說世諦不說者，世諦雖說生滅不生滅，實無所說；眞諦雖無所說，而無所不說。……說是不說說，不說是說不說。說是不說說，故雖說而不說；不說是說不說，故雖不說而常說。故得世諦不說，而眞說也。

此吉藏之言二諦與言說之關係，翻折稍嫌多，然亦自可有此種種翻折之論。今只略引其文以見吉藏之言眞俗諦，已大不同于昔之爲般若三論學者，偏在「于眞諦說其絕名言，于俗諦說其有假名之名言者」。吉藏乃是于眞俗二諦平觀其皆有不絕名言，與絕名言之二義。並謂名言中亦自有其絕名言之義。由此而在吉藏，雖亦謂在聖之實智，唯證眞空，非言教之範圍；然在言教之範圍中，此言教亦可一切不說，而無所不說；而善解言教者，亦可由此無所不說，以悟一切不說。故無所謂必不可說者；人亦無不可由聞說，以悟不說；然後說者聞者，乃皆可于言說無礙。吉藏之廣爲經疏作注，而繁其言說，以弘般若之義；而仍謂宗般若之說，只爲破邪，卽以顯正；其破邪之說，除破邪外更無所說，亦不當有所說。此其言之所以不自相矛盾者，亦唯以吉藏知此說卽不說，不說卽說之旨之故耳。按智顗維摩經玄疏、法華玄義等書，皆論此絕言之問題，灌頂涅槃經玄義，亦言絕名與不絕名之義，亦皆極圓融，似吉藏，然其書蓋皆在吉藏後也。

# 第五章　般若三論宗之二諦義與吉藏之中道義及佛性義（下）

## 五　吉藏之以中道說佛性義

吉藏之依中道言佛性之義，可見吉藏之會通般若、涅槃二經之旨。原此佛性之問題，自竺道生以得佛之理，言佛性之後，更有種種之說，有本涅槃經義言者，亦有本般若經、地論、攝論義言者。吉藏大乘玄論卷三謂當時言佛性者有十一家說。淨影慧遠大乘義章、均正大乘四論玄義皆謂當時佛性之說有十一家。吉藏于此十一家說，約為三意：㈠以衆生為正因，或以六法為正因。此之兩釋，不出假實二義，衆生卽是假人，六法卽五陰與假人也；㈡以心為正因、或以冥傳不朽、或避苦求樂、或眞神、或阿棃耶為正因。此之五解，雖復體用眞僞不同，並以心識為正因也；三有以當果、或得佛理、或眞諦、或第一義空為正因。此之四解，並以理為正因也。既合此十一家為三意後，吉藏更一一破之。然後次第說其佛性論。今直本其原文提要照抄，然後再總說其思想之宗趣。

其破第一意中衆生是佛性之說曰：「旣言衆生有佛性，那得言衆生是佛性耶」？又破六法是佛性之說曰：「佛性者不卽六法、不離六法，……不卽六法，故六法非是佛性」。再次破第二意中之五家，謂其皆是「心家體用」。又謂「經云：有心必得菩提……何時言心是正因佛性耶……。心是無常佛性常，故心非佛性也」。「乃至阿梨耶識，亦非佛性，故攝大乘論云，是無明母，是生死根本。故知六識七識乃至八九，設使百千無量諸識，皆非佛性……皆是有所得」。至于第三意中「以當果與得佛之理爲正因佛性者，彼言是世諦之理……以眞諦與第一義空，爲正因佛性者，此是眞諦之理也」。「以第一義空爲正因佛性者，此是北地摩訶衍師所用」。吉藏更破之曰：「若依涅槃文，以第一義空爲佛性者，下文卽言空者，不見空與不空，名爲佛性。故知以中道爲佛性，不以空爲佛性也」。以眞諦爲佛性者，此是和法師、小亮法師所用。吉藏謂其：「無有師資亦無證句」，又謂：「當果爲正因佛性，此是古舊諸師，多用此義。此是始有義。若是始有，卽是作法，作法無常，非佛性也」。謂得佛理爲佛性者，吉藏謂：「此是零根僧正所用。此義最長。然闕師資相傳」。吉藏更對此得佛理爲佛性之說作三重破：「第一、作有無破：只問得佛之理，爲當有此理，爲當是無？若言是有，有已成事，非謂爲理；若言是無，無卽無理，卽墮二邊，不得言理也。第二、作三時破：只問得佛之理，爲是已理？爲是未理？爲是理時有理？若言已理，則理已不用，無復有理；若言未理，未理故未有；若言理時有理者，若法已成，則是已；若法未有，則墮未。故無別第三法，稱爲理也。第三、卽離破：只問得佛之理，爲當卽空？爲當離空？若言即空者，則早已是空，無復有理。若言離空，有此理者，空不可離，豈得離空而有理。又離空而有理者，則成二見」。

吉藏既破諸家說，即歸于言非眞非俗中道，是爲正因佛性。下文更引涅槃經言「佛性……所言因者，即是境界因，謂十二因緣也。所言因因者，即是緣因，謂十二因緣所生觀智；……所言果者，即三菩提……；所言果果者，即是大般涅槃」。然吉藏謂此四者依因果說。因則異果，果則異因，因果差別，則因是傍因，果是傍果，即非正因。唯涅槃經所言之「非因非果」，乃是正因。非因非果，即是中道，名爲正因。……故經云：「佛性是三菩提中道種子也。所以佛性即是中道種子……正因佛性，非因而因，故有二因，謂境了二因；非果而果，故有二果，謂菩提與涅槃。……故若緣若了，並非正因，非緣非了，乃是正因。若菩提涅槃，並非正果，非菩提非涅槃，乃是正果。……但因中名爲佛性，至果便成性佛。故在因，但名非因，在果，則名爲非果。只是一個非因非果。……佛性在因，性佛在果；故果因名佛性。因果名性佛。此是不二二義。不二二，故二即非二。故云二不二是體，不二二是用。以體爲用，以用爲體，體用平等，不二中道，方是佛性。一切諸師釋佛性義，或言佛性是因非果，或言是果非因，此是因果二義，非佛性也。」

下文吉藏更辨佛性爲是本有、爲是始有之問題。其言曰：「一師云衆生佛性本來自有，理性、眞神、阿賴耶識。故涅槃亦有二種。性淨涅槃，本來清淨；方便淨涅槃，從修始成也。第二解云：經既說佛果，從妙因而生。何容食中已有不淨？故知佛性始有。復有人言，本有于當，故名本有。問：若爾，便是本有耶？答：復有始有義。……若言始有，應是無常。而言本有于當，此是何語？定本定當耶？……一切有所得義，無不自死……若執本有，則非始有。若執始有，則非本有。……但地論師云，佛性有二種，一是理性，二是行性。理非物造，故言本有；行藉修成，故言始有。……若言理性本有非始，行性始有非本者，更執成病，聖教非藥」。……下文吉藏言其所宗主曰：「今一家相傳，明佛性義非有非無，非本非始，亦非當現……至論佛性，理實非本始，但如來方便爲破衆生無常病，故說言一切衆生佛性，本來自有，以是因緣得成佛道。但衆生無方便，故執言佛性，性現相常樂。是故如來爲破衆生現相病，故隱本明始。至論佛性，不但非是本始，亦非是非本非始。爲破本始故，假言非本非始。若能得悟本始非本始，是非平等，始可得名正因佛性……無明初念與佛果相望……亦皆得是始、皆得是本。……生死涅槃亦爾……是故生死爲始，涅槃爲本；涅槃爲始，生死爲本……故生死涅槃，不是本有，不是始有，而終是無本無始；而今假名說故，更互爲本始無異。經云本有今無，本無今有。本若是有，今則是無；本若是無，今則是有。故今之與本，皆得名有，皆得名無……若悟假名，論有論無，至竟終是無有無無。故言三世有法無有是處。何異說新故本始，至竟終是無有新故本始義耶？」

再下一節，更言衆生是否悉有佛性，吉藏言有理外行心，與理內行心之分。理外行心，即若外道言一切諸法有生滅者。理內行心，即若佛法言一切諸法無生滅。此中先說理外無佛性，理內有佛性。

因若自理外言，則「理外既無衆生，亦無佛性，……不但凡夫無佛性，乃至阿羅漢亦是無佛性；……不但草木無佛性，衆生亦無佛性」。更自理內言，則「不但衆生有佛性，草木亦有佛性。……大集經云：諸佛菩薩觀一切法，無非是菩提。……此明理內一切諸法，依正不二。以依正不二故，衆生有佛性，則草木有佛性。……若悟諸法平等，不見依正二相，故理實無有成不成相。無不成故，假言成佛。以此義故，若衆生成佛時，一切草木亦得成佛。故經云：一切諸法皆如也，至于彌勒亦如也。若彌勒得菩提，一切衆生亦應得。此明以衆生彌勒，一如無二。……衆生既爾，草木亦然，故知理通。故欲作無往不得，是故得名大乘無礙，此是通門明義也，若論別門者，則不得然。何以故，明衆生有心迷，故有覺悟之理，草木無心故不迷，寧得有覺悟之理？喻如夢覺，不夢則不覺，以是義故，云衆生有佛性，故成佛；草木無佛性，故不成佛也。成與不成，皆是佛語，有何驚怪也」？

但吉藏下文第二更明，理外有佛性，理內無佛性。曰：「如般若經云，如是滅度無量衆生，實無衆生得滅度者。華嚴亦云平等眞法界，一切衆生入，眞實無所入。既言一切衆生入，當知是理外衆生入，而實無所入者，此入理內，無復衆生，故言實無所入者。……理內既無衆生；亦無佛性。理外有衆生可度，故言理外衆生有佛性」。下文更合此上段所說言，「理外若無，理內則有，理內若無，理外則有。或時言內外俱有，或時言內外俱無。故經云闡提人有，善根人無；善根人有，闡提人無：…故內外有無不定。所以作此不定說者，欲明佛性非是有無，故或時說有，或時說無也。……至于佛性，非有非無，非理內非理外。是故若得悟有無內外，平等無二，始可名爲正因佛性也。故涅槃論云：衆生有佛性非密，衆生無佛性亦非密，衆生即是佛，乃名爲密也。」所以得言衆生無佛性者，不見佛性故；佛性無衆生者，不見衆生故。亦得言衆生有佛性，依如來藏故；亦得言佛性有衆生，如來藏爲生死作依持建立故。下文言見佛性之義及佛性種種異名，今略。唯其中一語不得不引，即「若悟諸法平等無二，無是無非者，十一家所說，並得正因佛性」。此即于十一家說既破之後，更全收之，加以會通之言也。

上文已將吉藏大乘玄論卷三言佛性義要旨照抄。並分其文句。今當總說其宗趣。按此佛性問題，原是繼佛家言佛道而起之問題。人既知有佛道，更問人是否實有能行此道，而成佛之性，即有此問題。故涅槃經言佛性，傳爲釋迦最後所說經。然在中國思想中則早有心性之問題。故羅什傳般若，道生即言佛性，爲得佛之理，一切衆生皆有此佛性。吉藏更說十一家義而約爲三意。今按于此十一家，吉藏初雖破之，然上文亦引其後又言「若悟諸法無二」，則十一家亦並得正因佛性。今通此吉藏前後語觀十一家義，則言衆生（或五蘊法與假人）即佛性，乃以欲作佛者即衆生，故欲作佛，是衆生之事，亦即衆生之所以爲衆生之性。此非不可說。而吉藏破之者，唯是自衆生欲作佛而非佛，言衆生雖有欲作佛之性，而不可言衆生性是佛性。此要在辨衆生爲一現實之存在，作佛只是其可能性。可能非現實，故不可以衆生性是佛性。至第二意之言佛性以心之神識等爲正因佛性者，此在印度則勝鬘、楞伽、密嚴，皆言如來藏藏識爲佛性。人之作佛修道，自本于心，則心自當有佛性。吉藏之以吾人之心無常，佛性常，阿賴耶識爲無明生死本，以斥此說，唯是自吾人現有之心非常，有無明生死，而吾人正欲出此無明生死之心，爲說。吉藏文亦引勝鬘經言如來藏，則亦當許有如來藏心，爲人所內具之心，而爲人欲作佛之性所在者。唯吉藏之用如來藏之一名，其意蓋只指一如來之境爲人修道之所向，而尚未開顯者。故其後文雖說此爲性，而初不說之爲一心識耳。至于吉藏之破第三意，以當果與得佛之理爲正因佛性之說，此當果卽當來之佛果。人既謂當行佛道，而行盡此道，自當得佛果。人有此當果，卽有成佛之可能或成佛之理。此乃前望修佛道之事之究竟處，以說有此可能，有此理，而有佛性。此亦非不可說。其中言成佛之理爲世諦理者，卽謂此世俗中之衆生之法中，卽有此成佛之理。其言此理爲眞諦理者，則是自此理使衆生成佛，卽使衆生成非衆生而言。此理不屬此世俗之衆生諸法，則此理爲超世俗理。此二者亦同可說。合此二者，而總此世諦理、眞諦理、言一得佛之理，亦更可說。吉藏亦以此義最長。然吉藏之所以仍破斥此諸說者，則以當果之說，謂佛唯是修成始有，卽是造作法而爲無常。然吾人如說此當果，只是「當有此果」，而「當有此果」是理。則此理非造作法，亦非無常。吉藏又以三義破得佛之理之說。一義是謂此理如有，卽是事而非理，如無卽無理，更有「三時破」，「卽空離空破」之二破。如上所說。然此三破，乃可說亦可不說者。因謂得佛之理是佛性，此理自非已成事，然非已成事，並非無理。又以理不在時間中，亦可不以三時破；再此理卽衆生往證空之理，故于空自不卽不離，亦不可以卽空離空破。則吉藏之破斥此說，其論亦可破，其本身亦爲無理之論。然吉藏之所以必破斥此以得佛之理爲佛性者，觀其意唯在謂此以得佛之理爲佛性者，乃視此衆生有此得佛之理，爲一客觀之事實。若是一客觀之事實，而客觀事實上衆生又未成佛，卽見此得佛之理，並不能實使人成佛，亦非實使人成佛之性，則此理只是一客觀之抽象的可能，而可實現、可不實現者。必實使人成佛者，乃爲佛性。故此理非佛性。于此，唯因人視此「得佛之理」爲一客觀事實，方可自其非能使人實成佛，而言其非佛性，乃更可于此理作三時破、卽空離空破也。吉藏之所以必以非俗非眞之中道，爲正因佛性，以代此得佛之理爲佛性之說，卽以言得佛之理，可只指一抽象的可能；而言中道，則爲人所實際遵之而行者。人實際遵中道而行，則雖未得佛，而實際上必得佛，而此道卽爲一具體的人行之道，非只一客觀的抽象的可能之理矣。然如吾人謂人之遵中道而行，而未得佛，並言循此中道而行者，有得佛之理；則亦自當可說。若此道爲佛性，則此得佛之理亦爲佛性。吉藏亦不須破斥此得佛之理之說矣。

然吉藏于此必須先申其以非眞非俗之中道爲佛性之說，而後可有上文會通諸家之論。吉藏標出此非眞非俗之中道爲佛性，亦自有一極大之價値。此卽以道之一名，乃指由內之主觀以外通于客觀，或由居下之現實，以上通向理想之名。此較理之一名，恆偏自客觀義言，心識之一名，偏在主觀言，衆生之一名，偏在現實之衆生上言者，皆有所不同。自主觀心識上說有佛性，如有一淸淨如來藏心，此心本有而未現，則此佛性在現實上未能起用，而人可自其現實上之未能起用，以說其無佛性。自客觀之理上，言一切現實上之染法，其性空，故有可去之理，此理之所在卽佛性之所在，而不言其有心識以實去此染法，修成佛行，以實現此理；則人亦可自此理之無此在主觀上實現之者，而說無佛性。至于自現實之衆生上言，則衆生現見只是衆生，人固不能現見佛性之在此衆生中。今吉藏改此三說，而言此非眞非俗之中道爲佛性，卽言此衆生由其主觀心識，以通向性空之理、得佛之理之悟會，而行于此中道，以拔俗而向眞如爲佛性。此佛性在此道，卽不在主觀或內，亦不在客觀或外；不在俗、亦不在眞，而爲「居于其中以由內而外，由下之俗，而上達于眞」之一「道」。唯在此「道」之爲人所行，及所能行處，見人之有此佛性。卽此道以言佛性，固可統此偏在內之客觀，偏在外之客觀，偏在俗之衆生，以言佛性所成之諸說，而圓融之也。

吉藏依此非眞非俗之中道，以言佛性，故于正因佛性，說爲非因非果，而以自因果說之佛性，非正因佛性。此則由于因果之範疇，在般若三論，原可說爲非實有而性空者。言一般之因果，則因與果恆異。然衆生之以修道爲因，而成佛爲果，此因果則不異。自衆生所修之道上看，此道乃卽俗有而見其眞空之道。此中空有不異。依此道而轉俗成眞，俗轉卽眞成，二者亦不異。俗轉是因，俗旣轉，則不見其爲因，故因亦非因。眞成是果，眞果旣成，而更不對其因說，亦無因可對，則果爲誰果？而果亦非果。故第一義之佛性，不當以因果說也。

至于吉藏之辨佛性之本有始有，則主本有者，卽如主有如來藏心爲本有佛性者，主始有者，則以佛性純屬修成者。主佛性本有者，可說明人之成佛之所以可能，而難以說明何以佛性本有，而必待現有之修，而成。主佛性純屬修成而始有者，可說明實成佛之事待于修，然難于說明此修成之事之所以可能。大約在佛教初起，釋迦說法，重在示人以道，而教人修道，則佛性當爲始有。而後之學者，更反省此修所以可能之根據，乃言佛性本有，如涅槃經等之說是也。然吉藏于此，則將此持本有及始有之二說對觀，而使之相破，以言佛性非本有，非始有，而自此中道言佛性。人于此可謂，若本無此道，人何所行，此道似當說爲本有，非行時始有。然行道之行則非本有。有行而後道名所行道，此名爲所行道之道，亦似當說爲始有，而非本有。合言之，則道爲亦本亦始，非本非始。佛性卽此道。吉藏之說原近乎以本有者爲理性，始有者爲行性之說。吉藏之所以又破此理性行性之說者，則唯以持此二性之說，乃以此二性，互相對立，爲二實有。而吉藏之意則自中道言佛性，而言于此本始二性，不可執爲互相對立之實有。中道之爲道，在轉俗有成眞空，此道非眞非俗，亦非有非無，則于此道，不能說爲二道，而依之以說爲二性；亦不能于此二性，一說爲本有、一說爲始有也。故佛道或佛性，皆亦本亦始，非本非始，而說爲本或始，皆只爲破病而說耳。此可觀前文所引大乘玄論，及吉藏涅槃經遊意，及發揮吉藏學之均正之大乘四論玄義卷七，論中道爲佛性體一節。

至于吉藏言佛性與理內理外之有無問題，則由或言理外無佛性，或言理內無佛性而起。吉藏首言理外無衆生，自無佛性可說。然自理內言，則不特衆生有佛性，卽草木亦有佛性。此乃依于人之不視其正報（卽己身），依報（卽世界）爲二而說。後之天台宗湛然，主無情佛性，言非情成佛，于止觀輔行傳弘決卷一謂此說「惑耳驚心」，蓋不知吉藏實已先言，不當于此驚怪也。人不視其己身與世界爲二，則其己身成佛，其己身所在之世界中物，自亦可說與己身俱時成佛。故可言草木有佛性也。此草木之皆有佛性，亦猶言一切人物之法皆爲性空，而以此性空爲一法性也。然自有覺無覺言，則有覺之衆生成佛，草木卽不必成，草木卽無佛性者。後之華嚴宗，卽本此有覺無覺之分，以言草木瓦石有法性，而無佛性。則天臺、華嚴之言，皆可說以吉藏之言爲先導也。

然吉藏，更有理內無佛性，理外有佛性之言。此則由理內衆生之成佛，入平等眞法界，而證性空之理，而見性空，更無所見，亦實無所入；則滅度成佛，卽無滅度，亦無實佛可成。在此義上，自亦無佛性可說。而今設定有未悟理之理外衆生，則因其爲尚待滅度，而有可滅度之理，有可滅度之性者，故當謂其有佛性。言理內衆生有佛性者，以必有此性空之理，乃可言有佛性；理外無衆生，故亦無佛性也。此卽見不能以理內、理外、分衆生爲有佛性者，與無佛性者。而于衆生之佛性，不可定說其有與無，乃可說俱有，亦可說俱無。人亦當超此有無之觀念範疇，以觀佛性。則此佛性只是衆生循之以成佛之道。此道非俗，以衆生由此道而拔俗故；亦非眞，以世俗衆生正行于此道故。非俗故非俗有，非眞故亦非眞無。于此，人不能將此道黏附于衆生上，而由衆生之事實上，是否行于道，以分其有佛性與無佛性。當將此道加以豎起，而觀其不着眞俗兩邊，亦不屬有無兩邊。此佛性不在爲俗之衆生邊，亦不在證眞之佛邊。在佛邊是性佛，性爲佛所已實現，卽無性，以性有未實現之義故。此佛所實現之性，是「空一切法之實有」之空性。空性之性，卽無性之性，故在佛邊之佛性，卽無性之性。在衆生邊，則此佛道爲衆生所行所能行，固可言其有行于此佛道之佛性，而衆生皆有佛性。然衆生之佛性，未全實現而尙非佛，亦無佛之所以爲佛之性，卽無此佛之性。故其有佛性，亦是無佛性。吾人之謂衆生有佛性，亦非將此爲道之佛性，黏附在衆生之實際上行于此道與否，而分衆生爲有佛性與無佛性之二類，或在理內在理外之二類。因在理內者，至究竟處，亦無佛性可說；在理外者，待佛之度化，而行于此道，則亦非在理外故。由此如總言衆生與佛性之有無關係，卽有四句可說。一、可說衆生無佛性，以現有衆生非佛，未實現佛性，自其未實現處觀，卽無佛性故。二、可說衆生有佛性，以一切衆生必有佛性，乃能成佛故。三又可言佛性無衆生，以既實現其佛性，則只有此實現之佛性成性佛，而超衆生，卽無衆生故。四可說佛性有衆生，因有此佛性，然後衆生求作佛、能作佛，亦以此求作佛能作佛，方成其爲衆生也。此所言衆生有佛性，卽言衆生依如來藏爲佛性。言佛性有衆生，卽言如來藏佛性之力，使衆生得「厭苦求樂，求涅槃」，故謂如來藏爲生死作依持。此吉藏兼言此二義，卽見其說亦通于他家之依如來藏心識言佛性之說。唯其亦許人自現實上言衆生無佛性，及自究竟處言佛性無衆生。又其所謂如來藏似只爲一佛境之未開顯者，而只直說之爲心識。吉藏唯以此不在內外眞俗之中道，爲人所循之以直通佛境者，亦卽爲人之趣向佛境，而求成佛能成佛之性所在；以成其以此中道卽佛性之論。是卽與他家依如來藏之心識言佛性之說，亦不同也。

## 六　吉藏學在中國佛學思想中之地位之衡定

上文述吉藏言二諦中道義，二諦與言說之關係，及佛性之論。此在吉藏本人雖自謂不出般若三論之旨，並志在上承僧肇之說，故其書亦隨處推尊僧肇。但自吉藏之言說之所及者而觀，則實已超過印度般若三論之明文之所及。其推尊僧肇，乃是先經一思想上之大瀾翻，而回歸于僧肇。如以其二諦中道之說而言，則般若三論，明無以中道為二諦體，或以第一義中道為第三諦之說。此前文已詳。如自其言二諦與言說之關係之論而觀，則般若三論與僧肇，皆明以有假名皆屬世諦，眞諦則超假名，亦非言說所及。僧肇所注維摩詰經，言諸菩薩之說入種種不二法門，而歸于謂維摩詰默然無語，是為入不二法門。此乃明意在以歸默超言說。然吉藏則有不說說、說不說之論，故不可說之眞諦亦可說。其淨名玄論釋維摩詰經、謂有三階：「一、眾人言于不二，未明不二無言，所謂下也。二、文殊雖明不二無言，而猶言于無言，所謂中也。三、淨名默鑒不二無言，而能無言于無言，所謂上也。」然亦謂其「迂回三轍」，成此「級引之教」，應開此三門，乃所以接下中上之三根。「下根悟淺，但詣初門；中人小深，漸階第二；上根徹理，蔚登玄室」。則此三階差別，只教上之差別，所通不二之理則一。故三階未嘗不平等，而言與無言，亦未嘗不平等。自另一面言，則人亦有必須言于無言，或必見維摩示默之相然後悟者，正是中下之根。上根人亦可聞言即悟，不待言于無言，或見維摩示默而後悟。故又言「上根初即領，中人待二始悟，下根至三方曉」。此即謂上根可聞于衆人之言不二，即悟不二，不待文殊之言不二之不可言、與維摩之示默乃悟。則必待言無言，與示默而悟者，乃不如即言而悟者。此何以故？以上根聞言不二即能忘其言，以悟其所言故；聞言即能于言悟不言，于說見不說故。此則明較維摩經明文之旨，只以第三階爲極者，更翻出一層，以言第一階，對上根人即是極，而言說即是極也。

至于吉藏之言佛性，則明爲般若三論之明文所未言，亦僧肇之所未及。此言佛性，乃涅槃經之中心問題。道生以後乃有自衆生心識或理言佛性義，與自本有始有，理內理外，言佛性之種種說。此諸說之產生，又與攝大乘論、十地經論、法華經所言之義相關。吉藏本二諦中道之義，言佛性，謂佛性非因非果，既初不說佛性在主觀之心識，亦不說佛性爲客觀之理；既不以佛性爲本有，亦不以佛性爲始有；既謂衆生有佛性，佛性有衆生；又謂衆生無佛性，佛性無衆生。二者相銷，則衆生有無佛性，皆不可說。然涅槃經之明文言佛性，則明以因、因因，果、果果、與非因非果五者說佛性，並未言前四只是旁因佛性，唯非因非果方爲正因佛性。涅槃經亦重在言衆生有佛性、一闡提人有佛性、佛性常、佛恆念念在度衆生，而佛心佛性中，恆有衆生；並無衆生無佛性、佛性無衆生之說。則吉藏之說涅槃經，亦超出涅槃經之明文之所及。此則皆由于其以般若經義爲本之故。以般若經義爲本，必破時間。謂佛性本有者，似無異謂爲其先已有，而屬先時；謂佛性始有者，似無異謂其後時始有，而屬後時。

佛性不在時間中，亦不屬先時後時，故必破本有、始有之二說。又依般若經義爲本，則不得言衆生與佛性離，以衆生之衆生性空，此性空之性，卽佛性故；又不得言佛性與衆生離，以此性空之性或佛性，卽衆生之性空之性故。然亦不可言衆生性卽佛性，而謂衆生性卽佛性，以衆生是衆生時卽非佛，則其性亦不同故；又不可言佛性卽衆生性，以衆生成佛，卽非衆生，亦無衆生，則亦無所謂衆生成佛之性故。由此而衆生有佛性，佛性有衆生，及衆生無佛性，佛性無衆生之說，合而觀之，則互相破斥，而衆生有無佛性，皆非可說、非不可說。後之禪宗，正同依此義而言卽衆生心是佛，亦言非心非佛。然此卻非涅槃經卽衆生性言佛性之旨。此吉藏之言中有此佛性無衆生、衆生無佛性之說，卽唯是順般若三論之敎，以更超于涅槃經之明文之外之說也。

此吉藏之言衆生有佛性，佛性有衆生，又言衆生無佛性，佛性無衆生，以及其言佛性非本有、非始有，其地位自站得高。但其所以破佛性非本有非始有，乃意謂此本有乃時間先已有者，始起亦是時間中之始起。然此本有之義，卻並非必須連時間而說；而始起始有之義，亦可非時間中之始起始有。若是時間中之先已有爲本有，則已有不待更有，不當待後有之修始得成佛。然若謂佛性爲由後有之修，而始有而始起，則凡在時間中之有而起者，旋卽過去，爲無常法，則佛性亦無常法。在時間義中之已有，與後有者，不同時，故以已有說本有，後有說始有，不能相成，而必相破。故吉藏必謂佛性非本有、非始有。然吾人可說另有一本有、始有之義，並非時間義中之本有、始有，而只是一義理上本有與始有。此義理之本有與始有間，其關係，是如後之華嚴宗法藏大乘起信論義記別記所謂「非本無以成始，非始無以顯本」之關係，則本有、始有，亦可相待而俱成。人即可說既有一本有之佛性，亦有一始有之佛性。此即大乘起信論之言人既有本覺、亦有始覺之思想。此則吉藏之所未及之義也。于大乘起信論一書，學者多謂非印度所原有，而為中國人所述作，然其時代尚未有定論。今觀慧遠大乘義章引大乘起信論者甚多，而吉藏則未及此書。今疑此書蓋在吉藏慧遠之時代，而吉藏尚未及見者。蓋此佛性本有、始有之問題，原為一當時之問題。吉藏循般若三論之旨，以非本有、非始有，言佛性。大乘起信論則蓋本楞伽諸經，而以佛性為兼本有與始有者，而言本覺、始覺。故其所對之問題同，而答案不同。今謂大乘起信論之言本覺、始覺，非自時間上言，而純自義理上說。則與吉藏之破時間上言佛性本有、始有之說，不相衝突。然此所大乘起信論之言本覺、始覺，不自時間上言，而自義理上言，果是何義，今暫不討論，俟後文更及。

又上節文謂吉藏之言衆生有佛性，佛性有衆生，又言衆生無佛性，佛性無衆生，而歸于對衆生不可說其有無佛性。此中之後二句，乃是先將佛性與衆生，視作一客觀之對象，而論其關係之說。今若不將此佛性與衆生，視作一客觀之對象，而論其關係，則無此二句之可說。因所謂衆生無佛性者，乃以于現見衆生，只就其為現見之衆生而非佛言。然就現見之衆生而說其只是衆生，即將此衆生定置為一客觀對象說。由此方可說：此衆生無佛性。又若言衆生既成佛，則非衆生而無衆生，故佛性無衆生。此亦于佛只視爲佛，亦定置之爲一客觀對象說。人如視衆生與佛，皆只爲一客觀對象，則此中無彼，彼中自無此。今人若謂彼中有此，此中有彼，固可以吉藏之言破之。然于此人如根本不定置此衆生與佛，爲一客觀之對象，而只視佛爲衆生之心之所願成、欲成、或所嚮往，卽依其有此願欲嚮往，而說其有佛性，並依此佛性之連于衆生之願欲嚮往，而說此佛性之有衆生。則此中不能更說衆生無佛性，或佛性無衆生；而只當依衆生之心之願欲嚮往于成佛，而見衆生心之有佛性，以使衆生成佛，而與佛無差別；更依此以謂「心佛衆生，三無差別」，則佛性有衆生。此卽天臺宗之思路。此乃順吉藏四句中之二句，以去其餘之二句之所成。而其餘二句之可去者，則以吾人于衆生及佛，皆可不定置之爲客觀對象，而說之故也。

然吾人上來之說，亦非謂吉藏之「衆生無佛性，佛性無衆生」之言，必不可說。因吉藏可說所謂衆生無佛性，佛性無衆生，卽如衆生以觀衆生，如佛以觀佛，而不壞衆生相與佛相之謂。此自可說。只然如衆生以觀衆生，仍當歸于如衆生之能作佛，以觀衆生之有佛性，亦如佛之由衆生成，以觀佛。只如衆生觀衆生，則佛不能立教以度衆生，度衆生必先意許衆生有能作佛之佛性故。又若如佛觀佛，亦不能以佛只是非衆生，以佛更欲度衆生，佛更有其智以知衆生；佛之心性中，亦有衆生性爲所知，則佛性中非必無衆生故。吉藏重佛之智，亦重佛之必常住，以化度一切衆生，並說大小三乘之教法，以化度衆生，而本此意以講涅槃經、法華經；亦見其重此佛之心性中所知之衆生性，而未嘗以佛性中無衆生。佛之心性之恆常，固必常包涵其所知之衆生性，亦不能離此衆生性，而有其佛智或佛之心性。此正爲涅槃與法華之宗趣所在。吉藏由言佛之般若智，兼權實二智，並以此二智爲二諦教理之本，卽足使之由般若學，以通涅槃、法華所言之：佛常住說法，與三乘之教，更會三爲一之義。此吉藏之學所以大。此吉藏之學之成其大，固必當超出其所言之「衆生無佛性，佛性無衆生」之一半之論也。然吉藏雖言般若智之兼權實二智，以通涅槃、法華之義，又畢竟以般若義爲本，而未能直下以涅槃、法華義爲本。而眞能以涅槃、法華義爲本，以言佛之權實二智，遍行于衆生界與佛界，而佛之心性與衆生心性，畢竟不二，佛界與衆生界，亦一如無差別者，則爲天臺智顗之教義所存。智顗之言此等等，又依于其有一心三觀觀三諦、成三智之說，此皆有進于吉藏之所論。然吾人如自義理之次序言之，則智顗之言佛之權實二智之遍行佛界、衆生界，及心佛衆生，三無差別，正當爲吉藏言權實二智，言佛性衆生性之論之一發展；亦如其言一心三觀，觀三諦成三智，爲吉藏之言眞俗二諦中道、與第一義中道爲第三諦之一發展也。此所謂發展，乃自義理上言，亦自思想史之大流言。蓋吉藏之義，自是直上承般若三論，而下通于涅槃、法華者。天臺智顗，則直下以涅槃與法華爲宗，而取般若三論義爲用。吉藏雖年稍晚于智顗，然其所承之思想之大流，則早于智顗。今自義理次序言之，則說由吉藏之論至智顗之論，爲一發展，其言至順。至于時間之先後，或其思想實際上如何相互影響，亦可暫不問者也。

# 第六章　智顗在中國佛學史中之地位與其判教之道（上）

## 一　智顗與中國固有之哲學

天臺宗智顗之學，在灌頂所記摩訶止觀緣起中，言其祖述慧文、慧思之說。後湛然止觀輔行傳弘決，更有所補述。然畢竟傳爲智顗所著書中之義，何者爲其所承于慧文、慧思者，已不能詳考。今唯有姑皆視爲智顗之學所在。此智顗之學，其規模更大于上述之吉藏。後天臺學者志磐，作佛祖統紀，謂吉藏嘗請智顗「講法華不赴。既灌頂弘法稱心；因求法華玄義，發卷一覽，卽便感悟；乃焚棄舊疏，深悔前作；來投灌頂，咨受觀法」云云。此則又大可能爲後天臺學者，推尊其祖師之辭。今按吉藏請智顗往講法華之書，見國淸百錄。又吉藏仁王般若經疏，亦有取于智顗以名、體、宗、用、教相五者釋經之方式。但此不足證吉藏之晚年之歸于智顗。如其仁王般若經疏，雖取智顗之釋經之方式，仍名般若爲滿教，固不取智顗判教之說是也。又其淨名玄義嘗自言其昔作法華經疏之事，並未自謂爲非。考吉藏年少于智顗四歲，其歿年則後智顗十八年。其駐錫建業時，聲名甚盛，而智顗則僻居天臺。智顗之書皆灌頂所記，蓋皆後吉藏之書而出。其言「權實」、言「三一」，明有評論吉藏之義者。法華文句中，明有針對吉藏所論之言。故湛然文句記卷八，言吉藏之「舊章先行，必須委破」，卽證吉藏書之早出。智顗蓋亦嘗見之，而其論乃更有所進。卽智顗未嘗見吉藏之書，吾人今亦可自二人所言之義理之種種方面，以見智顗之說，較吉藏之說，更較進至一高層面。此固可非智顗等之所自覺。然吾人本思想史之發展而觀，亦可依此種種方面，以作如是說，固不必如後之天臺學者，謂吉藏之實嘗見法華玄義，而感悟也。

所謂此智顗之說較吉藏之說，更轉進至高一層面，可先自最表層之一方面看。此卽自二人對中國傳統之儒道思想之態度方面看。原吉藏之于老莊，已視同外道之列。智顗則大訶責老莊。玆按僧肇之論，尚多取老莊、孔子之言，以與佛家言相證，前文已及。劉宋以來，固有本中國傳統思想謂佛敎爲夷狄之敎，不敬王者、破身、破家、破國、持形神分離之論，而斥佛者，乃更有佛徒紛紛爲答辯。此由僧祐弘明集書可見。復有慧遠、孫綽、張融、周顒、劉勰、顏之推，以固有之儒道之言與佛家之敎，可比類同看者。然至吉藏，則于佛學，始高自位置。如其大乘玄論，卽卑視中土老莊之言「自然生」，比同印度外道之無因生之說，謂尚不足當小乘，更何論大乘？而智顗之卑視老莊之言，又更有甚焉。如其摩訶止觀卷十，旣斥老莊言自然爲破因果之害，卷五更謂「誇談莊老，以佛法義，偸安邪典」，並以老子之言「道可道，非常道；名可名，非常名」，若與佛法比，乃「如蟲食木，偶得成字。撿校道理，邪正懸絕」云云。更自迹上言「佛迹世世是正天竺金輪刹利，莊老是眞丹邊地小國柱下書史，宋國漆園吏……老自御薄版青牛車，向關西作田，莊爲他所使，看守漆樹」。此智顗之卑視莊老，更斥爲邪見，已爲過度；此自迹上之評論，尤爲無理。然此亦正見佛學至智顗之時期，已全自中國傳統思想中脫穎而出，以居高臨下之勢，貶斥中國傳統思想中相類似之老莊，而更無假借。至于對儒家所傳之周孔之教，則智顗于摩訶止觀卷六，入假識藥節中，言周孔之教，皆佛教聖人，託迹同凡所說。（註一）又言儒者之「五常義亦似五戒」，後儒者顏之推亦言之。智顗謂仁慈卽不殺戒，義卽不盜戒，禮卽不邪婬戒，智卽不飲酒戒，信卽不妄語戒。五經：「禮明撙節，此防飲酒；樂和心，防淫；詩風刺防殺；尙書明義讓防盜；易測陰陽，防妄語，」謂此世智世法，亦菩薩所當學。此尙是意存稱許。然又謂「世法藥非畢竟治，屈步移足，雖垂盡三有，當復退還」。故云「凡夫雖修有漏禪，其心行穿如漏器。」此卽謂儒者之教雖可成世間善，立人道、成人之升天之道，然不能出三界，成無漏善。後華嚴宗之宗密原人論，判儒爲人天教，正本于此。唯宗密人天教中亦有道教。彼與其師澄觀，對中土固有之籍，較多尊

註一：摩訶止觀卷六應病授藥節，更言「孔丘、姬旦……我（佛）遣三聖，化彼眞丹，禮義前開，大小乘經，然後可信。」又智顗維摩經玄疏（此實卽智顗維摩詰文疏之文前所撰之五重玄義，原爲一書者。後人以之別行，故名玄疏）卷一，引清淨法行經摩訶迦葉應生震旦，亦名老子，光淨童子名仲尼。湛然輔行傳卷二十五，更引清淨法行經，加月光菩薩卽顏回之語。然此與摩訶止觀只言周公孔子之語不合。此書于老莊，固有貶無褒也。

重，故與智顗之態度又略異。然皆以中土之傳統思想，只屬世間教，在佛學中小乘教之下，則一也。

然吾人自另一方面觀，則由僧肇、吉藏、智顗，直至後之華嚴宗佛學思想，又正與純自印度所傳之佛學思想，日益不同。此可先自其所用以解釋佛家經論之概念名辭以觀。如自僧肇起，卽喜用本迹、本末、權實、體用、之名，以釋佛家經論。此本迹、本末之名，初明出于中國之玄學。如郭象之以聖人與物冥之德爲本，其應世之事爲迹。王弼以虛通之玄德爲本，無名無爲之始母爲本，以仁義禮樂及有名者，爲子、爲末。此更可上溯至莊子天下篇所言老子之「以本爲精，以物爲粗」，莊子天道篇之言「本在於上，末在於下」等。至儒家之言本末，則始于論語所言之「君子務本，本立而道生」，孟子之言「天下之本在國，國之本在家，家之本在身」，及大學之言「物有本末，事有終始。」秦漢而還，則呂氏春秋八覽，首爲有始覽，有務本之篇。淮南子言「先本後末，謂之君子」（泰族訓），董仲舒春秋繁露之言奉天本、地本、人本（立元神）。劉向說苑有建本篇，王符潛夫論除有務本、政本之篇外，本訓篇又言「原原而本本」，徐幹中論有修本之篇。此傳統之貴本之論，不可勝述。遂至王弼郭象之言本末、本迹，更爲佛徒所用。而權實之相對，則出于中國原有之經權之相對。中國人所譯般若經論，初有方便之名，而無「權」之一名。然僧肇至吉藏智顗，卽皆以權之概念連方便之義說。至于體用之一名，亦至少當上溯至王弼。李二曲集卷十六有與顧亭林反復討論體用二字之原。二曲謂連用以解經作傳，始于朱子，然溯其原則在易傳「剛柔有體」、「藏諸用」等文云云。顧亭林則謂東漢參同契已有內體外用之名云云。凡此本迹、權實、體用之名，初皆非用以翻譯經論，而只用以解釋經論。即見其原之出自中國傳統之學術。李二曲又言西來佛書四十二章、金光明、楞嚴、楞伽、圓覺、金剛、法華、般若、孔雀、華嚴、涅槃、維摩詰諸經，皆不見體用二字。而在玄奘窺基之法相唯識宗，多重直用譯名講佛學者，于此諸名辭，亦較為罕用。然在僧肇、吉藏、智顗之書，則滿篇是此本迹、權實、體用之名。二曲謂體用之名，始自六祖壇經，非也。此中依本末言佛教之觀念，直傳至後之華嚴宗人，仍取吉藏之以華嚴之教為根本法輪之根本教，並以三乘教為依本起末法輪之末教之說，而詳辨本教與末教之別。然華嚴宗人較罕用本迹之名。智顗之釋法華文句，則卷首即明標本迹釋、與觀心釋，以講法華之開權顯實、本迹、權實不二之教，更引僧肇「非本無以垂迹，非迹無以顯本」之言為證。（註二）原僧肇言本迹、權實之義，要在以之註維摩詰經。吉藏繼之，而以本在中道之不二，為實，以統迹上之二諦教為權。至于智顗則更言須「置指存月，亡迹尋本」（法華文句卷一），以開權顯實，由本迹釋以歸于觀心釋。由僧肇至吉藏，至智顗之用此本迹、權實之觀念，正見有一貫相承之發展，亦上接王弼、郭象之言本末、本迹之言，更可上溯至先秦儒道秦漢諸子之立本、貴本之義者。然此皆吉藏、智顗等于佛教之門庭既立之後，所未能自覺者。故彼等亦不知其佛學思想之大本，亦正在中國原有

**註二**：唯後宋天臺宗後山外仁岳十不二門文心解，則謂本迹之名，初出僧叡九徹之言本迹無生。徹云多寶為本，釋迦為迹。僧肇乃承叡而用其名云云。

之智慧之形態。其種種言說，亦正皆是此一「大本」之迹。則其自己對于彼等之言說，亦尙未能「亡迹尋本」也。于此吾人亦不可謂此諸人只是借用此諸名而已。蓋依吉藏說，名不能純爲借名，旣用其名，卽用其實義。依智顗說，文字相卽解脫相，亦眞實相。彼等旣須用此中國傳統學術之名，則其所表之實義或眞實，亦不能全離此諸名所原表之實義或眞實，而離此中國原有之智慧之大本也。

## 二　智顗之學之規模，與其判教論之特色

此上所說尙只是自僧肇、吉藏、至智顗之佛學，與中國傳統學術之表面關係上言。若自佛學之內部言，則更當論此智顗之學在中國佛學之發展中，眞正貢獻果何所在。今先自大處言之，則當說由僧肇至吉藏之諸佛學宗師，多只是以義解勝。而智顗則能通一般義解與禪觀工夫爲一，以一方成就人之修習此禪觀之工夫，一方對昔人所分別言之禪觀工夫，得一相應之義解，加以總持之論列，更有其圓頓止觀之論者。智顗之言禪觀之諸書，如小止觀六妙門、修習止觀坐禪法要釋、禪波羅密次第法門觀等，皆對印度所傳之禪法，加以總持之論列；而摩訶止觀，則其圓頓止觀之論。此乃前所未有，而對後世之佛教影響至大者。又在智顗之禪觀中，包括淨土觀，此乃原于般若宗之大智度論所原有念佛觀；中國之般若學者自羅什、僧肇、道生、至吉藏皆主有淨土。慧文、慧思至智顗之學，皆出自般若

學。然智顗重衆生心與佛心之感應之機，與十界一如等，則更足成就此淨土義。依淨土義以皈依佛，卽必重懺悔，而智顗言在五品弟子位中之修學，卽重懺悔。尤重以「逆流十心，翻順流十心」所成之莊嚴懺悔（此可參考灌頂觀心論疏卷五所總述），緣此而亦重戒律。智顗之兼重涅槃經，亦取其「扶律談常」之旨。此卽爲後之天臺通淨土，亦通律宗之本。此信淨土、重戒律、正是中國後世民間佛教之二要端。再則智顗所宗法華經，已言對經之受持誦讀之無量功德。智顗言文字卽解脫相（法華文句卷第七下）。「理卽」與「文字卽」之不可相離；文字般若，與觀照般若、實相般若之不可相離，則皆爲用以說明必須有此誦讀之理論根據。此蓋卽使後之佛教徒，恆以唸經爲主要功課者。凡此等等，如自佛教之爲一宗教說，與學佛在根本上乃一修行之事上說，皆甚重要。吾人亦不能加以忽視。至于自智顗所綜合之教義而說，則湛然止觀義例上最後節，言其乃以「法華爲宗骨，以智論爲指南，以大經（涅槃經）爲扶疏，以大品爲觀法，引諸經以增信，引諸論以助成」，則言其爲綜合般若涅槃之教觀于法華者，可謂得其要領。然吾人今純本學術思想觀點，以論智顗之學，則只能限于智顗之依何義解以判教，如何言圓頓止觀之處。下文吾人又將先言其本義解以判教，與其前之爲判教者，及他宗之佛學之義解之交涉之處，以見其所展示之佛道之方向。

對此智顗之如何本其義解以判教之問題，當先說此判教之論，乃中國佛門宗匠，用以銷化印度傳來之經論者。在印度佛學，上座部已言佛說法有不了義者（木村泰賢小乘佛教思想論七十四頁）。此蓋卽判教之說之始。後大乘佛學起，亦與小乘佛學相分判，如瑜伽師地論中有聲聞地、獨覺地、菩薩地之分判。維摩詰經法供養品、涅槃經四依品，皆言于佛所說，當依義不依語、依智不依識、依了義經不依不了義經、依法不依人。此卽言于經教當加判別。大智度論亦有大小乘教與顯密教，及四悉檀之分。楞伽經有頓漸二教之分。此外于佛之說法，涅槃經則有五味之說，法華有三車之喻。然此皆尙非獨立之判教論。唯後法藏所聞于日照之般若宗論師及唯識宗論師之三時判教之說，可稱爲獨立之判教論。然中國佛學則早有獨立之判教論。此盖由中國之爲佛學者，自感于諸大小乘經所說之義有種種不同，自行引起，固非必來自印度。此中國判教之說，始于羅什門下之慧觀之判五時教。此乃以佛所說諸經之有所不同，原于佛說之時、與所對之人之不同，遂有說頓說漸等之異。後之爲判教者，則或更重在言諸經所言之教理之異，由此而有種種判教之說。在智顗之法華玄義卷十，嘗綜其前之判教之論爲南三北七，卽南方有三說、北方有七說。此固不如後之法藏華嚴一乘教義章，言分教開宗者之詳。然智顗于此南三北七之說，則已分別有所取捨，而成其綜持之論。其不以般若經之教爲大乘究竟教，則不同于羅什、僧肇；亦不因華嚴經專對菩薩說，涅槃經爲佛最後所說，而如光統之以涅槃、華嚴爲常宗；乃改而以法華經之爲對大小乘明一佛乘，使三乘歸一，爲圓頓之教之標準。故于華嚴經，雖承認其爲圓頓之教，然又謂其只對大乘菩薩說，不對二乘說，卽爲帶別而不純圓。于涅槃經，雖謂其與法華皆佛在第五時所說，然又謂其只捃拾聞法華不得度之人，而度之，初非如法華之爲一自始遍接羣機之大教。故二經皆不如法華。此卽大異于南北朝之佛學之風，初尊般若、後重成論與涅槃者。按昔講法華者，羅什門下有道生、慧觀等。然梁三大法師皆成論師。其中莊嚴僧旻兼講涅槃，開善智藏兼講勝鬘。唯光宅法雲受教于僧印，兼推崇法華一乘之教。此外亦有講法華者，然要以成論、涅槃爲顯學。其時判教者，亦未嘗特尊法華。智顗五時判教，乃謂佛于華嚴時，初說滿字教，衆生無機，而約滿開半；于阿含時說藏教；于方等時，對半明滿，說通教；于般若時，明滿，說別教；于法華時，捨半明滿，說會三歸一之圓教。此則甚爲整齊。又在其前之判教者，多由一教之重頓悟或漸修以分判。此頓漸之問題，自竺道生、慧觀以降，討論甚多。然佛所說者是頓或漸，學者聞之，未必卽從所說之頓或漸門入。此由何門入，當視學者之機感而定。則佛之說頓說漸，亦卽非定說頓、定說漸，而其意亦可自始是不定。正式謂佛之說法方式，有頓、有漸、有不定，于不定者中，更分爲不定與秘密二種（以不定指學者之同聽異聞，而可相知者；以秘密指學者之同聽異聞，而互不相知者），以成化儀之四教，則始于智顗。此言佛說法之方式，有秘密、不定二種，乃表示對聞法者之人之機感之重視。依此而同一言教，對不同之人，有不同之意義，而其導人入于佛道之效果，又可相等。由此而智顗雖以五時判佛教，然又謂五時之教，爲頓或漸者，對聞法者言，可爲一不定或秘密之開示，以使人悟道成佛。如置毒于乳、酪、生酥、熟酥、醍醐中，同能殺人。此乳、酪、生酥、熟酥、醍醐之名，原出長阿含經、涅槃經。卽智顗取之以喻華嚴、鹿苑、方等、般若、法華涅槃之五時教之次第者也。此智顗之能言此化儀中之有秘密、不定二者，其顯一重視聞法者之人與其機感之意，亦正如其本大智度論之四悉檀以釋經論，于世界悉檀（相當世俗諦）、第一義悉檀（相當眞諦）外，兼重對治悉檀，各各爲人悉檀，以表示其重聞法者之人之意也(註三)。

智顗除依五時與化儀四教，以判教外，更依佛所說法之內容，判爲藏通別圓之化法四教。四教所以歸于圓教爲最高之故，智顗嘗謂此亦由于唯在圓教之因果中，乃皆有人在，以修因與證果二者相卽故。在藏通別之三教，其果頭則無人。以修因與證果不相卽故。此義甚深。但能知其後文言圓教有此相卽之旨者，自當知之，今暫不及。吾今之提及此一點，意在明智顗之言化法、化儀各四教，皆有重聞法行佛道者之「人」之義。智顗謂法華經對菩薩二乘說，亦對外道與一切凡人說。法華經言開示悟入佛之知見，乃謂一切人皆有此佛之知見，而皆可由開示而得悟入。故此法華之圓教，最爲高廣。而吾人欲理解此圓教之義，則須知此教皆是佛依本而垂之迹。此本卽佛心佛智。而欲知佛之所以垂此迹之本，則賴吾人之自觀其心，以求與佛心佛智之本，互相契應。否則「若尋跡，跡廣徒自疲勞；若尋本，本高高不可極；日夜數他寶，自無錢半分」。故當「觀己心之高廣，叩無窮之聖應，機成致感，逮得己利」（法華文句記卷一）。故智顗原另有觀心論、勸修觀心文，灌頂嘗爲之疏。智顗之判教釋經文，以求知佛之本懷，亦教人自觀其心，以求與佛本懷相契應。此卽所謂觀心釋也。法華文句于本

註三：此可參考維摩經玄疏卷四。

迹釋之後，恆繼以觀心釋。其法華玄義之卷一之以觀心爲引證，亦是此意。唯人由觀心，逕謂「即心而是，已則均佛，都不尋經論，墮增上慢」，則又不可。此亦即法華文句兼有本迹釋與觀心釋之意。此中之本迹釋，要在由迹知爲本之佛心佛智，觀心釋要在自觀其心，二者相輔爲用，則佛與吾人衆生，依其心法之契應，而機感得通。此佛、衆生、心三者爲三法。在法華玄義中，首言一切法皆統在此三法，而心法則爲佛與吾人衆生之所共。佛固吾人之所成。故重此佛，即重此具體之人。由人與佛之心法之契應，即見心佛衆生之三無差別。此即智顗之言之歸趣所存。然欲知此等等，仍當先知其如何依本迹以判化法四教，然後可言吾人如何自觀其心，更自用觀心之工夫，以實與佛心佛智之本懷相契應，而機感得通，以有其自成佛之事也。

## 三　智顗言本迹、權實義，與其言權實智之進于吉藏者

此智顗之判化法四教之言，在其所說之法華玄義、摩訶止觀、維摩詰經玄疏、金光明經玄義、與四教義等書中，皆嘗及之。四教義一書最整齊。然重在將四教一一比論，不免機械，無多意味。摩訶止觀之言及四教義者，只重在配修觀而說。維摩詰經玄疏言及四教義者，則歸在言維摩詰本通別圓之旨，以彈藏教之小與偏。所謂彈偏破小、嘆大褒圓是也。唯法華玄義，則特詳言圓教之勝于藏通別之

三教者。此諸書對四教之分別之所論，皆大體不殊。然以法華玄義之歸本在圓教者，其規模最爲弘濶（註四）。此書分五大章。而以初章之釋名爲主。此卽釋妙法蓮華經之五字。于釋此五字中，又以釋妙法二字、或妙之一字爲主。其餘四章，則爲釋此經之體、宗、用及教相者。在第一章釋妙法二字時，首論一切法攝于心、佛、衆生之三法。如上所引及。于此吾人當注意，此心法乃指具體存在之心靈，衆生指具體存在之一般生命，佛指具體存在之神聖生命。故皆爲眞實存在之法。至于一般所謂由解析衆生之心靈與生命存在而成之五蘊、十二處、十八界等法，如原始佛教所說；或色、心、心所、不相應行、無爲」等法，如一切有部至俱舍論法相唯識諸論之所說；以及成實般若三論之經論所分別說之種種法；在智顗卽皆攝在此心、佛、衆生三法中說。此佛所說一切教理，則皆依佛心而對衆生心所說，而意在使衆生轉迷成悟，行于佛道，而成佛者。此佛心之所以能說此種種教理，卽是其說種種法之本。其所說之法，卽其教其迹。此教迹，乃因對不同等位之不同衆生說，而有等差，遂不必在言說上表面一致，亦不必皆爲實說或最後眞理之說。此非實說、非最後眞理之說，乃是依于佛爲使衆生次第

註四：志磐佛祖統紀卷六，引神智曰：「妙玄開演法華十妙，尙云『莫以中論相比』（按此語見法華玄義卷三下）。又云天竺大論，尙非其類。蓋智者用如來之意，明法華之妙，故龍樹北齊（慧思），亦有不及」云云。又湛然法華文句末葉言不空三藏門人含光，親遊天竺，彼有僧問曰：「大唐有天臺教迹，最堪簡邪，正曉偏圓，可能譯之將至此土耶？」則見智顗所立之天臺教義，印度僧亦知其非其所原有也。

領解佛法，而不能不有之方便說。此方便說卽權說。然權說之後，必更有直開示佛之本懷之實說或最後眞理之說。故其權說，只爲導向實說而有。是卽爲實施權，亦必歸于開權顯實，而廢權立實者。由此而對佛之所說中之不同之權實之成分，便爲吾人學者所當加以分別，宜次第歷種種權說之義，以抵于其實說之義。是卽爲學者之由佛所垂之敎迹以尋其本之事。此敎迹是佛之言說，此本卽是佛之本懷或佛之心之智之實（註五）。此言說初尙可思議，而佛之心之智之實，則超一般思議而不可思議。而言學者當由迹至非迹之本，卽當由思議以至不可思議。此亦正同僧肇之旨。僧肇答劉遺民書，嘗謂「言有所不言，迹有所不迹」。其維摩經序言：「聖智無知，而萬品俱照；法身無象，而殊形並應；至韻無言，而玄籍彌布；冥權無謀，而動與事會。……夫道之極者，豈可以形言權智，而語其神域哉。然羣生長寢，非言莫曉……凡此衆說，皆不思議之本也」。僧肇嘗據此本迹之義，以注維摩經之種種言象。如謂維摩示疾、天女散華、各菩薩之共說不二法門、與維摩詰之默然無語等，皆是卽迹以示本。吉藏

**註五**：此只粗說智顗義。細說，則本迹相對有種種義，如法華玄義卷七上云：「本者卽是實相……迹者除諸法實相，其餘種種，皆名爲迹。又理之與事，皆名爲本，說理說事，皆名敎迹也。又理事之敎，皆名爲本，稟敎修行名爲迹。如人依處則有行迹，尋迹得處也。又行能證體，體爲本；依體起用，用爲迹；又實得體用爲本，權施體用爲迹；又今日所顯者爲本，先來已說者爲迹。」則本迹乃相對之名，而迹亦可以爲本，有種種層次之本迹。法華玄義卷九下更言破迹顯本、廢迹顯本、開迹顯本、會迹顯本等十重義，可參考。

承之作淨名玄義，暢此本迹、權實之義，亦謂維摩詰以不思議解脫爲本。智顗更謂此經以不思議人法，爲名，不思議眞性解脫，爲體，不思議佛國因果，爲宗，不思議權實折伏攝受，爲用，不思議帶偏顯圓，爲教相」。此皆見一意相承。至于智顗言本迹權實之進于吉藏者，則在吉藏于此本迹權實之二者，雖已承僧肇之旨而言迹由本垂，亦所以顯本，而更就此本迹之相依、與權實之相依，謂「權不自權則非權，實不自實則非實。非權非實，始成權實」（淨名玄論三），以說權實之「二而不二、不二而二」等；然尚未如智顗之更依理事、理教、教行、縛脫、因果、體用、漸頓、開合、通別、悉檀十項，以判權實，更約爲佛之自行權實、化他權實、及自行化他之權實之三者。智顗言自行權實，照隨智二諦，化他權實、照隨情二諦，自行化他權實，照隨情智二諦。由此而佛所說之權實本迹，即更分爲種種層面；此則更爲複雜。（參考法華文句卷三下）大率在吉藏雖言佛之教迹皆權，而依于佛心佛智之本實，此實則唯是不可思議，而不可說，如前文言吉藏之四重二諦中，前三重在言教中，第四重則不在言教中是也。但此說佛心佛智之本之實不可思議，不在言教中，亦是意在教學者，知有此不可思議不在言教中者。此亦是言、亦是教。佛之言教中，既包涵有此類之言教。則佛之言教中，亦有直接開此佛心佛智之不可思議之本之實而言之者。此卽法華之開權而顯實之說。吉藏于釋法華時，固亦言此法華爲開權顯實之教。既謂實可顯，則不在言教中者，應亦在言教中，則其四重二諦中第四重，便亦應在言教中。但觀吉藏之意，此開權顯實，乃依佛之權實二智爲化他而有之教。佛自行其權實二智，而開權顯實，卽成佛之化他之大敎。此二智于佛是實智，此敎只是開權，則亦繫屬于權。由此中之智實、敎權之相依，可見權爲實權，實爲權實，權實二而不二，權實亦非權非實。此卽爲吉藏之義之至極。然至智顗則更言此佛之行權，開權顯實以化他，乃依佛「本地久已證得之一切權實」（法華文句卷三下）而有之化他。此在佛本地久已證得之一切權實，卽佛所自行之權實。此自行之權實，在本上言，對佛先自爲實。則佛之有種種權說，以至說法華以開權顯實等，種種垂敎迹以化他之事，皆只是顯此佛之自行權實之本實。則此敎迹，亦不只繫屬于化他之權，而是原繫屬在佛之自行之實中者。故玄義卷八言聖心之權無非實，聖敎一切皆權，一切皆實。則不只如吉藏之就「權爲依實之權，實爲能權之實，以言權實之二而不二，以歸非權非實」，而是依此佛之化他之權實，原是其「本實中之久已證得，而自行之一切權實」之所顯；以言此自行與化他之權實之二而不二，則亦不必更特出「非權非實」之一句也。

依智顗言，法華經中佛之所說，乃依其久已證得一切權實爲本，而開權顯實，以垂爲敎迹，此便爲佛之純依自意語。此卽異于佛在說法華前，尙未嘗純隨自意語，不免爲化他而姑隨他意語，或兼有隨自意語，與隨他意語者。此語之爲權說，自亦有其所顯佛之本地之實，因一切權說中之義，亦皆佛所久已證得，原屬于佛之本實故。但尙不能全顯此佛之本地所久已證得之實。以尙未開權，更顯其所久已證得之一切實義之實故。唯佛說法華時，乃開一切權說之義，而顯此一切實義。智顗之依佛所說之義，判為藏通別圓之四教中，藏教卽隨他意語，而只說權義，是名為粗。通別二教，則兼有隨自意語，而兼具粗妙。如言通教三粗一妙、別教二粗一妙。至于圓教中之華嚴，則一粗一妙。唯法華為純圓獨妙之純隨自意語，純說實義。故以法華為宗，卽以佛之純隨自意語為宗，亦卽以佛之歷盡為實施權之事，而開一切權、顯一切實，而全顯此佛本地之實，以會權立實，為宗也。（註六）

## 四　本迹之十妙之開合，與四教之判分

此上所說，乃意在言智顗之言權實，進于吉藏言權實之旨。然權說實說，皆只是說法之形式，尚未及于內容。依吾人今日之觀點看，則吾人已甚難信此四教皆佛一人所說。智顗之信之為佛一人所說，乃純屬宗教的信仰。吾人之觀點在論哲學義理，則可姑舍上來所述，而先自智顗之如何判四教之義理看。

今按智顗之判四教，實亦本于智顗對佛家經論所言之義理，有一細加辨別之功。今觀其善辨別義

**註六**：法華玄義卷二下謂待半字（方便教）為粗，明滿字（圓滿理）為妙。妙有「帶方便通滿理」與「不帶方便直顯滿理」之分，前者為帶粗之妙，待粗以成妙。後者為不帶粗，而絕粗以自妙。乃是為絕待妙之圓教。圓教無所待，亦無所絕，不知何名，強言為絕。

理，知其分際，更作純概念性之思考之能力，無論在綜合與分析方面，今世之哲學家，亦未易企及。今先略述其法華玄義論法華之言教之所以高于其他經論，而為純圓絕妙，在此經所示之迹中十妙、與本中十妙之旨。所謂迹中十妙者：一境妙、二智妙、三行妙、四位妙、五三法妙、六感應妙、七神通妙、八說法妙、九眷屬妙、十功德妙。此迹中十妙，卽法華佛為化度世間之一切人與衆生，而垂之教迹之妙。至于本中十妙，則為自佛之所以能垂迹之本，純屬于佛自身者之妙。在本中十妙中，先合上說之迹中十妙之前四者，為佛之所以成佛之㈠本因妙，並開迹中第五之三法妙為：㈡本果妙、㈢本國土妙、㈣本感應妙。至于㈤本說法妙、㈥本神通妙、㈦本眷屬妙，則與迹中六至九之三妙相應。又開迹中之功德妙為：㈧本涅槃妙、㈨本壽命妙、及㈩本利益妙三者。共成本之十妙。此本迹十妙之開合所以不同，在由教迹上說，則境、智、行、位，宜分別說，以垂教。自佛聖之本身以觀，則此四者合為一成佛之因，便當合而為一。又在佛之果德上說，其法身遍法界，卽是一國土，故宜另開出國土妙。又佛之得法身，卽同時成一永恒悠久之生命，而其所自證之涅槃境，亦宜與其所表現于外之功德利益分說。故迹中只有一本功德妙者，在本中則開為本涅槃妙、本壽命妙、本利益妙三者。此乃由于說佛之本與迹時所重之不同，其十妙之名有不同。然本迹之妙，固相應而不二。亦不難循次第理解也。

此迹之十妙中自六之感應妙以下，亦卽本中十妙第三國土妙以下，可說純屬宗教信仰。此中言佛之感應神通之遍滿世界，其國土之含一切淨土與穢土，而恆說無量法，恆以一切衆生為其子，與佛自有之超時間之永恆悠久之壽命；卽見其他宗教所言之梵天上帝之神通功德，此佛無不具有。此佛之恆說法，以度衆生，使衆生同于其自己，而與佛無異，則世間之宗教中之上帝梵天，尙不能許有此事。此則由于世間之宗敎，乃以上帝梵天爲唯一、能創造者，衆生爲多、爲所創造者，二者高下、大小、善惡、染淨，皆懸殊。然在佛家，則佛所證得諸法之實相之涅槃境界，不得更言其爲一或多、爲能創造而更有其所創造者。而依佛之大智慧大悲願，亦不能有任何出世間與世間、善與惡、染與淨二境之互相懸絕之想。一切衆生所成之一切佛，乃非一非多，卽一卽多。佛固不能如世間之宗教中之上帝梵天，只自爲一具無限功德者，更不許衆生同有此無限功德也。然衆生之自謂不能具無限功德，自可于此具無限之功德之佛，視如上帝梵天而崇拜之，則法華經之佛之效用，亦有與世間之宗教中梵天上帝同者。唯此法華之佛，實必以化度衆生，使與己無異，爲其最大之功德，則只視佛如梵天上帝而崇拜之，爲己所不能爲，亦尙非眞能行于佛道者也。

然對此人與衆生在何意義下可成佛，而有同于梵天上帝之無量功德，則人不能作懸空之思索。此當連人所感之生命心靈之問題，以次第思索。吾人當先思何爲成佛之因，而自修因，不當慕成佛後之感應神通之妙果。卽智顗之法華玄義，亦不重言此等等。其說佛之本迹之十妙，亦以說佛之迹中之境、智、行、位，及三軌之妙爲主。其言此境，亦不外就十二因緣、四諦、二諦、一諦、無諦等義，而次第說。其分判藏通別圓四敎，亦初卽自此四教對于十二因緣、四諦、二諦之義，如何加以說明而判。此則皆吾人一般思想，所不難先一一加以理解者也。

## 五　智顗對化法四教之形式的分別，其七種二諦義與吉藏四重二諦義之對比，及其依三諦、四諦以判教義

智顗在言迹中之境妙時，于二諦義中嘗開出七種二諦而說。此乃正似承吉藏之四重二諦更進而成之說，用以判藏通別圓四教者。其意是藏教，乃實有二諦。「陰、入、界等，皆是實法。實法所成森羅萬象，故名爲俗，方便修道，滅此俗已，方得會眞」。此卽吉藏之以俗有與眞空相對之第一重二諦，而爲吉藏之所用以說毘曇，亦智顗所用之以說藏教者也。其次爲幻有空二諦。此則「以幻有是俗，幻有不可得，（則）卽俗而眞；大品云：卽色是空，卽空是色，空色相卽，二諦義成」。此卽通教中之二諦。吉藏之第二重二諦，以眞俗相對爲俗，以二者不二爲眞，亦卽同此幻有之不可得，爲卽俗而眞者也。至于智顗之言「幻有無爲俗，不有不無爲眞」之二諦，謂「有無二，故爲俗，中道不有不無不二爲眞」云云，則此「幻有無二爲俗」中之有無爲二，幻卽其二爲幻，義同不二。然此幻有無中，有此二與不二，仍是俗諦。此正相當于吉藏第三重二諦中，言二與不二之爲俗諦。至于智顗之言中道不有不無，卽言中道之非此幻有無，亦非此二與不二。此正相當于吉藏第三重二諦中之以「非二

非不二」爲眞諦。此眞諦在吉藏與智顗，皆是統「二與不二」之相對，而于「二得見不二」之中道者也。至于智顗所謂「幻有、幻有卽空，皆爲俗，一切法趣有趣空、趣不有不空爲眞」，則爲其所謂圓教之二諦，則正相當于吉藏所謂第四重之二諦。在吉藏之第四重之二諦，以前三重二諦皆爲俗，而非此三重者爲眞。此智顗之謂幻有與幻有卽空爲俗，卽謂「有而無之二」與「其二之空而不二」，所成之「非二非不二，于二中見不二」之中道，皆爲俗；而同于吉藏之在第四重二諦中，言前三重皆爲俗之旨。至智顗之言一切法趣有趣空、趣不空不有爲眞，則是反乎「幻有之只趣有，與幻有卽空只趣空」，而兼能趣不空不有，以成其眞者。亦卽同于吉藏之在第四重二諦中，以反乎前三重之俗，而非此俗者爲眞也。至于智顗七種二諦中，除同于吉藏之四重者外，尙另有三種之二諦者，則依于上四種二諦自相重而建立。如第二種二諦除以其自身之眞諦爲眞諦外，亦可以上之第三種之二諦中之眞諦爲眞諦，合二眞諦爲一眞諦。則成又一種之二諦。今再加第四種之二諦中之眞諦，以合三眞諦爲一眞諦，則再成一種。而上述之第三種之二諦之眞諦，加第四種之眞諦，合此二眞諦，爲一眞諦，則更成一種之二諦。則共有七種之二諦。此外加之三種，其旨乃在見通教之眞諦可合于別教之眞諦；再合于圓教之眞諦；及別教之眞諦可合于圓教之眞諦；以見通別圓三教之眞諦之可合而相通。吾人初見其言，雖不免覺其過于繳繞。然細觀之，亦自可得其意趣。今吾人于上文所以有此縷述，則意在說明智顗與吉藏之言二諦，其旨正原有其相同處。而智顗與吉藏之異處，則一在吉藏之第四重二諦，在吉藏乃視爲不屬于言教者，在智顗則以之爲圓教之所說，二在吉藏于此四重二諦，只分高下四重說之，智顗則于此四種二諦之外，再加三種二諦，以明通別圓三教之眞諦之可合而相通。則吾人卽可由此以透視由吉藏至智顗之思想之發展。今按法華文句卷三上引證他說謂有主張「如來常依二諦說法，故二諦有三門。又佛敎雖多，不出三門」者。其文雖未明指出他說是吉藏說，亦當是吉藏形態之說。其下文所言三重二諦，一重以「空」與「有」對，二重以「空有二」與「不二中道」對，三重以「二偏、不二中道」與「非偏之二、非中之不二」對，亦固與吉藏二諦章之言三重二諦之內容全同也。然智顗以此乃漸次梯隥之說，不能會于法華之圓妙。蓋依智顗之說，則吉藏之第四重二諦，亦當在教中，又通別圓三教之眞諦，亦當相通，以再加三種二諦，方成圓妙之二諦。則其以此說爲不能會于圓妙固宜。而吾人亦卽可說由吉藏至智顗之言二諦，有一思想之發展，存乎其中也。

復次，在智顗之境妙中又言三諦。此卽連于其一心三觀之說。此觀三諦之義，吾人前亦說吉藏已及之，皆是依仁王般若經與瓔珞經之有三諦三觀之名爲據。在吉藏，此統二諦之中道，卽可說爲第三諦。在智顗之中諦，亦以統俗諦之假有與眞諦之眞空而得名。原此中之第三諦之所以立，並無其他奧妙。初不外于凡可相對說之眞俗二諦之上，更說一上層之非眞非俗之二，而統此二者，便成一中諦。二諦有各種。但在第一種之二諦，只見有二之相對，則不見有此「中」。第二種之二諦，乃卽假有而空。此雖見有統二之不二中道之用，然此中道之體，尚未被自覺。故必在上述之第三種二諦，以非二非不二爲眞諦，于二中見此不二之爲「中」時，乃有被自覺之中道。此中道之教，在吉藏亦在第三重之二諦中說。唯在吉藏第四重二諦中之中道，則不屬于教。而依前所說，在智顗之說，則此第四重二諦中之中道，亦當是教。由此而中道教，便應有二種。一爲別教中之中道，一爲圓教中之中道。依智顗言，則別教中之不二中道，在所統之二之上層，便與其所統之下層之二，可不相卽。此卽爲「但中」，而圓教中之中道，則統其下層之二，亦自與下層之二並列，而更相卽，以成一「不但中」。至于在通教，則如不通于別圓二教而說，此中道只爲其假有、眞空之二之所依。至于藏教，則只有眞空與假有之二之相對，則連此以中道爲所依之事也無。于是在此四教中，無此中者，是藏教；只依此中者，是通教之不通別圓者；只說但中者，是別教；說不但中者，是圓教。通教之通于別者，卽兼說不但中之通教。通教別教之兼說不但中者，卽兼通圓教之通教與別教。由此而依此中，以立一中諦，以與眞俗二諦併立爲三諦，並觀此中之與二，是否相卽，以分中爲但中、不但中，卽可將化法之藏通別圓四教，在義理上加以整齊之劃分，以配成一整齊之系統。此卽智顗之所以于二諦之外必言三諦，並本此三諦以立三觀三智，以釋經論之言觀行者之故也（註七）。

**註七**：維摩詰經玄疏卷三謂理外二諦有二種：一不卽二諦，是爲生滅二諦。二相卽二諦，是爲無生二諦。理內二諦亦二種：一不卽二諦，二相卽二諦。理外生滅二諦卽藏教二諦；無生二諦，卽通教二諦；理內不卽二諦，卽別教二諦；理內相卽二諦，卽圓教二諦也。

智顗除于玄義言境妙中，以二諦義判四教外，又依佛家傳統之四諦亦分四種，而用之以判四教。彼謂藏教所說四諦爲生滅四諦。此乃依藏教之實有由苦集至滅道之一相續之生滅歷程而說。又謂通教所說四諦，爲無生四諦。此則自通教所說之假有卽空，則生卽無生而說。更謂別教所說者爲無量四諦。此自別教之證中道，須次第歷無量之由苦集至滅道之歷程而說。又以圓教之四諦爲無作四諦，此乃自圓教之不但中，乃與一切對反之二邊，皆相卽不二，別無所作而說。此外，法華玄義在言境妙中，又以藏教之由破析苦集之法，以證眞空者，爲次第析法，以證眞空，故所得者爲析法眞空。通教之觀假有卽空，乃體假有法卽是空，爲體法眞空。分此析法空與體法空，亦始于吉藏。如前所說。智顗更以別教之次第用無量四諦，以修證入空，卽兼用析法空，亦用體法空。故四念處卷三言：「析假，是三藏方便；體假，是無生方便；析體無量，是別方便」。然此通別二教中皆以法爲有，而由之以證空，以合契一中道，藏教則只見此中道之二偏。至在圓教，則卽空、卽假、卽中，三諦圓融，而亦無上述之析法或體法入空之分矣。

至于智顗言境妙中之言十二因緣境，言一諦、無諦等，則今不擬釋。蓋由四諦卽可開出十二因緣，言眞空則只有一諦，證一切法之眞諦，乃證知之事，非言說之事，而此證知不屬于言說，卽不可說。則可言無諦。此固皆不難解者也。

吾人如循上列之旨，細讀智顗之文，以觀其如何詳言四教之別，則可先觀其如何言法華之境妙，更觀于其如何言法華之智妙、行妙、位妙等，再一一與其餘三教中之智、行、位等，相分別而觀，則不難將其所言四敎之義，一一列表，而見其排列之齊整。然一直如此去講，未免過于機械。至于吾人如本法華文句卷二末卷三首以鏡譬法界，謂藏敎之觀一切法無生，而不見緣生，如盲執鏡；通敎觀幻色假有，如觀幻像于鏡中；別敎之歷別觀法，如觀鏡中像，分別無謬；圓敎觀一切法于鏡中，如觀鏡團圓；則又未免太含渾。此上之二法，皆不能眞講出智顗在佛學思想上之地位。至于智顗維摩詰經玄疏（卽維摩詰經文疏之玄義部份）卷三，以中論之「衆因緣生法，我說卽是空，亦爲是假名，是爲中道義」之第一句爲藏敎義，第二句爲通敎義，第三句爲別敎義，第四句爲圓敎義。則雖可助聯想，亦可引起誤解。下文擬另換一講法，以明智顗在中國佛敎思想史之地位。此所另換之講法，是觀智顗對其所言之藏通別圓四敎之經論，有何種之新看法，及其與其前之人與當時之人之看法不同何在，以說明其何以必依此四敎判敎之故，與其言圓敎之創闢之見之所存。

# 第七章　智顗在中國佛學史中之地位與其判教之道（下）

## 六　四教之實質的分別，與小乘藏教

循上章末所言而論智顗之判教之論，首當說者，是其法華玄義卷八言法華一經之體，而更及四教義時，乃先簡除世間凡俗之見及外道之見。此中于一切外道對世間境，持種種知見，說有說無，以至「……有無爲有，無有無無爲無；有非有非無，爲有，無非有非無，爲無」等百千番摽，智顗皆視爲「虛妄戲論，爲惑流轉，見網浩然，邪智爛漫，觸境生著，悉皆見倒，「對前生死有邊卽是涅槃無邊……，非眞實道」（玄義卷八上）。此卽謂凡觸境生著，而有之思想知見、言說，皆不屬佛教之列。此亦謂凡意在思議客觀世間境之是如何有、如何無，以致說此客觀境中何者有何者無，何者有所謂有無，何者無所謂有無之一切形上學，宇宙論之思想言說，皆屬戲論，屬生死流轉界。唯自求解脫生死流轉，去苦轉業，發心者，乃屬佛敎。釋迦說法之原始精神，亦實是如此。故釋迦于人問世界有邊無邊等，皆不加答。四阿含之言無常無我，亦唯在去苦轉業，而亦非只意在客觀的說一無常無我也。如增一阿含有無品言「有常見，無常見；有斷滅見，無斷滅見；有身見，無身見；有命見，無命見等，六十二見，皆當捨」是也，然由部派之佛學思想之發展，則亦須討論此無常無我之純在客觀上說爲何義，以至可說有者，有多種，可說無者，有多種，而有種種有無之論。唯在大乘般若三論宗起，乃更依法之因緣生，以破種種定有定無之見網。智顗于此，則直下先說此見網，乃爲惑流轉，而非佛教。佛之垂教，始于鹿苑時之說阿含。說阿含固先說煩惱、業、苦三道悉皆有，然後發眞無漏，用眞修道，此亦初是有。由此而空世間煩惱業苦，則又是空。但此中之有空之論，乃純自吾人之生命生活上說，而非是自所對客觀境上說。此中之有空，乃連于生命生活之存在之具體概念，非用以說客觀境物之有無，或有無自身之抽象的思想範疇之爲有爲無。若只依有無之抽象的思想範疇，說客觀境物之自身，則百千番揲，在佛家卽皆是戲論。然以有無或空有，說吾人之生命生活上之煩惱業苦之爲有，而當有道以空之，則初不是戲論。以此中之有無或空有，皆指生命生活中存在之具體的實事，不同于用此有無以說客觀境時，此有無之名，乃外加于其上者，亦不同以有無說有無等時，只說及抽象之有無之範疇故也。

由此原始之佛教所說之有無或空有，乃對生命生活中之有苦，而求有道以使苦空。故吾人亦可說原始佛教教人由世間至出世間，卽教人由俗有至眞空，簡言之，卽教人由有至空。但對此有空，不能只作抽象之思想範疇去理解，當知其所言有者指何物，空者指何物。如依四諦言，則有者是一般之生命中之苦集，空是由道而滅此苦集。此中苦有種種，苦之因之集，有種種，道亦有種種，而滅或涅槃之未究竟，或至究竟，爲有餘，或爲無餘，亦有種種。然簡言之，則皆爲不外爲人由俗有之世間至出世間之眞空，以行于此由俗有至眞空之途中事。此中人所嚮往者在眞空，在出世間，而其生命又尚在俗有之世間，此卽有一世間與出世間之相對。此不免以俗有與眞空爲相對，世間與出世間爲相對，只自嚮往在出世間而捨世間者，卽只求自度之小乘教。大乘教，則不捨世間而度他，卽于俗有中見眞空，于世間中出世間。由此而大乘之教理，卽與原始佛教所成之小乘教有異矣。

但此上所謂苦集是俗有，滅道是眞空，只是粗說。若作細說，則人求滅道，亦卽求有此滅道。則滅道亦可說是有。人求滅除世間之苦集，而旣滅除之，則苦集亦可說是空是無。合而觀之，則苦集與滅道，皆亦有亦無，非有非無，以成四句。此四句所說者，只是由苦集至滅道之一眞實事。則四句中之一句，卽涵餘三句，四句互涵，卽可配成十六句。但此只是由對此中有無之抽象概念，加以播弄，配合所生之思想門路。對此上之一眞實事，則無論自有門，說此中之苦集滅道四諦是有；或自無門，說四諦是無；或自兼有無門，說其亦有亦無，或自兩者俱非門，說其非有非無；皆可各成一思想門路。但不同之教中，或以某一門爲主，如在原始之佛教或智顗所謂藏教之經論，則一般說，乃多依有門說者。如一切有部或毘曇部，卽以有門爲主者。然亦可包括依空門說者。如成實論之言空。更可包括智顗所謂自亦有亦空門入道之昆勒，自非有非無入道之車匿等。然此皆同屬于藏教。在此點上，卽見在智顗之判教中，乃將毘曇之言有，與成實之言空，加以平觀，亦見智顗之不以抽象之有空之概念判教。依智顗言，此空有或有無四門，如作抽象概念而觀，則藏教與別圓通三教中，皆同可用之。通敎經論多用空門，別敎經論多用亦有亦無門，圓敎經論多用非空非有門（四敎義）。然在原則上，則固皆可兼用四門。如維摩經玄疏卷六及法華玄義卷八所說。此四門只是思想之門路、入道之門路，四敎之實際，固不在此也。

依四敎之實際說，則藏敎之所以爲藏敎，乃在藏敎以四諦爲生滅四諦，卽苦集與滅道，乃一生滅之次第歷程，如由集有苦生，由道有滅。此生滅之歷程，乃被視爲「實在」之因緣生法。于是其中之有，是實有，其空亦是實空。其中之苦或世間生死，是實生死，其滅苦出世間生死，證涅槃，亦是實涅槃。由此而人之出世而得涅槃果，亦是實得，而實出世，卽亦再不還世間。其心量卽必歸于自度後，卽灰身滅智，不能再入世以度他。是卽爲小乘法也。

## 七　大乘教與通教義

至于智顗所謂通別圓三敎，則皆是大乘。在印度只有大小乘之分，並未有于大乘中更分通別圓之說。智顗所謂通敎，乃指維摩經楞伽經及般若經之一部之敎。此通敎之爲大乘敎之始，在其不捨世間而自度度他，于一切因緣生滅法，不視爲實生實滅，而視爲假生假滅、或幻有之生滅。此卽吾人前所論般若三論宗之敎。所謂假生假滅或幻有之生滅，卽生滅而不生滅。生滅可說實，亦可說不實，或亦實不實，非實非不實。所以可說實者，以現見有此因緣法之生滅故。其所以非實者，以因緣生者即非自生、他生、共生、亦非無因生，不可執爲實，其實性空故。此則讀者可重觀前章論般若宗義處。此中之言因緣生法之實性空或性空，即言其背後無其所附所托之實體，亦無自性、非自有。知此無自性、非自有、即知其空。知此空而透過此空，以觀因緣法之有，則其有爲假有、幻有。如吾人觀一人像，恆謂其像爲有所附之實體，或其像有自性、爲自有。今若于鏡中觀人像，則知此人像無所附之實體，亦無自性、非自有，只依鏡中之空，虛呈虛現，以爲一假有幻有。如吾人于一切因緣法，皆如是透過一空，觀其虛呈虛現，則一切因緣生法，無不爲虛呈虛現之假有幻有。此義初不難知。難處唯在依此以遍觀一切因緣生法。若人能恆依此以遍觀一切因緣生法，則知人之歷無數之艱苦的修行工夫，以升天成佛證涅槃，亦是因緣生法，此亦是假有幻有。故言一切法皆如幻如化，涅槃亦如幻如化。此一境界，乃在原則上高于世間一切宗教與小乘佛學所屆之境界，非人所能輕易承擔。依此而言世間出世間之因緣法，皆幻有假有，皆無實而眞空。而此眞空，又原即依此幻有假有而說，故亦即此幻有假有法所內涵之一意義。如鏡中像，即以其所依無實，所依者爲眞空，以爲其內涵之意義。故此眞空，亦即此法于其自身所涵或所體之眞空。故在吉藏至智顗皆名之爲體法眞空。此不同于藏教言因緣生法之空，只言析法至眞空者。如依藏教修道，而次第將實我分析爲心色諸法，將煩惱次第析除，以至于道滅境界中實我與煩惱之空，皆是「析實使空」。此即只爲析法眞空。言析法眞空，必有其所析除。

未析除前，則爲實有。然吾人如識得此體法眞空，則當知此吾人所欲析除者，在未析除前，其當體爲非自有而無自性，亦卽是空者。「譬如鏡（中）柱，本自非柱，不待柱滅方空，卽影是空，不生不滅，不同實柱。」（摩訶止觀卷三第五明偏圓大小）以此觀千萬煩惱染汚法，皆如鏡中像，當體卽空。故此體法眞空與析法眞空之分，乃藏通二教分別之關鍵。然此義，吉藏先以之辨成實與般若之不同。智顗更隨處用之，以辨通別二教與藏教言空之不同。今吾人亦可說析法眞空，乃于俗有眞空作一前一後之縱觀，而般若通教之體法眞空，則不自前後作縱觀；而自當下之法，作由內達外，而加以徹入之深觀。人心能徹入此法之有而不自有、或無自性，知其後無託、無依、無住、無寄，則此有卽當下浮遊于大虛，而皆成假有幻有。亦卽以此不自有、無自性之眞空，爲所托、所依、所住、所寄，以托而無托，住而無住。此以眞空爲本，托爲無托，住而無住之假有幻有，則爲迹。由此而人之行于佛道，對其現有之生死煩惱之一切法，可不須如藏教之求捨離，以出世間；而可于直下觀其無托無住爲本，而于眞空亦更不染著。此卽智顗之判維摩詰經爲通教經之故。維摩詰以在家居士而示疾，文殊往問疾，而維摩詰更與諸菩薩，論種種世間法與出世間法之不二法門，而一面訶彈小乘之只求出世者，以通其餘之大乘教。故智顗以維摩詰經爲彈偏、破小、嘆大、褒圓之經。通教之所以爲通，亦卽在其旣超小乘，亦通于別圓二教。則維摩詰經固最足爲代表者也。

然吾人于此當知維摩詰經之言世間法與出世間法之無二，非卽意在住此世間，視世間爲安樂地，而不見世間之煩惱生死法之謂。世間自是煩惱生死法，乃佛家所共許，亦無人能否認。維摩詰經唯言吾人當知此煩惱生死法之畢竟無託處、住處，而以無住爲本。如人問吾人之執着己身之身見以何爲本？依維摩經說，此可溯其因緣至人之欲愛爲本。再問欲愛以何爲本？又可說以欲貪爲本。由此而維摩經更說欲貪以虛妄分別爲本，虛妄分別以顛倒妄計爲本，更直溯至無明爲本。但吾人之更問無明以何爲本？則維摩詰經更答以無住爲本。此卽謂無明別無所依，而無住處。實則此非只謂無明無住處，一切身見、欲貪、欲愛、虛妄計之生死煩惱法，皆自始無住處。此何以故？以一切因緣生者，卽當體眞空，而爲假有幻有故。以無住爲本，卽住無所住，本無所本，而無住無本故。百千之無明煩惱之生起，皆容吾人之透入，而深觀其不自有、無自性，而視如鏡中像故。此觀之及于其不自有，無自性，卽見此眞空，亦卽是越過此無明法之明，而無無明故。此無明法之可無，亦卽此無明法之本性或法性故。無明法不能離其本性、法性之可無，以成爲無明法，則無明法卽依此法性而住。然此所謂住法性者，正是住于其可無之性。此可無之性或法性，卽眞空，故言無明法依法性而住，卽住在眞空，而眞空中則實無住處。故無明法，亦實無住處。人能知其住眞空，卽無住處，則見及此無明法之只是假有幻有，而可于世間之無明法，皆不視爲實，亦不染著，則在世間而未嘗不出世間，于世間出世間之一切法，能見不二矣。人若爲菩薩行，卽不當離世間之生死，而只住出世間之涅槃，而當不住生死，亦不住涅槃。此卽維摩詰經之旨也。

至于智顗于通教經中更言楞伽，則自楞伽之亦重言幻有假有義說。但楞伽之言如來藏，乃別一系統之佛學，亦正近其所謂別教之經者。今暫不及。

## 八　智顗之言別教義

至于智顗之于通教之後，更言別圓二教，此不能說是別圓二教必然高于通教之謂。因通教卽通于別圓二教。人果能知無明法無住，而見眞空之法性，以至不住生死，不住涅槃，卽可更成大乘佛故。然智顗之所以必更說別圓二教者，則嘗明言此別教乃意在對菩薩說。此卽謂菩薩之尙未成佛者，特別教以種種之方便道品。此菩薩者，自其不住生死言，固超三界外。然菩薩未得涅槃，亦不住涅槃，不捨世間，而還顧三界內之衆生之在生死煩惱之無明法中，而不知無明之無住無本，以無無明；則必更起悲心弘願，以一面求自度，一面度他；自不得不更學種種方便道品，以成其自度度他之事。此一切學，卽對「自己與一切衆生，皆無無明，得涅槃而成佛」之大理想或悲願，而次第修學。此修學有次第，便有似藏教之次第轉苦集成滅道。但中此更有一使己與一切衆生，皆得涅槃而無無明而成佛之大理想或悲願，則與藏教全異。依此使己與一切衆生成佛之大理想，必須同時肯定此大理想之可實現，己與一切衆生能作佛，而有佛性。故摩訶止觀卷六言別教「事相次第，不殊三藏，但以大涅槃心，導于諸法，以此異前；漸修五行，以此異後。故稱爲別。觀幻化見思、虛妄色盡，別有妙色，名爲佛性……如來藏者，卽是佛性」。當卽指由通教之觀幻有，至知佛性有，爲別教義也。衆生之佛性，亦卽能見一切生死煩惱無明法之眞空之法性之心性。見此諸法之眞空，卽見此諸法之所本有之眞實相。此眞實相卽諸法實相。故見法性與見實相，爲同義語。衆生之佛性，卽能見此法性實相之衆生心性。此中之義，似有二層。一層爲所見之法性實相，一層爲能見此法性實相之佛性，爲衆生心性。但此二層，亦可化歸爲一層。此卽由于此衆生與其心性，如客觀化而言之，亦卽是衆生法之法性。故見法性，見實相，卽包涵見此衆生與其心性中之煩惱無明法之眞空之法性。此卽同于此衆生之佛性之實現。故見法性卽見佛性，顯法性卽顯佛性，而法性卽佛性。自另一面言之，則衆生之在主觀上實現其佛性，亦必于其所知爲客觀之一切法，皆知其眞實空之性，爲其法性。故顯衆生心性中之佛性，卽顯法性，而佛性卽法性。此佛性使人可成佛，成如來，故稱爲如來藏或自性清淨心。此佛性或如來藏或自性清淨心之實現，卽法性之顯，而成法身。智顗又言此法性，又可名爲實相、實際、畢竟空、如如、涅槃、妙有、眞善妙色、中實理心，中道第一義諦，微妙寂滅等。（玄義卷八下）此佛性亦可名爲「虛空佛性」。法性卽一切法之空性空相，而一切法可說實有此空性空相，故卽實相。觀此一切法之實相，卽觀其實際，故又名實際。謂之「涅槃」，乃自生死煩惱于此寂滅說。此實相爲佛得，稱「妙有」。佛能見之，稱「眞善妙色」。謂之妙有，卽不同因緣生滅法之有，而亦非只是空者。「中道」一名，乃自俗有卽眞空而兼統有空二義，「不依于有，不依于無，非二邊之有，名畢竟空」說。「中實理心」，自其心寂照靈知，實見此中之諦理說。「如如」，自其如法之所如，而知其法、亦知其法性空，于法與此法性之空，知其「非一非異」說。「第一義諦」，自此中道最上無過說。「自性清淨」，自其煩惱生死惑業之染盡說。此諸名相，原皆散見諸經論。然在智顗言別教義處，則皆以之指法性、佛性、實相，而法性實相，亦卽佛性也。

于此如自佛教思想史言之，則原始佛教之言涅槃眞如，般若宗之言中道、第一義諦、法性、實相，初並未言其卽佛性心性。卽在智顗，亦謂在藏通二教中，無此佛性義。但智顗必謂般若宗之法性實相，卽有佛性心性義，般若經論之教，主要爲別教。此實爲高說或深說般若經論之義，亦可說是依當時之攝論、地論宗之言如來藏爲佛性，更以法華涅槃之言佛性，釋般若之法性實相義，而意在通般若、攝論、地論、涅槃、法華之說者。然此通，亦不是強通。因客觀說之法性實相，與主觀說之佛性，原有其相通之義。如上文所及。然智顗又未嘗不知有不說實相佛性之通教般若，與說實相佛性之別教般若之分。所謂不說實相佛性之通教般若，卽只說一切生滅因緣生，爲幻有假有，與眞空不二之義者。而說實相佛性之般若，則更依此幻有假有與眞空之不二，而依此不二、更統之爲一，以說一中道之實相佛性，兼肯定衆生之皆有此一佛性，而其有此一佛性，爲一妙有者也。依智顗說，則藏教于因緣法見有實生滅，此中之實生卽實有，實滅卽實空，而其求滅度而證空，其空爲偏空。通教則見實生滅非實生滅，皆爲假生假滅，亦幻有假有，而不異空者。既能知空有不異，于空有之二見不二，更知此能于二見不二者，卽行于中道之佛性；而此中道，亦爲一眞理或諦實，則當名之爲統假有與空之中諦。能知此中諦，以知此佛性，卽別教之異于通藏二教之根本義也。對此空假中，如在心上了解，摩訶止觀卷一發大心一節，嘗言三者之關係如一明鏡，明之虛，喩卽空；像，喩卽假，鏡，喩卽中。此可助理解。

然吾人如何可說此佛性當依中道中諦以說，此則須先說此佛性之問題，在印度原是般若宗思想以外之另一流。人之所以要說佛性，乃欲爲己及衆生之成佛之眞實可能，求一形而上之根據。其所以須有此根據，乃由人之成佛，非當下可辦之事，而爲一待相續之修行之事者。此亦可說由于人之當下一念清淨者，不必能念念清淨，一清淨念起後，可更有其他染污念起，一染污念滅後，亦可再起；此卽見人有業習之不斷，而必待于相續之修行之事。在此人之相續之修行中，人卽可自發現染心之起而滅而有淨心之後，更有染心之起，卽見其染心之底更有染心。然其淨心之起而滅後，亦可更有淨心之起，則見淨心之底，更有淨心。合以見人之心識除所自覺之六識爲表層外，更有其所不自覺之底層之心識。此底層之心識爲表層之心識之根，亦爲表層之心識之染淨善惡之念所自出之根本或眞因。于此吾人若要說人畢竟能成佛，卽須肯定人之淨心，必可更繼染心而起。依此以說此最底層之心，卽必須說其爲一自性清淨之心，以之爲使吾人成佛之事，成爲可能之根據或眞因所在。由此而印度佛學如勝鬘諸經，卽言人有自性清淨之如來藏心，爲人成佛之眞因。然要說明人成佛之可能，人雖必說如來藏心爲最底層之心。但爲說明人之現非佛而爲衆生，恆有不斷之染心之生起，則此底層之心，又似非只是一如來藏心。若說爲如來藏心，亦當說其亦帶有染汚，兼爲人之染淨善不善之因之一如來藏心。何以一爲人之成佛因而自性清淨之如來藏，又兼爲人之染淨善不善因，則勝鬘經已言其義難可了知，由此而有楞伽經之說此底層之心，爲如來藏藏識。此則意在以如來藏之名，說其爲人之成佛因，更以藏識之名，表其爲藏人之染淨善不善之種子，而爲人之染淨善不善之因。後之唯識論則更以賴耶識或藏識之名，統如來藏，謂其中兼藏無漏種爲人之成佛因，亦藏一般善不善、染淨之種子，爲其現只是衆生之因。故此佛性心性之說，在印度，已極分歧。此一問題，傳入中國，則譯攝大乘論之眞諦，卽分賴耶識與如來藏識爲二，以前者爲第八識，後者爲第九識菴摩羅識，以求銷解一心識爲兼染淨與爲善不善因之衝突。謂此菴摩羅識，乃爲人之能成佛成如來之眞因或佛性所在，亦卽人眞正之如來藏識，而爲人之一切修行成佛之事之所依持者。然當時之相州北道之地論宗，則以如來藏識卽是藏識、賴耶識。相州南道之地論宗，則素習般若宗之言法性之說，而以此如來藏之法性卽佛性，而主此法性，卽人之成佛成如來之眞因所在，爲人之一切修行成佛之事之所依持者。此以第九識菴摩羅識爲佛性之說，與以第八賴耶識爲佛性之說，及以法性卽佛性之說，卽亦不免互相爭論矣。

由此爭論所引起之另一問題，卽無論以佛性爲如來藏或阿賴耶識之說，皆以佛性爲深藏于意識之底層者。如以法性爲佛性，此法性亦爲深藏而不顯者。人之成佛之事，則待人之依種種因緣而修觀行，以去除人意識底層之種種染污，以使此眞實佛性，得顯其清淨。此依種種因緣而修觀行，可名爲緣修。眞實佛性之得清淨而顯現，又可名爲眞修。于此畢竟緣修爲成佛之本，或眞實佛性自身之得顯現其清淨之眞修，爲成佛之本，亦可有爭論。據智顗維摩經玄疏卷二言，當時地論北道中人，卽重緣修作佛。「以緣修顯眞修」，卽此宗之說。地論南道中人，則重眞修作佛。其摩訶止觀卷六下文謂緣修滅、眞自顯者，蓋卽此宗之說。然地論宗人，則蓋同認人之成佛，須有眞修、緣修二面。智顗于維摩經玄疏言：「地人言八識是眞修，智識是緣修，八識顯、七識卽滅，八識名眞修，任運體融常卽。六識是分別識，七識智障波浪識。而攝大乘論七識是執見心，八識是無記無沒識，豈得云眞修耶？豈有六識滅，別具眞緣修也？」此所謂地人乃主第八識卽淨識者。智顗卽以攝論所言八識是無記無沒識，非必淨識，以斥其主第八識爲淨識，及眞修所依之說。上文所引最後一語，則意在言眞修、緣修，皆不能離第六智識而言。　然由此智顗所言地人之意　，卽可見地人乃以八識之眞修與六識之緣修互相分別，而南地北地之相爭，則在一主眞修爲成佛之本，一主緣修爲成佛之本而已。

此眞修、緣修之不同，蓋亦爲主第九識爲淨識或眞正之佛性之眞諦所主張，故維摩經玄疏五四八頁謂「地論師以八識眞修體顯　，斷二障，　明不思議解脫　，正是別教明義也。眞諦三藏意，同地論別教」。其所以說此皆爲別教者，則依此眞修、緣修分別之論，則當說人之成眞修之正因佛性，與成緣修之緣因佛性爲二，更說此二者，與人之了因佛性，合爲三，而此三者卽隔別不融。蓋人之成其緣修，必先賴人之在觀智上于因緣作種種明了工夫，以成般若智。此必須待于說人之原有能明了之佛性。是爲了因佛性，如涅槃經言佛性，所謂爲「因因」之觀智。次須待人之能作種種成就解脫之行爲，以爲其成佛之緣。人之能成此行爲，又須待于人之原有成此行之佛性。此卽爲緣因佛性，如涅槃經所謂爲因之十二緣。此了因緣、因二佛性，乃合以成人修觀行之事者，亦可說爲合以成人之緣修者。此人之修觀行之事，乃在人之第六識或智識。則此二佛性，乃連于人之第六識或智識之佛性者。此便與此識底層之如來藏或眞實佛性或眞如、或法性爲人之成佛正因者，其義不同，而共爲三佛性。依此分緣修與眞修之說，則緣修中之觀或行是二事，眞實佛性或眞如法性之得淸淨，而彰顯，而有其功德，又是一事。由此而人之眞實佛性或眞如法性，在未有緣修時，是一情形，有緣修時，是一情形，已彰顯後，又是一情形。由此而眞諦遂有「道前眞如」、「道中眞如」、「道後眞如」（法華玄義卷五上）三者，成一次第之說。在未有緣修時，此眞如佛性，只爲無明所覆。此無明之覆障深，而此眞如佛性深藏。此無明覆障之深，則見其如亦自有其住地。此稱爲無明住地。在無明住地之底層，方是此佛性。則言修觀行，必須次第破此無明住地，而次第不住于善惡、身見、貪欲、虛妄分別，顚倒想，方得見無明之實無住地，而無本，以破無明住地。故摩訶止觀言次第斷五住，爲別教法門。此別教之修觀行之事，爲次第的，卽前後隔別不融。而其彰顯此如來藏之正因佛性之事，乃以觀行之修爲先，亦卽以顯此觀行中之了因佛性與緣因佛性爲先。此三佛性之顯，卽亦成一前後之次第。此修觀行，以觀爲先，以成般若智，卽以了因佛性之顯爲先。次方修有解脫之行，是謂緣因佛性之顯爲次。最後方有正因之眞實佛性，或眞如、法性之顯，以成佛之法身。此法身卽佛性或法性之顯之異名。法性佛性本有，則法身亦本有。然此法身、解脫、般若三果之證得，則有次第。所謂「法身本有，般若修成，解脫始滿」，卽成一次第之三果。于此如言人原有三佛性，並爲成佛果之因。則此三佛性之因之並列或橫列，便稱爲因橫性橫。其次第修觀行，則稱爲修縱。由此修之縱者爲因，而般若解脫法身三果次第得，則稱爲果縱。如此三果一齊得，而彼此併列橫列，則稱爲果橫。然無論此中之因果爲橫列與縱次，皆有互相隔別之義。而別教之言性修因果，則正不出此縱橫之義也。（可參考蒙潤集天台四教儀集註卷八）

吾人觀智顗所謂別教，固是本理別、教別、智別之義，作一般之界定。如其四念處卷三言：「三諦之理，理隔不融，……教別也。智別者，菩薩欲學常住佛法，先修無量四諦，後觀諸法實相中道，佛性不生不滅，不垢不淨，次第梯隥，先觀空，次學恆沙佛法，後開如來藏，次第修三眼三智」此固可指智顗于般若論中，所特重之大智度論所言之般若學，其中有三十七品、八念、十想、十力、四無畏、四無礙智、十八不共法等無數道品者。然觀智顗說別教時之意指，則是指當時之地論宗、攝論宗之說。地論宗、攝論宗以人之正因佛性如來藏爲深藏，亦爲無明住地所覆，故須分別有無量之觀行之緣修，以成其眞修，而不得不視了因佛性、緣因佛性，與此正因佛性爲隔別，以成上述之性橫修縱、與因縱果橫之情形。故此別教之所以分別有無量之觀行爲緣修以成眞修，根底點唯在其視佛性爲深藏，初爲無明住地所覆，而須次第顯。在此點上，吾人亦原可說：此別教之所見，較藏通二教之初未特重此佛性，亦不知此佛性之深藏爲無明所覆，待次第無量觀行以破無明者，其所見者爲深，而藏通二教所見者爲淺。故在摩訶止觀卷八下觀業境中謂「別教菩薩能達生死涅槃二邊之淺，漸漸深達，故名深達」。達二邊之淺，卽達于中道佛性。漸漸深達，卽漸漸以觀行工夫轉化深處之無明惑業，以彰顯深藏之佛性也。至于由顯得佛性而有妙覺，固是頓，然湛然著止觀輔行傳卷四更謂「本智顗旨言，此亦只是漸中頓。生公所言頓悟，亦是漸中頓。」則生公之頓悟，在智顗觀之，亦屬別教也。

## 九　智顗之言圓教義

至于智顗所言之圓教義，則正欲于此別教之深達于中道佛性與深業者，更進一步。故其下文言「又別教漸深，亦非深達。圓教卽于淺業，達于深業，方乃得名深達罪福相。」。說圓教之于淺達深，扣在佛性之論上說，則正在合地論、攝論人所言之眞修、緣修爲一。卽于緣因、了因佛性之顯中，顯正因佛性，以使三佛性在因、在性、不成橫列。在修中亦不成縱次，在果中亦復不成橫列，而使此中之性與修、因與果，如印度之伊字之三點，不縱不橫，而性修因果亦不二。此亦卽使吾人之第六識中

**之修，與深藏之佛性法性之顯**，合爲一事。此方爲于淺達深之深也。于淺達深，則初與後皆頓悟圓理，故湛然于止觀輔行傳弘決，說此爲「頓中頓」也。

所謂于淺達深之深，乃卽以人現有之第六識之修與深藏之佛性法性之顯，合爲一事，亦卽視此佛性法性，乃直接顯于吾人當前意識之一念心中，而人卽可于此一念心中，破無明、見法性、見佛性；而非只往思議吾人之有一深藏之佛性法性，在無明住地之底，爲無明所覆，更待無量觀行，以次第破無明，如別敎所說者。此別敎之說有佛性，固可使人生一自信，以信其必能成佛。如法華玄義卷三謂地人別敎智，「中道（佛性）乃是果頭能顯，初心學者，仰信此理，如藕絲懸山，故說信行」。然謂其爲無明所覆，而待修無量觀行方顯，則亦可于此佛性之是否能顯生疑，卽不能斷疑生信，而須待于次第修；則當下工夫不能直接呈現佛性，以直接破無明。智顗言唯法華之圓敎乃眞能斷此疑，生大信。其所以能斷疑生信，則在此圓敎工夫中，有佛性法性之直接呈現，以直接破無明之故也。

此智顗之言圓敎工夫，以直接破無明，非不知：此無明之根之深植在人之意識底層之阿賴耶識，而有所謂無明住地；亦卽非不知人如只有一般之照空照有之二諦之智，亦不足以破此智自身所成之障。如人照眞空而執眞空，照俗有而執俗有，卽是智障。此智障之根，卽深處之無明。照空而執空者，以不照有故，此不照是無明。照有而執有者，以不照空故，此不照亦是無明。吾人一般之照，恆依于有所不照而成，卽恆依于無明。有此無明爲根，而吾人智照之本身，卽可引致偏執障礙，而有智障。于是人之愈自以爲智者，其智障亦恆愈多，其無明愈熾。此無明之住地，即在吾人之種種智之後。故其根甚深，而屬于意識之底層之賴耶識。此乃智顗所承認。故智顗于維摩經玄疏卷二云「雖有照二諦之智，未破無明，不見中道，眞俗別障，即是智障……智障甚盲闇，謂眞俗分別。智障者，依阿賴耶識，即是無明住地」。又摩訶止觀卷六最後節，論智障段言「識智分別，體達想順，想順故說爲智；體達，分別與證智爲礙，故說智爲障」。又謂「無明爲智障體」。此後段語，即謂識智之分別，照眞空俗有等，其思想雖順于眞空俗有之諦理，然其思想所依之體，則有偏執，而有無明。故與無無明之證智相違也。于此人必須有破一般之智之後面之無明之工夫，以去此依智而起之智障，以見中道佛性。此即智顗之所以于塵沙惑，見思惑之外，兼言一無明惑之理由。人之照眞空之智，破見思惑；照假有之智，破塵沙惑；而見中道佛性，則所以破此無明惑者也。此無明惑之獨立爲一惑，須有一見中道佛性之智，加以正破，是爲智顗之不同于昔般若宗人之只言二邊之惑執，只以二智觀二諦破二邊之惑執；而必言三智觀空假中三諦，以破三惑之理由所在。若不能以三智善觀三諦，而于三諦生執見，則又可依三諦起惑。如其破五蓋中，言空假中皆能起蓋。蓋即惑執也。

今按此智顗之正視此第三之無明惑障之存于一般之意識之後，以阿賴耶識爲其住地，正見智顗之承受當時地論、攝論師之義，而深達于此無明之義。然智顗雖深達于此無明之義，而知此無明住地之深，又不礙其言人之破此無明者，只須在人之第六識，或當前意識之一念中破。在此當前一念中，破無明似淺，然亦自能達于深，是爲最深。此人之破無明，須在當前意識之一念中破者，此可說由于對意識底層之賴耶識，吾人原無可下工夫處。此底層之賴耶識與當前之意識，亦可說其只是吾人之一心之表裏二面。其中之裏卽見于表，則表中之惑執破，其裏中之惑執亦破。此無明之惑執，雖在吾人一般之分別智之底層，然吾人之意識，旣能知有此底層，此底層亦表現于此意識之知中，卽可就其表現，而加以正觀，正破也。當此表出之無明惑破，其底層之無明惑亦隨破，而人之意識與其底層之賴耶識，以及執此賴耶識之末那識或阿陀那識，亦一齊俱轉，而皆化爲成佛之智。于是此意識中之破無明之修，遂卽緣修，同時是眞修。不須如地論攝論中人之分別緣修、眞修，而生爭執，亦不須因人有第六識與底層之第七、第八識等三識，便謂有三佛性之橫列、與三修之縱次、及三果之橫列，以成性橫修縱，因縱果橫等說矣。

今問：吾人如何能卽在當前意識之一念與對此一念之知中，知其有無明，而正破此無明惑，以顯中道佛性？此則賴于吾人于此當前一念作正觀，而觀其卽假、卽空、卽中。此卽爲一心三觀之圓觀。依此圓觀，以一方破無明，一方顯中道之法性，此法性亦卽佛性。由是而在此圓觀中，人卽一方觀無明，一方觀法性。此中觀法性，固所以顯所觀者之法性，與能觀之心之法性之明。而觀無明之能觀，亦是一能觀之明，而爲此心之法性之表現。又觀無明，而無明爲所明，卽爲明所觀達貫穿，亦爲法性之明之表現處，而無明卽不復是無明，而無無明。此卽所以正破無明，而唯顯一中道、佛性、法性之事。此乃圓教之直下頓顯中道、佛性、法性之道，而不同別教之歷漸次之觀行，以顯中道、佛性、法性之道者也。

此圓教之直下顯中道佛性之道，吾人可說乃依于其不視法性、佛性，爲無明住地所覆，而深藏，而乃如將此無明自其住地，加以上提而出，以使之直顯于當前之觀之之明之中，成此觀之之明之所明與所破。此深藏之佛性、法性，亦卽同時由此觀之破無明，而如法華經中之塔，由地中湧出而呈顯，亦非復爲無明所覆而深藏者矣。故依此圓觀以觀無明，而顯佛性、法性之道，非求不見無明，以別觀佛性、法性，而正是要見有此無明，而正觀此無明，更無逃避躲閃。然此不對無明逃避躲閃，而正觀無明，卽正所以使無明爲明所貫穿觀達，而破無明，以無無明，而顯佛性、法性之道也。

在圓教義，觀無明卽所以顯佛性、法性。無明卽煩惱生死，佛性、法性，卽菩提般若，亦卽涅槃。故依圓教義，人當觀無明卽法性，煩惱卽菩提，生死卽涅槃。亦可暫視人當前之意識之一念爲無明與法性之合，或視一切心念與其中之一切法，亦皆無明與法性之合。然圓觀此合之目標，則正在破無明，顯佛性、法性。故圓教之言「無明卽法性，煩惱卽菩提」等，不特不同于別教之以法性、佛性之中道，爲深藏者，亦不同于通教只依此等言，以不落二邊，而未嘗意在正顯中道、佛性、法性者。不可以其言之似同者，而等視之也。

吾人如知上文所說，則于圓教之特性，可有一眞實之了解。其與別教之同處，在同言中道、佛性。

此與藏通二教不言中道、佛性，只言眞空俗有二諦者不同。故維摩經玄疏（大藏經三十八册五三四頁）謂：「三藏教……通教，但詮二諦理，所以稟教之流，不聞常住佛性涅槃。」湛然止觀輔行傳弘決卷一之二，亦云離斷常，屬前二教；言佛性，屬後二教。至于別圓二教不同處，則湛然更謂是于佛性中，教分權實。今按在別教，以此中道、佛性之第三諦，爲無明所覆，而須另以緣修中之觀行，得觀眞空俗有之二智，以漸開顯。故下文言：「別教別緣三諦名，所以稟教之流，三十心但成二觀二智，方便登地，乃見佛性。」方便卽「權」，而圓教「圓詮三諦，稟教之徒，初心卽開佛知見，自然流入薩婆若海」。自然流入，卽「實」。所謂圓詮三諦，卽對俗有、眞空、與中道佛性，三者並觀，觀俗有成道種智，觀眞空成一切智，觀中道、佛性成一切種智。而此中圓教之特色，則在直觀中道、佛性，以直破無明，而無二智障，以使三智于一心中得。此直觀中道、佛性，以破無明，則又賴于對無明與佛性或法性二者，有一「在當前工夫中之雙照雙觀」。此乃前三教所無。此雙照雙觀，乃直接破無明，亦直接顯佛性、法性，故其道最高最深，亦至近至切。故言：「別（敎）除兩惑，歷三十心，動經劫數，然後始破無明。圓教不爾。祇于是身，卽破兩惑，卽入中道，一生可辦。」（止觀卷六中道止觀）至于詳說此圓教之觀行之義，則要在摩訶止觀一書。然此書之歸趣，亦不外上述對佛性、法性與無明之雙觀雙照，以破無明，而顯佛性、法性。玆于下一章，更就此書，一述其言觀行之要旨。

# 第八章　智顗之圓頓止觀論

## 一　觀心成不思議境與一心三觀

上文已述智顗之判敎之說，今即可略述智顗摩訶止觀，言修習圓頓止觀之道，以與其判敎中言圓敎者互證。智顗所傳止觀原有漸次、不定、圓頓三者。然其論前二者之書，猶是傳述，而摩訶止觀，則言其所自行。摩訶止觀一書共五略十廣。五略爲大旨，十廣爲正說之十章，然缺三章及第七章中之三境未說，而智顗歿。然湛然爲止觀輔行傳弘決末頁言，此所缺三境，可以前所說十觀觀之；所缺三章之義，則已具五略中。則此書仍可謂爲全璧。此書首言上求佛道、下化衆生、發菩提心，爲諸佛經之旨。更說發大心、起大慈悲、四弘誓。此四弘誓者，即「煩惱無盡誓願斷，衆生無邊誓願度，法門無量誓願知，佛道無上誓願成」。此即類同儒者之學，以立志爲本。由此發心，而從事修證，則一切義理，即皆只對此發心修證，而有其意義矣。摩訶止觀首說發大心之後，第二即說修大行。第三釋體相，第四明攝法，第五明偏圓。此三章，要不外連四敎之敎相，以說觀行。第六明方便，則正說善巧修行，而首論持戒。第七言正觀，爲此書之主幹。于此首論觀陰界入境之十觀法：一、觀不思議境，

二、發菩提心，三、安心止觀，四、破法徧，五、識通塞，六、道品調適，七、對治助開，八、知次位，九、能安忍，十、無法愛。此十觀法，雖只論于正觀中之觀陰入境之文，然實爲可用之以觀任何境之十法，以成乘。此爲智顗所自撰之維摩經玄疏卷二所及。此十觀法觀心，是以觀不可思議境爲主，餘九乃資助之觀法，故亦卽以觀心是不思議境爲宗。此卽與藏通別三教之觀心，皆是思議境者不同。其言：「觀心是有善有惡……無常生滅，能觀之心，亦念念不住。」卽指藏教二乘之依因果以觀心之法。其言：「觀此空有墮落二邊，沉空滯有，而起大慈悲，入假化物。實無身，假作身；實無空，假說空，而化導之。」卽指通教之觀假有或假空之觀心法。其言：「觀此法能度、所度，皆是中道實相之法，畢竟清淨，誰善誰惡？誰有誰無？誰度誰不度？」卽指別教之觀「超于一切相對之實相佛性，自常自淨」之觀心法。此三教之觀心，皆對心尙有所思議，亦視心爲可思議者。圓教之觀心法，則在觀心之不可思議，而成一不可思議境。此卽圓教之觀法之異于前三教者也。

玆按維摩經玄疏卷四言：「觀心明三藏教者，卽是觀一念因緣所生之心生滅，析假入空……觀心明通教者，觀心因緣所生一切法，心空則一切法空，是爲體假入空……觀心明別教者，觀心因緣所生，卽假名具足一切恆沙佛法，依無明阿梨耶識，（佛性）分別無量世諦……觀心明圓教者，觀心因緣所生，具足一切十法界法，無所積聚，不縱不橫，不思議中道二諦之理。」又言：「觀心生滅，見一切三藏教，橫豎分明。觀心不生滅，見一切通教，橫豎分明。觀心假名，見一切別教橫豎分別。觀心中道，見一切圓教橫豎分明。」此與摩訶止觀所言相對而觀，則圓教之觀心之不可思議，卽觀心中道。故維摩詰經玄疏言：「若是眞諦之理，卽是思議之理，若是中道佛性之理，卽是不思議之理。眞諦名思議理者，非如來藏也。以中道之理名不思議者，卽如來藏也。」(大藏經三十八卷五四九頁)

但人如何能觀此心不爲可思議，以成一不可思議境？實則此意，當通過其後文「破法徧」之義，而理解。在此節之本文中，唯言心造種種五陰，而有十法界，四聖、六凡之衆生，並有其所居之世界或國土世間，合五陰世間、衆生世間，爲三世間。三世間皆各有十如是：「相」、「性」、「體」、「力」、「作」、「因」、「緣」、「果」、「報」、「本末究竟」，而各各不同。此十如是之名，見法華經，摩訶止觀只本之而言。(註一)以十法界互相涵攝，故一念在一法界，卽具十法界。十法界又各具十法界，共成百界。一界具三世間，每一世間，各有十如是。則共爲三千法，皆爲在一法界之當下一念所具。此三千法在一念心。「若無心而已，介爾有心，卽具三千。亦不言一心在前，一切法在後；亦不言一切法在前，一心在後。……若從一心生一切法者，此則是縱；若心一時含一切法者，此卽是橫。縱亦不可，橫亦不可，祇心是一切法，一切法是心。故非縱非橫，非一非異，玄妙深絕，非識所識，非言所言，所以稱爲不可思議境。」

**註一**：大智度論卷二十七、三十二，及三十三，亦言法之力、種、相、性、體、力、因、緣、果、限礙開通方便，與法華之十如是略同，但無法華之整齊。

此節下文，卽反對當時地論宗人之或以法性爲依持，而言心具一切法或心生一切法之說；此卽上文所謂縱。又反對攝論宗人之以阿黎耶爲依持，盛持一切種子、含一切法，而從緣顯現，而主緣具一切法者；此卽上文所謂橫。智顗所謂不縱不橫之實義，卽既不許「先有心以生一切法」之說，亦不許「先只有心之種子含一切法，後依緣乃實有此心，而實有一切法能呈顯于心」之說；而是謂此現有之心，卽是呈顯于其中之一切法。此心卽法，法卽心。此心現起，其中之法亦現起。不可說心先于法，亦不可以爲此心之因緣之黎耶種子等法，先于此心之現起，而能生起此心。故下文言此心與法之現起，「非內非外，亦非中間，亦不常自有」。並引龍樹「諸法不自生，亦不從他生，不共不無因」之語。此卽謂于此心之現起，不能言其先有而自生，如上文之縱說；亦不能言由他因緣生而他生，如上文之橫說；復非此二者之共；又不可說無因緣。下文更設問爲例。問：「依心故有夢？依眠故有夢？眠法合心故有夢？離心離眠故有夢？」下言：「若依心有夢者，不眠應有夢。若依眠有夢者，死人如眠，應有夢。若眠心兩合而有夢者，眠人那有不夢時？又眠心各……無夢，合不應有。若離心離眠而有夢者，虛空離二，應常有夢。」以此「四句求夢，尚不可得，當知四句求心不可得……求三千法亦不可得。既橫從四句生三千法不可得，應從一念滅生三千耶？心滅尚不能生一法，云何能生三千法耶？若心滅亦不滅，生三千法者，亦滅亦不滅……二俱不立，何能生三千法耶？若謂心非滅非不滅，生三千法者，非滅非不滅，非能非所，云何能所生三千法耶？亦縱亦橫，求三千法不可得。非縱非橫，求三千法亦不可得。言語道斷，心行處滅。故名不可思議境。」

但其下文又言于世諦中亦可言心生一切法與緣生一切法。此是世諦之方便說。再下文更言「隨便宜者應言無明法法性生一切法，如眠法法心，則有一切夢事。心與緣合，則三種世間、三千相性，皆從心起。一性雖少而不無，無明雖多而不有。……」此卽謂一切法中，雖皆有無明而無明多，然皆依此一法性。因其皆依此一法性，則一切法卽一法。下言「法性與無明，合有一切法。陰界入等，卽是俗諦。一切陰界入（五陰、十八界、及六入）是一法界，卽是眞諦。非一非一切，卽是中道第一義諦。」此所謂一切陰界入是一法界，卽一法性，故說是眞諦。非一非一切，卽非法性之一，亦非一切法之多，故言其是中道。至于下文之言「一法一切法」者，此一法，卽依眞空法性而說一切法，卽成一法。故謂若一法一切法，卽中論之「衆因緣生法」，是爲假名、假觀。又謂一切法一法，爲中論之「我說卽是空」；非一非一切，卽是中道觀。由此故更言「一空一切空，無假中而不空，總空觀也；一假一切假，無空中而不假，總假觀也；一中一切中，無空假而不中，總中觀也」。是卽摩訶止觀所說之不可思議境。

由上文所述，則知智顗之言無明與法性合，生一切法，乃唯在俗諦觀，或假觀中言。若在空觀，則當知此一切法，皆有眞空法性，當觀其空。在中觀，則當知一切法之非有非空，而亦有亦空，當觀其中。此觀其中，卽雙觀無明與法性，而通達之。此通達，乃一「明此無明與法性二者」之「明」，亦使人「能超無明而破無明」之「明」。故後文言「無明法法性，一心一切心，如彼昏眠。達無明卽法性，一切心一心，如彼醒寤」。此所謂「一心」之「一」，乃指法性之一。一心一切心，卽由一法性心之顯爲具衆多無明之一切心也。故言如彼昏眠。而言一切心一心者，卽于具衆多無明之一切心中見法性，而自無明解脫，成一法性心也。此中觀一心一切心，只是假觀，故言如彼昏眠。觀一切心一心，則是由假有而證眞空。故言如彼醒寤。能雙觀此二者，則正爲一中觀。依此三觀以觀境，卽形成對一切法、一切心之不思議境。「此境發智，何智不發？依此境發誓，乃至無法愛，何誓不具？何行不滿足耶？如上次第行時，一心中具一切心」。此所謂一心具一切心，卽「依法性而有之一心」，具一切法之一切心，而能作卽空、卽假、卽中之三觀之心也。

上文只就智顗言不思議境，與一心三觀之文，略增文句加以解釋。便知其所謂不思議境，不可憑吾人之思議，隨意加以解釋。此所說者：乃是心卽三千諸法；吾人于此心此法，更當直就其當下之現起，而觀吾人以四句推檢或推求思議之不可得，卽見其爲不可思議境。此所謂以四句推求思議之不可得之義，其詳論乃在其後文之破法徧中。依此四句推求思議不可得，亦卽形成一超推求思議之觀。此觀乃面對當下現起此心此法，而正觀其假有、眞空、與中道之三諦，而非推求思議之事。故所見之境爲不思議境也。

于此當問所謂對當下現起之此心此法，作推求思議是何意義？則吾人可答：凡以之爲由自生、他生、共生、或無因生，卽皆是思議推求之事，亦皆離正觀之事。而觀其：非自生、非他生、非共生、非無因生，而不生；只如其所如而現，並知其現有爲假有而眞空；而依一「非空非假、卽空卽假之中道」而觀。則爲正觀，而非偏觀。只偏觀則有無明，而此心法爲法性與無明合。正觀則爲破此無明，而顯法性者也。

此吾人之思議推求一法之生，恆不出于思議推求其爲自生、他生、共生或無因生四者之外。而此四者，則皆依于無明。如吾人謂一法爲自生，卽無異以此法重複其自己爲兩自己，以一爲能生、一爲所生。而見一法之重複其自己，卽于一法加以分裂，而不見此一法。此不見，卽無明。如謂一法爲他生，則爲視一法先在他中，而初只見他不見自，不見他中之無自，此不見亦爲無明。謂由共生，則由不見此自之無二，一自不能更有一自，又不見他中之無自。此二不見，共爲一無明。謂無因緣生，卽不見其所依而有之爲其因緣之法，此亦爲無明。今謂法非自生、非他生、非共生、非無因緣生，皆所以破無明，卽成吾人對一法之正觀。而欲成此正觀，亦必須見以此四者推求思慮之不可得，而破以此四句推求思議之事。此四句推求思議之事破，則所顯之境，卽非推求思議之境，而爲不思議境。對此不思議境，更觀其假、觀其空、觀其中，而不止于此三觀之一，以成偏假、偏空、或但中，以破吾人對此三者之無明，卽對三諦之圓融的三觀也。

## 二　破法徧與三觀

然吾人如何可成就此一心三觀？則智顗下文首言發菩提心與安心，更言破法徧。菩提心爲求智慧求正觀之心，不發菩提心則不能求此正觀，心不安則不能起此正觀。今欲起此正觀，則須破吾人平日對心法之種種深固之偏執見。在此破法徧中，智顗先言生生、生不生、不生生、不生不生四者之不可說。以引至對此四者之思議之皆不可得。更就當下一念心，依成實論師所傳之因成假、相續假、相待假三者，次第破此一念心，乃由自生、他生、共生，或無因生之執見；以言此一念心之無此「由自、由他、由共、由無因緣」，而生之四性；以見此一念心之生，乃不可思、不可議，故絕言說。唯以說法利生之因緣，方可有種種言說，以使人悟此不可思議境。故下文更謂人不可偏執絕言，成一絕言見。此絕言見亦當破。又當知絕言，亦有種種之絕言。唯圓教之絕言爲至極云云。依圓教之絕言，則須破絕言見。絕言見乃空見。此空見與絕言見，作爲見而觀，亦是偏執固當破。故有聖默然，亦有聖說法。此則要在言「對此不可思議，如加以思議，謂此中無議無思唯有絕言與空，而執此絕言與空，成絕言見空見」者，同是當破。此卽爲偏破一切偏執見，以顯中道。此上合爲「破見假以入空」之文。

于破見假以入空文之後，智顗更說破思假以入空。「見」指一般所謂之思想上執見，此「思」則指由執見而有之情意上之種種煩惱惑業。此見思二者皆假有，同不可執爲實，亦同當作四句推檢，以知其不可思議，以破其執而觀其空，以入空。人由知此見思假入空之後，更有由空入假，以知世間人之種種病患，而知病識藥，以有菩薩之觀行。再有由假入中，觀上所入之假，皆不離中道；更見空假中三諦圓融，本此修觀，以實有圓教之觀行。若只由假入空，而停于此，尙可止于藏教。若只由空入假，可止于通教。由假入中，而見中道佛性，亦可止于別教。必既由假入空，再入假，更入中，而見三諦圓融，一空一切空，一假一切假，一中一切中，方實有圓教之觀行。則由假入空，由空入假，由假入中，卽皆爲此圓教觀行之所用，亦皆代表此圓教觀行之一方面，而屬于此圓教。故智顗亦于說圓教止觀中之摩訶止觀一書，兼說之也。

此破法徧之文，約佔摩訶止觀之文之五分之一，爲此書之主幹。其文之章節分明，今不必一一加以重述。此中吾人如自思想史之眼光，以觀智顗以四句破四性，以正觀一不可思議境，當說其實全本龍樹中論之破四句之旨。智顗亦自言之。但龍樹中論，乃遍對心色諸法，而一一依四句以破之。而智顗于此，則去丈就尺，去尺就寸，而專就當前之一念心，言依此四句，加以推求思議不可得，以由思議境至不思議境。此則較龍樹中論以及提婆之百論十二門論，用此四句，泛破小乘外道于心色諸法之所論者，爲能集中論點，而切近于人當下之用止觀工夫。又其取成論師之三假之說，謂此在大小乘中皆有之，並謂小乘藏教之三假，乃在事上說，爲隨事三假；大乘之三假，則直就理觀，爲隨理三假云云。然實則此三假之說，明初爲成論師之一貢獻。今用此三假，連之于四句破，即已爲智顗之一綜合大乘小乘以論義之事。此與其直就當前一念心上，以四句推撿，蓋皆當說爲智顗之一思想上之創造，爲前此之般若宗思想中所未有，亦中論所未有，盖亦爲其言「莫以中論相比」之二端也。

## 三　一念三千義

復次，智顗言「去丈就尺，去尺就寸，置色等四陰，但觀識陰之心」，更于此心，又直觀當下之一念心，同時又謂此一念心爲具三千法之心，亦爲其進于中論或三論之旨者。此一念心即具三千法之義，可先自此當前之一念心，本可爲屬任何界、任何世間之心，去了解。蓋此一念心，初無論屬任何界、任何世間，原可轉化爲其餘諸界諸世間之念。又無論其如何轉化，亦皆有性、相、體、力、作、因、緣、果、報、本末究竟等十如是，而容吾人觀之。此吾人之觀此當前一念心，初固可只知其屬某一界（如人界），屬某世間（如屬某五陰法之世間之某色、某受等；或屬某衆生世間，如某類衆生；或屬某國土世間，如爲某一國土），亦可初只觀其十如是之一（如其性或相或力等）。但于此當前一念心之屬某界、屬某世間者，而只觀其某一如是後，皆可更觀其九如是之如何，亦知其有轉化爲他界、他世間之念之可能，而可更觀其所可能轉成之任何念之任一如是。如以十界之四聖、六凡之別而論，則在凡界之吾人之當前一念心，如不自加執取，而體其法，以觀其空，明可轉而生起聖界之清淨念。在聖界中，阿羅漢或菩薩未至圓滿之佛界者，皆不純聖。則其有一清淨之念，忽自加以執取，亦成染汚，便轉屬凡界。又在凡界之吾人于其一念，不自加執取，而體其法以觀其空，固原是清淨念。但吾人于觀其空後，若再執空，成空見，又轉成染汚之惡見。人若執空成惡見，卽對此「空」有法愛，而有貪；又可對反對其空見之人，生瞋，對不有此空見者，生慢。故此「空見是瞋處、愛處、慢處」（卷七正觀觀見境）。人之由空見，而有此貪愛瞋慢之爲染汚不善，亦卽無異于世間之人，依酒色財氣而生，種種貪愛瞋慢之爲染汚不善。由是而此空見，亦可使人有種種苦樂顚倒，故久流轉生死大苦海，如智顗觀見境中所說。**蓋此貪瞋慢等，乃佛學所視爲人之入地獄、餓鬼、修羅、畜生等道之因，**則依空見而有之貪愛癡慢之心念，**亦可成爲入地獄、餓鬼之因**。此外，人在有其他種種清淨之念，如慈悲喜捨等時，人如自加以執取，亦成執見，而由之以對他人他物，生慢、生瞋，或對此諸清淨念，求多所據有，卽生貪愛。至人之或不知其可生此貪慢瞋等，此卽是癡。反之，人當前一念爲貪瞋慢癡之念時，如自知其能貪與所貪、能瞋與所瞋……等，其性之空，而觀其空，更不貪不瞋，則又能自轉得、生起聖界之清淨念。此上之義，皆不難了解，便見在佛界之外之九界衆生之當下一心念，皆可互相轉入，亦皆可轉入佛界。此可互相轉入，乃此一當下心念之本性所具，而此當下心念之爲一法，卽性具三千諸法。則吾人當「觀根塵相對，一念心起，於十界中必屬一界。若屬一界，卽具百界、千法，于一念中悉皆備足。此心幻師，于一日夜，常造種種衆生、種種五陰、種種國土。」（法華玄義卷二上）至于佛界中之佛，雖功德圓滿，其念無不清淨，不再轉生染汚之念。然佛以度衆生爲心。衆生心念皆佛之智慧慈悲所護念。則佛之一念，亦自性具此衆生心念中之三千法。故摩訶止觀卷五謂「十法界互有，一念三千，法性自爾，非作所成」。**此一念三千之義，更爲湛然以至宋代天台宗之山家、山外**所特重之義，而天台宗卽以此三千性具之說，與華嚴宗性起之說相抗。依此佛界具九界之說，智顗在觀音玄義中卽有佛性有惡之論。後天台宗人更重此佛性有惡之說。然佛性有惡，畢竟如何有法？又言性具，則于性修關係，畢竟當如何說？皆引起種種後之天台宗思想中種種問題。然在智顗之言十法界互有，言一念三千爲法性自爾，則以吾觀之，尙無如許之複雜之問題，後有另章論此。其摩訶止觀言一念三千，只是使人由知此當前一念之具三千，以便于其當下之修觀。蓋人知此當前一念具三千之義，則人若能空此當下一念中之執取，使之清淨，于其次第轉成三千諸法，亦便無不能體其法而觀其空，以使之成清淨念。又此當前之一念，旣法性自爾具三千，則此一念之染汚，亦卽三千之染汚；一念清淨，亦卽三千之清淨。吾人眞能見此一義，則吾人于此當前一念，依上述之以四句，推求思議其爲自生、他生、共生、無因生，皆不可得，而觀其生卽不生，體法觀空，以化爲清淨；則此當下之不可思議境，卽成三千之不可思議境。由是而吾人之求超凡入聖之工夫，卽不待他求。只須依上述之空假中三諦圓融之理，以觀其生之爲假，生卽不生，而假卽空；體假法觀空，更雙照此空與假有，卽中。此便是最直接之超凡入聖之工夫。于空假中有圓滿之三觀，更依觀以起行、以證果，卽佛之所以成佛。今在凡境、凡地、凡界之吾人，能修此三觀，則直接與佛之境地或佛界相應，而人可于凡界中之此一生，卽行于中道，入智顗所謂五品弟子位。此則要在知此圓教工夫之勝于藏通別之教，而于此斷大疑、生大信。然後人可由一生之修行，而決定不退。于此所生之大信，智顗嘗依瓔珞經分爲十信。依十信、歷十住、十地行位，能次第升進，則人可定成佛果；而智顗有三生必成之語。此皆依于人之知此一念原具三千，而又對一念能作三諦圓融之三觀，以爲人最直接之超凡界入聖界之因緣故也。

## 四　觀當前一念心之意義

此智顗所言之觀一念心，只是修佛道者之當前一念心。此不須先問此一念心爲染、爲淨、爲善、爲惡、爲無明之表現、爲法性之表現。然自衆生心之未破盡無明言，又皆可稱之爲無明一念心（卷六正觀破法徧，橫豎一心，明止觀）。對此當前之一念心，人皆可直下對之成觀。此一念縱爲一大貪、大瞋，如全體是染是無明；然吾人能知以四句推求思議之不可得，而觀其假有、性空、不離中道佛性；則能于此無明見法性，而可無此無明，以轉變此無明之表現以爲法性之表現，同時無明卽如轉變爲法性。反之，縱此一念心爲清淨至善或佛性法性之直接表現，如更有一念加以執取成執見，卽爲無明所覆，而一切貪瞋癡慢等，皆可相緣而至，如上節所說。于是此法性之表現，卽轉變爲無明之表現，法性卽如轉變爲無明。故于此「無明之可無而見法性，無明如轉變爲法性、以及此法性之可爲無明所覆，而法性如轉變爲無明」，皆爲吾人所當觀。觀「無明可無而轉變爲法性」，則于無明能不脫而脫。觀「法性可爲無明所覆」，則于法性之表現爲淸淨之一念心者，不以爲足恃，而加以執取，以成染汚念或邪見。（註二）故觀此法性之可爲無明所覆，以至觀此法性可轉變無明，正所以免于染汚念起中之無明，以無無明；亦如觀染汚念中之無明，而知其性空，以見其法性，亦卽所以無無明也。

由上所說，故人之所觀之一念心，無論爲染或淨、善或惡、爲無明或法性之表現，皆與此觀不相干，亦不形響此觀。此觀之所觀，可是無明之念之法性，亦可是法性之念之無明。依無明念與法性念之可相轉，則吾人可說生此念之心，爲一無明法性心。又可說觀此念之無明與法性之心，卽一「兼有

註二：如藏敎由有入空，由生至不生，而謂：「大生生小生，皆從無明生，不由眞起。若無明滅諸行滅，不關眞滅。執此見者卽成自性邪見也。通敎明眞是不生，不生故生，生一切惑，若滅此惑，還由不生。如此執者，是他性邪見也。界中以惑爲自，眞爲他，故作此說也。界外以法性爲自，無明爲他。別敎計阿黎耶生一切惑，緣修智慧，滅此無明。能生能滅，不關法性。此執他性生邪見也。圓敎論法性生一切法，法性滅一切法。此則計自性邪見。」（摩訶止觀卷十）此非謂諸敎中必有此諸邪見。然于諸敎所言之義，偏執一面，則固皆可引起此種種邪見也。

此無明、法性爲所觀」之一能觀之心。然當知此能明觀法性、無明之能觀之心，只自是一圓觀之明，此明則當說只出于法性心。如此能觀之自身，偏觀假有、偏觀眞空，偏觀無明、偏觀法性，而自陷于其觀之無明；則此自亦可引起邪執見。當更依不偏之中觀，以破此中之無明，而再歸于此圓觀。此圓觀之觀偏觀中之無明，其自身亦是明而非無明，且正所以成此圓觀之明。故一切所觀之一念心中之無明，與偏觀中之無明，皆只是此圓觀之所觀、所明。而圓觀果爲圓觀，則其自身只是明，而無無明，亦只是法性之直接表現。此卽圓觀之所以能使人悟法性，而于法性斷疑起信，以歷十信、十住、十地成佛，而自無明解脫也。故自此圓觀之所觀言，有「無明法性相轉變而相卽」之一義。而依此圓觀之明，成就此自無明之解脫言，則法性與無明，又不一不卽，亦無相轉變之義。此皆不可不知，下節更詳論。

至于智顗之書在言上述之觀一般之五陰境之後，有觀煩惱境、觀病患境、觀業相境、觀魔事境、觀禪定境、觀諸見境。其計劃中尙有增上慢境、觀二乘境、觀菩薩境，未及說而終。智顗之所以分別論對此種種境之觀者，非謂人皆能于當前一念中同時觀此種種境。乃唯是自此當前一念，原可在此種種境之任一境中說。蓋此當前一念，歷種種緣，卽可形成種種當前一念之境。而人之修行歷種種之次第工夫，卽其當前一念之境之次第成爲如何之因緣。此當前一念境不同，其中無明與法性之表現之情形不同，其中之煩惱與菩提或智慧之情形不同；而人修道所遭遇之通塞與得失之情形不同，其當如何依道品調適，與對治助開亦不同。故智顗有此觀煩惱、病患、業相、魔事、以至二乘、菩提等境之論，以使人之當前一念心，在此任何一境中，皆能識其通塞得失，以修其對治助開之道。然吾人却不可以其遍論此諸境，遂以先對此諸境有一一之觀想，卽修道之要。修道之要，唯在對當前一念，依對空假中三諦之圓觀，以觀之，以使之成一不思議境；更知一念具三千法，則一念成不思議境，三千諸法亦頓成一不思議境。今能對當前一念有圓觀，而此念與境，相俱而轉變，則無論至何境，同可以此圓觀觀之，使成一不思議境；更隨境，以自識通塞得失，以修其對治助開之道。故智顗于此諸境之所言，亦皆可供人之當機而用之資耳。

## 五　對無明與法性之圓觀

如吾人能知此智顗之全書，乃爲成就對一不思議境之圓觀，而說種種上來之義，則于智顗所言及無明、法性之種種關係，其中似相矛盾者，皆可分別其層面，加以理解。如智顗嘗言無明與法性合，而生一切法，無明法法性，生一切法。如言「以癡迷故，法性變爲無明，起諸顚倒，善不善等。如寒來結水，變作堅冰。又如眠來變心，有種種夢。」此似以無明、法性如二物相依，而合以生一切法。又言「不識冰人，指水是冰，指冰是水。但有名字，寧有二物相卽？如一珠向月生水，向日生火，無向則無水火。一物未曾二而有水火之珠耳。」（卷六）此又似言由一物之二向，能變爲法性、無明之二物。此上二段語明似不同。唯前者言法性與無明爲二而一，後者言其爲一而二，尙不必然相矛盾。然彼又言法性與無明「不相妨礙。所以者何？若蔽礙法性，法性應破壞。若法性礙蔽，蔽應不得起。當知蔽卽法性。蔽起則法性起，蔽息則法性息。無行經云：貪欲卽是道，恚癡亦如是。如是三法中，具一切佛法。若人離貪欲，而更求菩提，譬如天與地。淨名云：行于非道，通達佛道……淫怒癡卽是解脫……一切塵勞是如來種」（摩訶止觀卷二）。此言則似謂法性無明，爲不相合、不相轉，亦不相礙，而俱行者。則與上之言其相卽相合相依而相轉之說，似相矛盾。至其言破無明以無無明，而顯法性以求解脫之言，又明似與二者之必相卽相合，及二者不相礙而俱行之說，皆相矛盾。

然吾人若知此上之種種說，皆是依吾人對法性、無明關係之所觀而說，又知吾人對法性、無明之圓觀中，吾人對法性、無明關係之所觀，原有種種層面，則可銷除此中之種種矛盾。

于此首當知所謂法性，亦卽此能觀所觀之心法之性。故智顗以此能觀之心法之自寂，而能覺能觀，爲法性。如摩訶止觀首謂「法性寂然爲止，寂而常照爲觀」。此觀原指心之明，而非無明。故謂「無明爲不觀，而以法性非觀（非一般之觀）非不觀，而名爲觀」。然所觀之心法，則其中恆有種種煩惱染汚顚倒之不善等。則此所觀之心法中，其中雖亦有能觀能覺之明，然亦有無明。是卽可說爲無明與法性所合成，或無明法法性之所成。如眠之無明加于心，而有之種種夢。此所觀之心法，爲一念，即可稱為法性與無明所合成之無明一念心，或無明法性心。但說此心念為無明法性之合，乃自此心念之有，而說其兼以無明、法性為因緣，亦即觀此心念為無明之法法性，而合成之假有。然此只是此圓觀中之一面。人固不可停于此觀，當知依圓觀之中觀，而更觀此法性之不法無明，二者亦不相即相合，以觀此假有之空，而觀此無明之無，以無無明；方能成此圓觀中之中道正觀。故不可止于前者之觀，視為究竟也。此進一步之破無明之中道正觀，據摩訶止觀卷六，是以三番觀此無明與法性之關係，以見法性之明，不法無明，並見法性之明，亦不由無明之滅不滅生，復不由其眞因、緣因生，以正觀此法性之明，而破無明。其文曰：「觀此無明，即為三番：一、觀無明，二、法性，三、觀眞緣。一觀無明者，空假之智與心相應。觀此二智，為從法性生？為從無明生？為從法性無明合生？為從離生？若從法性，法性無生。若從無明，無明不實，亦不關中道。若合共生，則有二過。若從離生，則無因緣。……二約法性破無明者，為當無明心滅，法性心生？為當不滅，法性心生？為當亦滅亦不滅，法性心生？為當非滅非不滅，法性心生？若無明滅而法性生者，滅何能生？不滅生者，明無明並。共生者，有二過。離則不可。不自、不他、不共、不無因，如是四句，一一句中，信法迴轉，四悉善巧，即能得悟。……雖未得悟，決定謂此中道觀智，能破無明。……三約眞緣破無明者，觀此觀智……，為是緣修？為是眞修？眞緣合修？（為）離眞離緣？……（若）約眞自顯，是自生；由緣顯，是他生；眞緣合，是共生；離眞緣，是無因生。四句求智不可得，亦不得無智。……無得之得，以是得無所得，入空意；無所得即是得，入假意；得無所得，皆不可得，雙照得、無得，即中意。」

此上之文觀無明之第一番，乃言空假之智與心相應，即言心有兼觀空假之智。此心智，在所觀之一念心法之無明法性之上層，而能觀此心法之假有與空者。于此心法如只執爲實有，即是無明，不執爲實有，即兼顯此心之寂而能照之法性。合此二者，則于此當前之一念心，能兼觀其無明與法性。然此能觀之心智，則不由此所觀而生。此能觀之心智，不由所觀之無明生，以此心智明此無明，即更能見此無明之不實故。此明無明之明，不能說由無明生。然說此心智之明由法性生，亦不可。因此心智之明，即是法性之明故。此法性之明，自是明，但此「明」不自分裂爲二，以自生自。故不可說自生。無明對法性之明爲他，此無明不生明，則此明亦非他生。明既不自生又非他生，則亦非共生。又此「明」能明于無明法，亦非無所明之無明法爲緣，又非無此心自有之能明之佛性法性爲因，則此明亦非無因緣。破此自生、他生、共生、無因緣之四句，正所以正觀此法性之明。而人只須正觀此法性之明，即所以破無明也。

上文之第二番言觀法性破無明，亦是賴四句推求法性心之生之不可得，以破無明。此四句推求之所以歸于不可得，乃由于此法性之明，不可說爲依于無明之滅不滅而生。此法性之明，能明彼無明之滅與不滅，而以之爲其所明。此所明之無明之滅與不滅，固不生此能明之者。亦如上說所明之無明與法性，不生能明此二者之法性之明。由此而可言法性與無明或蔽之互不相礙。然此法性心之明，不由所明之無明之滅與不滅而生，又不涵蘊：此法性心之明之生，是無因緣。此法性心之明，能明此「無明之滅不滅」，即以此所明之「無明之滅不滅」，爲其緣也。又此當下之法性心之明，亦非無此心自有能明之佛性法性爲因，故不得言此明無因緣生，此亦如上所已及。今以此四句破此法性心之明之由無明滅不滅而生，與無因緣生，則于此當下之法性心之明，有正觀、現觀。然正觀現觀此法性之明，即所以破無明也。

至于第三番之言約眞緣破無明者，則不外言人之有此當前之法性之明之表現時，不可說只是依于其心自有之眞佛性法性而有之眞修以作佛，亦不可說只是依于其心所遇之緣而用工夫以有之緣修以作佛。如只依眞修，即爲自生；如只依緣修，則爲他生。然此眞佛性與所遇之緣中，分別觀之，皆初未有此當前之法性之明，即皆不能實生此當前之明，亦不能言其中已有佛在。因此佛性是性而非佛，此緣亦非佛故。則于此說自生他生，皆不可說。自生他生無，共生亦無。然又不可說人之成佛或當前之法性之明之生，無此上之佛性之眞修與緣修爲因緣。今依此四句破，而當前之法性之明或智，即皆不可實得，亦不得無智。只有無得之得，而所得者是無所得，即入眞空。得此無所得，即是假有，雙照得、無得，即中。此雙照得、無得，是明。此亦即所以破無明也。

## 六　圓觀中之上下二層義，及無明卽法性、煩惱卽菩提生死卽涅槃、與不脫而脫義

吾人本此上所言觀無明、觀法性（破無明）、觀眞緣，以破無明之三番之旨，以更觀前所說「無明與法性，合生一切法，于一切法中，見無明卽法性」之言，卽能知此「所觀之無明法性或無明生滅實未嘗生「此當前能觀之法性之明」。此當前之能觀之明，雖以「此心自有之佛性法性」與「所觀之無明法性合成之一切諸法」爲因緣，而此諸因緣，則不能說爲生此當前之法性之明者。謂此「明」之由因緣生，卽同時是「以四句推求不可得不可思議」之「生而無生」者。今能觀此因緣生之爲生而無生，而只得無所得；則所得者，只是對此當前之法性之明之正觀現觀，而其中無無明。此卽所以破無明。在此破無明中，無所觀之「無明與法性之合」，或所觀之「無明卽法性」，而只有此法性之明之無無明破無明，而與無明更不相卽。此亦如能觀眠與心合成夢者，乃一不夢之覺心。此覺心之無夢，亦如「能觀無明與法性合，而生一切法」之「法性」之明，非無明，無無明，而能破無明，以成其解脫也。

由上所說，則知智顗言「無明與法性合」、「無明法法性」，皆自圓觀之所觀上說，此乃下一層

義。上一層之義，是「能觀此無明與法性之圓觀」之只有法性之明，乃無無明而能破無明者。在此上下層中，分說二義，則不成矛盾，亦互不相礙。自下層所觀說，則無明與法性相合相卽，亦可相轉變，以由此成彼，以一而二，二而一。自上層能觀說，則此能觀自只是一法性之明。其愈觀此所觀之無明法性之相合、相卽、相轉變；亦卽愈顯此法性之明，而愈能依四句破，以見此明之不由所觀之無明法性之合而生，以愈向于顯其心中所自有之法性之明，以成其解脫也。

然人在初依上述觀無明以破無明，見此能觀無明之法性之明中，無無明之後；恆不免由此能觀之明與其所觀之無明乃能所相卽，而亦可生一無明卽法性之見。故智顗于約法性破無明中，曾言「上四句觀于智障，求無明生，決定叵得，或生一種解，或發一定，決謂無明卽是法性。」然下文智顗更云：「如此計者，非是悟，但發觀解。」此卽謂觀無明卽法性，雖是發一觀解，但非究竟。故下文更言「當移觀于法性」云云。移觀于法性，卽不見法性由「無明之滅不滅」生，而只現觀此法性之明，更不見無明，而無無明。故此言無明卽法性，仍只是觀解進行中之一過渡的所觀。而一切言「無明法性」或「無明與法性合」，而互相轉變，亦皆是一過渡的所觀。自究竟處說，則觀于無明、與觀于法性之明，或觀于此法性之明之「眞緣」或因緣之事，皆是歸于無無明、破無明，而唯顯此能觀而居上層之法性之明者也。

然此能觀之上層之法性之明，卽能明能觀其下層之法性無明者。若其不能明其下層，卽亦不能成其是上層之法性之明。此上層亦自以其下層爲其因緣。若無其下層之無明爲所觀，此上層之明即非明，而爲無明。故此上層之法性之明，愈能觀其下層之無明法性等之相即、相合、相轉變等，即愈顯其明，而其自身愈得無無明。其自身之得無無明，正依于其能明下層之無明，對無明與法性能雙照兼觀，而不偏觀偏照。此雙照兼觀，即又自有一兼與無明法性相即之義，亦必兼觀此無明與法性之自相即。故觀無明即法性，正所以成此法性之明，而破無明者也。

按煩惱，生死縛，皆由于無明；菩提、湼槃、解脫，皆由于法性。故雙觀雙照無明法性，而觀無明即法性，即涵雙觀雙照此煩惱與菩提、湼槃與生死、縛與脫，而圓觀煩惱即菩提、生死即湼槃、縛即脫之意。故言：「煩惱道即般若道，當知煩惱不闇；般若道即煩惱道，當知般若不明。」（維摩詰經玄義）由此而于由般若證湼槃之聖界衆生，及有煩惱而在生死之凡界之六道衆生，亦當雙觀雙照，而知其相即，更不生分別見。吾人能空此分別見，即知凡界衆生之煩惱，旣與菩提相即，其生死亦與湼槃相即。故摩訶止觀卷十更言：「不思議境者，一念空見具十法界，（凡聖俱在）即是法性。法性更非遠物，即是空見心。淨名云：諸佛解脫，當于衆生心行中求……。三法（心佛衆生）不異，故宛轉相指，一切衆生即是菩提，不可復得，即圓淨解脫。五陰即是湼槃，不可復滅，即方便淨解脫。衆生如即佛如，是性淨解脫。……觀此五陰即是湼槃，不可復滅，本無繫縛，即是解脫……攝一切法。故言解脫即心而求。又觀見心五陰即是法性，便無復見心五陰。因滅是色，獲得常色等法性五陰。因滅衆生，獲得常住法性衆生。……此境無明法性，宛然具足。傷己昏沉，今始覺知。一切衆生，亦復如是。既是法性，那得不起慈？既是無明，那得不起悲？……」然凡此所言，唯是謂于此無明與法性、煩惱與菩提、衆生界與聖界，不當起分別見，而以所謂平等大慧，雙照而雙觀之。然此雙照雙觀中所呈現者，則唯是一法性之明，而通于般若智慧涅槃清淨，以成其解脫者也。

由此法性之明之必雙觀雙照無明與法性、煩惱與菩提、生死與涅槃、聖與凡等二邊，方成其明照與解脫，故可說此爲「不斷癡愛，起諸明脫，乃名爲道」。（摩訶止觀卷八）其由此以證涅槃，即不斷煩惱而入涅槃。（摩訶止觀卷八觀煩惱境）然此所謂不斷煩惱，唯依于其能明照煩惱。此明照中自無煩惱。而以明照照煩惱，乃依圓觀以成其明照，而見煩惱之即假、即空、即菩提。則于煩惱不斷而未嘗不斷，不脫而未嘗不脫，以成此「于無脫法中，而求于脫」（摩訶止觀卷一發大心）是即名爲不思議斷、不思議解脫。如四教義謂「圓教于煩惱不斷而斷，爲不思議斷」。維摩詰玄疏言「不脫煩惱之縛，爲不思議解脫」是也。維摩經玄疏言不思議解脫，所以可不斷煩惱之義，嘗曰：「譬如未得神通之人，若在牢獄，必須穿牆破壁，方得解脫。若是得神通之人，處在牢獄，雖不穿牆破壁，而出入無礙也」。（大藏經本卷三十八五五一頁）然此言實無異謂得不思議解脫者，先已知煩惱性空而視若無物，而實已斷煩惱。如神通人已視牆壁如無物，然後能不斷煩惱。則其不斷，亦實是斷，其不脫已實是脫。故能不斷而斷，不脫而脫，以成不思議斷，不思議脫。謂之爲不思議者，亦皆是以上述之四句推求思議，此斷此脫如由自生、或他生、或共生、或無因生，皆不可得；而依圓觀，以觀其爲卽假、卽空、卽中之斷或解脫，而說者也。

依此圓觀之斷爲不斷而斷，不脫而脫，故其得道也，乃不斷世間煩惱而證菩提，亦不出生死而得涅槃，不離無明而觀其法性之空，故恆能明無明。其明無明，而破無明，亦破無所破。如其視煩惱爲空而斷之、脫之，爲斷無所斷、脫無所脫；其不出生死，正由不見有生死之可出也。然此明無明，而不見有無明，則無明眞可謂「卽」于法性。依此而生死，則生死亦眞「卽」于涅槃，依此而煩惱，煩惱亦眞「卽」于菩提。則此明無明等事，便唯是「以法性繫法性，以法性念法性，常是法性，無不法性時。體達旣成，不得妄想，亦不得法性。還原反本，法界俱寂，是名爲止……。觀者觀察無明之心，等于法性，本來皆空」（卷五）。此無無明，卽是明「無明卽明，不復流動，故名爲止。朗然大淨，呼之爲觀。」（止觀卷一緣起釋止觀）然此中于一切生死煩惱無明等法，並不須去除一分，亦不須此外更有所造作，人卽由苦集而至滅道。故此中之苦集滅道之四諦，稱爲無作四諦。此中之一切修行工夫之要點，唯在對一切生死煩惱無明法之卽其假有，而觀其卽空、卽中道佛性法性，以成一此心之圓觀。依此圓觀成圓悟，而有對煩惱生死之圓斷與圓行，以入圓位，證圓果，而別無所去除造作。是卽見四諦無作。四諦無作，一切生死煩惱無明法，本來卽空、卽假、卽中，亦卽佛性法性。故後之天臺學者，亦依此以言其性具之說，有別于華嚴之言性起。依此生死卽涅槃，圓觀圓悟等皆無作，故能「于生死而有勇，于涅槃而不味。勇于生死，無生而生，不爲生法所污，如華在泥，如醫療病。不味涅槃，知空不空，不爲空法所證，如鳥飛空，不住于空。不斷煩惱，而入涅槃，不斷五欲，而淨諸根，卽是不住調伏，不住不調伏。……何以故？煩惱卽空故，不住不調伏；……煩惱卽假故，不住調伏；煩惱卽中故，不住亦調伏亦不調伏；雙照煩惱故，不住非調伏非不調伏。雖不住調不調等，而實住調不調等……何以故，不偏觀一句故。……如是體達，名爲無礙道」。（卷八觀煩惱境）此卽維摩詰經玄疏，所謂不住于假與空，而住于第一義空。第一義空，卽非眞空、非假有之中道佛性法性也。

按摩訶止觀卷一序述緣起，謂：「圓頓者，初緣實相，造境卽中。無不眞實，繫緣法界。一念法界，一色一香，無非中道。己界及佛界、衆生界亦然。陰入皆如，無苦可捨；無明塵勞卽菩提，無集可斷；邊邪皆中正，無道可修；生死卽涅槃，無滅可證。」此卽標出全書宗旨。所謂圓者卽圓觀。所謂頓者卽頓悟。合之卽謂圓觀所成之圓頓之悟。漸斷漸破苦與無明塵勞者，爲漸。然悟苦等性空而破無所破，斷無所斷，則亦無漸斷漸破，故只爲圓頓之悟。然此圓頓之義，智顗首書之于前者，其本身亦不易爲人所頓解。故今乃書其語于最後，蓋所以明此圓頓之悟，雖自爲頓悟，而吾人之解之，則仍只有漸解也。

# 第九章　法相唯識宗之佛學道路

## 一　法相唯識學之淵源

中國佛學初盛般若之學。僧肇爲能本老莊之義以通般若之學者。道生言頓悟佛性，而契于涅槃經之佛性常之旨。繼有成實論師，盛言二諦三假之義。吉藏爲能申般若義以通涅槃法華者。法華經言開佛知見，三乘歸一，亦吉藏所素習。攝論、地論譯出，而有攝論、地論宗人之言修行之次第所達之等地，與「修」及「性」之差別。智顗則爲本法華義，言開三乘之權，歸一乘之實，以重判教，而判此攝論、地論宗言性修差別者，爲別教，更言圓教之性修不二、一心三觀之觀行，以綜合前此之佛學，而加以銷化融通者。然其理論之根底，則在以龍樹中論四句，推檢一切因緣生之三假之法之不可得，以見一不思議境，更于一切假法之不可得而卽空處，言第三諦之中道佛性。此智顗之佛學，亦可稱爲緣此印度之般若宗之義，而通法華、涅槃二經所成之一至高之發展。然印度之佛學原有大乘之瑜伽宗或法相唯識宗之一支，與般若中觀之學併行。此派之佛學可直溯原于部派佛學中，上座部所出之化地部、一切有部、與經量部，及世親之俱舍論與所自出之大毘婆沙論、雜心論等。然世親作俱舍論後，更廻小向大，與其兄無著，共宏揚大乘，論法相唯識之學。此法相唯識之學所宗之大乘經論，則爲由勝鬘、楞伽、密嚴、解深密諸經，及傳爲彌勒著之瑜伽師地論等。此則不同于般若宗之龍樹、提婆，乃遙接部派佛學中大衆部所出之一說部與說假部等之精神，其所宗之大乘經論爲般若經者也。

此法相唯識宗一流之佛學之輸入中國，乃先有若干部派佛學論典之翻譯，次爲世親之十地經論、無著之攝大乘論，與勝鬘、楞伽、解深密經等之譯出。然魏晉及南朝之佛學之顯學，則初皆屬般若之流。由十地經論所開之地論宗、及由攝大乘論所開之攝論宗，初興于北魏，後乃化及于南。然當時此流之經論，所譯出者仍不足，名義錯雜，使人疑惑。玄奘卽由感此疑惑，而至印度求法，學于印度此宗之戒賢，而傳入印度由無著、世親至護法之一系之法相唯識之學于中國。窺基更本此系之學，以爲他經如涅槃、法華等作疏，遂成中國之法相唯識宗。後起之華嚴宗之法藏，上溯其師承，則在中國原有之地論宗。傳法藏在少年時嘗參加玄奘之譯場，對此系之學之大體，亦心知其意。乃通過大乘起信論之義，由法相唯識宗之言賴耶緣起，轉出其法界緣起之論，以判論一切佛教。故中國之華嚴宗之對法相唯識宗之義，有進一步之發展，亦如天臺宗之于般若宗之義，有進一步之發展。天臺之智顗乃由般若經四論之旨，以通法華涅槃成圓教，而判當時所傳地論、攝論之義爲別教義，並判般若、三論之教義爲通教，而通于別圓二教者，故更爲近般若宗之維摩詰經等作疏。華嚴之法藏，則由法相唯識宗心識緣起之論，以通華嚴，而成圓教，並判法相唯識與般若宗爲大乘始教，亦爲印度般若宗所宗之十二門論、及唯識法相宗所宗之勝鬘經等作疏。故亦是綜攝印度之二大流之佛學思想者，而為中國佛學之一大創造。中國天臺、華嚴之學，代有傳人，而弘般若之吉藏之學，則唐代唯有均正之大乘四論玄義，能承其說。弘法相唯識者是中國之玄奘、窺基、隶及慧沼、智周，其學統亦斷。至明乃有智旭等理其墜緒。然窺基之疏其時已多流入海外，為其不及見。至清末楊仁山，由日本取回此宗之唐疏，乃有歐陽竟無先生等對此宗之重光。故今論唐以後之中國佛學教義，唯有以天臺華嚴二流為主。于印度之佛學唯有姑視之如中國佛學之此二流之先導。吾人前論般若中論之旨，既已及于其足以為吉藏智顗之學之先導者為止。今論法相唯識之學，亦將唯及于可通接于大乘起信論之義以至華嚴宗義者為止。法相唯識宗之名相繁而析義密，其諸經論所立之義，原有其次第之發展與變遷。經玄奘傳入中國之唯識學，要為護法之學者，與傳入西藏唯識學要為安慧之學者又不同。欲辨此中之種種異同之際，乃屬專家之學。而民國以來通論此宗之義之書，出版者亦多，吾亦不擬多所重複。故此下之文唯當略論此印度之法相唯識一流之佛學之特性畢竟何在，其所開出之佛學之道路，循何方向而進行；並依哲學之思辨，試代說明其中若干義，在今日當何如契入。此則多本吾一人之見。此皆所以為後章進而論大乘起信論之義與華嚴宗義之資者也。

此印度之法相唯識一流之佛學之根本之特性，乃在明此心識之緣起，更次第修相應之行或瑜伽行。此一重心識之緣起之說，可遠溯至釋迦說法之重十二因緣。此十二因緣之說，唯是就吾人之生命心識之流轉與還滅，以說緣起。此十二因緣之說生命心識之緣起，乃將此因緣拉長而縱說之。此與依五蘊、十二處、十八界而言因緣者，乃將因緣關係舖開而橫說者，可互相配合。于此更施以分析之功，以縱橫廣說一切因緣生法之法相，則成毘曇之學，而部派佛學中之一切有部，爲其極峯。然在如此分析一切法之有而說之之時，卽已可見此心識法遠多于外界之色法。今卽据世親之俱舍論以觀，其對一切法所分之大類中，色法卽只居其一。心識與心所皆屬心，無爲法爲心識實性，亦屬心。不相應行法雖可說兼依心色分位而建立。然其建立，乃由心自建立之。又一切修道以成佛之法，更無不屬于心。故重此心，亦一切佛教所同趣。然此所重之心可爲現有之意識心，亦可爲此現有之意識之底層之下意識心或超意識心。原始佛教初只言六識，卽只限于意識心。然原始佛教所言之業，則已不在意識心中說。由行而有業，此業爲一行爲已過去之後，而能再現之餘勢，如一般所謂行爲所養成之習慣或習氣；而爲人依其善惡，以更受種種苦樂之報者。此業之力貫于衆生生命之過去現在未來之三世，而永不散失。此爲原始佛教與大多數之印度之哲學宗教思想中所共有。而此業之存在與其力之貫于三世，則非吾人之意識所能自覺。又吾人之意識，亦恆有斷絕不行之時，如在睡眠與悶絕。在此意識不行之時，此業之存于何處，卽爲人所必然發生之一問題。于此數論卽說有一神我之執持此業。佛家部派佛學中之犢子部，亦不顧原始佛教之言無我，而謂有一與吾人之心身諸法（五蘊法）非卽非離之「不可說的我」。然此與原始佛教之無我義相違，故犢子部被稱爲附佛法外道。而在部派佛學中，如上座部遂別立一識能持此業，名「有分識」；化地部于人的自覺之五蘊之外，別立一人所不自覺而窮貫于三世生死之蘊，名「窮生死蘊」；大衆部別立一識，名「根本識」；經量部則別立一「細意識」，並建立「種子」之說。能生者謂之種子。人之行為已過去，而有一餘勢、習慣、習氣之遺留或業之遺留，而能再現起或生起。故名之為種子。此最後之一說，即為唯識宗之種子說、阿賴耶識說之所自發展而出者也。

對上列之種種在此吾人自覺的意識之外，說有一底層之下意識心，或超意識心之說，可直下自吾人現有意識之活動之相續不斷地流出，或欲斷之而不能斷，以直下認取：此意識之應有其根原或底層。又人欲作佛，必須先自肯定其有求超一般意識之意識，或一求成佛之心性。此一心性未全實現，亦可說其在吾人現有之意識或心性之底層。由此人之現有意識或心性之相續不斷地流出，而其染淨善惡，與人之欲作佛之意識或意願，不必相順，而或相違，人即不能不思此吾人現有之意識其底層之下意識心、超意識心之何所似，及其與吾人欲作佛之意識或意願所自出之「嚮往在清淨至善者之心性」之為一為二，其關係如何之種種問題矣。

玆据印度此一流佛學之經論以觀，則勝鬘經之出現，蓋早于楞伽、密嚴、解深密之出現。因楞伽中，常提及勝鬘，則勝鬘書先出。而密嚴中提及之五法、三自性、八識二無我，乃楞伽中所出之義。則密嚴當後于楞伽。解深密經則重言三性及賴耶識，而未如楞伽之及于第七識。其與楞伽之先後則難定。瑜伽師地論中全載此解深密經，而廣說諸地與大小乘之法，則應爲後出。然瑜伽師地論，似一類書，博而不精。由攝大乘論、辨中邊論，至二十唯識論、三十唯識論，乃分別討論種種問題，是爲此宗之說之更理論化之論典。在勝鬘經中言無明住地之深與無明之力之大，皆自意識之底層而說。由此更及于最深處之自性清淨之如來藏心，爲人之成佛之因。此經既謂此自性清淨之如來藏心，難可了知，亦謂其何以有無明之染汚，難可了知。然亦意涵此無明染汚，乃浮于此如來藏心之上層，可加以化除，以顯此如來藏心之旨；而意在教人信此如來藏心之爲實有，卽依此信，以化除其浮層之染汚無明者。故亦言此如來藏之眞實空與眞實不空之二義。言眞實空，乃自其無一切染汚無明說；言眞實不空，乃自其眞實爲成佛因說。楞伽經言如來藏藏識，亦有以如來藏爲人之成佛因之義。兼名之爲藏識，則蓋在言其藏吾人之染淨善惡業之習氣種子，爲吾人後起之染淨善惡業之因者。則此如來藏藏識之名，乃表示吾人之底層之心識中，旣有染淨善惡業之習氣種子，爲後起之染淨善惡業之因，亦有純淸淨之如來藏爲成佛因。則見其仍存勝鬘以如來藏爲最深一層之卽佛性卽心性之旨。（註）至于在密嚴經，則以人必出此藏識或賴耶識，方至密嚴國土。此密嚴國土，相當于如來藏呈現之境界，則當由于視賴耶識或藏識之亦恆藏染汚不善之種子，或其所藏淨善種子，尚非成佛之種子之故。至解深密經，乃唯言賴耶識，而不言其卽如來藏識。唯重言此賴耶識，與其他心識之自具三性中之圓成實性或

註：據云楞伽經之梵本日人鈴木大拙有英譯本，更顯見其以如來藏之義爲本。但我尚未及讀。

眞如，以言此心識之可轉爲智，以悟此圓成實或眞如，以言人之成佛之事所以可能。此卽爲後之唯識宗之諸論之所宗。故此由勝鬘至楞伽、密嚴、解深密、與後之唯識宗諸論之發展，乃傾向于以此最底層之心識爲兼具染汚不善性與清淨善性之賴耶識者。然此中如人循勝鬘密嚴經之最底層之心識爲如來藏之義而發展，亦可另形成一路之思想。此卽爲中國之大乘起信論之依如來藏爲本，以言藏識之思想。循此大乘起信論之思想，更言唯此如來藏自性清淨心爲唯一眞實，此心亦卽遍法界之心性者，則爲由大乘起信論更發展一步所成之華嚴宗義也。

## 二　法相唯識宗與般若宗之思想道路方向之同異

由上所述，此由楞伽之言如來藏、藏識，至解深密、至唯識宗諸論，言藏識或賴耶識之法相唯識宗之一思想道路，可說是就吾人現有之心識與其所對境，而反省其內在的根原，以明上已提及之「心識之緣起，更次第修相應之行」之道路。此與般若宗之思想道路，爲將吾人之智慧，向上升起，以觀一切法，更見其如化如幻，性空無實之道路，初大不相同。然亦非無通處。蓋依般若宗之道路，人由智慧之向上超升，而遍照一切法，知其性空，卽成一般若智慧。此般若智慧自亦是一涵攝一切法爲境之心法。但此般若智慧無心境之二邊之分別，亦不自執而自見其心，與境之屬此心，則亦不成一唯心唯識之論；其卽色觀空，色不爲心礙，亦不須有此唯心唯識之論耳。至于在法相唯識宗之所以必先建立唯心唯識之論，則初只爲一使人得轉識成智之方便。在轉識成智以後，見一眞法界時，亦無此唯心唯識之可說。此卽與般若宗之義亦有通處。唯在法相唯識宗之經論，因必先建立一唯心唯識之論，更言如何轉識成智，成相應行或瑜伽行，以有此般若智慧，則不同般若宗未嘗建立此唯心唯識之論、未詳及種種瑜伽行者。般若宗不建立此唯心唯識之論，而只往遍觀一切法空，以生般若慧，則于一切法，亦先未一一統攝之于心法識法。故此遍觀之事，亦可浩瀚莽蕩，若無所歸宿。法相唯識宗明以心識統一切法，則首可免此弊。又般若宗必須破種種執見，此一切執見之共同根原，應只在心識。今能明此心識之如何起諸執見，以開出種種瑜伽行，卽絕此諸執見之根之道。此與般若宗之隨人之執見之起而後一一破之，或只升此般若智慧于一切執見之上，以不見一切執見之道，亦正可並行不悖，而未嘗無通處也。

此法相唯識宗之唯心唯識之論中所謂心識，初乃指吾人現有之心識。就此現有之心識，與其所對境，而觀其性相，以便反省其根原之思想，乃爲分析的或追溯的思想。此現有之心識中，原有其種種不善染污之行，故只順其自然流行，不能成佛果。人今于此能對其性相加以反省，則此一反省之活動，卽已是先截止其自然之流行。而由此反省，自照見其種種性相，此自照見，卽是一心識之明。其所照見者雖有染污，然此照見之自身，則不必是染污，而可是一清淨之明。如依智顗言，心之明固當照無明。唯愈照無明，方愈顯此心之法性之明。然不對此心識之性相，有窮根究底反省的分析與追溯，則亦不能照徹此心識中之染汚無明。然智顗則並未嘗從事于此。法相唯識宗之從事于此，則正無異完成智顗之照無明以顯法性之明之旨者。此蓋明代天臺宗之智旭，能重有契于此宗之學之故也。

此唯識法相宗所宗之楞伽經，對吾人現有之心識之反省的分析與追溯所成之義，不外所謂五法三自性、八識二無我之旨。此中之五法爲相、名、分別、正智、眞如，三自性爲徧計所執自性、依他起自性、圓成實自性。八識爲六識外加末那、賴耶。二無我爲人無我、法無我。此中言二無我，卽同般若宗之旨。般若宗所言者，亦可以人無我、法無我二義，總攝之。由此楞伽之言二無我，則見其與般若宗之旨，在歸趣上無別。至其言五法中所謂相，卽指一切因緣生法之相，名則爲此相與依此相而立之概念觀念之名，分別則爲依相名而有之分別心，正智則爲超此分別心而有之無分別智，與依此無分別智而有之分別。眞如卽以正智所知之一切法之眞實。此中之正智卽般若，眞如卽般若所照之諸法實相。此二者皆由「超分別心之人我執、法我執」而後顯，亦與般若宗之旨同。然楞伽經則重此分別心之所以形成此人法之執，由于此心之依相名而徧計、而有其所執之徧計所執性。更言此心之依其他之因緣而起，而有依他起性。並于依他起上，見所執之人我、法我空，以言此心之圓成實性。立此三性，則爲楞伽經、解深密經及攝大乘論、辯中邊論、三十唯識論所特詳之義，而爲法相唯識宗之教義之一特色所在者也。

此謂徧計所執，乃依相名與分別而起，即言一切執見之根底，在此對相名之分別心。此分別心，實即吾人一般之意識心。吾人一般之意識心與五識俱。此五識及與之俱之意識，即能以因緣生之一切法爲境，而知其性相或相者。然依相而更有種種概念觀念以更有名，則純爲意識之分別之所成；此意識之分別，亦緣此相名以進行。此分別亦原表現此意識之明者。然其明，依某相名而進行，即同時自限于此相名所規定之方向，而與其他相名所規定之方向，互相分別對峙，而更不見有此其他方向，則即有無明、偏執之生起，亦有此心靈之自身之能所內外二者之分別對峙。由此無明、偏執，而有種種法我執、人我執，以有種種之貪瞋癡慢與種種苦。此乃佛家公義，不必更說。然吾人必須注意一切偏執之根原，乃在吾人意識之明之「依相名而進行，即恆自限于一定之方向，而有上述之分別對峙，亦不自見其有無明」之「分別心之徧計」。而人之自一切染污煩惱解脫，而成佛之道，實亦不外求自此一分別心之徧計得解脫而已。

## 三　境不離識義，及三性義之契入

然吾人如何能自此分別心之徧計所執解脫？此則首當知此徧計之所執爲外之種種境相，原屬于吾人之內在之心識之自身。蓋人之依相名而進行之徧計，雖出于心識，（註一）但此心識既有徧計而有其所執之境之後，恆同時以其所執之境，在心識之外。而不知其所執者，既爲其能執之所執，則不在此能執之心外。其他任何可執之境，皆爲其能執之心之所可執之境，亦卽不在此能執之心之所可執者之外。然此義，則爲正有所執之人，所極難悟得者。其故在方人之能執之心識，正向于其所執者時，乃前望其所執，而求得此所執。求而未得，則此所執便如在心識外。又當人執此求此，而不執彼不求彼，或求此而欲排斥彼，對彼生瞋生慢時，亦必以彼在心識外。由此而人恆以其心識外別有其所求所執，或將求將執，或所排斥之種種外境。然此外境之想，實與吾人之心識于因緣生法之相名，有種種分別、有種種執求排斥之事，俱起俱生。今人若眞能反觀其俱起俱生，卽可見人若不先有此種種分別，更有其偏求偏斥，則亦無外境之想。又在人于其有所執求而不得時，更反省此所執求者之已呈現于心識，其得之之時，亦有得之之心識之呈現，與所得者俱起俱生；亦可悟得此所求與所得者，不在心識外。再人于境有所排斥或生瞋慢之時，如能反省此所排斥生瞋慢之境，初乃呈于心識者，而在其被排斥之後，另有一新境呈現時，此新境亦與能見此境之心識，俱起俱生；亦可悟及此所排斥之境、與排斥所達之境，不在心識外。然吾人于此，必須謂吾人之現有心識乃次第呈現者，其根乃在吾人可

註一：此能遍計之心識，據瑜伽師地論、顯揚聖教論，乃以八識皆能偏計。成唯識論，則以唯六七識能遍計，第八識只藏遍計種。實則此言第七八識能遍計或藏遍計種，皆由意識之能遍計，推論而出，而亦初當由此吾人所經驗之意識之遍計處，先加以了解也。

能有之心識。于此一切可能有之心識，吾人皆當亦視作吾人之心識。則吾人卽不難悟得：人所可能有之心、識，與其可能遇之境，二者之範圍同大，恆兩兩相孚。人可能遇之境若無窮，此可能有之心識亦無窮，則不可說境在心外。對此可能有之心識，尅就其可能現起爲現有之心識，而尚非已現起言，則可說爲此現有之心識之底層之心識。此卽法相唯識宗所謂賴耶識或藏識也。

人能知一切心識可能遇之境，皆不離一人之可能的心識或賴耶識，則吾人可說當此賴耶識，顯爲吾人之現有之心識或意識時，乃恆與其所對之境，俱起俱生，而恆不相爲內外。此中之現有之意識，爲呈現其所對之境者。而此意識之生起，又依于可能的意識或賴耶識，而可說爲此賴耶識或可能的意識之實現或呈現；則此意識中之境，亦可說爲賴耶識之所呈現。此呈現之事，又可說爲此賴耶識自身之一轉變之所成，亦可說之爲其所變現。由此而可說吾人之一切意識與其中之境，皆此賴耶識之所變現。此識卽吾人之根本的心識，而吾人可說一切現有之意識與其所對境，皆此根本心識之轉變、變現所成。此卽法相唯識宗所謂三界唯心，萬法唯識。于是卽此人初由偏計所執，而執之爲外之種種境，亦當說其唯依此心之偏計，而被執爲外，以對此作偏計之心，現一在外之相者。今能悟知此所執爲外而現一在外之相之境，乃屬于此偏計心，知在外之相，實屬此心，而不離此心，則其外非外。此卽所以使人之心更不外向偏計境，而知其唯是依此心之偏計所執性，而有，並可使人由此以更知此心之依**他與圓成二性之始點也。**

何以知此徧計境不離心之徧計所執性，即爲知心之依他起性圓成實性之始點？因知此徧計境依于心之徧計執，卽知此徧計境之所由生之因緣，亦卽知此境所依之他。而知此境之所依，在心之徧計執，則此心卽能由外向于境，自轉向于其所依之心，而超此徧計境。然由超于徧計境所成之心，則非復原初之心。超于徧計境之心，亦同時爲超于對此境之徧計執者。此卽通于圓成實性之心。然吾人之觀此心之依他、圓成二性，則又尙不可只由知徧計境不離徧計心以入，更當觀此徧計心之生起所依種種之他。如上述之賴耶、末那識與此心生起之其他之緣等。又人亦實不只有徧計而依他起之心，亦有超徧計，而亦依他起之心。徧計而依他起者，爲所謂染分依他；超徧計而依他起者，爲所謂淨分依他。吾人欲觀此心之種種染淨所依之種種他，更觀于此心無一定之染淨可說時，又如何依他而起，以及此心所依之賴耶識，又如何依他而起；以曠觀此心之依他起性，于此種種依他起中，更見其中之圓成實，則皆當另有其種種相應之觀解。故于此心之三性，必加以分別說也。

## 四　法相唯識宗對心理之反省的分析與追溯之態度

今按楞伽經卽注重言人所徧計之人我、法我諸執見所對之境，依此心之徧計而現，卽以此言徧計執之依他起者。此徧計之依他起，卽依心識之分別、相、名而偏向一方向，而有對此外者之無明而起。

此外楞伽經亦于此相、名、分別三者間，言及其相依而起，而互爲依他起之義。如依相立名，名卽依他。依名生相，相亦依他。依分別而知有相與相之別、名與名之別、名與相之別，則名、相依于分別。此分別，亦依名相之有種種而有種種，則分別亦依他。又人有種種分別心，亦互相依而起。再人之現有之意識心、分別心，亦依此心底層之賴耶、末那而起。而現有之意識心分別心所造之業，轉成賴耶識中之習氣種子，則賴耶識亦依他而有其習氣種子。于此一切依他起法中，空其偏計所執之人我、法我，卽見圓成實性。此皆楞伽經所及。故三性義之大旨，已備在楞伽經。至解深密經之言三性，則論說更爲精整。又明以賴耶識之名代楞伽經之如來藏藏識之名，而如來藏卽無異賴耶識中人之成佛種子。則此經似更後楞伽經而出。然日人木村泰賢則以解深密經未確立第七末那識，楞伽經乃確立末那識，而疑楞伽爲後出。吾今亦未能斷此二經孰先孰後。然要是先有二經之言八識、三性，乃有攝大乘論之言大乘佛學之境行果，辯中邊論之言空有二諦與中道，二十唯識論之辨境不離識之義。更有世親三十唯識頌，直就八識以假說種種我法之相轉，于五法、三性，及二無我義，皆附于說此八識中說。然後法相唯識宗之流之佛學，成一純以心識論爲中心之一嚴整之系統。此中如要據此一流佛學諸經論之一一文句，以論其所立義之發展變遷之跡，或專就中國玄奘、窺基本護法之學，所成之成唯識論及述記一書，加以析論，皆專門之學，上已言之。吾今所欲論者，唯是就此成唯識論之系統，以言此一流之佛學，本其反省的分析與追溯之態度，而有之對此心識之了解，其深度畢竟如何，與其所示之學佛之道路，其異于前所說他流之佛學者，又果何所在，以更顯此一流之佛學之特性。

吾今將說者，是此成唯識論所展示之此一流之佛學態度，不同于先想像一佛之智慧境界，加以描述者，亦不同于禀敎之徒，先對諸佛經所說有一宗敎信仰，而後更立種種理由，加以證成；或立一判敎之論，求加以融會貫通者。復非唯以破斥異說爲事，以破盡卽是立者。此一流之佛學態度，乃爲直循吾人之一般經驗，而依邏輯的理性，以對吾人之心識從事反省的分析與追溯之態度，故亦爲一最接近今所謂科學或哲學之態度者。此中如其首言我法之非實有，言唯有種種心識之相轉，亦最近似西方經驗主義，言無實體性之我與法之論者。其言心識，有能緣所緣或見分與相分，則相當于西方知識論中之能知所知之分。其以相分爲所緣緣，亦爲心所對境，而此境有性境、獨影境、帶質境之別，亦如西方哲學之言所知中有直接對象、「無直接對象，而有之意識中之觀念」、與以一觀念所指之「間接對象」之別。唯識宗之言心之知境，有現量、比量、與非量三者之別，亦如西方哲學之言知識之于眞理，有「直覺之知」，有「推理之知」，與「不合直覺與正當推理，而與對象不相應或錯誤之知」三者之別。其言心之知境，有善惡無記之別，則猶西方哲學言人之認識活動，有爲連于情意活動而有善惡之價值意義者，與不連情意活動，而無價值意義者之分。至于其言心更分心王心所，此則無異西方哲學言心之自體與其活動之分。唯識家言心所有種種，卽如西方心理學哲學之言心之活動之有種種。唯識家之于心所分遍行、別境，乃以心之活動之是否遍行于諸境而分。其言有善與不善心所，則以價值意義分。言不定心所，則自其所對境與價值意義之不定說。合上所說，而有成唯識宗五類五十一心所之說。在諸不善心所，更分根本煩惱、大隨煩惱、中隨煩惱、小隨煩惱，則由佛家原重自煩惱解脫，故不可不于煩惱法求如實知之故。凡此對心所之種種分別，與西方心理學哲學中之分心理活動之種類，正循一相同之思路而有。至于其言心識活動之生起，有種種之因緣，有其種種果，亦同西方哲學心理學之求知心理活動之因果之事。**其言有賴耶識、末那識，**亦與今之心理學之言有下意識、**潛意識或意識底層之「我」者相類似。**

## 五　賴耶識之存在之契入

此唯識宗之言賴耶識之異于西方心理學中之言下意識，**以及哲學家如叔本華、**哈特曼所言之下意識者，則在唯識宗之賴耶識，乃一一衆生所各具，而又各變現其根身與器界者。此言賴耶識之各變現根身器界，乃依于衆生生命之身體及內外可能的經驗與其所可能對之境，皆不能離此心識而說。每一心識自變現其根身與器界，卽類似西方哲學中之來布尼玆之一心一世界之說。但此唯識宗所謂能變現根身器界者，乃第八識，而非只吾人之第六意識。自意識而觀，則固有超意識之客觀之山河大地之存在。唯此對意識爲客觀之山河大地，則爲此意識所依之底層之賴耶識所變現。吾人上文說，在人之緣相名而起分別心，以至有偏計執時，其所對之境不離此分別心或偏計心。此固易解。此偏計心初乃吾人之自覺的意識或第六識。今由此自覺的意識或第六識之相續生起，以說其有一底層之賴耶識。而此自覺的意識，亦卽依賴耶識之種子而生，亦無異此賴耶識之表現或變現。此亦不難解。但說吾人自覺的心識所未嘗自覺的加以分別偏計之根身器界，不爲吾人之自覺的意識所對之境者，皆此賴耶識之所變現，則似較難于理解。此卽須有一哲學的思辨，以契入之。

然實則吾人如知前已提及人之可能遇之境與可能有之心識之俱生俱起，其範圍同大，亦同其無窮，則上義亦原不難解。因吾人所謂對意識爲客觀外在，而不爲其自覺所已及之山河大地，要皆爲吾人在某某條件下可能經驗者。如其果在任何條件下，皆不可能經驗，則吾人亦無理由必謂其存在。一可能經驗之對象，如依西方之康德哲學言，卽可說之爲吾人之超越的統覺之所涵攝。凡可能經驗之對象，皆是在其尙未被經驗時，吾人已可說其爲吾人之超越的統覺所統之感性或理解之範疇運用之範圍之內，而爲在此超越的統覺所涵攝之內者。依唯識宗之義，則依于吾人之意識中之能知與所知，見與相之恆不相離，則亦可說無離此能知而獨立存在之所知。凡吾人所未知未經驗之物，吾人如說其爲存在，亦卽就人之可能經驗之，而說其存在。但唯識宗則不同于康德之自可能經驗之對象，在感性理解之範疇之運用範圍之內，以說此對象爲超越的統覺之所涵攝。在唯識宗乃以此類感性理解之範疇，皆依色心之實法而假立者。又依唯識宗思路，以言客觀對象，則對意識雖只爲一可能經驗者，然其自身，恆有已存在于一客觀現實世界之意義。如門外之樹，雖未在我之現實經驗中，而已存在于客觀之他人現實經驗中者，便有一已存在于現實世界之意義。此與只是可能存在，而尚未存在于客觀現實世界之事物（如樹可開之花）乃不同者。而吾人之說此已存在者，為吾人所可能經驗，亦不同于說根本尚未存在，而可存在之事物，為吾人所可能經驗。此後者中之可存在者非必存在者，而人對之之可能經驗，亦可有可無者。此前者中之已存在者，則為吾人與之相遇時，定必有種種現實的經驗發生者。于此說人定必有種種現實的經驗發生，亦即同于說人之定必有此種種現實的經驗之意識，依于其底層之賴耶識，而定然必然的表現出。由是而此對現有之意識之經驗，尚未呈現之已存在之客觀對象，對賴耶識言，則當說為其所已呈現之對象。由是而一切在意識之經驗外之山河大地，雖非此意識所呈現之對象，即皆可說為賴耶識所已呈現之對象，而可說其已先為此賴耶識之所變現。亦必需此一切客觀之對象，為賴耶識所先已呈現變現，此中之能識與所識，互不相離，然後可以說明依此賴耶識而表現出之意識，何以恆能呈現其所意識之對象，而有一與之互不相離之情形。今吾人之意識對所意識之對象，既有此互不相離，而能加以呈現之情形，亦即可由此以推知在賴耶識中，應必有同類之情形也。

唯識宗之一方言一切山河大地之器界，為賴耶識所變現，一方亦言吾人之根身，亦為賴耶識所變現。此說乃依于此根身為吾人意識活動之所依，而與之不相離之經驗；正有類似于其說客觀之山河大地與賴耶之不相離，乃根于意識經驗中之能所不離。由此意識與根身之不相離，則意識之根在賴耶識，「根身」之根，亦在賴耶識，同爲賴耶識之所表現變現，亦如器界之爲賴耶識之所表現變現也。

由此吾人現有之意識與所對之器界及所依之根身，三者互不相離，而皆爲賴耶識之所表現變現，而吾人可說此現有之根身、意識與器界之種子，皆在賴耶識中。然此現有之根身、意識與器界，其本身又爲可能轉變爲其他狀態之根身、意識與器界者。則賴耶識中所具之種子，不限于此現有之根身、器界、意識之種子，而包涵吾人之所可能轉變成之一切根身、意識與其器界種子。吾人若不能說此意識必不能轉變成某一意識，此根身、器界必不能轉變成某一根身、器界，則吾人當說此根身、器界、意識有無量轉變之可能。此賴耶識亦卽當爲盡具此一切種子而無遺者。于是此賴耶識卽爲具全法界之一切種子，(註二)而亦可表現變現任何可能形態之根身、意識、器界者。而其所以不俱時表現變現此一切可能形態之根身、意識、器界，則由此各類之種子或性質互相違反，如善種惡種之性質、葉之是綠與是紅之性質之互相違反，不能同現實化或現行，而其現行亦須待種種其他之現實上之因緣之故。然自賴耶識之種子之性質有相違反者說，雖不能俱現行，但自賴耶識包涵一切可能現行之種子說，則一切種子，又皆互不相違。如

註二：此阿賴耶識與種子之關係，成唯識論依護法說爲不一不異，又以種子爲賴耶識所緣。此中可有問題，因種子卽兼有能所之種子，若賴耶更以此二種子爲所緣以自爲能緣。其能緣又有其種子，更待一能緣以緣之，則成無窮。不如說種子卽依賴耶中之差別而假立，或說賴耶卽一切種子之總體，卽可成其不一不異之義也。

人善惡之種子，雖不能一時現，然人固可同時有爲善爲惡之二可能，而可說人之賴耶識中同時包涵善惡種而互不相違也。由是而此能包涵相違之善惡種子之賴耶識之自身，初雖有謂其性爲善淨或染惡之不同說，然依成唯識論說，則當爲無偏無黨、無善無惡，而爲無記，即無善無惡者。亦正因其爲無記，而其所包涵之善或惡之種子，可以其現行于其他之轉識中而增強，或由相違種子之現行而被損伏，以至于無。此賴耶識中之善惡種子之強弱之情形，可轉變，以至惡種盡去，唯存清淨善種，于是之人成佛，即可能。依此上所說，則此賴耶識，一方爲一切種子之「所藏」之處，而當此種子之表現于轉識中，而現行時，則見其爲「能藏」種子以生現行者。然此賴耶識更有一重要之性質，則在其可爲另一轉識末那之所執，而被稱爲執藏。此末那識與賴耶識有爲末那識所執，以爲「執藏」之義，尤爲三十唯識論所特加發揮，爲此一流佛學思想前此所未及者。（註三）

## 六　末那識之存在之契入

此末那識在唯識論稱爲意根。然泛說意識之根，亦似可指賴耶識即其根。故賴耶識亦稱根本識。

註三：中國佛教論集續明唯識宗之發展一文，曾論此末那識與其以賴耶識爲所執，乃後期之唯識學之思想，其文可參考。

今何以必別立一末那識？則不易明。在楞伽、密嚴諸經，于末那識與賴耶識之界限，亦未清楚說。在成唯識論，乃界定末那識，爲一面內執賴耶識，以之爲其所緣，卽下通其所內執之賴耶識，並執之爲我者；一面上通于自覺之意識，爲此意識之根。故末那識，名意根又名執我識，爲人所以妄執一實我之妄執之原。吾意對此末那識之存在與其性質，須有一自最切近處開始，而次第加以理解之道路。此最切近處，是自吾人現有意識（此名兼指前五識）相續無間斷的，循一定方向而進行處設想，以知此意識之有一根，此一根爲執此意識，使之循一定方向進行者。此一根卽末那識。然此現有意識之不斷進行，卽賴耶識中之「意識種子」之不斷實現或現行，亦卽此現有意識之「向」于若干「意識種子」之現行以進行。此現有意識既「向」于意識「種子」之現行，故人不特以現有之意識屬于我，亦以我之「意識種子」屬于我。于此卽見吾人對「現有之意識」與「意識種子」，皆有初不自覺的加以執取之心識活動。此一執取之心識活動，在另一層面，而有其獨立之意義。此卽名之爲末那識。此所執持種子在賴耶識中，賴耶識初卽統此一切種子者、或此一切種子之總名。故此末那識之執持種子，卽同于執此賴耶識自身。然此意識種子之現行爲意識，恆同時有吾人之根身器界之如何變化，與之不相離。故吾人前說此根身器界，亦有其在賴耶識中之種子，爲賴耶識所變現。于是此末那識執賴耶識，亦同時執其所變現之根身器界；執此根身爲我的根身，此器界爲我的器界。此中，人之意識之與其根身器界不相離地循一定方向，而不斷變化進行者，自可不斷轉移其方向。然無論如何轉移，總是一定之方向，而末那識之執持亦恆與之俱。人若由此意識之進行，可向種種方向轉移，而成種種形態之意識看，即可謂此種種形態之意識種子，皆可與其所不相離之根身器界之種子，一齊現行。而見此末那識之能同時執持賴耶識中，此種種形態之意識種子、與其根身器界之種子者。由此吾人即可更進而泛說：全部之賴耶識與其中之一切種子、其所變現之根身器界，皆爲末那識所執持。唯末那識所特現執者，則當是此正現行之意識與其種子、及與此現行意識不相離，而爲賴耶識所變現之根身器界。然此末那識亦當說爲隨其所特現執者而現行。此末那識之現行，則亦應自有其種子在賴耶識中。現行意識有其性質內容及強度之不同。末那識現行，亦隨之有種種強度等之不同，即見此末那識種子，亦有種種之不同，初亦皆爲存于賴耶識中者。由此而亦當說此現行之末那識，執持賴耶識中之其他種子外，同時執持其自身之一切種子。凡種子皆能表現爲現行。其表現爲現行後，種子亦更增強。此在唯識宗稱爲種子與現行之互相熏習。此在諸轉識皆然。然在末那識中，則以其能執持一切識之種子，亦能執持其自身之種子之在賴耶識中者；而其自身又即其所執持之自身種子之現行；故此中之現行與種子互相熏習之情形，特爲顯著。至此中之謂末那識自執持其種子，更爲其種子之現行，所以皆可說者，則以此種子之成現行，現行之更增強種子，以再有更強種子之現行，乃一次第輾轉之事。則末那識之現行之自執持其種子之一「現行之事」，亦爲一次第輾轉之事。非其在現行時所執持之種子中，即有此現行所轉成或所增強之種子之謂也。此末那識之現行，亦當是唯于其所執持之賴耶識中之意識種子現行處，同時現行爲執持此賴耶識之意識種子、及其現行、與其所變現之根身、器界等者。若在無意識之現行處，當亦無此末那識之現行可說。由意識種子與其現行之強度，爲有定限者，則末那意識種子與其現行之強度，亦隨之而有定限。而由其種現之相熏，而強度更增，亦當有定限。故末那識亦可隨意識中之善心所之現行或修持工夫而轉化。固不可離此意識（此名兼指前五識）種子之現行，而言此末那識自有其對賴耶識之執持之現行也。果如此說，則吾人無所據以謂此末那識之現行之強度爲有限量者。即謂之爲有限量者，而此有限量之末那之現行既可增強其種子，以存于賴耶中，更立即再爲其現行之所執，此現行又再立即增強其種子……更爲其現行之所執，……則其種子現行輾轉增其強度，亦將頓成無限量，此識即永不可轉。可自思之。

上言末那識即執持吾人之意識之種子與其現行，使之向于一定方向，其現行亦在其執持此意識種子之現行處現行。故有意識種子現行，即有末那識種子之現行，而此識亦即可說存于意識後，以爲意識所根，故稱爲意根。對此意根或末那識之存在，只須吾人自現有意識之何以向一定方向相續進行，細加以反省，即可知其存在。然由此意識之限于向一定方向進行，即可使意識不向他方向，于他方向無意識之明，而見此意識中有無明，如前文所說。故此末那識之爲意根，即一方爲支持此意識之限于向一定方向，而有其明者，同時亦即爲使之于他方向，無所明，而有無明者。一切意識之限于一定方向而有之無明，皆同根于此末那識。而此末那識即爲人之根本無明之所在或無明住地，而末那識之爲識乃恆與無明俱，亦卽所謂恆行之無明相俱者。此恆行之無明，獨與末那識俱，唯識宗又名之爲恆行不共無明。意識之明恆限于一定方向，于一切他方向之所可明者皆無明，亦卽使可能有之他方面之意識之明，皆不得顯。此亦卽使此可能有之他方面之意識之種子，存于賴耶識中者，不得顯。依此，吾人卽可說此與恆行不共無明相俱之末那識，同時乃以其無明，覆蓋賴耶識中之無數種子，如使之只存于無明黑暗中，而不得顯者。人之一切染污罪惡，皆依無明出，而此末那識卽一切染污之本。此末那識，卽爲人之求行于佛道所最當正視，而當由修持之工夫，以徹底加以轉化者也。

## 七　末那識與人我執、法我執，及不善心所與善心所

此末那識在唯識宗之所以稱爲執我識，爲人之妄執一實我之原者，則以此實我之在意識經驗中原來無有。故人若自反省其意識經驗，于其中，並不見有此一實我。西哲休謨所論，正與唯識宗之旨相契。然人在日常生活又恆謂有一自我，此又何故。此則先須知人之自謂其有我，乃謂有我能主宰、爲常、一之實體。而此所謂我能主宰，卽謂我有種種能力之謂。說我有種種能力，亦卽說我有種種可能之意識及其所對境，得呈現于意識之前之謂。此我所有之可能的意識與所對境，在未呈現時，則正是賴耶識中「意識與其所對境」之種子。故人之自謂其有一實我能主宰，雖是在意識中自謂，而此自

謂之所根據，則在其對賴耶識與其中之種子之執持。此執持之活動，卽爲末那識之活動。故一般人之離此末那識之賴耶識以言有一實我能主宰，純爲妄執。蓋此妄執之自身實原依于末那識之執賴耶種子而成者也。然人能知此妄執之原，則初非妄執，而正爲人之破此妄執之始。至于人之執有自我時，更謂之爲常一，此與謂此自我爲能主宰，亦同爲妄執。此妄執之原，亦可依末那識之執賴耶，加以說明。因賴耶識中固有無數種子、無數可能之意識，得在因緣具足時現行者。然末那識之現行，恆只現行于對現有之意識，加以執持，以使其明限定于一方向，于他方向無明；而末那識卽同時爲具一根本無明，以覆蓋賴耶識中其餘一切種子，使不得現行者，如上所述。此不同之一切種子，在無明之所覆蓋下，卽不見其不同與變異，而末那識卽只感其爲混然，爲常一。亦可說此末那識之無明，化之爲混然，爲常一；吾人卽在意識中自謂有常一之我。此常一之我在意識經驗之反省中不可得，而西方哲學家或謂此常一之我之觀念爲先驗的。依唯識宗觀之，此先驗觀念，正是一妄執。此妄執之根，正在此末那識具根本無明，于其所執賴耶識中種子之變、異，不能如實知，而有之爲混然常一之感而已。

此人之執其自我爲能主宰、爲常一，乃唯識宗所謂人我執，亦卽一般所謂我執。至于一般所謂法執，則唯識宗稱爲法我執。所謂法我執者，卽執某一法爲能主宰、而爲常一者。此法我執，乃是人之思想知見中之執。在人有思想知見中之執時，同時亦有謂此思想知見爲我所有，而對其自我有一執。人若不視其思想知見爲我所有，亦卽對其所思想知見者無執。故此人我法我二執，同依于末那識之執我。此執我而執此我爲能主宰而常一，爲人我執，執此我之所思想知見之某一法，爲能主宰爲常一，卽法我執。依唯識宗義，一切法皆因緣生，不能自單獨爲主宰、爲常一。故二我執皆虛妄不實，亦皆根于末那識之無明而不見其所自生之因緣，遂不知任何法皆不能自爲主宰，必待因緣而生者也。

此末那識具根本無明或恆行不共無明，依此無明而人有我見以執我，亦有對我之自體愛，而有我愛、我貪，更對所視爲非我之人、法起慢。此無明亦使人迷因緣等正理，卽是癡。此我愛或我貪、我見、我慢、我癡，乃相緣而起，以爲與此末那識恆俱行之四惑，或四根本煩惱心所。此末那識爲意根，故其具此根本無明、根本煩惱心所，卽意識之根底上所依之無明或煩惱心所。至于依此意根而有之人之意識中之煩惱心所，其中自有無明，但其中除「疑」，可使人于正道猶豫疑惑，及「惡見」可遮障正道，亦稱根本煩惱外，其餘之種種大隨、中隨、小隨諸煩惱心所，皆只爲隨于根本煩惱而來之枝末煩惱，其中之無明亦只爲枝末之無明者。

依此諸枝末無明所生大隨煩惱，如不信、懈怠、放逸、惛沈、掉舉、失正念、不正知、散亂八者，以其皆爲自類俱起，偏不善性，徧諸染心，故稱大隨。所謂自類俱起，卽其恆相依而起。所謂徧諸不善性，卽一切不善之煩惱中皆有之。所謂徧諸染心，卽徧于意識及末那識之染心。染心中有明顯爲不善性者；亦有非明顯之不善，只是不見眞實事理，而有無明，以覆障此眞實事理者。此後者稱爲有覆無記。如末那識恆與無明俱，而覆障眞理，卽爲有覆無記之染心。故言大隨煩惱遍染心，卽要在說其與末那識恆相應俱行。至于中隨煩惱之無慚無愧，則只有上所述自類俱起、遍不善性之二義，而無第三義，卽只爲第六意識中之可自類俱起之不善心所。

至于小隨煩惱中之忿、恨、惱、覆、誑、諂、憍、害、嫉、慳，則只爲意識中之不善心所，而不自類俱起者。所謂不自類俱起，卽其行相粗猛，其中之一起，必無其他之謂。此上所說之隨煩惱二十，皆依根本煩惱六而起。而根本煩惱之四，皆與末那識俱起。由此根本煩惱與隨煩惱，而人有種種之染汚不善之惑業，造種種苦，而沉淪生死海中。故人欲成佛，必須轉化此一切煩惱。而轉化之道則依于吾人之十一善心所：卽信、精進、慚愧、無貪、無瞋、無癡、輕安、不放逸、行捨、不害。此十一善心所，與此上之二十六煩惱心所相對反。然其中之煩惱心所共二十六，善心所只十一，似不相應。然細觀其義，此十一善心所，亦足以與此二十六煩惱心所，相對反相尅治。但只觀其名數，則不見其相對反尅治義。吾初于此亦頗疑惑。後細觀之，乃不復疑。蓋此中之不善心所中小隨煩惱十忿、恨、惱、覆、誑、諂、憍、害、嫉、慳，溯其原皆在根本煩惱中之貪、瞋、癡、此在成唯識論等書已明言及之。中隨煩惱之無慚、無愧依根本煩惱之慢與癡起，大隨煩惱之不信，依疑與癡起。不正知，依惡見與癡起。散亂、放逸、掉舉、乃一心之肆動而不自主之狀態。失念、懈怠、惛沈，乃一心之疲緩而不自主之狀態。此二者之所依之根本煩惱甚難言。然亦可泛說此肆動乃由心底之恒自生疑，疲緩乃由一心之癡迷；而其下皆更覆藏有欲遂未遂之貪、瞋、慢、惡見等者。然此十一善心所，對治此根本煩惱六及大中隨煩惱十之用，則甚顯明。如無貪對治貪，無瞋對治瞋，無癡對治癡，不害對治由瞋起之害，慚對治無慚，愧對治無愧，慚愧與無癡，對治慢。精進對治懈怠，不放逸對治放逸，信對治不信及疑與惡見。此皆無可疑。則輕安應對治惛沈失念，行捨對治掉舉散亂。人能不失念不惛沈，則有正念；不散亂，不掉舉，則有正定；無癡、無疑、無惡見、無不正知，則有正慧與正信。此中之正信爲正慧之所生，初最難成，而信之爲善心所，所對治者亦最多，故信列爲十一善心所之首也。

吾人如知唯識論之十一善心所、與二十六煩惱可相對反相尅治之義，則人可依此十一善心所以修行，而轉化一切煩惱心所。此十一善心所，初皆只與第六意識（及相俱之前五識）相應之心所。然此善心所能常生起，則能增強賴耶識中之善心種子，而減弱其中之煩惱種子。又此與第六識相應之善心所生起時，第七末那識自亦可執之爲我所有之善心。由此而行善之人，亦恆有我見與之俱起，而或亦有我愛、我瞋、我慢等，與之俱起；以更生起諸隨煩惱。此中由善心所生起，可更轉出不善心所之生起，皆依于末那識之執此善心所而有我執，爲其過度之關鍵。然諸善心所之本性，又原爲超于我見、我愛、我瞋等我執之外者。如無貪之心所，卽去貪；無瞋之心所，卽去瞋。人之自謂我獨能無貪無瞋，固亦是我執，由此我執而生我見我慢，自貪愛其無貪無瞋，瞋恨其所視爲有貪有瞋之人，固亦常有之。此皆依于七識之有我執而致。然尅就人之無瞋無貪之心而言，則唯所以尅治去除我執，而其本身實不可執者。果其能相續不斷，則可使末那識不得更執之以成我執，而轉出上述之其他之不善矣。此末那識之對此諸善心所之相續現行，欲執之而又終不能執，卽使此末那識之現行自身轉弱，亦卽使人原有之我執，與末那識相應之無明與根本煩惱，皆轉弱。故人之修善之事，雖只在意識中，然其修善之功，則可導致賴耶識中善種之增強，不善種之相對的轉弱，與末那識之現行之轉弱，以及與之相應之無明煩惱之轉弱者。故此修善之事，雖在意識中，其功則徹入于意識之底層之末那賴耶識，而能加以轉化者。故此中之修善之事，果完全滿足，則人之轉識成智，以超凡入聖之事，于是乎在矣。

在此諸善心所中，乃以信居第一。信者信眞實之事理。人必先成就此眞實之事理之信，方能斷疑惑猶豫及惡見以修道。而欲成就此信，則當知種種眞實之事理。佛家所言一切法因緣生，或八識之攝一切法，八識之相互之關係，以及方才所言之如何修善去煩惱，皆眞實之事理，而爲人之斷疑生信時，所當知當學者也。

## 八　轉識成智之可能與緣生正理

至關于此八識之何以能攝一切法，則初由于唯識論之分一切法爲五類。其中除識法外，色法爲識所變現，心所有法繫屬于心、與心相應。不相應行法，則爲色心分位上假立，無爲法爲識實性。故八識能攝一切法，而可言唯識。關于八識相互關係，則前五識恆與意識相俱，亦依意識起。意識之根在末那，而此七識皆爲轉識。其所以能轉變，則依于有轉變之可能性。此可能性，卽賴耶識中所藏之諸識之種子。此轉識之實際轉變，見于此種子之現行。有賴耶識而後有種子之現行或顯出，賴耶識爲顯現其種子，以成此轉識之轉變者，故稱爲顯識。一種子現行，而種子增強，其相反之種子亦轉弱。由此而賴耶識中之種子之情形或賴耶識自身之情形，亦依此轉識之轉變而轉變。此賴耶之顯識與前七之轉識之相依而轉變，自亦同時夾帶其識所變現之境之相依而轉變。于是一生命之心識之向染或向淨、向善或向惡之轉變，卽同時有其所對之境或世界之轉變，以使之輪轉于凡境之六道，或超凡境而入聖境之四道。然凡此等等，皆是一因緣生之事，而莫或使之，亦非一般所謂自我或神我或某一特定之法之所主宰者。謂有主宰，乃人我或法我之妄執所成惡見，爲人所當破，以生正信者。人愈能知一切法或八識之因緣生，亦愈能破此諸妄執惡見，而不生起此妄執惡見。佛學中般若三論宗重破妄執，法相唯識宗亦非不取其義，以破我法之執，如其成唯識論首二卷之說言是也。然欲破我法之妄執，亦須先知此我法之妄執所自生之因緣。此則如唯識宗之言末那識之執賴耶、爲此妄執所自生之根本因緣之類。知此妄執所自生待于其因緣，則知其破除，亦待于因緣。是卽唯識論之所以特重因緣生之義，教人廣學種種因緣法，而其論因緣法，亦自然不得不歸于詳密，而繁瑣之故。然吾人如能心知其意，知此廣學因緣法，唯所以破妄執惡見，以轉識成智，超凡入聖，則于其論之詳密繁瑣，亦卽可不視爲害，而正當視爲此唯識宗于佛學之特殊貢獻之所在者。唯非吾今所及盡論耳。

此唯識宗之言轉識成智之工夫，在成唯識論最後二卷有資糧位、加行位、通達位、修習位、究竟位之說。歷此五位，次第修行，以去除人我法之種種執障，卽使此心識次第淨其遍計所執，次第無染分之依他起法，以有其修道之行，爲淨分之依他起法；而由此以證一切法之二無我相，卽爲證一切法之眞實之如是如是或證眞如。亦卽證此心識之圓滿、成就、實在之圓成實性。由此而知遍計所執「體相畢竟非有，立相無性」；知依他起「如幻事，託衆緣生，立生無性」；知圓成實性「遠離遍計所執我法性故，立勝義無性」。故依遍計、依他、圓成有三自性，卽同時立三無性。能證知此三有性、三無性，吾人心識卽遠離實我、實法之執，則無所執所知之我法與能知之心之分別，而一般有所知與能知之分別之心識，卽化爲一無此執，而亦無此能所之分別之一純粹之智照之明。此中，人之前五識，卽化爲成所作智，第六識化爲妙觀察智，第七識化爲平等性智，第八識化爲大圓鏡智。八識成四智。更依此智，以顯爲利樂有情之無盡功德，則佛之所以爲佛也。

關于此轉識成智之工夫，在成唯識論所說者，乃以知緣生之正理，而依之以次第修行爲本，而初未有專門之唯識觀之論。然唯識論之攝境歸識，並由有能所分別之識，轉成無能所分別之智，則有人對其心識之觀念之轉變，與所形成之心識自身之轉變，而有此「識觀」之進展。窺基卽依此而立其五重唯識觀。此可稱爲中國唯識學者對唯識學之一貢獻。玆略述之于下。

窺基于其五重唯識觀中，謂五重唯識觀卽以心所中之慧心所爲能觀體，以一切法之遍計、依他、圓成之三性，爲所觀境。此唯識觀之進行之次第，首爲遣虛存實識，即遣除遍計之虛妄而空之，而存依他圓成之實性。觀依他，以存諸法之事相，觀圓成，以見諸法之理而知其皆有。合名遣虛存實識。二爲捨濫留純識，即于依他圓成之事理，知其皆不離內識。內識中有境有心，心有相、見、自證、證自證四分、相分通外境爲所緣，後三唯屬心。今捨相分所緣，唯存見、自證、證自證三分，以觀唯識理，是爲捨濫留純識。三攝末歸本識，即知此見、相二分，皆由識自體分起。自體分爲能變，爲本；見、相二分爲所變，爲末。攝相、見之末，歸之本，唯就自體分以觀唯識，名攝末歸本。此即由觀識之自證分之統相見，能所二分，以知此二分在自證分上，原無分別，而契此無分別之義者也。四隱劣顯勝識，隱心所劣，顯心王勝。此即由心之活動而觀心之自體，以觀唯識理之謂。五遣相證性識，此即由依他起之一切心識中之事相，更觀其實性，唯是我法二執空所顯之圓成實性；而唯依此圓成實性以證唯識理。此即無異唯就心識之眞如理，以觀此心識，而觀此眞如理，亦即轉一般心識成智之事也。

此唯識論之思想系統，其先觀心識之因緣，後觀轉識成智之因緣，乃一徹底具足之緣生論。此一緣生論之觀心識因緣，又能知不信緣生、而妄執實我實法之執，亦依末那之執賴耶而生，即亦爲一緣生。于是一切衆生之由妄執而有種種染汚不善，而輪轉六道，以至去妄執成淸淨善，轉識成智，超凡入聖，證圓成實性，所有之修行，同爲依他起之事，亦緣生之事。今以此唯識之論，作爲一對一切衆生心識之種種轉變情形之客觀的說明看，則人可問若衆生之在凡或入聖，旣皆是緣生，亦皆表現此緣生之正理，則人何必須轉凡成聖？此爲聖爲凡，又果有何差別。則此當答曰：自表現此緣生正理而言，一切聖凡之事，原無不同。此不同，唯在凡之有種種人我法我之執障，而不知此緣生，亦依其執以行，而有種種我見、我慢、我愛之染汚不善，以止于其一般心識。聖則無此諸執障，而知此緣生，以有種種清淨善行，以轉一般之心識以成智。此人之不知緣生而有執障，乃緣于人之末那識中之無明。然人在執障中，亦不知其有末那識、有此無明。人心不知此無明，妄自以爲明，遂亦不知其妄之依于一無明。此依于無明之事，亦復不爲其所知所明。此皆是以不知緣生爲緣，以無明爲緣，而更生起無明，以增其染汚不善，而致長淪生死海者。人欲求轉凡成聖，則必求知此緣生之義，以觀一切法之緣生，亦觀「此人之不知緣生無明」之所自生之緣，與依此無明所生之一切染汚不善，與此「不知無明」之所生而更增盛之無明。……並知其成聖而破此無明，所待之因緣。此卽聖凡所以別。至凡之所以當求成聖者，則以此緣生原是聖凡之一切法之正理，而爲聖凡所同不能違。故當爲人所知，亦爲人所能知，更依之而行，以去除種種我法之執障，……以至成其清淨善行以至成佛者。此人之能知，亦能依此知以行，以有一般之善行之能力，卽人之賴耶識中有漏善種。而其能眞破除此我法之執障之根在賴耶識之染汚不善種子，而徹底根絕之之能力，則爲其賴耶識中之無漏善種。此無漏善種，乃人與一切有情衆生，所必有而後可成佛者。故成佛之事卽依之爲因，更以種種修道之事爲緣，而合此因緣，以有。故人亦當知此成佛之事，亦依因緣生，不可謂其不待因緣。若謂其不待因緣，望佛果無端從天而降，此亦是妄想妄執，而悖緣生正理者。今于此一切緣生之正理，皆依其爲正理，而言其爲人之所當知，亦可更依其爲人之所能知，而言其爲人之所當知。此外亦更無其他當知之理由可說。人若說此正理不當知，則又只因緣于其人之自安于對正理之無知無明而生之事，卽仍依于此緣生正理。然今旣指出此人之不能逃于此正理之外，則人亦不能自安于對此理之無知，而不求知此正理。若于此人仍不求知此正理，則唯識宗之人，亦只能謂其無明之障太重，方致于此，而將以此更自證此無明之障此人對此緣生正理之知。人果知此障亦是緣生，則亦終將不見其無明之障之重，爲此緣生正理之礙也。

依此緣生正理，以觀人之成佛之事之所以可能，則客觀說是人之心識法中原有此正理，則此理有可知之義，而人可由知之，以去除其對我法之執、無明之障而成佛者。自主觀說，則此知之以至緣此知以行，以至成佛之能力，卽人之有漏善種與無漏善種。然于此卻不許說此無漏善種卽賴耶識中所藏之一本來自性清淨之如來藏或本來自性天眞佛，唯以爲執障所纏所覆不得出，故當由修行以破執障，使之出纏，而顯此本來自性清淨之如來藏。因依此唯識之論，此賴耶識雖藏善種無漏種，亦藏染污不善種。則賴耶識非自性清淨之心或如來藏，而爲一無記之心。無漏種非依因緣不能現，染污不善種，非依因緣不能去除，則縱有一本來自性清淨之如來藏，爲染污不善種所覆，此人之意識之底層所有者之全體，仍爲兼有此清淨之如來藏與染污不善種者。此全體之內容，卽仍同于賴耶識之內容。此清淨之如來藏未現，卽只是種子，而其義卽仍同于唯識宗之無漏種。此中，人之成佛之可能，唯繫于此染污不善種，原有可依因緣而化除而空之理。亦如此無漏種有能現實化，而呈現或現行之理。合上二者，而吾人亦可說一切法之眞如或一眞法界，有可爲轉識所成之智所知所證之理。故眞如亦只是理。證眞如之正智，則由轉識所修成之能知能證者，而眞如只爲其所知所證。正智證眞如時，雖相應而如如不二；然眞如本有，正智則依無漏種之現行，與染污種之化除而修成。則二者初不同其來路。此正智之呈現，依無漏種爲主緣，更依其他外緣爲附緣。若無無漏種，則衆生不得成佛。然衆生之有此無漏種，與無此無漏種，在理論上同爲可能者。故法相唯識宗許衆生中之或無無漏種，爲一闡提，而不能成佛者，並謂無漏種須以爲佛所說之正法等流之言教爲外緣，方得現行。此皆相連而起之理論。對此諸理論，吾于原性篇中嘗加以評論，謂其有一闡提之衆生之說，與佛之度盡一切衆生之悲願相矛盾。又言無漏種不能自現，必待聞以前之佛之言教爲外緣方能自現之說，卽使後待前，前更待前，而無佛能成。吾又言正智緣眞如之事，可說是一整個之「眞如心」之全體之自現，不必說正智只是修成。此則意在由此以引致于一切衆生皆本有自性清淨心如來藏，爲成佛因之佛學之論。吾人于前此所論之中國佛學如吉藏、眞諦、智顗與大乘起信論所言，卽皆意許有此正智與眞如合一之心，或智如合一之如來藏，爲成佛正因者。故此法相唯識宗所歸之成唯識論之說，與此前此所論之中國佛學，在根本義上，正大有出入。吾對此問題所加之評論，自是以唯識法相宗所論，尚有一間未達。然亦認爲此成唯識論之說，最能貫徹佛家緣生之義，以言一切心佛衆生之成，無不賴于因緣者。又在衆生未成佛，有染汙執障之種子與現行時，此種子與現行之可轉化可空，初亦原只是一理。由其轉化而空，方證眞如，則眞如亦當說是一理。人亦必須正視此染汙之種子現行之可轉可化，是理；亦實有此理，而依因緣以實成其轉化之事，方能在現實上成佛。人之染汙之種子與現行，有種種差別，其依因緣以實成之轉化之事，亦有種種之差別。此皆須一一正視。人固不能只自恃其有一自性清淨之如來藏心，便謂其可尅日成佛。此自恃，卽是末那識之妄執一恆常之自我，亦卽人之我見、我慢、我愛之所依，而爲自信其有此如來藏者所恆難自免者。在此點上，則此唯識法相宗之論，有一破此自恃妄執之教化上的價值。又唯識法相宗言人須由清淨法流之言教爲緣，方得顯其無漏種子。吾人固不能以此而謂此無漏種或如來藏，必無自顯之義。然以衆生無量劫來，染汙執障之深重，則不聞清淨法流之言教，在實際上，亦實極難得悟。此亦正如人爲學之不能全離師法，而妄自擇。再法相唯識宗之謂衆生既可有無漏種，亦可無無漏種，此自抽象之可能說，自亦應說二者同爲可能。而自現實經驗說，則現見六道衆生，只一人成佛，其餘衆生在現實上既未成佛，自亦可能永不成佛。唯此事與佛之悲願相違。又人在修道成佛之歷程中，必相信其有成佛之可能，而不能自謂爲一闡提。吾人亦不能對一特定衆生，言其必爲一闡提。此則皆吾前書所已說。今若只自抽象可能與現實經驗看，而忽此修道成佛之事，乃屬一有情生命之內在的理想之事，固不合于佛學之精神。而依此修道成佛之事，爲有情生命之內在的理想看，則一切現實經驗，無不可轉化而空。不成佛之一抽象的可能，卽亦可被銷除，而不可執此不成佛之抽象的可能爲實有。今視之爲實有，卽使從事修道成佛者，可自疑其爲一闡提，而于其生命心靈中投下一陰影，或使其更不自修。此則生心害政，而又義無必然者。故至多只爲一權說，而非究竟了義說也。

# 第十章　大乘起信論之佛學道路

## 一　大乘起信論之時代與其宗趣及內容

大乘起信論一書，對中國後世之佛學影響至大。華嚴宗之法藏，始大推尊此書。法藏判教，以印度所傳之法相唯識與般若宗之義爲始教，而于大乘起信論，則判爲終教。而法藏之論華嚴爲圓教，亦立根在本書之義。後之天臺宗學者湛然，亦有取于此書言眞如之不變隨緣之義。（金剛錍）宋之天臺宗之山家、山外之爭，亦正與此眞如隨緣問題，密切相關。山家之知禮以眞如隨緣，仍是別教理。然至明末爲天臺宗之殿軍之智旭起信論裂網疏，則依智顗所言之當前之介爾一念心，釋此書所言之心眞如，爲此書作註，並稱此書爲圓教義。而一般禪門課誦，在家學佛者，亦多習此書。故此書之註疏，不下數十種。此吾人論中國佛學中之哲學思想，不能不及于此書也。至于此書之眞僞之問題。則傳爲龍樹造姚秦三藏筏提摩多譯之釋摩訶衍論，提及此書爲馬鳴造，但衍論書，全取起信論義，敷衍成書。其本身已不足信。梁啓超大乘起信論考證篇末嘗辨之。隋之衆經目錄，已將起信論列入衆經疑惑部，開元釋教錄言玄奘至印度未見此書，而更譯之爲梵文云。此記亦可疑。然要由人先疑印度無此書，方有此記。近世中國日本學者于起信論眞僞，討論極多。歐陽竟無先生早期之唯識抉擇談，謂起信論言如來藏自性淸淨心，而不立種子義，以成染淨法之熏習，爲承印度部派佛學中分別論之說。王恩洋先生繼爲大乘起信論料簡，更謂其義非佛法。李證剛先生則謂：說眞諦譯起信論之譯人、譯年、譯地，皆可疑。（張心澂僞書通考）。然章太炎、太虛法師等，則又爲起信論辯護。（玆據張心澂所引及武昌佛學院大乘起信論眞僞辨）又大乘起信論一書，更有唐實叉難陀之譯本，亦似其書，實原出印度。然據梁啓超大乘起信論考證，則日本學者望月氏已先論此唐譯本亦是僞作，實叉難陀亦無譯此書之事。呂澂氏有文，謂法藏與難陀友，而其講起信論，仍用舊譯，亦可知其未譯此書。（註一）唯日本常盤大定，又仍持此書原出印度之說。因法藏判敎，乃以馬鳴堅慧爲一宗。法藏旣釋起信論，亦爲堅慧法界無差別論作疏，于疏中並以起信論之旨釋此書，如法界無差別論出自印度，則起信論亦有出自印度之可能云云。然上引之呂文，又謂均正四論玄義卷五，卽謂起信論虜魯人作者。其卷十又謂此書爲北地論師所造。此二段文，分別爲日人珍海三論玄疏文義要卷二，昔賢寶册抄卷八，及湛音起信論決疑抄所引。但現存均正四論玄義殘本卷五卷十則無其文。又晚唐新羅珍嵩華嚴探玄記私記，亦謂起信論乃依漸刹（占察經）所造云云。呂氏更謂起信經，其用名及文句皆本魏譯楞伽，以證其爲中國人

註一：現代佛學第十一卷五期起信與禪。呂文又謂起信論乃本于魏譯楞伽，更加當時北方止觀禪法而成，託爲難陀新譯之起信論，異于所謂舊譯起信論之處，則又合于其時之言禪法者之新說云云。

所僞造。印順法師大乘起信論講記，則頗言其書義，印度論師已多有之。但亦未言其不僞也。

今謂此書爲中國人所僞造，自不礙此書之價值，與其在中國思想中影響之大。然若爲僞造，畢竟爲何時人所僞造？今按吉藏及智顗（註二）皆未提及此書，唯慧遠之大乘玄論，則詳引此書。若如呂氏說均正已疑此書之僞，則此書應在慧遠、均正之時代已流行。又按托爲天臺二祖慧思著之大乘止觀法門論，亦多本此書立義。此大乘止觀法門論一書，初未爲天臺宗之徒所徵引；據云早佚于中國，于宋初乃由海外重還中國。其時天臺宗之遵式，嘗爲之序釋。明之天台宗智旭乃重其書，並爲之作釋要；清末民初天台宗諦閑，又爲之作述記。蓋中國佛學書佚于中國，而保留于韓日者甚多。近則如唯識論與吉藏之書，多自日本取回，遠則如明代高麗義天之取回華嚴宗書，宋初吳越王發使高麗求天臺宗書。則此大乘止觀法門，亦或卽于其時自日本取回。若然，則其書之傳入高麗，亦當卽在慧遠均正之時代（註三），否則天臺宗徒灌頂于此書，亦當或加徵引，或疑其僞。不當全不齒及也。此止觀法門旣本起信論立義，其時代亦應與起信論，相差不遠也。

**註二**：蔣維喬中國佛教史卷三謂智顗小止觀、觀音別行玄義，提及此書。但此二書，非智顗之主要著作，且有疑其非智顗所著者。

**註三**：蔣維喬中國佛教史卷三引志磐佛祖統記、諦觀傳謂遣使高麗，羲寂傳又謂遣使日本，然于日本史無徵，故當是遣使高麗云云。

今按起信論與大乘止觀法門二書之內容，固不全同。如起信論于一切衆生是否具同一之如來藏識未明言，而止觀法門論，則明言一切衆生同一如來藏心，並兼具染淨二性。起信論不言唯識宗之分別、依他、眞實三性，止觀法門論則取三性之說，更各分爲善惡、染淨二者，以言止觀，似爲一綜合起信一心二門及唯識三性，以合于天臺言止觀之著。吾于原性篇嘗略及此書之義，然其詳則待細加考究。今之所擬說者。是此二書之言如來藏，雖同堅慧之大乘法界無差別論，亦與其他印度經論之言如來藏者，相差不遠；然卻同有一特色，即以本覺與始覺之二名，言在纏之如來藏與出纏之如來藏。此始覺與本覺之二名，則不見于當時其他由印度所譯之經論中。此本、始之二名，乃爲初自王弼以降中國玄學家所習用。涅槃或佛性爲本有始有，正爲六朝至隋之一中心問題。吉藏之論此問題，則歸于佛性實非本始，只可方便說佛性本有或始有。智顗亦言三德（佛性）非故非新（如摩訶止觀歸大處文）則此中之進一層之思想發展，似正當爲直說此佛性之亦本亦始，爲本覺兼爲始覺，如大乘起信論及止觀法門論之所持者。此吾在論吉藏學時已言及。至于此書之用名，既多同楞伽經，則蓋亦實是于楞伽經之義有所承。然楞伽經于如來藏與藏識，合爲一名，而起信論則以如來藏爲第一義之心，更言依之而有賴耶識或藏識，則爲將楞伽經之言如來藏藏識分爲二層次之說。此即不合楞伽經原義。若起信論爲國人所僞造，則其旨蓋在綜合當時之攝論師與地論師之爭。當時之攝論師，如眞諦于第八識之阿賴耶識外，言第九識菴摩羅識，爲純清淨之佛性，爲成佛之所依持，相當于如來藏，更以賴耶識爲藏識，爲雜染法所依。地論師所宗之十地經論，則只言一如來藏識。北地論師，謂其卽阿梨耶識，則阿梨耶識卽清淨之佛性，亦卽如來藏，爲成佛之所依持。慧遠大乘義章以阿梨耶識爲自性清淨，另有阿陀耶識，爲無明癡闇，蓋亦指北地之說。南地則以法性爲佛性，爲成佛之所依持。此乃近般若天臺之說者。今起信論以如來藏爲第一義之心，則近宗十地經論之地論師之說，亦通接于印度言如來藏、如來性，爲第一義之心之諸經論，如「勝鬘」、「寶窟」、「如來藏」、「不增不減」諸經，及「究竟一乘寶性論」、「大乘莊嚴經論」、「大乘法界無差別論」諸論之流者。大乘莊嚴論謂是無著所著，而言一切衆生皆有如來藏，卽法界大我。謂爲世親著之佛性論，亦以如來性爲第一義之佛性，而不同後之護法以無漏種子爲佛性之說也。起信論以如來藏卽心眞如、亦卽法性，則又通于南地之說。其以阿梨耶識爲雜染所依，更言其爲由第一義之如來藏，而衍出之第二義之心，則顯然意在綜合此北地與攝論宗之義。故其依楞伽經之如來藏藏識之爲一名，更言依如來藏以有藏識或賴耶識；以由一開二。此開之爲二，未必合楞伽經之本旨，卽正形成起信論之思想上之創造者也。

起信論以起信爲名，此信以自信有清淨如來藏爲成佛因爲主，所謂自信己性是也。然亦言人之成佛賴諸佛菩薩等之慈悲願護爲外緣，此則略類似法相唯識宗之言人之成佛，必以清淨法流之聖敎爲外緣之說。然諸佛菩薩之慈悲願護，可不只表現于其言敎，而可表現于言敎外之神通感應。此乃依宗敎情操以信佛者，所共許。智顗之法華玄義十妙中有感應妙、神通妙是也。自此點看，則大乘起信論所言之諸佛菩薩之慈悲護念，爲成佛之外緣，其義亦廣于法相唯識宗所言之清淨法流之言教。總而言之，卽大乘起信論所言成佛因緣，乃旣許此衆生有如來藏爲成佛正因，使人有以信其自力，又有諸佛菩薩之慈悲護念，使人兼信此諸佛菩薩之他力者。兼此二信，卽能起大乘之大信。此與智顗之釋法華，重在斷疑起信，與成唯識論之言善心所，以信爲首，其旨亦正同。然此書以此大乘起信爲書名，兼以有法能起摩訶衍（卽大乘）信根，爲總論之第一句，則其重起信之義，更爲昭顯耳。

至尅就此書內容說，則全書分因緣分、立義分、解釋分、修行信心分、勸修利益分。讀者不難次序研讀。其中之立義，乃以解釋分爲本書主幹。在立義分中，言「摩訶衍者，總說爲二種，云何爲二？一者法，二者義。所謂法者，謂衆生心，是心則攝一切世間法、出世間法。依此心顯示摩訶衍義。何以故？是心眞如相，卽示摩訶衍體故；是心生滅因緣相，卽示摩訶衍自體相用故。所言義者，則有三種。云何爲三？一者體大，謂一切法眞如平等不增減故。二者相大，謂如來藏具足無量性功德故。三者用大，能生一切世間、出世間善因果故，一切諸佛本所乘故，一切菩薩皆乘此法到如來地故。」

此立義分全文，卽本書所立根本義。于此吾人首當在其所用之名義上注意。其說法只有一法，卽衆生心。此與智顗之法華玄義之先言心、佛、衆生三法，而以「觀心」釋佛之化度衆生之言教，亦不全同。此是直下以衆生心之一法，攝世間之衆生法與出世之佛法。于此只言一心，則不同于法相唯識宗之言八識。其以心眞如合爲一名，則不同玄奘窺基所傳之護法唯識學，分正智與眞如爲二者，又不同般若經之以「卽眞如是心，離眞如有心，卽心是眞如，離心有眞如」（大般若經課功德品）皆不可說者。然此與親勝、火辯、難陀之唯識古學，以圓成實性兼攝眞如正智之義，及大乘莊嚴論之合眞如與心爲一如來藏之旨，則又相通。此亦據前所引及呂澂氏唯識今古學之一文所說。此起信論用心眞如之名，復不同智顗承南地而用之法性之名。智顗之言法性，固恆卽指此心法之寂而能照之性。但此法之一名，亦可遍指非心法之一切法。此法初乃一具客觀普遍義之名。以法性指心法之性，對其外延之義，有所縮減，而不能全切。故摩訶止觀中用法性一名而實指心性之性者，實不如改名爲心性或「心之如是」爲佳。今在大乘起信論，則其正文前之經中，固亦言法性眞如海，後文言發心處亦時用法性一名。然要在以心眞如之名義爲主。此心眞如，正卽心之眞實如是。此心之眞實如是，若依法華之十如是說，卽心之如是相，如是性，如是體，如是力……如是因緣，如是果報，如是本末究竟」。吾觀此大乘起信論之言心眞如有體相用之三大，亦蓋正可說爲將法華之十如是所歸約而成。蓋性相皆是相，力與因緣果報、本末究竟，則是用。此性相之名，乃自道安以降所習用。此「體」、「用」之相對，則原出自中國之玄學，爲自僧肇以降至吉藏智顗所習用。楞伽經五法中，則特舉「相」爲說。故大乘起信論之以體相用三大，言心眞如，正有其綜攝前此之佛學概念之功，其義固不同勝論之言實德業，亦必非自勝論之思想而出也。

## 二　心真如門

至于下文解釋分言一心法有二門，一者心眞如門，一者心生滅門，皆爲總攝一切法者。下文言曰：「心眞如者，卽是一法界大總相法門體。所謂心性不生不滅，一切諸法，唯依妄念，而有差別；若離妄念，則無一切境界之相。是故一切法，從本已來，離言說相，離名字相，離心緣相，畢竟平等，無有變異，不可破壞。唯是一心，故名眞如。以一切言說，假名無實，但隨妄念，不可得故。言眞如者，亦無有相。謂言說之極，因言遣言。此眞如體，無有可遣，以一切法，悉皆眞故；亦無可立，以一切法，皆同如故。當知一切法，不可說、不可念，故名爲眞如。問曰：若如是義者，諸衆生等，云何隨順，而能得入？答曰：若知一切法，雖說無有能說可說，雖念亦無能念可念，是名隨順。若離于念，名爲得入。復次，眞如者，依言說分別，有二種義。云何爲二？一者如實空，以能究竟顯實故。二者如實不空，以有自體，具足無漏性功德故。……依一切衆生，以有妄心，念念分別，皆不相應。故說爲空。若離妄心，實無可空故。所言不空者，已顯法體，空無妄故；卽是眞心常恆不變，淨法滿足，則名不空。亦無有相可取，以離念境界，惟證相應故。」玆按此說心眞如是一法界大總相法門體，卽謂此是「一切法所合成之全法界之總相，爲法門，而容衆生入」之實體。此總相，乃不可說有差別之總相。其可為法門容衆生入之，卽其用。此相用之體，卽名心眞如。此心眞如之總相，無有差別相，故非說差別之言說名字之所能及，亦非緣了種種差別之心識所能及，亦無言說名字心緣之相。而吾人用言說，使心識遣除此諸相所得者，唯是此眞如體之眞相、如相之總相而已。

至于下文之言如何隨順得入，則是解釋其如何可稱為法門，而容衆生之得入，以顯其用。其答文是說：人雖說之、念之，而無能說、可說、或所說，能念、可念、或所念之分別——便能隨順而入此法門。此卽謂人于說念此心眞如時，不以之為一言說心念之所對，而加以體證，卽能入。故後文有「唯證相應」之言也。

玆按其中之解釋此心眞如有如實空、如實不空之二義，則此正同勝鬘經之言如來藏，有此如實空、如實不空二義，亦同楞伽經之言若無識藏名如來藏者，則無生滅；如來藏自性無垢，畢竟清淨。無垢，卽如實空；而畢竟清淨，卽如實不空也。然勝鬘在說如來藏時，又對其何以連于染污，謂其難可了知。楞伽經于如來藏及識藏或藏識，亦恆相連說。而大乘起信論卽將此連于藏識之如來藏，屬于此如來藏心或心眞如之生滅門，而將此如來藏、心眞如之自身，純屬于不生滅門；遂將此二者，在概念上明白加以劃開，以使人能自信，在其如來藏，或心眞如之自身上說，只有此「如實空，與如實不空，離妄空妄，而其自體實無可空，而常恆不變，淨法滿足」之義。此大乘起信論之義，雖當說是出自勝鬘、楞伽，然亦自有其所進者在也。

## 三　心生滅門與本覺、始覺、究竟覺義

至于大乘起信論之言心生滅門，則曰：「依如來藏，故有生滅心。所謂不生不滅與生滅相合，非一非異，名爲阿梨耶識。此識有二種義，能攝一切法，生一切法。云何爲二？一者覺義，二者不覺義。所言覺義者，謂心體離念。離念相者，等虛空界，無所不徧。法界一相，卽是如來平等法身。依此法身，說名本覺。何以故？本覺義者，對始覺義說。以始覺者，卽同本覺。始覺義者，依本覺故而有不覺，依不覺，故說有始覺。又以覺心源故，名究竟覺。不覺心源故，非究竟覺。此義云何？如凡夫人覺知前念起惡，故能止後念，令其不起，雖復名覺，卽是不覺故。如二乘觀智、初發意菩薩等，覺于念異，念無異相，以捨粗分別執著相，故名相似覺。如法身菩薩等，覺于念住，念無住相，以離分別粗念相故，名隨分覺。如菩薩地盡滿足方便，一念相應，覺心初起，心無初相，以遠離微細念故，得見心性，心卽常住，名究竟覺。是故修多羅說：若有衆生能觀無念者，則爲向佛智故。又心起者，無有初相可知，而言知初相者，卽謂無念。是故一切衆生不名爲覺，以從本來念念相續，未曾離念，故說無始無明。若得無念者，則知心相生住異滅，以無念等故，而實無有始覺之異；以四相俱時而有，皆無自立，本來平等，同一覺故。」

按此大乘起信之言依如來藏而有生滅心，生滅與不生滅和合名阿梨耶識，正同勝鬘經所謂爲生滅之染污所覆之如來藏，或楞伽經之爲藏識所覆之如來藏。而其名之爲阿梨耶識，則不同于唯識宗阿梨耶識，只是藏染淨善惡種子，其自身無善惡染淨而爲無記者。起信論以此阿梨耶識，乃依不生滅之如來藏，與生滅和合所生。而唯于此生滅心所依之不生滅之如來藏，方說爲本覺。謂人悟此本覺，而有始覺，至究竟覺卽能成佛，卽無異謂人之成佛，卽以此阿梨耶識中之如來藏爲依持。此卽正同北地論宗之以阿梨耶識爲依持者。然北地論宗以阿梨耶識爲純淨，而大乘起信論之阿梨耶識，則于不生滅之如來藏外，尚有其所和合之生滅心，而非純淨者。故二說又不同。大乘起信論以阿梨耶識之中之生滅心一面，依于不生滅之如來藏心，而以此後者爲本覺。此本覺，卽上節所說之心眞如之本覺。故人只須撥開其阿梨耶識之生滅之一面，而有對本覺之始覺，以至究竟覺，卽能成佛。此卽以求成佛之始覺、究竟覺，唯是求返本還原于本來有之本覺，而別無所增之說。又此本覺心眞如，卽人本有之佛性，始覺至究竟覺，則爲此佛性之始實現，至圓滿之實現。此言始覺卽覺本覺，遂無異言本覺之佛性與始覺、究竟覺之佛性爲一也。

此大乘起信論之言由始覺至究竟覺，分凡夫之止其後念之始覺，與二乘之相似覺，法身菩薩之隨分覺，與入佛地之究竟覺爲四層。此正頗似智顗之言六卽，有觀行卽、相似卽、分眞卽、究竟卽之四者。六卽中之理卽、名字卽，則爲知此中之理，而持此中之名，乃六卽中之初二步。有如大乘起信論之所言之義，所立之名，爲由修道而有始覺之初步。大乘起信論之言此始覺之至究竟覺，有四階段，正與智顗言相似。此固不必是受智顗之影響，然亦非無是由受智顗之影響之可能也。因智顗書言心亦及于覺，如法華文句卷一上言：「先空、次假、後中，皆偏覺也；觀心卽空、卽假、卽中，是圓覺也。」圓覺之極，卽究竟卽，亦卽正同起信論之言究竟覺也。

依此大乘起信論之以人之始覺至究竟覺，不外自呈現其本覺之事，則成佛之事，只是反本還原之事。此反本還原之語，在智顗之書亦有之。如卷五第七正觀，安心止觀言「還源反本，法界俱寂，是名爲止。觀者，觀察無明之心，上等于法性，本來皆空」。凡許本有佛性、法性者，皆可言人之成佛，只是以覺悟此佛性、法性，而返本還原。但大乘起信論則說此本爲一本來已有之「等虛空界同于如來平等法身」之本覺。此本覺，卽體相用俱大之眞如心。則其先之經論，尙未如此說，而亦有其所特顯之義蘊在也。

此所特顯之義蘊，是先肯定此一眞如心或本覺之眞實，而後更依之以起修，以有始覺究竟覺而還證此本覺。此卽不同于智顗之言反本還原，乃透過止觀之修習而見，初未嘗先建立一本覺或心眞如者。至在智顗言判教中，則其所謂本迹之本，乃以能垂教迹之佛心爲本，而非直指衆生之心之以其本覺爲本。故此大乘起信論之先立此一一衆生皆有此本覺或心眞如，爲其成佛與修行之事之本，乃另成一思想路向。此乃承勝鬘、楞伽、攝論之思想路向而來，亦近成唯識論之先立阿賴耶識與其種子爲修行之本之思路者。此一思路，乃以一形上學爲先，修行工夫論爲後，而不同于般若宗至智顗，乃以觀照般若之工夫或止觀之工夫爲先，而由之以顯諸法實相或法性者。然此一形上學之所以能建立，則又實須人對其修行工夫之究竟處，加以一懸想，與更進一步反省其如何可能，方得建立。否則此只爲一獨斷論之形上學也。今試說明此義，以助吾人對此形上學爲先之佛學之理解。所謂吾人須對修行之工夫之究竟處，加以懸想，更有進一步之反省，方能建立此形上學者，則以在此工夫之究竟處看，即在人之成佛處看。在人之成佛處看人之生命心靈，必是一無限而遍法界而永恆常住、不生滅之生命心靈。然人現有之生命心靈，則爲一生滅無常者。此現有之生滅無常而有限之生命心靈其自身，必不能爲此不生滅而永恆無限之心靈生命之出現之理由，或原因。則能爲其原因與理由者，即只能是一尚未顯出之永恆無限之心靈生命。簡言之，即尚未顯出之心眞如，或佛性，而在內容上同于如來平等法身者。吾人之顯此心眞如，誠須賴于修行之工夫，以化除吾人現有之生滅的心靈生命、或生滅心。然此修行之工夫，只是化除此生滅心，即不能說人之成佛，乃此工夫之所造作。因若其是此工夫所造作，則凡造作者，皆先無後有，而既有亦旋無者，其本身便是一無常法或生滅法。則人造成一佛之後，亦可再壞，而還爲衆生。所謂「若屬修成，修成還壞」，則人終不能成此常住不壞之佛也。故必須謂人之所以能成常住不壞之佛之根據，在人之本有此同于如來平等法身之心眞如爲佛性，然後使此成佛之事爲眞實可能，而亦須形而上學地先建立此心眞如或本覺，而以人之成佛，只是覺其本覺或心眞如，由始覺至究竟覺之事也。

然此大乘起信論之先建立一心眞如與本覺，又更說一依本覺而有不覺與念念相續之無始無明，人于此似可問：若依本覺更有無明，則人破無明由始覺至究竟覺而顯本覺後，亦可更起無明，則人之成佛後，正可再還爲衆生，人仍不能成一永恆常住之佛。但吾人可說此問乃由對大乘起信論之旨，未能如實理解而生。

此大乘起信論，固謂此不覺或無明，依本覺或如來藏或心眞如而生。然此依之而生之義，非即在時間中某時，由之直接生出之義。若是此義，則當說無明有始，不能說無始無明。說無始無明，即非說此無明在時間中之某時，由心眞如或如來藏生出。此說依如來藏而生之依，亦非直接生出之義。此依之而生，猶傍之而生，以之爲緣而生，固非直接由之而生也。若說無明直接由心眞如、如來藏而生，則後者只是一大光明藏，其中如何可生出無明？此與其自身相矛盾，亦在理性上無可索解也。若無明原不由大光明藏之明，直接生出，則人破無明，而見此大光明藏之後，亦不能更有再生無明、成佛還爲衆生之事矣。

然吾人雖不說無明于某時間由如來藏或心眞如而直接生出，仍可說無明依傍此心眞如或如來藏而生，此所謂依傍，即不相離之意。此說其是不相離，只是現象學地說，亦可以說是經驗地說。人固有此無明，然亦能由破無明以顯明，即見無明與明可相翻，而于此相翻處，即見此無明與明之不相離義。固不須由明在某時直接生出無明，方有此二者之不相離也。吾人能循此以理解大乘起信論，所謂無明依爲大光明藏之心眞如或如來藏以生之義，則亦可理解人之有始覺至究竟覺，而無無明之後，此始覺、究竟覺之同于本覺，而亦不再出無明，更無成佛還爲衆生之事之故。因此有無明之依其本覺生，而爲衆生者，自非是佛。但由破無明而有明、有始覺至究竟覺，卽此本覺之明彼無明，以顯爲始覺、究竟覺。故始覺、究竟覺卽是本覺之實現，而不可相二。無明旣無，唯有此本覺之顯爲始覺、究竟覺之光明藏在，則自亦不能再有無明；而成佛之後，亦卽必不能再有還爲衆生之事矣。在大乘起信論對治邪執一章中更謂此還作衆生之難，乃由人之妄謂衆生有始而生。讀者可參看。

吾人今更可緣上文之旨，以看大乘起信論之下文，如何言此本覺隨彼依之而起之念念相續之無始無明，而表現之作用之相。此念念相續之無始無明，卽念念相續之不淨而染汚之種種執着分別，故此相亦卽本覺隨染分別而生者。此所生者，有二種相：「一者智淨相，二者不思議業相。智淨相者，謂依法力熏習，如實修行，滿足方便故。破和合識相，滅相續心相，顯現法身，智淳淨故。此義云何？以一切心識之別，皆是無明。無明之相，不離覺性，非可壞、非不可壞。如大海水，因風波動，水相風相，不相捨離，而水非動性。若風止滅，動相則滅，濕性不壞故。如是衆生自性清淨心，因無明風動，心與無明俱無形相，不相捨離，而心非動性。若無明滅，相續則滅，智性不壞故。不思議業相者，以依智淨能作一切勝妙境界，所謂無量功德之相，常無斷絕，隨衆生根，自然相應，種種而現，得利益故。」此原文自明，不須另釋。下文更言本覺之體相曰「有四種大義，與虛空等，猶如淨鏡，云何爲四？曰如實空鏡，遠離一切心境界相，無法可現，非覺照義故。二者因熏習鏡，謂如實不空，一切世間境界，悉于中現，不出不入，不失不壞，常住一心，以一切法卽眞實性故。又一切染法所不能染，智體不動，具足無漏，熏衆生故。三者法出離鏡，謂不空法，出煩惱礙、智礙，離和合相，淳淨明故。四者緣熏習鏡，謂依法出離故，遍照衆生之心，令修善根，隨念示現故。」此卽言此本覺之依其如實空、如實不空，與對衆生所呈之用，以言其四相，原文亦明，今不更釋。

## 四 不覺義

至于下文之言心生滅門之不覺義，則曰：「所言不覺義者，謂不如實知眞如法一故。不覺心起，而有其念，念無自相，不離本覺。猶如迷人，依方故迷，若離于方，則無有迷。衆生亦爾，依覺故迷，若離覺性，則無不覺。以有不覺，妄想心故，能知名義，爲說眞覺。若離不覺之心，則無眞覺之自相可說。」此言以妄想心，故能知名義，亦如楞伽經言依分別取名相，而有種種妄想。其以妄想對眞覺，亦如楞伽以妄分別，對正智之緣眞如。但在楞伽經以正智與眞如之名說者，在大乘起信論，則以「眞覺之名說；楞伽經以「分別」、「相」、「名」三名說者，大乘起信論則以「不覺」一名說之而已。

至于大乘起信論下文于不覺，則更說三相：「一者無明業相，以依不覺故心動，說名爲業。覺則不動，動則有苦，果不離因故。二者能見相。以依動故能見，不動則無見。三者境界相。以依能見故，境界妄現，離見則無境界。以有境界緣故，復生六種相。云何爲六？一者智相，依于境界，心起分別愛與不愛故。二者相續相。依于智故，生其苦樂，覺心起念，相應不斷故。三者執取相。依于相續，緣念境界，住持苦樂，心起著故。四者計名字相，依于妄執，分別假名言相故。五者起業相。依于名字，尋名取著，造種種業故。六者業繫苦相。以依業受苦，不自在故。當知無明能生一切染法，以一切染法，皆是不覺相故。」

上文既于生滅門中說此覺與不覺二義，下文更言覺與不覺有二種相：「云何爲二？一者同相。……同相者，譬如種種瓦器，皆同微塵性相，如是無漏無明，種種業幻，皆同眞如性相。是故修多羅中，依于此眞如義故，說一切衆生本來常住，入于涅槃。菩提之法，非可修相，非可作相，畢竟無得，亦無色相可見；而有見色相者，唯是隨染業幻所作，非是智色不空之性，以智相無可見故。言異相者，如種種瓦器，各各不同。如是無漏無明，隨染幻差別故。」玆再引下文言生滅門中之一切法之生滅因緣一段文，方作一總釋。其文曰：「生滅因緣者，所謂衆生依心、意、意識轉故。此義云何？以依阿梨耶識，說有無明，不覺而起，能見能現，能取境界，起念相續，故說爲意。此意復有五種名。云何爲五？一者名爲業識，謂無明力不覺心動故。二者名爲轉識，依于動心，能見相故。三者名爲現識，所謂能現一切境界，猶如明鏡，現于色像；現識亦爾，隨其五塵，對至卽現，無有前後，以一切時任運而起，常在前故。四者名爲智識，謂分別染淨法故。五者名爲相續識，以念相應不斷故，住持過去無量世等善惡之業，令不失故。復能成熟現在、未來苦樂等報，無差違故。能令現在已經之事，忽然而念，未來之事，不覺妄慮。是故三界虛僞，唯心所作，離心則無六塵境界。此義云何？以一切法皆從心起妄念而生。一切分別，卽分別自心。心不見心，無相可得。當知世間一切境界，皆依衆生無明妄心，而得住持。是故一切法，如鏡中像，無體可得，唯心虛妄，以心生則種種法生，心滅則種種法滅故。復次，言意識，卽此相續識，依諸凡夫取著轉深，計我我所，種種妄執，隨事攀緣，分別六塵，名爲意識，亦名分離識，又復說名分別事識。此識依見愛煩惱增長義故。」

玆按此心生滅門中之不覺義，乃謂不如實知眞如法，爲不覺，非謂無一般之念念相續爲不覺。此一般之念念相續，正是一般所謂有覺。然此一般之念念相續，正依于有所不覺。如依不覺彼方覺此，覺此不足，乃轉而求覺彼，遂暫不覺此。卽成此彼二念之相續。吾人一般之心，因不能頓覺全法界之一切法，故須依次第而覺。依次第而覺，卽依其所不覺而覺，亦卽依無明，而有所謂覺，依不覺而有所謂覺。故此覺，卽實是不覺。然此不覺，既是依其有所不覺，而不覺，亦是依其本覺而不覺。據大乘起信論，則此人所自謂爲不覺者，皆爲人之本覺所覺。全法界皆爲本覺所覺。唯依全法界皆爲本覺所覺，而人又不覺此本覺，乃有無明。卽由此本覺之與無明，不相捨離，以表現其自己，方成一般吾人所謂次第生滅之覺。故此覺，又實是依不覺、依無明而起；此無明不覺，又依本覺而起。亦可說此次第生滅之覺，卽是依此本來之心覺之有無明，而又不安于無明，更欲自無明中動出，而旋出旋沒，所成之之一「不覺之覺」。此心覺欲自無明中動出，而成不覺之覺，由于有無明。故此動，卽可說爲無明之作用，無明之業。故言「以依不覺，故心動，說名爲業」。若無此無明，純是覺，「覺則不動」。唯今以非全是覺，乃有動。此動卽表示無明使本來之心覺不安，此不安，卽是苦。故言「動則有苦」爲果。此卽謂此心有其無明或不覺，而必不免有動，卽必有此苦。而吾人之心之種種次第生滅之念或覺，亦自始皆爲有無明業相，而皆爲苦果者也（註四）。

至于下文所謂第二之能見相、第三之境界相，則可合加說明。卽人之所以有能見與所見境界之分者，乃由于此心之依其在無明中之一動。吾人之心以有無明，故不能于全法界一切法皆覺，而恒有所不覺，故必求能更有所覺。人于求能更有所覺時，卽自謂有此能覺或能見，而求其所可覺、所可見

註四：此依無明而心動，在起信論喻如風動，而水有波之生滅。楞伽經言依境界，而心有分別妄想，則喻境界爲風。故慧遠大乘義章卷二八識義中謂在楞伽經中，境界爲風，在大乘起信論，則無明爲風。慧遠謂此二皆可說。然實則依大乘起信論，必先有依無明之一動，乃有能見與所見之境界之別。則大乘起信論之義，顯然深一層。卽由其喻無明爲風之義，已見其勝于楞伽之以境界爲風矣。讀者可細思之。

者，為其境界。故有此能見相與所見之境界相之分別。于此須知吾人之自謂有能覺，卽謂此吾人當前之覺，更有其能，以向于其他所可覺者，以為其境界。然當吾人自謂有此能覺之時，而其所可覺者，又不在此能覺中，則此能覺對所可覺者，卽有一無明。至于此能覺旣覺某一所可覺者時，則此所可覺者，實成一所覺，而吾人對此實所覺者，固可說有一明；然對其餘之所可覺者，仍有無明。故在有能覺與所可覺，或所覺相對說，而更求有所覺時，卽必有一無明或不覺。亦依此無明不覺，而有此所謂能覺與所可覺，或所求覺之分。若一切所可覺或所求覺之法界一切法，皆為吾人所覺，而呈現于此能覺之中，此外更無所可覺，或所求覺。則亦更無此所謂能覺與所可覺或所求覺之分矣。故能覺與所可覺或所覺，或能見相與境界相之分，卽依無明不覺而有。此「能見相」、「境界相」及上述之「無明業相」，卽合為由不覺而生之三相。此三相又稱為三細。大乘起信論之言此三相或三細之義，甚為精闢。乃法相唯識論中所未有者，不可加以忽視。

至于依此無明業相、能見相與境界相之三細相，而更說六種粗相，則首為此心對呈現于其前之境界，再起分別，而有愛不愛之「智相」。次為依分別愛不愛而生，苦樂相續不斷之「相續相」。三為還執其所愛與其所不愛之境界，而將其苦樂依附、黏着于此境界，以自住持于其苦樂與所執取之境界，而不得拔之「執取相」。四為更對此境界、與其苦樂，有一觀念概念，更有種種名字以表之，並依此名字，以更增強其執着之「計名字相」。五為依種種名字，而更造種種業之「起業相」。六為依業「受果報，皆非心所自安得自在之處，卽此業皆爲繫于苦」之「業繫苦相」。此第六相中之苦，乃廣義之苦，卽凡心不自安、不自在處，皆是苦。如前說之依不安于無明，而有之念念生滅，卽是苦。此與依愛不愛而生之苦樂之苦，爲狹義者不同。依此廣義之苦，則一般之依愛而生之樂中，其愛不能當下完全滿足，而不免于求相續，卽皆有不自安、不自在之苦在也。

至于下文之言覺與不覺，有異相、有同相者，則依上文所說，初不難解。所謂異相者，此不覺卽指次第生滅之覺。此次第生滅之覺，恒有所不覺，故有無明業相，更有能見相、境界相。而此圓滿究竟覺中，則無此三相故。所謂同相者，卽此不覺之爲念念生滅之覺，乃由本來之心覺不安于無明，而欲自其中動出而有，故爲一不覺之覺。不覺之覺之依于覺，亦如覺之依于覺，則爲其同相也。

至于下文言生滅之因緣中，特提出心、意、意識三名，實則不外用之以指上述心依其不覺而生之六相，而或說之爲意，或說之爲意識。此所謂意，乃由心起心。此意始于心之依上述之無明業而動。故此意卽名爲業識。其動而能見，卽名轉識。于所見境界能呈現，卽名現識。此乃依不覺而生之三相說。上文言，依三細相而有之第一粗相，爲分別愛與不愛。依此分別，卽更名此意，爲智識。第二相爲依于智，而有苦樂執取之相續，業報之相續。卽名此意爲相續識。至于專就此執取之相續之轉深，而計慮有我、我所，相分別對立，爲主客二世界，更有執取、計名字、起業等者，則稱爲意識。

此中之言心、意與意識之分，亦蓋取于楞伽經之有此三者之分。唯識宗之以此心爲賴耶識，意爲末那識，與意識，合爲三。然在大乘起信論，**則無末那之名。然法藏謂亦非無其義**(註五)。起信論初只說一心，依無明，而又不安于無明，而有動，遂生三細相；更有依三細相而起之六粗相。前皆已說，起信論卽依此三細六粗，以說意之種種名義，與意識之義。其所謂心，初不同于唯識宗之賴耶，只是一意識底層之不覺者。此心在第一義上爲心眞如、爲如來藏、爲本覺。此本覺依無明而有動，遂成念念相續之生滅心。此卽吾人之意及意識之「不覺之覺」。故在此大乘起信論系統中，爲最底層之心，乃是一覺心，而又能顯于吾人之意與意識之「不覺之覺」者。此中之「無明」，相當于唯識宗之「末那識之無明」者，乃在其爲「此最底層之心之覺或明」與「意識之念念相續中之不覺之覺，而無明之明」間之一「阻隔者」。然此阻隔，唯是使此底層之心之覺，顯爲念念相續之生滅心中之「不覺之覺」者；有如由風之吹壓于海面，遂使海水只顯爲波浪而生滅；又如日月之爲黑暗之物所蔽障，遂使日月之光只顯爲流光而生滅。故此最底層之心，乃是依此無明，而動成生滅心。而此生滅心之爲不覺，亦非全是不覺，而其中自有此一般所謂之覺；而此覺，亦卽此最底層之心之一斷斷續續之表現，以成其爲生滅心之形態者。由是而在大乘起信論，其心與意、意識，雖有類于唯識論之意識、末那識、賴耶識之三心，而三心又實只是一心。于是人之修道之工夫，亦只須在人意識中進行，以求展現其最底層之爲大光明藏之本覺或心眞如。此卽不同于唯識宗所說之在意識中進行之修行工夫，只所以

**註五**：法藏起信論別記十八頁，謂起信論雖無末那之名，但非無其義。蓋指起信論中之無明及意而言。

增強賴耶識中清淨善種，更減弱其中之染汚不善種，以更呈現賴耶識中之無漏種之事；而是以此修行工夫，爲直顯此本覺或心眞如之本體之事也。

## 五　無明熏習相應染、與染淨心法之熏習

大乘起信論之下文，言無明熏習所起之識之六種相應染，即言一切修行工夫之所對治。此中之六種染，即相應于意之有五名、五義、及意識，而起之六種染。其第一種執相應染，即相應于前說之「意識之自覺的分別我與我所，而有之種種分離主觀客觀世界之執障」，而有之染汚。第二不斷相應染，即相應于前說之「念念相續不斷，業報相續不斷」，而有之染汚。分別智相應染，即相應于前說之「分別善惡染淨之智識」，而有之染汚。現色不相應染，即依于前說之「有境界相呈現，而未能無此境界相」之染汚。五能見心不相應染，即依于前說之「有能見相，而未能無此能見相」之染汚。六根本業不相應染，即依于前說之「有依無明之一動，而未能無此依無明之一動」之染汚。此中之前三名相應者，以有分別執之意識與相續識及智識三者中，「心之知之相」與「所緣之相」相同，故名相應。所謂不相應者，「本覺之心之知、與其所知之一切法之眞如相」，與「由無明業相及由無明而有之能知能見相，及所知所見相」，彼此不同，而名不相應。此中與心相應之染爲粗，與心不相應之染

爲細。知有粗中之粗，爲凡夫境界；知有粗中之細，及細中之粗，爲菩薩境界。知有細中之細，爲佛境界。凡夫知粗中之粗染，而不能轉之，菩薩能轉此粗染至細染，盡去一切爲智礙之無明，以滅一切生滅心，而顯不生滅之心體之本覺，或心眞如。以此心體不滅，心智不滅，心得相續，如風滅而水之動相滅，而非是水滅。此修行之事，亦實卽唯是人之去除其無明，以有自覺其本覺之始覺，及究竟覺之事而已。

至于再下之數段文，則爲論眞如與無明之染淨二法之互相熏習者。此以眞如無明，可互相熏習，實迥不同于法相唯識宗之言染淨法爲異類，不能互相熏習者。此乃由于在大乘起信論，原以無明依心眞如而生起。在此依處言，則二者不二。故可言其相熏習。此相熏習，乃由其相依，以言其可相互爲因。故曰：「眞如淨法，實無于染，但以無明而熏習故，則有染相。無明染法，實無淨業，但以眞如而熏習故，則有淨用。」由此眞如無明之相熏，一方面是由無明之熏心眞如，使成妄心，以更熏習無明，現妄境界，而有妄心，與妄境界之熏習，卽無明自身之熏習。另一方面是眞如之熏習無明，「令妄心厭生死苦，樂求涅槃。以此妄心，有厭求因緣故，卽熏習眞如，自信己性；知心妄動，無前境界，修遠離法，以如實知無前境界故，種種方便，起隨順（眞如）行」。由此而有分別事識熏習，及意熏習，與眞如自身之熏習。此言眞如之自身之熏習，則有其自體之相熏習，與用熏習之二義。合此二義，不外言此眞如，「從無始世來，具無漏法，備有不思議業作境界之性。依此二義，恆常熏習。以有力故，能令衆生厭生死苦，樂求涅槃；自信已身，有眞如法，發心修行」。此則要在言人本此眞如爲佛性，而此眞如佛性，能自己熏其自體之存在，而亦能有力有用，以令衆生發心修行，而自具一能現行之義而已。

然大乘起信論之下文，又伸此眞如之自身之體用上之熏習，只是一正因熏習之力。此卽同于謂只是正因佛性。然除此亦待外緣之力。必此內因外緣皆具足，人乃能成佛。故謂「雖有正因熏習之力，若不遇諸佛菩薩善知識等，以之爲緣，能自斷煩惱入涅槃，則無是處。若雖有外緣之力，而內淨法未有熏習力者，亦不能究竟厭生死苦，樂求涅槃。若因緣具足者，所謂自有熏習之力，又爲諸佛菩薩等慈悲願護故；能起厭苦之心，信有涅槃，修習善根。以修習善根成熟故，則値諸佛菩薩，示教利喜，乃能進趣向涅槃道」。此亦如吾在篇首文所謂大乘起信論之旨，在旣言人有心眞如爲佛性，具自能呈現之義，而亦不廢諸佛菩薩之慈悲願護等爲外緣之說也。上文所說者，皆是眞如自體熏習，至于此下文言如何賴衆外緣，以有眞如之用熏習，則從略。

再下一段文，更言此無明染法，「無始以來，熏習不斷，乃至得佛後則有斷，淨法熏習，則無有斷，盡于未來。……以眞如法，常熏習故，妄心則滅，法身顯現。起用熏習，故無有斷。」由此而下文，更及眞如自體相，與眞如用之「從本以來，自性滿足一切功德，所謂自體有大智慧、大光明義故，徧照法界義故，眞實識知義故，自性淸淨心義故，常樂我淨義故，淸涼不變自在義故。具足如是過于恆沙、不離、不斷、不異、不思議佛法，乃至滿足無有所少義故，名爲如來藏，亦名如來法身。……雖實有此種種功德義，而無差別之相，等同一味，唯一眞如。……以無分別，離分別相，是故無二」。至于眞如用者，則所謂「諸佛如來，本在因地，發大慈悲，修諸波羅密，攝化衆生；立大誓願，盡欲度脫等衆生界，亦不限刼數，盡于未來，以取一切衆生如己身故，而亦不取衆生相。此以何義？謂如實知一切衆生及與己身眞如平等，無別異故，以有如是大方便智，除滅無明，見本法身，自然而有不思議業，種種之用，卽與眞如等徧一切處，又亦無有用相可得。」下文言此用卽顯爲佛之應身報身等，今從略。

## 六　對治邪執、及止觀方便、與發心

此上所述，乃解釋分中顯示正義之部。在此分中之第二部，爲對治邪執，第三部爲分別發趣道相。在對治邪執，謂一切邪執，皆依于我見。我見或爲人我見，或爲法我見。此與楞伽經唯識論之言人無我，法無我之旨，亦固通。然其下文所說之人我見，則唯限就聞佛經所說而不解時，所起之對如來法身、如來藏、眞如之見執，而破之。此中人對如來法身之一執見，是聞經說「如來法身……猶如虛空，而不知其爲破著故，卽謂虛空是如來性」，則對治之道，在「明虛空相……以對色故有，是可見相……以一切色法本來是心，實無外色，若無外色者，則無虛空之相。……唯一眞心，無所不徧。此謂如來廣大性智究竟之義，非如虛空相故」。第二執見是，聞經說「世間諸法畢竟體空，乃至涅槃眞如之法，亦畢竟空……不知爲破著故，卽謂眞如涅槃之性，唯是其空」，則對治之道，在明「眞如法身自體不空，具足無量性功德故」。第三執見是聞經說「如來之藏無有增減，體備一切功德之法，以不解故，卽謂如來之藏，有色心法，自相差別」，則對治之道，在知「以唯依眞如義說故；因生滅染義示現，說差別故」。此卽謂在眞如門上，不可說有差別，唯示現在生滅門之染法，可說有差別。第四執見是人聞經說「世間生死染法，皆依如來藏而有，一切諸法不離眞如，以不解故，謂如來藏自體，具有一切世間生死等法」，則對治之道在知：「如來藏從本以來，唯有過恆沙諸淨功德，不離、不斷、不異眞如義故；以過恆沙等煩惱染法，唯是妄有，性自本無，從無始世來，未曾與如來藏相應故。若如來藏體有妄法，而使證會永息妄者，卽無有是處故。」第五執見，是聞經說「依如來藏故有生死，依如來藏故得涅槃，以不解故，謂衆生有始。以見始故，復謂如來所得涅槃，有其終盡，還作衆生」，則對治之道在知：「以如來藏，無前際故，無明之相，亦無有始。若說三界外更有衆生始起者，卽是外道經說。又如來藏無有後際，諸佛所得涅槃，與之相應，則無後際故。」

至下文所破之法我見，亦只限就人之怖畏生死妄取涅槃之執見，而對治之。此對治之道，在知：「五陰法自性不生，則無有滅，本來涅槃。」此義無特殊處。再下文更言究竟離妄執之道，曰：「當知染法、淨法、皆悉相待，無有自相可說。是故一切法，從本已來，非色非心，非智非識，非有非無，畢竟不可說相；而有言說者，當知如來善巧方便，假以言說，引導衆生。其旨趣者，皆爲離念，歸于眞如，以念一切法，令心生滅，不入實智故。」至于在此書解釋分之第三項言分別發趣道相，則謂一切諸佛所證之道，一切菩薩發心修行趣向。此中略說信成就發心，解行發心，與證發心。此中之前二，合爲大乘莊嚴論之四發心中信行發心。此中之證發心，則可包括莊嚴論後三之淨依發心、報得發心、無障礙發心。此重發心，亦與智顗著摩訶止觀，重發大心之旨同。其中信成就發心又有三：一爲正念眞如法之直心，二爲樂集一切善行之深心，三爲欲拔一切衆生苦之大悲心。于正念眞如中，更言四方便，一者行根本方便，即「觀一切法自性無生，離于妄見，不住生死；觀一切法因緣和合，業果不失，起于大悲。修諸福德，攝化衆生，不住涅槃，以隨順法性無住故」。此即攝般若三論之言自性無生，與法相唯識宗之言因緣義者也。二者能止方便，謂「慚愧悔過，能止一切惡法，不令增長，以隨順法性離諸過故」。此亦同智顗之重慚愧、懺悔之義。三者發起善根增長方便。謂「勤供養禮拜三寶，讚嘆隨喜，勸請諸佛，以愛敬三寶，淳厚心故，信得增長，乃能志求無上之道。又因佛法僧力所護故，能消業障，善根不退，以隨順法性，離癡障故」。此即攝淨土宗之拜佛義。四者大願平等方便。此謂「發願盡于未來，化度一切衆生，使無有餘，皆令究竟無餘涅槃，以隨順法性，無斷絕故。法性廣大，徧一切衆生，平等無二，不念彼此，究竟寂滅故」，此第四方便。總此四者，「菩薩發是心故，得少分見于法身。以見法身故，隨其願力，能現八種利益衆生」，此則皆大乘佛學所共同之義也。

至于其言解行發心，則更在于眞如法深解，而有六波羅密之行。其言證發心，則言菩薩究竟地證眞如而發心。「謂以一念相應慧，無明頓盡，名一切種智自然而有不思議業，能現十方，利益衆生……諸佛如來，離于見想，無所不徧。心眞實故，卽是諸法之性，自體顯照一切妄法，有大智用，無量方便，隨諸衆生，所應得解，皆能開示種種法義，是故得名一切種智。……諸佛如來法身平等，徧一切處，無有作意故，而說自然，但依衆生心現。衆生心者，猶如于鏡，鏡若有垢，色像不現；如是衆生，心若有垢，法身不現故。」此卽謂在證法身之佛心，遍照一切衆生心，而有一切種智。此與大智度論及智顗之以此一切種智爲佛智之旨同。其言佛之如來平等法身，無所不在，乃般若、法華、涅槃諸經及中國般若與天臺學者共有之義，固非此大乘起信論之所獨者也。

再後在大乘起信論修行信心分中，則以立信心，信法佛僧三寶爲本，更言五門之修行。此中前四門：卽施門、戒門、忍門、進門。此合于印度之六波羅密中之布施、持戒、忍辱、持戒四波羅密。第五門爲止觀門，則合禪定與般若般羅密爲一。此言止觀門，卽通于智顗等重止觀之義。其後文言觀之道，雖不若摩訶止觀之詳密，但其言止觀特重正念。正念者，當知「唯心，無外境界」，更知「卽復此心，亦無自相，念念不可得」。此重唯心觀以成正念，則有類法相唯識宗窺基言唯識觀之旨，亦與大乘起信論之自始依一切唯心義爲本之旨趣，正相合者。又其言修止觀，「除坐時專念于止」外，「若餘一切悉當觀察：應作不應作」，當觀衆生之可愍，以勇猛立大誓願。以修止「對治凡夫住著世間」之過，以修觀「對治二乘不起大悲」之過。在言止觀之後，更言衆生初學是法，欲求正信，其心怯弱，則可專念西方極樂世界阿彌陀佛。此則同淨土之敎。然此則爲對心怯弱而不能起信者之退一步之方便，不可謂爲大乘起信論之根本義也。至于其言修習止觀歷程中之其他種種，則原文具在。眞修行者，皆當細讀，方有實受用處。今不贅述，非視之爲不重要，亦以于此不須更語上起語之故耳。

# 第十一章　華嚴宗之判教之道及其法界觀（上）

## 一　導言

義淨自印度歸著南海寄歸傳，謂印度所言大乘，無過二種。一則中觀，一則瑜伽。中觀卽般若宗，瑜伽則法相唯識宗。而天臺與華嚴二宗，皆同純屬中國人所創造。華嚴宗之初祖，傳爲杜順，二祖傳爲智儼。然日人多疑此傳承之說，或謂初祖是智儼，或謂初祖是智正。傳爲杜順所著法界觀，初在法藏勸發菩提心章中，亦復可疑（註）。實際開此宗者，乃三祖法藏。繼有澄觀及宗密。皆能博學精思。宗密更會通禪教。法藏嘗封賢首國師，故此宗亦稱賢首宗。此宗特重華嚴一經，故稱華嚴宗。此華嚴經之義，與天臺智顗所重之維摩詰經、法華經、涅槃經其本身之內容與所言之義，原不同。李通玄華嚴經合論卷一卷二，嘗論華嚴經與此維摩詰等六經，各有十別，讀者可加參考。今不擬述。此華嚴經之傳入中國，蓋始于與鳩摩羅什同時之覺賢，已譯六十華嚴，世親之十地經論亦釋華嚴十地品者。由地論之釋出，而有中國之地論宗。後以相州南道之弘地論者，爲南地，相州北道之弘地論者，

註：現代佛學第四卷九月號呂澂論華嚴宗文。

稱爲北地。北地繼與攝論宗之思想合流。南地與南方之般若學之言法性之思想相接觸。南地自勒那摩提慧光爲其開祖。歷曇遵、曇遷、智正至智儼。智儼又承杜順弘華嚴，而後人推杜順爲華嚴宗初祖。然自華嚴宗傳承言，則當更上溯至慧光。若再接印度佛學以觀，則華嚴經爲法相唯識宗所自出之六經十一論之一經。故對其中十地品，世親嘗爲十地經論。如前所已及。成唯識論言品地與勝行，亦取此華嚴十地之說。攝大乘論與十地經論，在印度並屬一系之思想。至法藏所重之大乘起信論，則無論謂其爲印度或中國之撰述，其重言心、意、意識，亦與攝論、唯識論等，同屬一系之思想。此乃初由彌勒、無著、世親所開，而盛于印度西北者。故自始不同于般若經及四論之思想，乃由龍樹、提婆所開，盛于印度之南方者。法藏卽上承杜順言五敎止觀、智儼所敷之十玄、六相、與同別二敎之義，又取起信論之義，以通華嚴。法藏之時，更有華嚴之新譯，爲法藏所取資，以弘華嚴宗義。後澄觀所見之華嚴經之譯文，又更多。其華嚴疏抄卷七十九，更攝天臺湛然所重之佛性有惡之義，而言如來不斷性惡，蓋由其嘗就湛然學摩訶止觀之故。唯澄觀于此染惡之上，更有染淨雙泯、至淨無染之二義以超之耳。宗密更疏圓覺經，作禪源諸詮集都序，原人論。而澄觀、宗密，皆研儒道之學；故其書對周易老莊，以及魏晉玄言，皆時加引用評涉，如澄觀疏鈔卷一，以易之天道、喩智正覺、人道喩有情、地道喩器世間。宗密圓覺經疏抄序以「元亨利貞，乾之德也」與「常樂我淨，佛之德也」對言。此則較吉藏、智顗之藐視中土玄言者，胸度爲廣闊。然大體言之，則皆不出法藏所定之義理規模耳。

印度佛學之傳入中國，初盛大乘般若之學，次有成實論師爲小乘佛學近大乘般若者。及吉藏以般若通涅槃、法華，至智顗而歸宗法華圓教，以攝論、地論人所論者，爲別教義。此是沿印度般若之學之路，而進至融攝印度二大流之佛學所成之圓教。故智顗于法華文句卷一有「敷八教網，亘法界海，漉人天魚，置涅槃岸」之語，氣象弘潤。此是中國佛學之一大成。前文嘗謂之爲一大創造。至于由十地經論、攝大乘論之譯出，中國之地論宗、攝論宗之成立，至大乘起信論之出現，再至華嚴宗之成立，則爲沿印度瑜伽法相唯識之學之道路，而進以融攝般若之學所成之又一圓教。故法藏于華嚴一乘教義分齊章，稍易智顗之語，而言華嚴圓教，亦有「張大教網，下生死海，漉人天魚，置涅槃岸」之語。其游心法界記，亦有此四語，更易第三句爲「漉人天龍」，其語尤美。此正以華嚴之教爲中國佛學之又一大成、或一大創造之故也。

天臺宗之爲一中華佛學之大成，一表現于其判教，一表現于其言止觀。華嚴宗之爲中國佛學之大成，亦一表現于其判教，一表現于其言法界觀。天臺智顗之判教，乃慧觀以降之判教論之一綜合。華嚴宗法藏以至宗密之判教，則可謂依天臺之判教，而重加增補修造以形成。華嚴之五時判教同天臺，亦皆上承慧觀之五時判教之說。慧觀五時判教，以涅槃經爲極至，智顗以法華、涅槃同出一時，而以法華之圓教爲宗，乃是自此經爲佛最後所說，而以之爲極致。華嚴經則傳爲佛初成道後第二七日，在菩提樹下海印定中，昇三天說其所證法界，亦卽佛後所說之一切教義所自出之原始教義。天臺宗判教所謂乳教，爲後之酪、生酥、熟酥、醍醐等四教之所自出。卽佛後說之藏通別教及圓教之法華、涅槃共所自出之原始教義是也。此乃天臺宗之智顗之所言。而說此華嚴經爲圓教，則光統早有其說。護身法師判五教，以華嚴爲法界宗，而耆闍法師判六教，以華嚴爲圓宗（一乘教義章古今立教章）。吉藏亦以華嚴經爲依本起末之法輪。然智顗又以華嚴只爲佛對別教菩薩說圓頓教，故圓而帶別，尚未能遍應羣機；必至更說藏通別三教後，再說法華，乃能普被三乘，而開權顯實。故以法華爲圓教之極致，亦所以開示佛初說華嚴之本懷者。然智顗于華嚴一經，未有撰述。唯取其中「心、佛、衆生，三無差別」之言，以說佛、衆生、心之三法種種之妙。于華嚴一經，所可能啓示之義理，智顗亦未能深會。華嚴宗人，則依此華嚴經既爲佛後來所說之一切教義之原始，而爲乳教，更由華嚴一經所啓示之義理，以建立華嚴之圓頓教。天臺宗人，既以佛在第五時所說之法華、涅槃爲究竟。然華嚴宗人于佛之五時說法，更喻之如日之照世界。其在華嚴時之說法，如日初出之照高山，爲日出先照時。此時乃爲圓頓大根衆生，轉無上根本法輪，名爲直顯教。並以佛阿含時、方等時、般若時所說者，喻如日昇轉照時，乃爲上中下三類衆生轉「依本起末法輪」，而成種種方便教。再以佛法華、涅槃時所說之會三乘歸一乘以攝末歸本之教，乃日沒還照時所轉之「攝末歸本法輪」，以令彼偏教之五乘人等，轉偏成圓。然此日沒之還照，亦卽還與日初之先照在高山，自相照映，終始相生，如一圓周。故既有天臺宗人之弘此佛第五時所說之法華，亦理當更有華嚴宗人之弘此佛在第一時，所說之華嚴；然後可見佛之說法之

**終始皆圓之勝義所存也**。（此圓依教義說，不依聞法者說。若依聞法者說，則聞說華嚴者，可只限于大乘菩薩；亦如佛說法華時，小乘人皆退席也）。

## 二　法藏判五教十宗之大旨

至于尅就此華嚴宗之以華嚴爲圓頓敎之判敎之理論內容而說，則法藏之五敎之說，據云原自杜順之五敎章。智儼孔目章已有小乘敎之三乘初敎、三乘終敎（熟敎），與一乘圓敎之分，又有頓敎之名。法藏則正式形成五敎十宗之說。此說之遠原，則上承慧光之以頓漸判敎，及智顗之五時八敎之說。如頓、漸、秘密、不定，智顗所謂化儀四敎也；藏、通、別、圓，智顗所謂化法四敎也。法藏之五敎爲小、始、終、頓、圓。其中之小敎卽小乘敎，與智顗之藏敎相當。大乘始終敎與智顗之通別敎，大體相當。二家又同判法華、華嚴爲圓敎。然法藏之五敎中，則頓敎亦爲化法之一，澄觀更有其十儀之說，以言化儀。澄觀十儀之說，今不擬及（註一）。今觀法藏之五敎之說，其以小始終頓圓標五敎之名，蓋于佛所說之敎義，乃由小而大，大之由始而終，與敎之由漸而頓，由偏而圓之義，實最能豁

註一：十儀卽本末差別門、依本起末門、攝末歸本門、本末無礙門，（此上四門之名，法藏探玄記卷一已有之）隨機不定門、顯密同時門、一時頓演門、寂寞無言門、該通三世門、重重無盡門。可參考澄觀疏鈔卷四，九十五至九十八頁。（華嚴印經會本）。或續法之賢首五敎儀卷一。

顯。此與藏通別圓之名之義尙曖昧，待解說而明者，固有其優勝之處也。

在此法藏之五教之說中，所謂大乘始敎，在其華嚴一乘敎義章，乃以般若三論之說爲代表。據其十二門論宗致義記卷一、起信論義記、及華嚴探玄記等書，則于法相唯識宗，亦視爲屬大乘始敎。此與其起信論義記卷一，及大乘法界無差別論疏之判四宗，又略不同。後宗密原人論判敎，乃以唯識法相之說，爲相始敎，以般若三論之說爲空始敎。宗密于普賢行願品疏抄（卷一九十五頁）又判敎爲小乘敎、大乘權敎、大乘實敎、頓敎及法界性海圓融緣起無礙之敎。然要之，皆以印度之大乘般若唯識法相及大乘起信論之上，尙須歷一頓敎，方抵于一最高之圓敎。此皆不同于智顗之更重視般若之敎，而以之爲兼通別圓三敎者；亦不同于智顗之以攝論、地論之說爲別敎，其地位卽接近于圓敎者。華嚴宗人以大乘起信論爲終敎，乃由視起信論之言心眞如之兼空不空，有進于唯識法相般若之敎義。其位頓敎于大乘終敎之後，以通圓敎，則由其特有取于頓敎之絕言會旨之故。此卽更開後之華嚴宗與禪宗相接之機。至依法藏之一乘敎義章十宗之說，則在其所謂小敎中更分六宗。足見在法藏之時代，對印度之部派佛學，已有更多之了解與重視，而非智顗之時代所有者也。

玆按法藏于華嚴一乘敎義章卷一及華嚴探玄記卷一，言其五敎十宗之說嘗曰：「就法分敎，敎類有五。後以理開宗，宗乃有十。」此中敎與宗之不同，在敎乃自敎人如何修行，以有其斷證階位等殊上說，立宗則只自其所尙之根本義理說。又論五敎曰：「一小乘敎、二大乘始敎、三終敎、四頓敎、五圓敎。初一卽愚法二乘，後一卽別敎一乘。……中間三者，有其三義。一、或總爲一，謂一三乘敎，一也。二、或分爲二，所謂漸頓。以始終二敎所有解行，並在言說，階位次第，因果相承，從微至著，通名爲漸……頓者言說頓絕，理性頓顯，解行頓成。一念不生，卽是佛等。故楞伽云：頓者如鏡中像，頓現非漸，此之謂也。以一切法，本來自證，不待言說，不待觀智，如淨名以默顯不二等。三、或開爲三，謂于漸中，開出始終二敎。……。以空門爲始，以不空門爲終。……又起信論中約頓敎門，顯絕言眞如；約漸敎門，說依言眞如。就依言中，約始終二敎，說空不空，二眞如也。」此節文言其判五敎之旨甚明，但此書以空門爲始敎之說，乃只以般若宗爲始敎，未如十二門論宗致義記等書中，兼以唯識法相宗亦爲始敎，如上所及者，更爲兼備。此外法藏于游心法界記謂小屬法是我非門，始屬緣生無性門，終屬事理混融門，頓屬言盡理顯門，圓則法界無礙門。金師子章以聲聞敎（卽小敎）言一切事法從緣有；始敎言緣生法無生，性唯空；終敎緣生假有，二相雙存；頓敎卽此二相，互奪兩亡；圓敎是情盡理露，繁興大用。皆是以般若敎爲始敎也。

至于以理開宗，則法藏分爲：一、我法俱有宗，小乘中犢子部等……；二、法有我無宗；三、法無去來宗；四、現通假實宗；五、俗妄眞實宗；六、諸法但名宗；七、一切皆空宗，謂大乘始敎，說一切諸法，悉皆眞空……如般若等（此言始敎亦只及般若未及法相唯識）；八、眞德不空宗，說一切法唯是眞如，如來藏實德故，有自體故，具性德故（如維摩、勝鬘、密嚴、楞伽等）；九、相想俱絕宗，如頓教中絕言之教，顯絕言之理等，如淨名默顯等；十、圓明具德宗，如別教一乘，主伴具足，無盡自在，所顯法門也。

此五教之別，自其所依心識上說，一乘教義章更言：小乘只依六識；始教中之唯識，則依阿賴耶識(註二)；終教以賴耶識名如來藏；頓教則一切法唯一眞心；華嚴圓教卽性海圓明，法界緣起，無礙自在，一卽一切，一切卽一，主伴圓融，故說十心，以顯無盡。又唯一法界性起心，亦具十德。此等據別教言。若約同教，卽攝前諸教所說心識。甚深緣起一心，具五義門。一、攝義從名門，如小乘教說。二、攝理從事門，如始教說。三、理事無礙門，如終教說。四、事盡顯理門。如頓教說。五性海具德門，如圓教說。教義章其他辨五教差別之文，今併從略。

據此上引法藏一乘教義章所言五教十宗之說，吾人當注意其所謂十宗中前六，皆小乘教。此小乘教之排列次序，乃以我法俱有者爲第一；空此中之我，而言法有我無者爲第二；于諸法中謂唯現在之法有，過去未來之法無者爲第三；于現在之法中，更分假實，謂現在之法，亦不盡實者爲第四；于一般之實法中，更以世俗之實法爲妄，只出世法爲眞爲實者，爲第五。此排列之次序，乃逐步縮減一般所謂眞實有之範圍，以向于空。而以第六之諸法但名宗，過渡至大乘始教之一切皆空宗；更由此一切皆空宗，過渡至眞德不空宗，以言眞正之實有。其後之相想俱絕宗，雖絕相想，但亦有實理。圓明具

註二：此明言唯識屬始教，可見在法藏之始教，亦原應有唯識也。

德宗則言一切全體具足之實有。故此十宗之排列，卽表示一次第縮減一般所謂實有之範圍，而趣向于空；更由空而趣向于眞德之不空，而有之一辯證的思想歷程者也。于此中之大乘始敎，若于般若宗之說空外，再加法相唯識宗，爲始敎之重說有者，而以終敎之大乘起信論及楞伽之言如來藏者，爲眞實空亦眞實不空之一綜合之敎；則可說此大乘敎中，有一正反合之辯證歷程。然此皆屬有言敎之漸敎，而後之頓敎，則以絕言敎爲敎，又與其前之以言敎爲漸敎者相對反。而最後之圓敎，則又當爲緣此對反再升進所成之合。今卽擬本此意，以觀此法藏圓敎義之如何形成，而先述其若干對般若三論宗義與法相唯識宗義重加之解釋，以歸于大乘起信論之旨；再透過其言頓敎義，以歸于其言法界緣起之四法界、十玄、六相，以使人修法界觀之論。此則略不同一般之言法藏或華嚴宗義，恆直下說其四法界、十玄、六相之說者。此直下說其四法界、十玄、六相之論者，恆先不注意其思想，乃由對若干般若、唯識等之義，重加解釋而形成，故亦不重其歸在成就一法界觀，以爲修行之資。則十玄、六相等論，純成一套無學術淵源之玄談。故非今所取也。

## 三　法藏所傳唯識、般若二宗之判教論，及其論「破」「立」，與論護法、清辨立義之相違中之相順

關于法藏對般若三論宗及唯識法相宗之義，如何重加解釋，吾人當先注意其對般若三論宗所重之十二門論，有宗致義記一書之導論十節。其中第三定教分齊中，先述其所聞于自中印度來唐之日照法師，有關印度戒賢、智光之判教之論。其論曰：「戒賢則遠承彌勒、無着，近踵護法、難陀，依深密等經瑜伽等論……謂佛初鹿苑，轉于四諦小乘法輪，雖說人空，翻諸外道，然于緣生，定說實有。第二時中，雖依徧計所執，而說諸法自性皆空，翻彼小乘，然于依他、圓成，猶未說有。第三時中，就大乘正理，具說三性、三無性等，方爲盡理。是故于因緣生法，初時唯說有，則墮有邊；次說于空，則墮空邊。旣各墮邊，俱非了義。後時再說所執性空，餘二爲有，契會中道，方是了義。是故依此所說，判般若等經爲說多空宗，是第二教攝，非爲了義。此依解深密經判也。」

然下又曰「智光論師，遠承文殊、龍樹，近稟青目、清辨，依般若等經，中觀等論……謂佛初鹿苑，爲諸小根，轉于四諦小乘法輪，說心境俱有。次于第二時爲中根，說法相大乘，境空心有，則唯識義等；以根猶劣，故未能全入平等眞空，故作是說。于第三時，方爲上根，說此無相大乘，顯心境俱空，平等一味，爲眞了義……則依此說，判法相大乘有所得等，爲第二教，非了義也。」（註三）

註三：此外法藏于大乘起信論義記卷一，華嚴經探玄記卷一，皆兼述此戒賢、智光之三時判教之說。但一乘教義章則只述及玄奘之三時判教說，而未言其本諸戒賢。蓋法藏其時尚未聞日照之所傳，亦尚未有十二門論宗致義記、探玄記之書之著耶。

按此印度佛學中之護法與清辨，各自謂所宗是了義，而相破斥，戒賢、智光亦各立門戶，更無能綜合融通其說者。護法清辨之爭，則前有吉藏知之，後法藏亦知之，皆謂其可融通。法藏融通戒賢、智光二家判教之道，是先謂戒賢之判教，乃依「攝機之廣狹判，初時唯攝小乘聲聞，第二時唯攝大乘菩薩，第三時具攝小乘大乘，故爲了義」。更謂智光之判教，則以顯理增微判。則「初說心境俱有，不達性空；次……顯一分性空；後心境俱空」，故顯理最微，是名了義。故法藏謂「戒賢乃約教判，以教具爲了義；智光約理判，以理玄爲了義。是故二說所据各異，分齊顯然，優劣淺深，于斯可見」。此後之二語，卽謂依理而說，般若三論之義高于唯識法相。故後之宗密以前者爲空始教，高于後者之相始教也。

又法藏十二門論宗致義記導論第六節，論所詮宗趣，初汎明立破儀軌，討論破與立之種種方式，此尤爲重要。其文先說「佛法大綱，……一爲上品純機，直示教義，不立不破。二爲中下雜機，方便顯示，有立有破」。下文分別明破、明立、明立破無礙。在明破中，言破有五種：一、譏徵破，卽略對對方譏諷，使其自悟原所已知，此爲最高之破斥方式。二、隨宜破，此卽依對方思宜所在，破其計，而顯其思宜。三、爲隨執破，隨對方所執而斥之，令其執心無計，順入眞空。四、標量破，卽依因明比量道理，如依今所謂邏輯，以成破論，更不存此比量法，卽不存此邏輯形式。五、定量破，卽依因明或邏輯形式，以成其破論。如陳那所造因明、清辨所造般若燈論、掌珍論。然此第五種破之方式，乃對最下劣之根而說。即對最愚者，方用此破法。故此破之方式列在最後。下文更明立，亦有五種立之方式：一、應機立，即隨對方之已有其願立之機者，而對之立言。二、斥破立，即爲上述第三以斥破彼執，使心無寄處，而顯眞空。即是立。此即無立立也。三、隨時立，即依對方之智，在其時所能悟而少立、分立或多立、全立。四、翻邪立，即以勝辯隨時顯說，答問難，以令義堅固之立。此中之勝辯，只須自依邏輯形式，而不必自覺說出者。五、定量立，即自覺依因明邏輯形式，以立義。此亦對下劣之根之立義方式也。此中之五種破立之言，皆不容人之自執其破立，方爲究竟。其故在破乃破情執，情執之所以須破，則「以情執非理，當體即空，致使無破之破，破即無破。若執有破，還同所破。今旣非所破，是故以無破爲破，則能所俱絕，心無所寄，爲究竟破。取意思之，勿着于言。」又立乃立正法，然「法旣超情，何容得立，約情假立，立即無立……爲究竟立……但可舍情入法……取意思之。」至于再下文所謂立破無礙者，「遣情（破）無不契理（立），故破無不立；立法無不銷情，故立無不破。是以破即立，故無破；立即破，故無立……立破一而恆二，二而常一。有不礙空，空不礙有」。即立破無礙意也。其次之文，是討論清辨之宗般若之于一切皆破，設使唯識法相所立之依他之有亦破之說，與護法之宗法相唯識所言之依他之有，定不可破，而破此清辨一切皆破之說，所生之諍論。依法藏之意，則謂此破與不破，理亦自通。如依空宗破執，「欲令蕩盡，必至幻有不有之際。要破幻有，令其永盡，方至所執不有之際。」此即謂依他之幻有亦可破。然此破依他，實即破徧計。故此破卽立，亦卽所以顯依他幻有。故後文言「清辨破有令盡，至畢竟空，方乃得彼緣起幻有。若不至此畢竟性空，則不成彼緣起幻有。是故爲成有，故破有也。」下文再謂「又彼聞說緣生性空，謂爲斷無，故護法等破空存有。幻有存故，方乃得彼不異有之空。以若不全體至此幻有，則不是彼眞性之空。是故爲成空，故破于空也。」下文綜結之曰：「若無如此後代論師，以二理交徹，全體相奪，無由得顯緣起甚深，是故相破，反是相成。由緣起法幻有眞空二義，故一、極相順，謂冥合一相，舉體全攝；二、極相違，謂各互相害，全奪永盡。若不相奪永盡，無以舉體全收，是故極違卽極順也。龍樹、無着就極順門，故無相破。清辨、護法據極違門，故須相破。違順無礙故，方是緣起。是故前後不相違也。」此乃以依于相破極相違，卽是互立而極相順，以融通印度空有二宗之事。印度佛學乃以此二宗之爭，而歸于衰落者。然由法藏之于其相破相違中，卽見其互立相順，而皆攝入其圓教義中，則遂皆成爲成就此圓教義者，以成就佛學之發展于中國者也。

## 四　法藏對唯識宗之三性義，及般若宗之二諦義之融通

此于印度佛學中極相違之清辨、護法之各自立量以相破中，見其未嘗不相順，前已有吉藏言之。此法藏之辨護法、清辨之言雖極相違亦極相順，則除于一乘教義章總述其大旨外，詳論則在此十二門論宗

致義記導論第六節中之第三「總申宗意」。于此法藏謂般若之論，乃以二諦中道爲宗趣。此二諦中道，亦是吉藏所先嘗言及者。然法藏所論亦有進于吉藏者。其文言二諦中道有三門：一示義理、二約成觀、三顯德用。于示義理中，要在依法相唯識宗之偏計、依他、圓成之三性，以明此般若宗之二諦中道義。此卽意在融通此般若與法相唯識二大宗，乃中國佛學思想中昔所未有，而爲法藏之一思想上之創造。法藏華嚴一乘教義章所言之融合此二大宗之義，亦只爲略說此書所言者。依本書，此法藏之本三性以言二諦中道，又分爲三：一就依他起性說，二就偏計、圓成二性說，三是總三性說。此中就依他起說二諦中道，則首謂：「諸法起無不從緣，從緣有故，必無自性。……緣有性無，更無二法。但約緣有萬差，名爲俗諦；約無性一味，名爲眞諦。是故于一緣起，二理不雜，名爲二諦。緣起無二，雙離兩邊，名爲中道。」(註四) 于依他起中說俗諦，乃直就差別萬法之緣起說，非就世俗情見所執之實法實我性說，故不同于吉藏及他人所言之俗諦，多指此情見所執者。此乃卽因緣起之一切法爲俗諦，而此一切法中之無情見所執之實我實法之性，爲眞諦。此一切法皆無實性，同此無性，而其無性爲平等、爲一味，此卽眞諦。此中緣起是一理，無性是一理，二理不雜，則說爲二。然此二理所說者，只是一緣起事，而無二事。在此緣起事上，此二理不二，而離兩邊，卽是中道。此緣起事之全體，應卽法藏于他處所言之事法界。一切事法之此「二理之無二」之中道，卽理法界。此二理之無二中道，與此事之不相

註四：法藏密嚴經疏卷九謂諸法依偏計，名依他。此與今所引法藏言依他，乃指衆緣者不合。故不取。

礙，即事理無礙法界。事事皆有此二理之無二中道，而互不相礙，即事事無礙法界（但法藏有此義，而無其名，後文當說）。在十二門論宗致記中，對此緣起無二之中道，法藏更就㈠開合㈡一異㈢有無三者，分別解釋。其文頗繁瑣。但亦見昔人之辨析之密，玆加以總述如下。

㈠此中之開合者，于一緣起開爲緣起幻有義與無性眞空義。緣起幻有，即具「無所有，舉體全空」之「非有」義，與「不待壞彼差別相」之「非不有」義。無性眞空義中，又具「空無空相」之「非空」義，與「餘一切相，無不盡」之「非不空」義。此中，吾人當注意者，是法藏于俗諦之幻有，不直說爲有，而只說非不有，更說其非空。即此幻有直下便是非有，亦非不有，而超有與不有之二邊之外者。于眞諦之眞空，法藏亦不直說爲空，而只說其非不空，更說其非空。則此眞空，直下便是非空、非不空，而超空與不空之二邊之外者。由此幻有可開爲非空、非不有二義，眞空亦開爲非空非不空二義，故于合之而說時，則有五重之義。一是由緣起幻有之俗，是「非有、非不有」之無二，以成其爲幻有，此即俗諦中道。二是由無性眞空之眞，是「非空非不空」之無二，以成其眞空。此即眞諦中道。三此幻中非有，即眞中非不空，而此二者無二。幻中非不有，即眞中非空，此二者亦無二。此二「無二」，亦無二，是故二諦俱融，不墮一邊，名爲中道，此是二諦中道。此上之三中道，與吉藏所言之三中道，名義皆無別。然法藏下文更言：四、幻中非有與眞中非空，融無二故，名爲中道。此是非有非空中道。此相當于吉藏第四重二諦之第四重，亦相當于智顗所言「圓中」或「不但中」之卽眞空卽假有，依此中而假有非有、眞空非空者。但法藏再有：第五層之「幻中非不有，眞中非不空，而非非有、非非無」之中道，爲絕中之中，以使二諦鎔融，妙絕中邊。此最後一層之義，乃依于其所謂幻有，原有二義，而具非不有義，其所謂眞空亦原有二義，而具非不空義之故。若幻有眞空，只各是一義，而不各具有二義，則無此第五重之義也。有此第五重之義，以言有「絕中」之中，在文義上，卽對天臺之只言圓中、不但中，吉藏之只言對偏中、盡偏中、絕待中，而不言此絕中者，更翻進一層。但此亦非隨意之播弄文字，以成翻說。此翻說至第五層之目標，在重顯幻有之非不有，眞空之非不空，以見此幻有眞空，原各具有二義，而非只具一義。而其前文之于此幻有眞空，在始點上卽先說其各具二義二理，而合顯「緣起幻有之無性一味」，亦正爲其所以必翻出此第五層之義之根據。此卽無異謂人當直下先在緣起之無性中，見中道，而不當如吉藏之先分眞俗二諦，然後階升而上，至三中道；亦不當如智顗之先分空假，至但中，再至不但中或圓中，將此中置于最後。今當先直下認取眞空、幻有，原各有二義，其二義之不二中，已有中道在。如要翻成層次，則須到第五層。此第五層，實卽重回到「此先所直下認取之眞空幻有之各有二義，其二義之不二」之中道者也。

㈡上是法藏就開合言依他之緣起無性之義，其次爲就一異，以言依他之緣起無性之義。此中法藏一方言緣起與無性之不異，一方言其不一，更言此「不異」與「不一」自身之不異亦不一。所謂不異者：「謂緣有者，顯不自有；不自有者，**則是無性。又無自性者，顯非自有；非自有者**，則是緣有。……

……若待滅緣生，方爲空者，則情中惡取空也。又不得許緣有故，違害眞空。以若不空，非是緣有；自若有者，非緣生故。……異空之因果，非幻法故，失于俗諦。異因果之空，非眞空故，失于眞諦。是故二諦得存，由于不異；不異，則是中道平等，是則由中道而有二諦，則是中道二諦也。」至所謂緣起與性空、或無性不一者，則以「此緣起法，由性空故，令彼幻有，亦不得有。……依彼幻有非有之門，及依眞空非不空門，說彼眞空，永害幻有，是故遂令俗相永盡，而爲眞諦。又此緣起法，由幻有相故，令彼眞空，亦成不空，唯是緣起幻有差別……如是並依眞空非空門，及依幻有非不有門，說彼緣有，永非是空。永非空故，方爲俗諦。如是二諦，極相形奪，方成本性。」

此上乃謂緣起與性空，一方不異以相順，而空有二諦得並存；一方又不一以相違，而空奪有、有亦奪空，而相壞。此相順與相違，則又似只互相違，而不得相順，則人可有疑難。下文爲答此難，更有二門四句，明眞俗空有之與奪存壞。自唯眞空說，有四義：「一、由此空故，不壞緣有。以性若有者，非從緣有故。」此是以空存有。「二、由是空故，壞盡緣有。以空必害緣有故；有若不盡，非眞空故。」此是以空壞有。「三、由空故，亦壞眞空。以此性空，既由緣有，緣有存故，則無眞空。」此謂空自壞空。「四、由空故，不壞眞空。以壞于緣有，盡彼空相，方是眞空故。」此是空自存。此上是自眞空說其不壞緣有、壞緣有、自壞、自存，四句皆可說。自幻有說，亦有四義：一、「由緣有故，不害性空。以從緣之有，必是性空，定無性故。」此是有存空。二、「由緣有故，必乖性空。以緣有不無故。」此是有壞空。三、「由緣有故，則壞緣有。以從緣之有，必是性空，性空現故，必害緣有」。此是有自壞有。四、「由緣有故，不壞緣有。以從緣之有，必害空盡，有方為緣有也」。此是有自存。此上是自緣有說其不壞空、壞空、自壞、自存，四句皆可說。

故下文更總上八句，而說：「此緣有性空，或相奪全盡，或相與全存，或自壞自存，無有障礙。」

此上言緣起與性空，非一又非異。下文更言「非一與非異，復無有異」。因緣起無二故，謂壞有之空，即是盡空之有。如是空有，無障礙故，極相違反，還極相順。是故相奪相與，復無有二。緣起鎔融，義理無礙故也。由非一即非異故，即二諦為中道。由非異既非一故，即中道為二諦。最後言：「此非一非異亦不一」。此乃自「即非一之非異」與「即非異之非一」，二者之義，仍不相雜，故非一。如不異于「中」之「二」，與不異于「二」之「中」，其義亦不相雜。非「中」非「二」，具足「中」「二」，是謂中邊無障無礙」。

㈢法藏就依他起性明二諦中道，眞空俗有，除由二諦開合之五層論，與就此二者之不一不異等四句論以外，更就二諦之有無論。其中更分甲乙二者。甲、自表說，先總說，後分別說。一、總說謂于一緣起融成，四句各不墮邊。第一句謂不礙空之有，不墮有邊；第二句不礙有之空，不墮空邊；第三句不相異之空有，于空有俱辦，不墮于二邊；第四句極反之空有，雙泯俱非，亦不墮二邊。此中之第三四句「不墮二邊」乃佛家之通說，但法藏之前二句以不礙有之空爲空，不礙空之有爲有，則此空此有在開始一點，卽不墮二邊，則爲法藏之特說。今合此四句，而「不墮二邊……亦俱得說邊，是故非中非邊，具足中邊」。二分別說，則「或以幻有爲有，無性爲空；或以無性爲有，以理實故；幻有爲空，以不實故。皆俱融雙泯，各不墮邊，是名有無中道」。乙、自遮說，亦先總說後分別說。一、總說是「問此依他（之緣有），是有耶，答不也，以無自性故。是空耶？不也，不壞緣相故。是亦有亦無耶？不也，無二法故，不相違故。是非有非無耶？不也，以有無旣離，無所待故，不礙二義故。是故由前三句，離有離無，故不著邊。由第四句離非有非無，亦不著中。如此不著中，不著邊，方爲無寄中道。二、分別說者，則是言于幻有及眞空，還以有無四句說之，以見此四句皆不可說，姑略。

以上是直就唯識宗之依他起性，明般若宗二諦中道。其下文則是就唯識宗三性中之偏計執性與圓成實性言二諦中道。此中亦先分說後總說。分說，則于偏計執性言中道者，則自偏計所執之情有理無說，「約妄情謂有，……約理中實無……此有彼無無二，**名爲中道**。……**此是情理相望說**。若單就情，一切皆是情謂虛妄。若唯約理，一切有無等，並無所有，無所有亦無所有，一切皆絕，亦無中無邊。」于圓成實言中道者有三義：「一、約言就詮，亦得爲俗；離言捨詮，非安立故，方乃爲眞、俱融無礙，以爲中道。二、約絕諸相故，是空義，約眞德實故，是不空義。此空不空無二爲中。如經中空不空如來藏等是也。三、約此眞如當體無礙，則無所有，爲空。此眞體不可壞故，名不空。此空不空不二，爲中。」至于總說此偏計圓成之中道義，則有二義：一、偏計之迷眞起妄爲俗，圓成之舍妄歸實，爲眞。眞妄俱融，交徹無礙，以爲中道。是眞該妄末，妄徹眞源。眞俗混融，以爲中道。二、攝眞從妄，則俗有眞無；攝妄從眞，則俗無眞有。如是眞俗、有無，無礙，以爲中道。此卽見不只依他起性中，有無礙義，偏計圓成二性中，皆有此無礙義也。

此下一節文是總上依他偏計圓成三性，而先開後合說。開者偏計所執有二義，謂情有、理無。依他亦二義，謂幻有、性空。圓成亦二義，謂體有、相無。合者，以所執情有，依他幻有，圓成相無，如是有無無二，名俗諦中道。所執理無、依他性空、圓成體有，如是有無無二，名眞諦中道。如是眞俗，合而恆離，離而恆合，離合無礙，是二諦中道。

## 五　總述法藏融攝般若二諦與唯識三性之根本旨趣

總上所述，可見法藏之融攝般若之二諦與唯識宗之三性之根本旨趣。此實乃法藏之所以能進而言華嚴圓教之義理基礎之所在者。此其言所具之義理之特色，在言緣起幻有之俗諦，與其性空之眞諦，不只有一般之不二而相卽，以成極相順之義，亦許其可相奪，以成極相違之義。于此極相違亦可充其互相矛盾之量而說。如言眞空可于依他之幻有，亦空盡，而永害幻有，言緣有亦永非是空。此二者卽各自存而極相違。然此眞空幻有，又皆有自壞與極相順義。故此極相違與極相順，還不相違，而更相順，以相圓融。由此而法藏于般若宗之清辯之充空之量，以至言依他、圓成，皆爲幻如空華，及護法之言圓成、依他皆實有之二說，在印度原視爲無可融通者，在法藏則以爲其相破而相奪以成極相違，正所以成其極相順，而皆可加以圓融會通。此如以新名辭釋之，可稱爲依絕對矛盾而形成之絕對一致。此絕對矛盾之所以能形成絕對一致者，在此絕對矛盾，卽是矛盾兩端之互相破斥，而互相徹入，而此端將彼端所有奪盡，以成爲此端；彼端亦將此端所有奪盡，以成爲彼端。此卽無異彼此易位，而更無可奪，卽成其相與而極相順。故由此所顯之中道，不同吉藏、智顗所言之中道，唯是能卽此兩端之偏以成不二中道者。此乃是更于此中之兩端之偏，更許其絕對矛盾，以相破斥，而互相徹入，以成不二中道者。依此不二中道，以觀緣起，則于緣起之事中，凡有諸緣或多緣和合，以生一法之處，亦不能只就諸緣之和合，而相卽相順處，以見其有能生起此一法之用；而當自此諸緣之有相對之義之處，更見其有相破斥相奪，而相徹入之義，以言其有生起一法之用。凡依衆緣生之法，此衆緣不相奪，則衆緣不空。衆緣不空，則不能更有所生起，而緣起之事不成。衆緣不相入，則衆緣自衆而爲多，則所生起之法之一不成。衆多相入，則衆多中之每一，皆攝諸他一所成之多，而每一皆攝多，多皆入于每一，以互相圓融無礙，以共顯此衆多者之自性之空，方能有所生起之一。此卽法藏言終頓圓之敎義，言事理無礙、事事無礙、六相十玄之論之所據。後文更詳。法藏之會通二諦三性之論，雖見于十二門論宗致義記者，然固非專爲解說十二門論而說者也。

## 六　法藏對大乘起信論之重釋，及事理無礙、真如隨緣不變義

法藏既于十二門論作宗致義記，又爲起信論作義記及別記。法藏言眞俗空有二諦及二性義，在宗致義記；言心識眞如之義，則在其起信論義記及別記。其起信論義記卷一隨教辨宗，嘗分四宗。此與其在大乘法界無差別論疏之分四宗之說相同：一、隨相法執宗，卽小乘諸部是也。此相當于五教十宗中小乘教中之六宗。二、眞空無相宗，卽般若等經中觀等論所說是也。此卽五教中之始教，十宗中之一切皆空宗。三、唯識法相宗，卽解深密等經、瑜伽等論所說是也。此亦屬五教中之始教。四、如來藏緣起宗，卽楞伽、密嚴等經，起信、寶性等論所說是也。此卽五教中之終教，十宗中之眞德不空宗。法藏于此未及頓圓二教及後二宗。其下文更言曰：此上四之中，初則隨事執相說，二則會事顯理說，三則依理起事差別說，四則理事融通無礙說。此與法藏入楞伽心玄義中所分四宗，以小乘爲有相宗，空宗爲無相宗，唯識宗爲法相宗，以起信楞伽爲實相宗之旨亦相合。本此理事無礙而言如來藏、心眞如之理，依覺與不覺成阿賴耶識，更隨緣成轉識中事，此卽理徹于事也。其言轉識中依他緣起之事之理，同此眞如，則事徹于理也。然此中尚未及于由此理事之圓融無礙，而事之緣起亦重重無盡，而事

事無礙之義，蓋必歷頓教至圓教，方眞有此最後之義也。

對此大乘起信論之言心識，法藏于其義記卷三，以四句辨之：如來藏唯不生滅，如水溼性。七識唯生滅，如水波浪。黎耶亦生滅亦不生滅，如海含動靜。四無明倒執，非生滅非不生滅，如起浪猛風，非水非浪。此四義與起信論原文所說，亦不相違。法藏下文更言于此四者，隨舉一義卽融體全攝。以如來藏爲本以說，則如來藏恆不變，如水不失溼性。而水之動靜不一，水與溼性恆相隨；不可謂水不在浪中，亦非離水有浪。由此而如來藏卽隨動靜而不變，如來藏卽眞如。此卽法藏之眞如隨緣不變之論所由生也。

此法藏之依大乘起信論，而言眞如之隨緣不變，卽謂無論吾人之轉識如何生滅，或染或淨，或善或惡，此轉識恆依賴耶識，而賴耶識恆依如來藏或心眞如。如來藏或心眞如，亦恆隨此轉識之緣而不變。如海水與其溼性，恆遍隨波浪之動靜生滅而不變。此如來藏心眞如卽吾人之佛性，而佛性亦恆隨吾人心識與其所對境界之轉變而自不變。由此而無論吾人心識與其境界如何轉變，吾人皆有止息其種種擾動煩惱染汚以歸淸淨，而自覺其佛性所在，以成佛之道路。如海水之息波以歸明淨，而日月山川皆于其中，全然呈現。此佛性、如來藏或心眞如之如何呈現，亦由其原能如何呈現。此呈現卽其本有之大用，其呈現爲如何，卽其本有之大相。故此心眞如之隨緣，亦卽爲隨緣而能表現其自身之體相用，而以其自身爲因，以成佛果者。由此而在法藏，卽以法相唯識宗之眞如，只是一正智或般若智所緣之理爲無爲法，其正智之種子，卽所謂無漏種，亦無自現之義者；其所說之眞如只爲一不動之凝然眞如，乃不能隨緣而自表現，以其自身爲因，以成佛果者矣。

然對此法藏之以海水與其溼性之恆隨其波，喻眞如或如來藏之隨于吾人現有之心識、與其境界，亦非謂此二者只相卽，而無相離義。因此吾人現有之心識與境界，乃有染污，而當轉依或轉化成清淨者。在未轉化時，依唯識宗說，則此時只能說其有可轉化之理，卽眞如有能現之理。而眞如亦只能說是一理。依此說，則人謂有正智與眞如合一之心，名心眞如，爲佛性，亦當說其未現，仍只是有能現之理，而不能說在事上已現此理。因若事上已現此理，則人是現成佛，應更不待修。在此點上，法藏亦不能否認，故說有事法界與理法界之分。故在一義上，亦可言事理不相卽。因衆生未成佛時，在事上看衆生只是衆生，只有一成佛之理故。此亦如自種種事之差別，而同有眞空或眞如之理時，其事與事間、事與理間，皆有不相卽義。故法藏于起信論別記言理事不相卽亦有四句：一、二事不相卽，以緣相事礙故（卽二事之緣之相各不同）；二、二事之理不相卽，以無二故（卽二事爲二，而理可爲一，一與二不同）；三、理事不相卽，以理靜非動故；四、事理不相卽，以事動非靜故。此皆見理事之不相卽義，亦法藏所承認，然後方說有理法界、事法界之分。依此二法界之分，則說眞如佛性只是理而非事，只是靜而非動，以至只是一凝然眞如，而非隨緣眞如，亦原非不可說。故于唯識宗之論，法藏亦視爲依理起事差別說，如上文所引及，而初未斥其全非也。

然法藏對此理事之不相卽而相差別之說，畢竟不視爲了義，必進而以大乘起信論言理事融通無礙，爲進一層之義，而更言理事之相卽義。故于上文所言理事不相卽之後，更有四句言理事相卽：一、事卽理，以緣起無性故。二、理卽事，以理隨緣，事得立故。三、事之理相卽，以約詮會實故。四、二事相卽，以卽理之事無別事，是故事如理而無礙。此中第一句卽說事爲緣起，緣起者必性空，性空卽事之理，此理與事，應不離而相卽。此對「不相卽四句」中之第四句。第二句是以性空故，一切法得依緣而起，如舊事之自性不空，則不能有緣起以成新事。故事之緣起，卽依此性空之理，而亦依此理，而隨緣得立。此對「不相卽四句」中第三句。第三句是說事之理之相卽，此卽對「不相卽四句」中第二句。此乃依于二事之理相卽，二事同一理，以此理爲其眞實。故今會其實之同，卽不見對二事之思慮詮說上之差別，則二事之理相卽爲一。第四句是對「不相卽四句」中之第一句。因事旣卽理，二事同一理，于理上不相礙，則二事亦不相礙。此中前三句言理事無礙，第四句則由理事之無礙至事事之無礙之義也。

## 七　唯識宗之重緣生義，及法藏對緣生與種子義之重釋

依此理事相卽而融通無礙之義，則言眞如、如來藏爲理，必須更言其一切轉動之心識與其境界中之一切事之融通無礙。此卽不能說此理只是靜而非動，只是一無爲法或一凝然眞如，而不能隨緣表現者。然唯識宗之說此眞如是無爲法，以至說無漏種子，亦不能自現，證眞如正智，必待轉識而修成，則固亦是依于緣生之大義。若只泛言人之心眞如、如來藏能自動的忽然表現，不待修行之因緣，此又何殊外道之神我？又豈非同于謂此如來藏有自性？此一切法之生之必待因緣，乃佛家所共許之義。而唯識宗之言因緣，更分親因與其他增上緣，等無間緣、所緣緣。現行法之親因，卽內容與之全同之種子，藏在賴耶識者。故唯某色法之種子，爲某現行之色法之親因；某心法之種子，爲某現行之心法之親因；亦唯某染法之種子，足以爲某染法現行之親因；而某淨法之種子，爲某淨法現行之親因。種子現行，必兼待其他增上緣等；若無此其外之緣，則種子之藏在賴耶者，卽無作用，而無所謂現行。人之能證眞如之無漏種之在賴耶，亦復如是。眞如乃一切法之眞實之如是，或一切之眞理。此眞理本

是無爲，證眞如之正智，乃如其無爲，以證知其無爲。然此正智乃由無漏種之現行而有，其由未現至現，以成正智，卽是有爲；故此亦必待緣生。人之修行，卽其緣也。無此修行之緣，此無漏種必不能顯，正智亦必不能有。無此正智之有爲法，則只有眞如之無爲法，只有此未表現而無作用之無漏種。若將此無漏種說爲一如來藏或心眞如，此如來藏、心眞如既未表現，卽亦爲無作用者。而法藏言如來藏、心眞如能隨緣表現，其理能自卽于事，與事融通無礙，若依此唯識宗義論之，卽皆不可說，說之必違佛家所共許之緣生大義矣。然法藏之言心眞如、如來藏之能隨緣表現，亦非不重此「緣」，故言隨緣。而法藏之言此心眞如之隨緣，而能自表現，亦正透過其對唯識宗所言之因緣關係與種子義之分析，而重加解釋以形成。此亦正是法藏對佛學之一眞實貢獻之所在也。

今吾人可先試思唯識宗或佛家所言之因緣關係，果當如何加以理解？于此吾人當說，如純就一般經驗之因緣關係上看，人對此因緣關係，初並不能有一般所謂理性的理解。而般若宗卽順此而言，人當于此自止息其理性的理解，而對經驗中之因緣關係作現觀。此卽前所述般若三論宗之「諸法不自生，亦不從他生，不共不無因」，一套以四句推求皆不可得之說。唯識宗于此言種子，爲一法生起之親因，此乃意在成就此一般所謂理性的理解。如吾人一般說因有穀種故有禾，禾由穀種生。但依般若三論宗言，則實不可說禾由穀種生，以穀種在經驗中現見無此禾故。此穀種對禾爲他，禾爲自。此自之如是如是，不在此他中，故不由他生。但禾亦不由自生。如由自生，則應先已有自，先如已有自，即不須更生故。亦不自他共生，以既無他生無自生，則亦無共生故。然亦非無因生，以無穀種亦不能有禾故。然雖無穀種不能有禾，又不能還說禾由穀種生，此是上所已破之他生故。由是而此生即不能依一般之理性以理解其所以生。然一般理性又必問其所由生，以說明其所以生，而依般若三論，此所由生或所以生，實不可得；故一般所謂生實不可說，而歸于說不生、無生。此一義實亦爲法相唯識宗之所承認，如世親佛性論卷一，亦同有此破自生、他生、共生、無因生之論。故亦同不許一般常識所謂由穀種生之說，以穀種中現見無禾故。但唯識宗可說禾別有其自身之種子爲其親因。此現見之穀種只是其增上緣，非眞種。此禾之種子，乃與此禾一模一樣，而內容全同者，只此種子爲潛隱而非現行耳。然以其內容與現行者全同，則可作爲說明此現行之所由生，或所以生之一親因，或眞正理由所在，而合乎吾人一般之理性之所要求者。此唯識宗之建立此種子義，自更有其他種種說，然要皆是依一般理性之要求：同內容者作爲同內容者之原因或理由，而有此種種說。依此唯識宗之建立種子義，而任何法之生起，即兼有與其內容全同之種子爲親因，更與其他外緣相和合，以成此一法之生。此種子之建立，依理性原則，其他外緣之發現與建立，則依經驗原則。合此二原則，以說明任何法之生起，皆可據其法之種子之親因，與其他外緣，加以一既合一般理性又合經驗之說明矣。

然此唯識宗之因緣論中，實有一更根本問題。即此因緣和合，畢竟是如何和合的？此中之因與其他之緣，性質內容並不相同，如何可相和合？便是一根本問題。親因是種子，其他外緣，則恆是已有之現行。種子不能自現，則其現，似純由其他現行外緣之力。然若說其現是其他現行之外緣之力，則如何又可說其爲其自身之現行之親因？此種子既爲其自身之現行之親因，又何以無不待其他外緣之現行，而自直接現行之力？又若謂必待其他外緣力方能現，則須知此其他外緣與其自身之內容，乃彼此相異，而各有其相者。種子之現行，只現其自身之內容，以爲其自相，何以必須待與之異相之其他外緣之力？然若謂種子有能自現之力，則種子初非現，如何能非非現？非現與現，固自相異。若種子只是種子，則種子亦不能自現，而無此自現之力。種子若必待外緣之現，而有其現，則其現爲他生。種子若能自現，則應唯現能生現，種子應先已現。已現更生現，還同自生。依般若三論，則自生他生皆不可，而說種子由其他外緣而現，由自現，皆不可。由他現、由自現皆不可，則亦不可言共現，或種子與其他外緣和合生現。因此和合無異共現共生故。然吾人又不可說此一法之現行無此種子、外緣爲因緣，此一法現行，亦不可說無因緣。此則還只有歸于三論宗之四句矣。

吾人上文指出唯識宗言因緣論之種種問題，卽意在顯出法藏言因緣之和合之勝義。依法藏說，此一法之待因緣和合而生，不可專自因之力上理解，亦不可專自緣之力上理解，復不可專自因緣二力之合力上理解，而當合此因之具空有二義，有力無力二義，及待緣不待緣二義，加以理解。此在法藏華嚴一乘敎義章緣起因門，共說六句，卽以此六句重釋唯識宗之種子之六義。

按唯識宗言種子共有六義：一、刹那滅，此卽謂種子爲不斷生、不斷滅，以自相續者。此乃依于人之所以建立種子，乃所以說明現行。一切現行法皆生滅法，而刹那刹那生、亦刹那刹那滅者，故種子一復如是生而滅，滅而生，以存于藏識。又種子隨現行而增強，亦可以相違種子之現行而減弱。所謂種子之增強變弱者，實卽後起一不同強弱之度之種子之謂。故于此必說其先之種子已滅。而所謂種子不增強變弱者，亦可說為卽後起之種子與其先同強弱之度之謂。然如此說，仍須說後起者生時，其先之種子已滅。此卽種子之刹那滅義，以見種子非常住法者。二、果俱有，此是說種子為因以顯為現行之果，亦卽與現行俱時而有，故現行可更熏種，使更強之種子相續生。三、待衆緣，卽上說之種子之現行，必待其他外緣之和合。四、性決定，卽種子之內容恆為有一定性質之內容。五、引自果，卽上述種子所生之現行之內容，必限于與其自己之內容相同者。六、恆隨轉，卽種子恆存賴耶識中，隨轉識而與之俱轉。然唯識宗之說此為一切法親因之種子六義，只是散說，而未能總持的說其如何與其他緣和合，便能生果之理由所在。而法藏于此緣起因門所提示之六句，則能總持的說此中理由所在，今先照引一乘教義章緣起因門十玄緣起中若干原文，然後再加以總釋。

緣起因門六義法中前三為：一、釋相，二、建立，三、句數，六則為約教辨。其要語如下：「一、釋相……初列名，次釋相。……初列名者，謂一切因皆有六義：一『空』有力不待緣，二『空』有力待緣，三『空』無力待緣，四『有』有力不待緣，五『有』有力待緣，六『有』無力待緣。二、釋相者，初者是刹那滅義，何以故？由刹那滅故，卽顯無自性，是空也。由此滅故，果法得生，是有力也。然此謝滅，非由緣力，故曰不待緣也。二者是俱有義，何以故？以俱有故方有，即顯是不有，是空義也。俱故能成有，是有力也。俱故非孤，是待緣也。三者是待衆緣義，何以故？以無自性故，是空也。因不生緣生故，是無力也。即由此義故，是待緣也。四者決定義，何以故？以自類不改故，是有義。能自不改而生果故，是有力義。然此不改，非由緣力故，是不待緣也。五者引自果義，何以故？由引現自果，是有義。雖待緣方生，然不生緣果，是有力義。即由此故，是待緣也。六者恆隨轉義，何以故？由隨他故，不可無。不能違緣故，無力用。即由此故，是待緣也……

二、建立……定說六義不增至七，不減至五耶？答：爲因對緣，唯有三義：一因有力不待緣，全體生故，不雜緣力故。二因有力待緣，相資發故。三因無力待緣，全不作故，因歸緣故。又由上三義，因中各有二義，謂空義有義，二門各有三義，唯有六故……

三、句數……有二種，一約體，二約用：初約體有無，而有四句：一、是有，謂決定義。二、是無，刹那滅義。三、亦有亦無，合彼引自果、與（果）俱有，無二是也。四、非有非無，謂合彼恆隨轉及彼待衆緣無二是也。就用四句者，由合彼恆隨轉、及待衆緣無二故，是不自生也。合彼刹那滅、及（性）決定無二故，不他生也。由合彼（果）俱有，及引自果無二故，不共生也。由具三句，合其六義，因義方成故，非無因生也。……

六、約教辨……由空、有義故，有相即門也。由有力、無力義故，有相入門也。由有待緣、不待緣義故，有同體異體門也。」

此同體異體之釋，見下節言十玄緣起處。玆亦先引後文相關之語如下：「一異體、二同體，所以有此二門者，以諸緣起門內有二義故。一不相由義，謂自具德故。如因中不待緣等是也。二相由義，如待緣等是也。初卽同體，後卽異體。就異體中有二門，一相卽，二相入。所以有此二門者，以諸緣起法，皆有二義故。一空有義，此望自體。二力、無力義，此望力用。由初義故，得相卽；由後義故，得相入。初中由自若有時，他必無故，故他卽自。何以故？由他無性，以自作故。二、由自若空時，他必是有，故自卽他，何以故？由自無性，用他作故，以二有、二空，各不俱故，無彼不相卽；有無、無有、無二故，是故常相卽。若不爾者，緣起不成，有自性等過。思之可見。

二明力用中，自有全力故，所以能攝他。他全無力故，所以能入自。他有力、自無力（反上可知）；不據自體，故非相卽；力用交徹，故成相入。又由二有力、二無力，各不俱故；無彼，不相入，「有力無力」、「無力有力」無二故，是故常相入。

又以用攝體，更無別體故，唯是相入；以體攝用，無別用故，唯是相卽。」此下之後文，是由同體異體，正釋十玄，俟後文更引及。

按上文所引法藏之言唯識宗之種子六義，要在通空有之義，通有力無力以說因之待不待緣，以顯緣起之無礙性，而使緣起事可爲一圓融之理性所理解。緣起事之所以顯爲有礙，而非一般之理性之所理解者，在此中之因緣與其所生之果，各有性相，而互相差別，便成對礙。緣此而吾人于此所生之果說其由他生、自生、共生、無因生，皆無一而可。故即如唯識宗之分因緣爲二，謂種子爲因，其內容與所生之現行果同，仍有吾人前說之種種問題。以此爲因之種子與其他緣，固不同其性質內容。種子自身非現，而其自身之現行又爲現。此現與非現，亦不同性質內容。凡不同性質內容者，皆有互相對礙義，則此中之因緣如何和合以生現，仍非一般之理性，對此中之因之緣、及現行三者，只加以分別理解時，所能理解者。然法藏于此則兼空有，有力無力、待緣不待緣諸義，以理解此緣起之事之無礙性。此即爲綜合般若宗義與唯識宗義，以成此理解，更由此綜合，以說唯識宗言爲因之種子之六義。茲先釋其種子六義之文，再看其如何兼空有、有力無力、待緣不待緣諸義，以理解緣起事之無礙性。

第一、于種子刹那滅義，法藏說之爲顯此種子之無自性而空者。于是現行之依種子而生，即依此空而生，而見此空之有力。又此種子之刹那滅，即種子自滅，非由其他緣之力。故此空爲不待緣之空。現行之依此空而有，亦爲不待緣者。由此而吾人言現行依種子而生，即同于依此種子之滅之空而生。則種子與現行，雖或現或非現，似相對相反。而相礙即亦不相礙，何以故？以種子刹那滅，其自性空，「空」即不與任何有相對相反而相礙故。

第二、唯識宗所謂種子之第二義，是言種子與現行果俱有。此乃自種子雖刹那滅亦刹那生，而自相續，以說一種子生現行後，仍自相續，以與現行俱時而有。法藏于此，則謂此種子之與現行，俱有而方有之處，卽顯種子之非能單獨自有。此非自有，卽是其自性空之義。其自性空，而能生其現行，卽又見此空之有力。但此種子之自性空，而與其現行俱有，卽亦待此俱有爲緣，以成其爲種子，故又爲待緣。此第二義，不同于上之種子之刹那滅義，乃只就其自滅說，不連其所俱有之現行說者。故說此爲「空」有力待緣。

第三、唯識宗謂種子必待衆緣而後生現行，法藏則由其待衆緣，言其不能自生現行，而無自性。此種子之無自性，卽其空義。種子無自性生現行，卽無力以生其現行，必待緣乃生現行。故說此爲「空」無力待緣。

第四、唯識宗言種子，有其一定之性質內容而自類不改。法藏于此，卽說其是有義，其不改而生與之同性質內容之自果，卽有力。此有力，乃自其自身說，不自其他緣說，故爲不待緣，是爲「有」有力不待緣。

第五、唯識宗又言種子引生自果，然不引生其他之果，故雖待緣而生，而不生緣之果。如禾之親因之種子，只生禾。禾雖待他緣，如其先之穀種、陽光、水份等，而禾之種子不生此等等。此種子之有，是有義，引生自果，是有力義。其待緣方引生自果，是待緣義。是爲有有力待緣。

第六、唯識宗又言種子恆隨「轉識」與其「境界」而轉，卽隨緣轉，不能違緣而自現。其能隨緣，卽見其是有；不能違緣，卽見其無力用，而待緣。是爲有有力待緣。

依此法藏之釋此種子六義，則種子及他緣與其現行便可不相對礙。若此種子及他緣與其現行，皆只是有，而性質內容不同，又皆有力，可不待緣而自有，則此三者固必相對礙。則于種子與他緣如何能和合，以生現行，即不能理解。又若此三者皆空、皆無力、皆待他緣他力而後有，而又無他緣他力可待，以皆空無力故，則亦無所謂種子與緣之和合，以生現行；而其和合以生現行之事，亦不能理解。然法藏于此，乃謂此種子原兼具空有二義，自其有言，則種子之有其一定之性質爲內容；自其空言，則刹那滅而無自性。由此而種子與緣之關係，可自兩面看。即一、自現行之依種子而生處看，則此種子之因有力，而緣無力，二、自現行之待衆緣而後有看，則緣有力，此種子之因無力。又在待緣中，則空或有力或無力。在不待緣中，有亦或有力或無力，皆可兩面看。由是而對此整個之因緣和合，以生現行之事中之因緣關係之理解，即可合此空有、有力無力、待緣不待緣之全體而理解。自因觀，因有力，同時見緣無力；自緣觀，緣有力，同時見因無力。此中之一有一無，即互不相礙。觀「空」有力時，同時觀「有」無力，觀「有」有力時，同時觀「空」無力。此空有之力，亦不相礙。于此爲因緣二者中，一爲自，另一即爲他。此中之「自」若有而有力，此「他」即空而無力，亦可成其不相礙。反之，亦然。依法藏之十玄緣起說，則凡有自他之相待關係之法，皆有此一「自有力，則他無力，他有力則自無力」之關係，以成其相即相入。此因與緣之可和合，亦即根在其間之亦有此相即相入之關係。人能知因緣間，有此相即相入關係，則對因與緣，何以能和合以生不同于此因此緣之現行，卽可更不生疑矣。

何以凡有自他之相對關係之法，皆有此相卽相入之關係？此卽因凡有自他相對關係之法，只由此中之「自」去看時，則「自」中無「他」，而「他」空，則「他」卽爲「自」所空，而他無「自性」，只在此「自」之所空中，而「他」卽屬于此「自」；只此「自」之有、「自」之作。此卽上文所謂「自若有時，他必無故。由他無性，以自作故」之義也。然凡看自而看之爲有者，皆可由此「自」之緣生、無自性、而更看之爲空。凡自可從其有看，亦可從其空看。則于一切自他之相對關係中，若從自之空看，則只見他之有；他之有中無此自，自亦爲他所空；而自無「自性」，只在此他之所空中，而自卽屬于此他；便只有他之有、他之作。此卽上文「自若空時，他必是有，故自卽他，由自無性，用他作故」之旨。然上列之「看自之有而他空」，與「看他之有而自空」二看法，乃輪替而轉，不俱時而有，故「自有他空」與「他有自空」中之二有與二空，皆不俱時而有，卽互不相礙，亦無「不相卽」而爲二之情形，自有與他空、他有與自空，固相卽而不二也。

在因緣相對關係中于其一視爲自，另一則爲他，今說此種子因爲自，則其他之緣爲他。于此若從此種子因之自之有看，其中固無此爲他之緣，此爲他之緣卽爲其所空，而在其所空之中，以屬于此自。此他之屬于自，卽自之攝他，亦卽他之入于自。此他之入于自，乃由于自能空他。此自之空他，卽自對他之力，自能空此他，卽對他有全力，卽唯見種子因之有全力，此緣之無力。此卽上文明力用中所謂「自有全力故，所以能攝他，他無力故，所以能入自」之旨。反之，自此種子因之自之空看，則當只見此爲他之緣。此緣中無此種子因，卽能空此種子因；而此因卽爲緣所空，而屬于緣，爲緣所攝，而入于此緣。卽當歸于唯見此緣之有全力，此種子之因之無力。故此種子之因兼具此有力與無力二義，亦兼具「攝緣」與「爲緣所攝」之二義，與「爲緣所入」與「入于緣」之二義者也。

在此因與緣之相對關係中，若于此因緣二者各視爲一自體，而只看其相互之力用，則只見其互相攝入，而更無別體，故唯是相入。但此互相攝入，而自體在他體中，他體在自體中。卽自他體之相卽。言相入，乃自用看；言相卽，乃自體看。此體用二者，亦固不二也。

吾人若識得此因緣二者在一相對之自他關係中，有此相卽與相入之義，則對因緣之可和合無礙，卽可有一圓融的理解。而對能生現行之種子之因，卽不能如唯識宗之只視爲一定有，而當如上文所引，而以四句說之，一是有。卽自其性質內容之決定之義說。二是無。卽自其刹那滅之義說。三是亦有亦無。此中之亦有，卽自其引自果說，此中之亦無，乃自其與果俱有，而自性空說。自此二者之爲一事，而無二說，則總爲亦有亦無。四、是非有非無。卽自其待他緣生，說非自有而非有；自其恆隨緣轉，說非無。待緣生與隨緣轉，爲一事而不二。故總爲非有非無也。

又依此法藏所釋種子六義，以觀其與緣和合以生現行果之事，則由其恆隨緣轉，而待衆緣，乃一事而無二；卽當說非此種子能自生現行，而非自生。由其依種子性決定，而刹那滅，方有現行生；卽當說其非他生。由此種子與現行之果俱有，而引此現行之果，此二者之無二；卽當說其非共生。此語費解，其意蓋是謂唯種子，引生自果，故現行果不由他生。然種子旣與現行果俱有，「俱有，故方有，卽顯是不有」，卽亦非能自生此現行者。合此現行之果之不由他生，亦非種子自生，卽爲不共生。然有此不自生、不他生、與不共生三句合所成之六義，卽可說明此現行之因，故現行亦卽以此六義三句所表者爲因而生。故又非無因生也。

此種子六義，乃唯識義，不自生、不他生、不共生、不無因生，乃般若三論義。今法藏合之爲一，卽所以融貫唯識宗、般若宗之義，以說緣起也。

## 八　圓融的緣起論之應用，及佛性真如之隨緣不變義、及本覺始覺義

此上只就法藏對唯識宗之緣起義之重釋之文，更加以解說。今若離其原文，以觀其大旨，則吾人可說唯識宗所謂現行之種子，原卽指一現行法之功能，如吾人今所謂現實事物之潛能。吾人可說凡一事物生起于天地間，必有生起此一事物之一功能或潛能。如人繪一畫，必有繪此畫之功能或潛能。此能，可說先在畫家之心識之世界中，然後實現或表現于其畫之成。然說此能在畫家之心識之世界中，

卻初非畫家所自覺所意識，故當說此能在其下意識或賴耶識中。此能之爲能，當其未表現實現成一現實上存在之畫之先，當說是有。然此有，不同于現實之有，其中亦無此現實之有，則亦當說其爲非有，而無自己存在之自性。又此「能」屬畫家之心識，亦爲屬其生命者。其生命相續生生不已，而恆不住于其故，則此「能」之在此生命中亦然。此不住于故，即故之不住而滅，而其生，即爲旋滅旋生，其生生不已，亦是滅滅不已。故說刹那滅。依此能之非現實有與刹那滅，皆可說此「能」是空。然由此「能」可成現實之畫，此畫是有，故此「能」亦是有。由是而此「能」即兼具空有二義，即種子兼具此二義。

今問此能如何能表現實現？此必待其他條件，如畫家之鋪紙、運筆、墨等，是爲此能之表現實現之外緣。畫家依此外緣，而成一畫時，其成此一畫之能，即表現實現；而此能即不同于先之未表現實現之能。如說此先之未實現之能，今轉化爲實現于畫之能，則此二能之義已不同。其先之能只是能，今是一實現之能，即與此現實之畫之有俱有之能。于此亦當說，前能已空，而與此畫俱有之能新起。此新起之能，與畫俱有，即依此畫而有，故人可由見其畫，以知其有爲此畫之能。此能，依此畫而有，則此能待此畫，方得說爲有。則此能，非自有，而爲依他而有。自其依他有，而非自有處看，即亦具非有義、空義。人若更專自此畫之有待紙筆墨衆緣而成處看，則吾人亦可說此畫只是筆墨如何在紙上動作之結果，而不見此畫家之先有作畫之能，若此能，爲非有爲空，亦無力成此畫；唯筆墨在紙上之動作諸緣，爲有力成此畫者。是卽待衆緣。然吾人于此畫成時，更反省何以此畫爲有如此內容之一畫，又必說此乃由畫家有一「作如此內容之畫之能或種子」，爲因，卽性決定。更必說依其「作如此內容之畫之能或種子之有」，爲因，卽只能成此如此內容之一畫之有，爲自果，卽引自果。又必說其作此畫之能，乃隨其紙筆墨之運用爲緣而轉，而表現其能之有，于此現實之畫之有之中。是卽恒隨轉。此卽吾人自然的依種子六義，以次第理解此作畫之緣起事、亦任何緣起事之始終之思想歷程也。

在此上之思想歷程中，吾人之思想，乃由注意在能或種子自身之有與非有、必待其他衆緣之有，而後此能或種子之內容之有，生現行之有；而亦于「此現行之有之其他衆緣之有」中，表現其有。此一思想之歷程，乃由爲自之種子，至爲他之緣，再至爲自之種子，更至爲他之緣之一圓周。歷此圓周，以思想此因緣關係之全體，亦卽圓融的理解此因緣關係之眞實或眞理。此中之思想循圓周而進行，不容吾人之只停于其一階段。如停則成偏執，而與眞實或眞理不相應。不停而歷此圓周，于偏執起時，卽更歷一圓周，以化除偏執，則其中之觀自因、觀他緣，以至觀空、觀有，皆互相補足，互相涵攝。則不只此爲自之因、爲他之緣，乃相卽相入，以成一圓融之眞實事；此中之次第所見之理，亦相卽相入，而亦爲圓融之眞實理矣。

此上所說之圓融的緣起論，可用以觀全法界之緣起，以成一遍攝全法界之緣起觀，今暫不說。然亦可先自限用于觀吾人之如何呈現其無漏種或心眞如或如來藏，以成佛之事。于此如依唯識宗說，人之成佛，唯賴其無漏種子。然無漏種初非現，則在現實上，亦具非有義。由無漏種在賴耶識中，亦可增強減弱，則亦當旋生旋滅，旋滅旋生，以自類相續，而亦有刹那滅之空義。今以如來藏、心眞如，代此無漏種，人亦不可執此如來藏、心眞如，只是一般之實有，而當說其亦具眞空義。故對此人之成佛因或佛性，說其爲具有義時，亦可說其具空義。如般若宗言涅槃，亦如幻如化，即自此說。此皆法藏所許。但人修行而成佛，則此佛性必表現實現于其修行成佛之事中，以此事爲此佛性之表現或現行果之所在，而與此現行果俱有。又此修行成佛之事，亦待其他衆緣，如聞佛之言教，及歷種種之生活事，對種種之生活境等。則于此可說佛唯是依緣以修之所成，離此緣修，佛性卽空而無力。此亦法藏所可承認。然此緣修成佛，唯依人有佛性而可能。則必謂此佛性先爲決定有。又依此佛性，亦只引生此緣修成之佛果。再人之隨緣成修，此佛性亦卽與之隨轉，而表現于其緣修之中，亦卽以緣修成此佛性自身之表現，而除此佛性自身之表現外，亦無緣修。人恆實有緣修，卽恆實有此佛性之表現，而見此佛性之爲能表現，亦爲眞實不空者。則不得說此佛性只爲一非現，而有生滅之無漏種，而當說其爲實能現，而亦超一般之生滅，眞實不空之如來藏、心眞如之佛性矣。此依種子六義之恆隨轉，以言佛性之表現，爲隨緣以成修，以至成佛，卽法藏所謂眞如之隨緣不變，而用之以釋起信論之旨者也。起信論別記二十二謂眞如隨緣義，卽翻對妄染，顯自眞德，內熏無明，令起淨用也。

法藏之不取唯識宗之以無漏種爲佛性之說，而取如來藏、心眞如爲佛性之說，並謂此心眞如恆隨緣而不變，而能表現爲人之依緣起修以至成佛者。此卽同于謂此心眞如原有覺義爲不生滅，而爲本覺，亦有不覺義，而爲心生滅之所依；更由自覺其本覺，以成始覺、究竟覺，以至成佛者。此中有種種關于此心眞如、與心生滅、及本覺與始覺之關係之細密問題，爲法藏于起信論別記中所討論及者。其中之第二十五節所論之一問題，是人可問人既有本覺，何以又容許有由不覺與心生滅，而起之無明或惑？畢竟此本覺是否滅惑而無惑。「若滅惑者，則有無凡夫過」。因既滅惑，則不應有起惑之凡夫。「若不滅惑者，卽無覺義過」。因本覺既不滅惑，卽不滅不覺，而有不覺，便不可說本覺是覺也。又既有本覺，有力能滅惑，則何須更有始覺之力？此二者畢竟是否皆有，而爲二或一？此皆爲人最易生起之問題。法藏于別記中有一段文答此諸難，亦是連上文所言之空有及有力無力，及本覺之顯爲始覺，待緣修卽不待緣修之義，以答之者。今亦先照抄原文如下，再加以解釋。玆按其答上述之無凡夫無覺義過之文曰：「（本覺）滅惑，故非無覺義過。無凡夫者，亦非過也。何以故？一切凡夫，卽涅槃相，不復更滅。是故凡夫本無，有何過也。亦非無凡夫過。何以故？以彼本覺性滅惑，故方名本覺。本覺存，故得有不覺。不覺有故，不無凡夫。故本覺滅惑，方成凡夫，何得有過？」

此上之答中，謂凡夫本無，乃自凡夫之惑種，原無自性，而具空義說。然凡夫之惑種，亦現是有，故有凡夫。然凡夫有本覺，能滅惑。唯依其有本覺能滅惑，方成凡夫。則說凡夫有此本覺，並無過。然下文之問更深一層。「問：本覺若滅惑者，卽應無不覺，以障治相違故。若有本覺，卽不得有不覺。如何言依本覺而有不覺耶？」此卽謂有本覺，便不當有不覺，以二相違故。其答文卽就此二相違，亦卽所以成此本覺之滅惑，本覺與滅惑，原相順而不相違以答。其言曰：「由本覺性自滅不覺故，是故依本覺得有不覺。何者？若本覺不滅不覺者，卽應本覺中，自有不覺。若本覺自有不覺者，則諸凡夫，無不覺過。以不覺在本覺中，凡夫不證本覺故；不覺卽不成凡夫過。又若本覺中有不覺者，則諸凡夫既有不覺（註五），應得本覺；得本覺故，名不成凡夫過。若本覺中有不覺者，聖人得本覺，應有不覺；有不覺故，卽非聖人，是無聖人過。又若本覺中有不覺者，聖人無不覺故，卽無本覺……，卽無聖人過。……是故本覺性滅不覺。是（疑衍）又若不滅不覺，卽無本覺；無本覺故，卽無所迷；無所迷故，卽無不覺。是故得有不覺者，由于本覺；本覺有者，由滅不覺。是故當知由滅不覺，**得有不覺也**」。

此上說若本覺中有不覺，則無凡夫者，以本覺中既有不覺，則凡夫之不覺，便非不覺此本覺，以此不覺原在此本覺中。此凡夫，正是不證或不覺此本覺者，則此不覺，不能使凡夫成凡夫，而無所謂凡夫矣。又若本覺中，原有此不覺，則凡夫之有不覺，卽同于得此本覺，而亦不得稱爲凡夫。再如本覺中有不覺，聖人得本覺，卽亦得此中之不覺，而非聖人。又若本覺有不覺，聖人無此不覺，不得此不覺，亦非聖人。由此上所說，故在本覺中，必須言其中無不覺，本覺之性卽滅此不覺者。亦不能依

**註五**：金陵到經處刋本刋「不」字爲「本」，今依義理校改。

人之對本覺有迷惑，而說無本覺。因此迷惑是對本覺之迷惑，亦卽對本覺之不覺。言對本覺有不覺，卽言有本覺。然本覺自是滅不覺者。然其滅不覺，亦卽自有此不覺，爲其所滅。故本覺亦得許有此不覺，以更滅之也。

上旣答本覺滅不覺何以亦許有不覺之疑。下更答問「若本覺能滅惑者，何用始覺爲」之疑曰：「以惑有二義故，一理無義，二情有義。由對初義，故名本覺。由對後義，故名始覺。故佛性論云：煩惱有二種滅，一自性滅，二對治滅。對此二滅，故有始本二覺。又此始覺亦是本覺之用也。何者？以依本覺故有不覺。有不覺故有始覺，是故始覺卽是本覺，更無異體。唯一本覺滅煩惱也。始本相對，各有二義。本中，一是有力義，以能成始故；二是無力義，對始名本故。始中，一是有力義，以能顯本故；二是無力義，爲本所成故。」

下文再答「各有二義，有無矛盾，豈不相違」之問曰：「非直有無性不相違，亦乃相順，便得成立。何者？始覺中，非從本所成之始覺，無以能顯于本覺。本覺中，非對始之本覺，無以成于始覺。是故始本四義，緣起一故，不可爲異。然四義故，不可爲一。猶如圓珠，隨取皆盡。……問：是始覺有耶？答：不也，以卽是本覺故。又問：本覺有耶？答：不也，卽是始覺故。問：亦本亦始耶？答：不也，始本不二故。問：非本非始耶？答：不也，本始具足故。此並生滅門中，淨緣起義；眞如門中，則無此義。」

此上一段言以惑或不覺，于理上無，故言有本覺；而惑或不覺，在情上有，亦卽在事上有。故更有本覺之滅此不覺，對治由此不覺而有之生滅煩惱，以表現爲始覺。此中，如以本覺爲因，則始覺爲果，本覺所滅所對治之不覺生滅煩惱，則爲此因之緣。以有此緣，而此爲因之本覺，得表現或生起此始覺之果。則此始覺，亦可說爲因緣之所起。然此始覺之內容，又唯是此本覺之內容，此始覺唯是本覺之表現。如一般之種子，雖依他緣而現行，此現行之內容，只爲此種子之內容，現行只爲種子之表現。由是而吾人若重在言此本覺之能表現爲始覺，卽當說此本覺爲有力，以能成始故。而此始覺不過此本覺之表現，則始覺爲無力。亦如吾人之可于一般之緣起事中，說種子之因有力，其他之緣無力也。然吾人若重在觀：若無此始覺之對治一切由不覺而起之生滅煩惱，則本覺在不覺中，則當說此始覺有力，「以能顯本故」；而本覺亦不過此始覺之所顯，而「對始名本」者，此本覺卽爲無力。亦如吾人之可于一般之緣起事中，說一般之緣有力而種子之因無力也。合而言之，卽非從本覺所成之始覺，無以顯本覺；非對此始覺之本覺，無以成始覺。而始本二覺之義，卽圓融不二。此乃本于上述之四義而成。合此四義，以說一人之所以能由本覺至始覺，而成佛之一緣起事。則一事四義，四義一事，如一圓珠，卽又如此四義之只合成一圓融之理也。

# 第十三章　華嚴宗之判教之道及其法界觀（下）

## 九　頓教之地位

上文已述法藏之如何會通大乘始教之般若宗義，與唯識宗義，以說大乘終教之起信論之旨。今當繼而述其如何言頓圓二教之旨。于此當知，其會通般若唯識，而以起信論為終教，已是依圓教之義以為說。如其言空、有、有力、無力、待緣、不待緣、相卽相入、相與相奪，諸義之互相圓融不二，卽是圓教義。其言頓教之理，亦依圓教義。故其華嚴游心法界記最後節，謂：「頓終二教，法在圓中。何者？以彼空有無二，圓融交徹，是卽為終。融通相奪，兩邊相盡，是卽為頓。一多處此，卽為圓。三法融，教詮故別。是故華嚴受彼二教辨。」此卽謂其言諸教之理法，皆是圓融之理法。圓教之所以別于他教，在其依理而起之詮說。此中之終教之特性則依空有無二，以言種種相卽、相入、相與相奪之圓融義，如上所說。相與是順，相奪是逆。此法性緣起具足逆順，同體不違，德用自在，無障礙（一乘教義章十玄緣起無礙法）。而頓教之所以為頓教，卽在依此圓融義中皆有相對之兩邊，而卽此兩邊之相對，以見其絕對相反相矛盾，而使其由相卽相順以相與，而歸在相奪（註六），使對兩邊之義，皆心無可思，亦言無可說。此卽由見不可思議，而直證此兩邊相奪，所顯之空有不二之眞實。此一頓敎之位于終敎之後，初看乃以智顗之化儀爲化法，而混亂化儀化法之分，卽法藏之弟子慧苑亦嘗有疑，以爲五敎中不當有此頓敎，而建其半滿四敎之論。但法藏之言一切相對兩邊之義之不二，不只如吉藏之只依一盡偏中或絕待中爲之統，亦不如智顗由一不但中之卽兩偏，見三諦之直下圓融于一心者，皆是直自中偏之無不歸于相統、相卽、相與、相順說。法藏之說，乃于此兩偏，除見其可依中「以」相統、相卽、相順、相與之外，更見其亦有「絕對相反、而相矛盾、或相違、以更相奪」之義。于此卽不可不有此頓敎所示之一境。此頓敎所示之境，要在依凡爲相對之兩邊者，皆有此相奪之義說。此相對之兩邊之相奪，乃一邊之充極其量，以奪盡另一邊，而另一邊則更無所有；而此另一邊，亦復奪盡此一邊，亦使之更無所有而說。故卽以理事相對作兩邊觀，法藏雖言理事可相顯、相成、相卽、相遍，亦言其可相隱、相非、相奪而俱盡。如其發菩提心章既言「理遍于事，事遍于理，依理成事，事能顯理」，亦言「以理奪事，事能隱理」。既言「眞理卽事，事法卽理」。又言「眞理非事，事法非理」故「事理雙觀，互相形奪，遂使兩雙俱盡，非理非事，寂然雙絕」。至于一般之事與事相對，理與理相對，互爲空有隱顯，以成兩邊者，吾人之觀之，更無不見其既可相卽而俱存而並在，亦可相奪，而俱盡、雙絕，故凡分別說此兩邊之一切思想言說，皆可相奪，而皆可歸于寂然雙絕，以入于一

註六：杜順五敎止觀第五，華嚴三昧門，亦有此互奪互融文，與法藏發菩提心章文大同，故人疑之。

不可思議境。然由此兩邊互奪，而一邊之自，奪盡另一邊之他，爲其所有，而他全入于自，即又再成相入而相即。由相奪以再成相入而相即，而相與相順，亦原只是圓教之義理。然人之契此相奪而相入相即所成之境界，則非義理之思議之事，亦不同于說此義理之事，即不同于說始教終教之事，亦非始教終教所立之教。故亦不同于天臺所謂絕言，在其四教中皆有者。便當說爲另一教。法藏即依此而言頓教之旨，以說維摩經之默然無言，即是說不二法門之旨，及思益經中之聖默然之義，並以大乘起信論之離言眞如，即終教之通于頓教之義者也。

至關于法藏之言此頓教義之前別于小乘及大乘始終二教，後不同圓教之義者，則于其華嚴游心法界記所論，最爲明晰。其中言游心法界之五門：第一門法是我非門，即小乘之無我執而言有法。人可依此門以就一切法之有，而觀其總別同異等相。第二門緣生無性門，即大乘始教，如般若之所說。人可依此門，以入諸法皆空，相無不盡者。第三門事理混融門，即大乘終教。人可由之以入事理兩門，圓融一際，空有雙陳，無障礙者。此即上所述之大乘起信論爲代表之說。法藏于此更說入此一門，則有止觀雙行，悲智相導，「以有即空，而不有，故是止境也；以空即有而不空，故爲觀境也。空有全收，而不礙二，故止觀二法融（離）也。空有二而不二，故是止觀二法離（融）也。即以能觀之心契彼境，故是止觀二法融也」。言悲智相導者：「觀有即空而不失有，故悲導智而不住空；觀空即有而不失空，故智導悲而不滯有。以不住空之大智，故恆隨有以攝生，即大悲也；以不滯有之大悲，故常處空而證滅，卽大智也。……「以有卽空，故不住生死；以空卽有，故不住涅槃。空有一塊而不礙兩存，故亦住生死亦住涅槃。其猶水波高下動轉，是波；溼性平等，是水。……波水一而不礙殊，水波殊而不礙一。不礙一，故處水而卽住波；不礙殊，故住波而卽居水」。此皆易解。而其意在以此事理無礙，通生死與涅槃，言于此二皆不住而亦兼住之義。此亦可合于智顗所言之止觀與圓教之卽生死卽涅槃之義者也。然法藏于言此事理兩門圓融無礙之後，更言入言語道斷，心行處滅之頓教之方便。其言曰：「此方便卽于空有之上，消息取之。何者？以空全奪有，有空而無有，有見蕩盡也；以有全奪空，空有而無空，空執都亡也。空有卽入，全體交徹。一相無二，雙見俱離也。卽以交徹無礙而不壞，兩相雙存……。得是方便入法者，卽契圓珠于掌內，諸見不拘。證性海于心端，逍然物外。超情離念，迥越擬議，頓塞百非，語觀雙絕。故既妄心永滅，諸見雲披，唯證相應，豈關言論。……故論云：如人飲水，唯證者自知等。楞伽經云：眞實自悟處，覺想所覺離。……」（註七）

此法藏之言唯證相應，乃一切佛教所同趣。中國言頓悟義者，亦自竺道生以下，言之者亦甚多。法藏之言之特色，乃在依空與有之相對而相奪，以互相蕩盡，以歸于全體交徹，亦全體蕩盡。一切法無不可相對而觀其互爲自他。于此自中觀他，則自有他無；于他中觀自，則他有自無，遂互爲空

註七：此上所引法藏文游心法界記文有誤脫，其文與今存杜順華嚴五教止觀第四語觀雙絕門大同，宜互參校以觀。

有。一切抽象之思想範疇，如因與緣、始與本，以及全體與部份、同與異、一與多，其相對者各自有義，而無其相對之他義，卽互爲空有。而此空與有之自身，在一般之見中，亦謂「空」中有「空」，而無「有」，「有」中有「有」而無「空」者，亦實同是互爲空有者，思之可知。凡此互爲空有者，皆兼有此空有二義。今于此空有二義之自身，見其互爲空有，使自相奪而互相蕩盡。則于世間一切相對之法，無不互爲空有者，卽皆無不可見其自相奪，而互相蕩盡，以至于一思慮路絕，言語道斷之空有雙泯無二之境。而吾人由任一相對爲自他之法入門，而觀其相奪而互相蕩盡，亦皆可入于此空有雙泯無二之境，亦非必須于一切相對之法，皆一一舉而出之，一一蕩盡之，然後能入此境也。此一一舉出之事，固不可能，以世間相對之法無窮無盡，舉出之而不能使之相奪，則唯是更向言說思慮之境中馳逐，而離于「入此境」之頓教法門愈遠。此頓教法門之教人入此境，要在于空有之相奪中入。則于一切相對互爲爲空有之法中，入此境，不爲多；卽在一相對互爲空有之法中，入此境，亦不爲少。此入乃深度的契入之事，固非廣度的思議之事。人亦正須絕此廣度之思議，乃能有此深度的契入也。故此頓教法門，決不同于以前之諸門，有廣度的觀有觀空與觀空有之相融之觀解者。此乃以空有之相奪而互相蕩盡，以使相對者由絕對矛盾不融，更絕對相奪，以無此不融，故與前三教不同。而由相奪以無不融，卽更有由相入而相卽，以更成融，由相入而相卽之重重無盡，以成一大緣起。此卽其後文之法界無礙之大緣起，圓教之華嚴三昧所證之境也。

## 十　華嚴之圓教義與天臺之圓教義

此華嚴之圓教三昧與法界無礙之大緣起之義，與前此四教之義不同者，在前四教皆是方便入法界門，而華嚴之說此法界，則純是實顯眞實相，故不同于前三教之方便爲權說，與頓教爲絕思議而無說者。此華嚴之圓教，法藏承智儼而稱爲別教一乘。一乘卽一佛乘，說其是別教，非同智顗之藏通別圓四教中之別教，此乃低于圓教者。此是說此華嚴只說眞實之一乘，故與他教之有方便有權說者別異，亦與法華之開權顯實，廢權立實之圓教別異。澄觀華嚴隨疏演義鈔卷六，依唐初印法師之分屈曲教與平道教，謂法華之隨機隱顯，開權顯實，卽是「屈曲」；不同華嚴之權實齊彰，一時顯用，無邊差別，皆是「平道」。又謂華嚴爲根本一乘，法華爲破異一乘。法華之開權廢權，卽有權可開可廢，而開之廢之，以化同于此實教之一乘圓教。此實教雖爲絕待，然亦初與權相待，開權廢權乃見其爲絕待。故華嚴宗只說之爲同教一乘（註八）。而華嚴之說一乘，則只直顯此佛境界之眞實究竟法，更無權可開可廢；而爲一自始不與權教相待之絕待教（註九），迥然別異餘教，以成實教一乘。故又名別教一乘。此實教一乘，在說法界無礙之大緣起法。此必須先發徹到信心，然後能受此無礙法。此大緣起法之所以爲大緣起，在于任一法中展一切法，亦卷一切法于一法。而一卽一切，一切卽一；一切入一，一入一切。此在前之大乘始終敎，及智顗之圓敎相較而言，則亦初非無其義。如般若慧照一切法，一切法同一性空之理。賴耶攝一切法，一切法同一緣起之理。性空緣起之二理，其二而不二之義，則詳在終敎。而佛般若智慧與解脫法身皆遍法界，其大悲大智遍攝一切衆生，卽在般若唯識宗中，亦有其義。而智顗之言由佛之悲智所生之神通感應之種種妙，心佛衆生三法無差別，及一念之中卽攝法界三

註八：華嚴之別敎一乘與天台之同敎一乘，法藏一乘敎義章卷一嘗辨之。其探玄記卷一又謂存三（乘）之一爲解深密，遮三之一爲法華，三表體之一爲華嚴。又謂華嚴爲根本一乘敎，法華涅槃爲破異一乘敎。此卽謂別敎一乘，乃以三名一，有積極正面之敎義。後澄觀合大小三乘爲一實敎，于其中更開同別二敎，此與法藏一乘敎義章，直于圓敎中中開同別二敎者又略異。（可參考續藏經百零三卷四百三十五頁宋師會述善熹註同敎問答文）。後宗密普賢行願品疏抄卷二，謂能所無二，是大乘始敎；能所俱泯，是大乘終敎。華嚴則兼有同敎、別敎義。全收諸宗，卽同敎門緣起；全揀諸宗，卽別敎門緣起。又言「全收是別」，華嚴全收，卽有同敎別敎之義。此與澄觀之言又略異。然皆以華嚴圓敎不同于天台圓敎者也。

註九：湛然止觀義例下謂絕待卽絕相對，卽必先有相待，乃有絕待。又謂法華之非頓非漸，卽超過前此已說之華嚴頓敎。此乃本智顗法華玄義相待妙絕待妙之義立說。自華嚴宗說，則未有相待，卽是絕此相待，不須有待可絕，方爲絕待也。

千諸法，亦有此一攝一切，一切攝一之義。既已相攝，亦應有相入之義。然華嚴宗所言之法界緣起之義，仍有其特色者，則在其言一切法自其相對而觀，以一法爲自，其餘一切法卽並是他。依自觀自，其中無其他一切法，而一切法皆對自爲空，而爲此自之所空，亦卽在此所空之中，爲自所奪所攝，而一切法，卽皆入于此自中。而一切法之相入相卽，又皆由其相對而相反相矛盾，以相奪而成。相奪淨盡，爲頓教境界。過此頓教境界，更觀其由相奪所成之相入相卽，與一攝一切，一切攝一，……方是華嚴之圓教大緣起境界。此則不特爲華嚴之五教中前四教所未能及，而智顗之圓教之要在明中偏相卽，而非在由相奪以明相卽相入者，亦未有之也。

至于吾人若立于天臺華嚴之言之外，以平觀此二圓教之別，則天臺之以法華爲圓教，乃自其開權顯實，廢權立實說。此自是有權可廢，意在開顯。而華嚴則只說一佛境界之實，而無權可廢，意在直顯。二經不同，而天臺華嚴二宗，其立根，亦初不一。此卽直依本流出乳教，與由三教之末教會歸于本之醍醐教之不同也（註十）。歸本之教以攝末爲事，而其工夫，亦以收攝此心爲要，智顗言止觀，皆

註十：吉藏早言華嚴爲根本法輪，法華爲攝末歸本法輪。淸慈雲續法賢首五教儀卷四嘗本法藏一乘教義章，澄觀華嚴疏抄、宗密圓覺經大疏、普賢行願品疏抄、禪源諸詮集都序等書，以廣辨法相唯識宗、般若宗、終教性宗之同異，其中言天台華嚴圓教有五異：一、直顯開顯異、二、會歸流出異、三、廢立普容異、四、圓融無盡異、五、性具性起異。文略不詳。今本吾前文所及，總說二宗之別，不更機械分爲五也。

要在收攝此心。其言一念三千，乃意在于當前之一念中，見其卽具三千諸法，而卽在此介爾一念心中，起空假中觀。故智顗言小止觀，更教人于數息中起止觀工夫。于此介爾一念中起工夫，乃強度的說此一念中具三千，卽言不須于一念外求三千，亦不須于三千法更起觀。此三千法，固亦是相攝而相卽相入者。但亦不須于此起觀，以觀其相卽相入，而更明此相卽相入如何展現爲一法界無礙之大緣起法。故智顗之言一念三千，乃重在攝三千于一念，而不重在開一念爲三千。其判教之論所歸者，全在教人于當前介爾一念中，用止觀工夫，使此工夫與此一念相卽，而止于是，而更卽假、卽空、卽中，以觀其理或法性。先持舉其名，更與此理相應，而生起相似之念，與法性有相似卽，更有分證卽，與由分證而全證之究竟卽等。此皆爲凝聚心念更求息止，以成觀之強度的工夫。然華嚴之圓教，則始于直觀華嚴所說之佛境界之廣大無礙。華嚴經言佛以一音說法，爲衆菩薩所圍繞。佛說法時，于「高臺樓觀師子之座，諸莊嚴內，一一各出一佛世界，塵數菩薩，謂海慧等。此是如來依報所攝，以表依正無礙故、人法無二故。又如佛眉間，出勝音等佛世界，塵數菩薩，以表因果無礙故。……十方各十億佛土微塵數等大菩薩來，一一各將一佛世界，塵數菩薩，以爲眷屬。一一菩薩各與一佛世界，微塵數等妙莊嚴雲，悉皆彌覆，充滿虛空……一一毛孔，各出十佛世界……一切妙寶淨光明雲，一一光中出十佛世界」（據華嚴經旨歸）；而佛說法之音聲，卽遍重重無盡之世界，而無不聞，其光明遍重重無盡之世界，而無不照。而華嚴經中言善財童子之五十三參，見法界中之重重無盡之境，其故事皆甚美。

華嚴宗人，卽由華嚴經所說之事法界如是，而得其所啓示之義理，並卽以此義理，爲吾人當前所見之事法界之義理；謂一切事法界之事，卽皆同依此義理而成就，以成事理無礙法界與事事無礙法界。由是而此華嚴之法界觀卽自始爲廣度的，故重周遍、重普融。故以有大行願之普賢菩薩爲宗，而不同天臺之本法華而以救苦救難之觀世音菩薩爲宗。華嚴經言一毫端出大千世界無量經卷，雖亦似天臺之言一念三千，然却非重在納三千于一念，納大千世界無量經卷于一毫端；而意在于一毫端開出大千世界無量經卷，以見法界緣起之廣大無礙。此非謂其全無納廣大法界于一毫之意，如天臺亦非無卽一念以觀三千諸法之意。然畸輕畸重，則顯有不同。又天臺、華嚴雖皆言止觀，然天臺自是重在止于介爾一念，以成觀；而華嚴則重在觀無礙法界之大緣起，以成止。天臺所止之介爾一念，卽吾人凡夫無明法性心，以止觀破無明，而開顯法性。而華嚴所觀之大緣起，則初只佛眼所見一眞法界。故吾嘗于原性篇謂天臺宗能道中庸而極精微，而華嚴宗則是極高明而致廣大。天臺之一念三千，乃卽一念心以言此心之性具三千。而華嚴經性起品言「如來性起正法，一切如來平等智慧光明所起。」則此大緣起爲佛眼所見者，皆佛之如來種性之所起。然心佛衆生，三無差別；則此大緣起，亦卽由吾人一念心性之所起。故天臺宗由智顗至湛然、知禮益重言性具，華嚴宗由智儼、法藏、澄觀、宗密，益重言性起。天臺知禮言性具，而以華嚴之言性起，乃隨外緣方起，故不如言本性內具之必具。然後華嚴宗之續法，則以「外全起，內豈不具？」「起必含具」，而「具不必起」，乃以言性具者，不如言性起之全備。天臺言一念無明法性心，可歸于觀妄心、觀性惡爲法門；華嚴以一念心上契佛眼所見之大緣起法，則要在見此與起萬法之眞心眞性之淸淨無妄，爲法門。觀妄所以卽眞，不可說爲止於觀妄心；契眞所以破妄，亦不說爲離妄別緣眞心。天臺卽九界衆生性，以開顯其所具之佛性，會三乘於一乘。華嚴觀九界衆生性，皆如來性之所起，由一乘之本敎，以出三乘。會三歸一，如日之還照；一能出三，如日之初照。三原是一，方能歸一；一原函三，方能出三。天臺之圓，在卽衆生心性，開佛知見，開三乘之權，顯一乘之實；而其本則在華嚴經所言；佛眼所見之「心佛衆生三無差別」。華嚴之圓，則在直契此佛眼所見，以知佛之本懷，必普渡衆生，使與佛無異。而其末，則爲法華經之開權顯實，使一切衆生畢竟成佛，而還契佛之本懷。故不可以天臺之觀卽衆生性之妄心，爲偏妄而不圓；亦不可以華嚴之觀卽佛性之眞心，爲偏眞而不圓；更當知本末之相貫而不可相離；還照之日卽初照之日之自行于一圓也。

至就華嚴與天臺之說法方式而論，則天臺之敎義，乃以中統假空二偏成三法、三諦、三觀、三佛性、三法身，…皆如伊字三點，不縱不橫，華嚴于一切法皆自其異體之自他之相對，與同體中自與自之相對，以觀其「相卽相入」與「相奪相泯」；乃由兩兩對開，而有四法界、六相、十玄之說，故其義理皆縱橫交錯，而亦縱亦橫。天臺所宗之法華，只一佛說法，衆生聞敎，華嚴經則一佛說法，十方世界諸佛一齊俱說，而說者卽是聞者。菩薩聞法亦皆能說法者，故亦皆爲能說能聞者。于是一切佛法皆在諸佛菩薩之相對互說相聞之中，以相卽相入。佛對衆生說法，衆生由本覺之因，而得始覺之果是爲佛。佛之有此始覺之果，亦由其原是一有本覺之衆生爲因。因果不二，相卽相入，而佛與衆生，亦相卽相入，以合爲一無礙之大緣起法。故佛之爲衆生說法，探玄記卷一言四義：一、「衆生無別自體，攬如來藏以成衆生。然此如來藏即是佛智證爲自體，是故衆生舉體，總在佛心智中」；二、「佛證衆生心中眞如成佛，亦以始覺同本覺故，是故總在衆生心中」；三、「衆生心內佛，爲佛心中衆生說法；佛心中衆生，聽衆生心中佛說法。如是全收，說聽無礙」；四、「或彼聖教，俱非二心，以兩相形奪，不並現故；雙融二位，無不泯故。謂佛心衆生，無聽者故；衆生心佛，無說者故。兩相俱泯，二相盡故。經云夫說法者，無說無示；亦其聽法者，無聞無得。……是故此四……圓融無礙，方爲究竟。」探玄記依此四義之圓融，以觀佛對衆生說法所成之聖教。依其中之第一義言衆生所依以成衆生之如來藏，即佛智證爲自，使衆生在佛心中者；則不可言衆生所自有如來藏佛性，只屬于衆生，而當說爲是佛所證得，以使衆生在佛心中者。依其中第二義，言佛證此衆生如來藏，衆生之心眞如，即佛以其始覺，同于此衆生之心眞如之本覺；則佛乃在衆生心中，而佛亦不屬于其自己而屬于衆生。此即爲佛與衆生之相入而相即。由此而有第三義，即佛對衆生說法，即衆生心中之佛對此佛心中衆生說法；亦是佛心中衆生，聽衆生心中佛說法。于是此說法聽法之事，與此中所說所聞之聖教即全在此二心。他說他聞，即自說自聞。此即佛心與衆生心自體他體相即，同時是佛心與衆生心之自體，各與其自體之相即。此即終教義。至于依第四義，則佛心與衆生心，異而相奪，其說聽亦相奪，無說無聞，皆歸寂默，亦無佛與衆生之差別相，如頓教之所直會。合此四者，以成圓融觀，即爲一乘圓教所說之聖教流行之大緣起法。此與智顗言較，則智顗能言佛心與衆生心相即，以說一念具三千法，則其圓教中亦有前三義。然智顗未言衆生心與佛心相形奪而成之頓教義，亦未言前三義通過此頓教義，以爲一乘圓教所攝也。

## 十一　佛法十義及理事無礙觀、事事無礙觀

循此以觀法藏所言之種種義理，則其一乘教義章言佛法之十義：一、教義，二、理事，三、解行，四、因果，五、人法，六、分齊境位，七、師弟法智，八、主伴依正，九、隨其根欲示現，卽攝一切（感應），十、逆順體用自在等。此十義與智顗言圓教之本迹中十妙，亦大體相同。此十義中之教義，是總說諸教判別等，有如智顗之言判教。理事卽智顗迹中十妙所謂境。解行，卽智顗迹中十妙之智與行。于因果中，法藏乃本起信論以如來藏本覺與解行爲佛因，始覺、究竟覺而成佛爲果。此在智顗，卽以境智行三法，合爲本中十妙之本因妙。第五人法、第七師弟法智，此在智顗屬于本迹十妙之說法妙。第六分齊境位，卽同智顗十妙迹中之位妙與本中之國土妙。八、主伴依正，則智顗之本迹十妙中之眷屬妙及本中之國土妙，皆有其義之一部份。九、隨其根欲示現，卽攝一切，則與智顗之感應妙、神通妙相應。十逆順體用自在，則涵智顗迹中十妙之功德利益妙，亦與本中十妙中本涅槃妙、本壽命妙、本利益妙等相應。是見法藏之十義，與智顗之本迹中之十妙可相攝而說，佛教大義固不出此十義也。慈雲續法賢首五教儀，于賢首之十義，更依心以釋其名義曰：「心之意言曰教，心之法相曰義，

心之一如曰理，心之萬別曰事，心之所緣曰境，心之能照曰智，心之游履曰行，心之階級曰位，心之初作曰因，心之終成曰果，心之歸託曰依，心之主持曰正，心之自性曰體，心之幹能曰用，心之負荷曰人，心之軌則曰法，心之違背曰逆，心之和合曰順，心之招致曰感，心之酬還曰應」。並可助初學之理解。

至于法藏之說此十義之具哲學意味之義理，則一般皆依其言眞空觀、理事無礙觀、周遍含容觀之三觀，及四法界、六相、十玄之意講說。此法藏之三觀，澄觀華嚴疏抄卷十謂爲杜順所說，然今傳杜順書多同法藏書，可能卽法藏所著。至四法界中之事事無礙，法藏有其義，如探玄記卷一于理事無礙門之後，更言事融相攝門，卽事事無礙之義也。然似尚未定其名。此乃蓋至澄觀、宗密而後定其名。故澄觀華嚴法界玄鏡及華嚴經疏抄卷二，宗密註華嚴法界觀門，皆謂周遍含容觀，卽事事無礙法界；澄觀華嚴疏抄卷十，謂十玄自第二玄以下皆說事事無所礙是也。至于六相之名，則見華嚴經大地品，智儼先言之而法藏更析其義。十玄則先有智儼之古十玄，而法藏略變其說，以成新十玄。法藏弟子慧苑，又對之有所修正，並以上說之十義，爲一重十玄，修正法藏十玄所成之十玄，爲再一重十玄，則共成兩重十玄。此法藏之十玄依何而建立，亦當略說。人只觀其立名之美，作光景玩弄，亦于義無取。法藏之言三觀之說，詳見其華嚴三昧章，此書有金陵刻經處本，但原文有脫誤。大藏經本較全，名發菩提心章，又似卽取澄觀所釋以重編者。華嚴宗書，或參差錯雜，不如天台宗書之整秩。玆本此數書，略加整理，述此三觀之義如下。

按此三觀中之眞空觀法有四句：一、會色歸空觀，二、明空卽色觀，三、空色無礙觀，四、泯絕無寄觀。眞空觀法，要在對小乘之滅色析色歸空，或外色求空，而本般若之體法眞空，以會色歸空成空觀，明空卽色成假觀，由空色無礙，泯絕無寄，以明中觀，卽天臺之妙有眞空。故澄觀說空色無礙是雙照明中，泯絕無寄是雙遮明中，謂此三四爲妙色觀。然此中之第四泯絕無寄觀之使空有相奪，亦卽頓教義也。

至于下之理事無礙觀，則說理事鎔融有十門義：一、理遍于事門，謂一一事中，理皆全徧，非是分徧。二、事徧于理門，謂有分限之事，與無分限之理全同，非分同。于此當知此所謂理，非一般之抽象普遍之理，乃具體之理。尅實究竟言之，卽眞如理，如來藏之理，衆生能成佛之理。此理遍在衆生之一一事中，此一一事固皆有分限，然其中皆有此無分限之理之全體貫注，而內在于其中。如全海在波，而海非大，一波匝海，而波非小。是爲理遍事，而事遍理。事理相卽爲一如，而互不相礙。如衆生之事與其心眞如、如來藏之不相礙也。三、依理成事門，以諸緣起事皆無自性，依此無性之理，事方成故。如波依水成。四、事能顯理門，事虛理實，故實理得顯，如波相虛，令水體露現。(註十一)大

註十一：此大藏經本中上述四義之前二與金陵刻經處之三昧章會相歸性、及會事歸理二義相當。言依理成事門，二書亦同。大藏經本事能顯理門，屬三昧章之理事無礙門，然不能盡此理事無礙之義也。

藏經本第五以理奪事門。六、事能隱顯理門（此與三昧章之第四理事雙絕門相當）。此皆自理事相奪義說。大藏經本三昧章第七門爲眞理卽事門，第八門事法卽理門。此乃自緣起事與眞如理之相卽、相是、相同，而得以「相卽」說。第九眞理非事門與第十事法非理門，乃自理事之相非、相異、以至相奪說。此在三昧章皆無之。然皆不出此理事相卽、相成、與相奪、相泯之二義也。

至于大藏經本發菩提心章所定爲周遍含容觀者，則似全抄澄觀華嚴法界玄鏡之事事無礙門十義以成，後同爲續法賢首五敎儀卷六，言周遍含容觀之所取。但此中之前五門，皆只及事理無礙義。（註十二）後五門：六、偏容無礙門，七、攝入無礙門，八、交涉無礙門，九、相在無礙門，十、普融無礙門，方可說是言事與事之無礙義爲主。此五者與探玄記中，第七事融相攝門以下，皆及于事事無礙義。此與三昧章六、事事相在門以下者，可大體相配合。依探玄記事融相攝門有二：一、相在，二、相是。此「相在」卽玄鏡之六偏容無礙門，亦當卽三昧章之事事相在門。此乃自事事雖相入而又非一，各住自位說。此「相是」是自事與事之相入、亦相卽、而不異說，亦卽三昧章第四顯德中，第七彼此相是門，復卽玄鏡之攝入無礙門。又八、交涉無礙門，與三昧章以「交參」言「卽入無礙門」旨合。探玄記

註十二：此十門中前五門理如事門，事如理門，事含理事無礙門三者，文同三昧章理事俱融門之前三義。但三昧章下文，更有理事相奪之義，此當更合法藏之旨。至于其第四通局無礙門，第五廣狹無礙門中，所謂通者是理，理所以攝廣，局者是事，事則狹。謂此二無礙，亦猶言事理無礙也。

則只于第八言帝網重重門，言一具一切，此一之一切中之一，復具一切。此亦具交涉無礙之旨，亦與三昧章之帝網重現門，及玄鏡九、相在無礙門中，所謂一切與一切重重交參之義合。又玄鏡之普融無礙門，則與探玄記之海印炳現門、主伴圓備門，言一切教法在如來海印定中，炳然呈現、主伴圓融之二義相通。三昧章亦卽名之爲主伴圓備門，以攝探玄記之海印炳現門也。要之，在探玄記中只有事融無礙門、帝網重重門等名，而尚未有事事無礙門之名，則此名蓋澄觀、宗密之所立也。（註十三）

今若說此法藏之雖無此事事無礙之名，而探玄記中之事融相攝等、三昧章之事事相在等，卽其義；則此事事無礙之義，不外言事與事之相入而相在，以不一；與相是而相卽，以不異。由此相入相卽，更互相反映，則可至于重重無盡。如因陀羅網上之珠光或鏡光之相照，至于重重無盡，總不出此

註十三：吾人如將大藏經所名爲發菩提心章與金陵刻經處名爲華嚴三昧章，與探玄記對比，可見大藏經本之發菩提心章與澄觀玄鏡之內容全同。而金陵刻經處名爲三昧章者，則與探玄記更爲一致。故疑此大藏經本之發菩提心章說爲法藏所著者，實亦採澄觀著以成。然澄觀玄鏡與大藏經本發菩提心章中，所視爲屬周遍含容觀者，既只有後五門方說事事無礙之義，則澄觀與宗密之謂此周遍含容觀卽事事無礙觀，亦並不切。言事事無礙之義，如依探玄記，則當自第七之事融相攝門說起。依三昧章亦只當自後五門說起。法藏探玄記，只有事融相攝門等之名，未立事事無礙之名。法藏之一乘教義章等書，亦未見此名。慧苑華嚴刊定記有理事無礙宗，事事無礙宗之分。然此又不同四法界說，以理事無礙、事事無礙，乃二法界者也。

事與事之相卽相入之義。此事與事之相卽相入，可是異體之二事，如因與緣之相卽相入；亦可是一事之內部之前後事之相卽相入，如本覺與始覺之相卽相入，此爲同體之相卽相入。而將事與理對觀，則有事與理之相卽相入；將理與理對觀，亦有理與理之相卽相入。然此中之相卽，只由相是相同可成。至相入之爲相對之異體相入者，其相入，乃相對者之互以其有，空他之有，以奪他之有，而攝他于自，以使他入于自，或使此自入于他，爲他所攝。故無此相奪，而相泯相隱，卽無此相入，而相存相顯。由此觀發菩提心章或三昧章中所言之理法隱顯門、事法存泯門（註十四）、一事隱現門、多事隱現門、一多存泯門、一事存泯門、多事存泯門，卽皆不外依此相奪義，以言相卽相入之義，更說一切事理之法，皆有存與泯、顯與隱者。然後之華嚴學者言相卽相入者，恆忽此相入之根于相奪，由相奪方可言相泯與相隱。頓教義之精神，亦全在此相奪相泯相隱。法藏之五教中，必立頓教，亦卽依其重此相奪相泯相隱之義。其弟子慧苑，必廢頓教。澄觀對此亦不如法藏之重視。宗密則較能契此，而依此頓教之絕思議以通禪。然今人言華嚴者，則多只就其言相入相卽而汎說，而不知法藏之相入相卽，當先歷大乘始終二教，再通過此頓教中相奪相泯之義而說。若汎說一切法之相入相卽，則大般若經言一切法趣一切，金光明經言一切法含受一切法，維摩經言須彌芥子相入，皆有其義，則于華嚴宗言相入

**註十四**：大藏經發菩提心章五理事圓融義、第八，一多存泯門，金陵刻經處三昧章作一事存泯門。此二書之五理事圓融義中第七事事相是門之內容所說者，方是一多存泯門之事也。

相卽之特色，與其進于其前之佛學之處，亦未能如實了解也。

## 十二　法藏言十玄、六相、及華嚴法界觀

至于法藏之言十玄、六相之義，則此十玄初于連于上文之敎義、理事、解行等十義，而說佛之言此十義，其中亦具相卽相入與相奪相泯，以互爲隱顯存泯之義。而六相之總別同異成壞之相，乃就其所說之菩薩自利利他各有十句之義相涵，以狀此華嚴之義海。今人以之爲泛說客觀天地萬物之十玄六相，則失其本旨。此天地萬物自亦屬于其所謂成佛之事之中。故此十玄之義，自亦可用于說此客觀天地萬物。然其本旨則唯在狀此華嚴之義海。此十玄六相，皆由上文言理事之卽入等義以引出，而不須更說。但以其可助人之把握華嚴宗義而最流行于世，故下文亦本一乘敎義章分別略釋之。

法藏之十玄門，一、同時具足相應門。此卽謂圓敎之佛敎乃于前所說之十義同時具足，以成一法界之大緣起法也。二、一多相容不同門。卽謂此十義中之隨以一義爲門，卽具攝前因果理事一切法門，此卽較智顗之法華玄義，亦有境、智、行、因果等十重玄義，而未言其中之每一重義皆可爲門，以通餘九重者，更轉進一層。此乃依法之可相對爲自他，而說其自力用言，皆可相攝而相入，則一攝多、容多，而不失一。故一多相容而不同也。三、諸法相卽自在門。此諸法或是異體之相卽，或是同

體之相卽。如因之待外緣者與外緣之相卽，爲異體之相卽；因之不待緣，而自具德，以表現爲果者，其與果，爲同體之相卽。後者卽如初發心作佛之事或佛性因與佛果之相卽。然依一乘敎義章，則重在言同體中之相卽。四、因陀羅網境界門。因陀羅網卽寶珠網，在此網之一珠中，現一切珠，其餘珠亦然，隱顯互現，重重無盡。此卽喩一切法之相卽相入之重重無盡也。五、微細相容安立門。此謂一切法門于一念中，可炳然齊現。重重互現，是因陀羅網義，平等齊頭炳顯，是此門。依華嚴旨歸，此門意在言異體之相容而相入。六、秘密隱顯俱成門。謂隱覆、顯了，俱時成就。華嚴經旨歸，言異體相容是微細義，又謂「異體相是，具隱顯義」。卽謂異體相卽，而互爲隱顯有無，故二者俱成。七、諸藏純雜具德門。法之平等普遍者爲純，其差別特殊者爲雜，純雜之德皆具，而自在不相礙，是此門義。八、十世隔法異成門。過現未三世，各有過現未，合爲九世。此九世相卽相入，成一總世，合爲十世。此十世相卽相入，以成一切修生成佛之事之始終相涵之緣起。九、唯心廻轉善成門。此乃說上來諸義門，唯是一如來藏自性清淨心之廻轉，性起具德，悉是此心自在作用，更無餘物。此心是理，廻轉是事，卽依理成事。十、託事顯法生解門。此上諸義門，皆可托事加以喩顯，此乃卽事顯理，與上之依理成事，合見理事圓融。此上十門等與前十義，皆同時會融，成一法界緣起具德門，普眼境界，但在大解、大行、大見聞心中。（註十五）

此十玄，乃直說大緣起法之內容。至于六相，則是說此緣起法之合多爲一，而一多相攝入，而相卽，以圓融不相礙之相狀。六相卽總相、別相、同相、異相、成相、壞相。「總相者，一含多德故」如上述之大緣起法，合爲一總相。「別相者，多德非一故」。如上之大緣起法，中有十義十門，各自有別義。「同相者，多義不相違，同成一總故」。如上之十玄十門，皆有同屬此大緣起法之相。「異相者，多義相望，各各異故」。如上之十義十門之每一義一門，依其別義，以異于餘九。「成相者，由此諸義，緣起成故」。如由上之十義十門，以融成一大緣起，而大緣起法得成；十義十門，亦得成

**註十五**：此法藏之十玄與智儼之古十玄，亦相差不多。只古十玄中之廣狹自在無礙門，在法藏爲諸藏純雜具德門，純卽純一普遍，故廣；雜卽雜多特殊，故狹。純雜自內涵說，廣狹自外延說。又古十玄之主伴圓明具德門，新十玄改爲唯心廻轉善成門。圓明固指心說，心之活動自有主有伴，但言具德，重在心之性中所具；言廻轉善成，重在心之所表現之功用。此外，則古十玄與新十玄，只有次序之安排不同而已。據華嚴經旨歸言就法之用言「有力無力、相持相依，故有相入」，卽有同時具足相應門。就體言「全體有空，能作所作，全體相是，故有相卽」。相卽相入，各有二義：「異體相容，具微細義；異體相是，具隱顯義」……同體相入，故有一多無礙；同體相卽，故有廣狹無礙。又由異體攝同故，（華嚴經疏抄爲異體相入帶同體相入）故帝網無礙義。現于時中，故得十世義。緣起無性，故得有性相無礙義。（指托事顯法生解門）相關互攝，故得有主伴無礙義。此所說較整齊，便于把握。此雖是說古十玄。然此古今之十玄之義通，則亦卽可用以釋今十玄也。此外則澄觀華嚴經疏卷二及續法五教儀卷六之二，對十玄之所以立，純依事理關係說，亦頗嚴整，並可參考。

爲此大緣起之十義十門，以別成總，以異合同。「壞相者，諸義各住自法，不移動故」。此卽謂別成總，異合同，而別自是別，異自是異，而各住自法。此如上述之大緣起法中之一義一門，皆住自法，亦唯以各住自法，而不失自法，方得共成此大緣起法。（此可觀後文以舍譬總，以椽等譬別中之釋文）此大緣起法，有如是六相，一切緣起法，莫不有如是之六相。蓋合觀，則爲總相，分觀則爲別相。別合于總，爲同相；別自分，爲異相。別合成總，而別得成爲總之別，爲成相；別自分，而總失別卽不見總，爲壞相。故任何一緣起法中之諸別皆自在相卽，無礙鎔融。本此義之現前以修道，則「一切惑障，一斷一切斷，行德則一成一切成，理性則一顯一切顯」；以別皆成總，異皆合同，力用互相周遍故。「普別具足，始終皆齊，初發心時便成正覺」「因卽普賢解行，果卽十佛境界」華嚴經云：「一念之功德，深廣無邊際，如來分別現，窮劫不能盡。」此皆根于一攝一切、一入一切、一卽一切，而一切攝一、一切入一、一切卽一，其相反映，重重無盡，故功德亦無窮盡也。人能于此以高明廣大之心契入，以成其深信，則此功德之無窮盡，亦卽隨此信而現前。唯凡人之此信，不深而淺，難續易斷，則自不能見此功德之無窮盡。然若能深之又深，相續不斷，則一念功德卽不可思議，力用周遍法界中之一切法，而無窮無盡。一發心便成正覺，亦確有此理，而非虛語。此卽華嚴宗之圓頓法門。其要唯在知此一攝一切，一切攝一之法界緣起；而更修法界觀，以成其高明廣大之心之深信。此與智顗之教人生大信，要在于介爾一念之無明法性心，以空假中三觀破無明，以開顯法性，由凝翕以成其闢之工夫者固不同。而是先闢此心，以向于高明廣大，觀法界大緣起，而更觀此當下一念之發心，依此法界之大緣起，而功德無窮盡，卽凝翕成大信。然其皆爲一超思議之圓頓工夫，則一也。

至于法藏華嚴經旨歸乃依智儼之十玄說。華嚴還原觀，由體用言五止六觀，華嚴義海百門則言敎理觀行之義海有百門。諸書言義理之開合，皆不必相同，然文義皆易解，今不擬一一述。而此中義理開合，不必相同之故，蓋由于本相卽相入相攝，以觀一切敎理觀行等，皆原有多途，皆可成此相卽相入相攝之義。如將諸鏡相對，橫斜錯置，亦能互相反映，以成其種種之相卽相入。今言義理之世界中諸義理之關係，如抽象而論，固可一一孤立，不必皆成相卽相入。然若連之于具體之事物而論，則事物之力用，皆直接間接，相卽相入，以成緣起法；則于其所具之義理，亦卽無不可見其相卽相入，以之爲說明此緣起法之用。此義可自思之。事物有種種，其義理亦有種種。說此事物與義理之相卽相入，以成緣起之說，亦有種種方式。固不必一一拘格以求加以配比，或更謂其配比之方式，亦只一而無二也。若果其如是也，此所拘之格式，皆只是有而不空，亦不能更與其他之格式，相卽相入，則于華嚴之義，更何有哉？亦非我所敢知，而亦不欲更論者也。

# 第十四章　宗密論禪原與禪宗之道

## 一　導　言

此中國之禪宗與印度傳來之禪法禪觀之關係，原爲一待考究之一問題。印度禪觀之法，傳入中國甚早，前文已略及。智顗之言漸次與不定止觀，亦卽融合印度所傳之禪觀之法而成。然其圓頓止觀，則歸在于介爾一念中成就。于此觀中依種種敎義之思維，以形成一不思議境，則爲其特色所在。然此天臺之止觀之工夫，乃一人于其在靜坐或行動中所自用。華嚴之言止觀，而游心法界，亦是一人之自默想成觀。般若宗之空觀，唯識宗之唯識觀，人如加以應用，亦是一人自用之事。中國後來之禪宗，則重學者與其師之直接對語，而使學者之心直下有所開悟。又禪宗以前之習禪之僧人，皆「閒居靜處，息諸緣務，住寺廟中，衣食具足」無須自事生產，然後可修禪觀。智顗摩訶止觀，卽明言此等等爲習禪之必須條件之一。慈雲賢首五敎儀，言修法界觀，亦當先衣食具足。故此僧人之得修禪觀，全賴世間之供養。而以世間之眼光觀之，則僧徒皆無異無業游民。韓愈原道篇闢佛，卽要在依僧尼之不事生產而說。然在禪宗之徒，則多非身居大寺，恆須一面自理其生活中事，一面學佛。由此而其學佛之事，與日常生活之事，亦可打成一片，在勞動生產穿衣吃飯之事中，皆可悟道。故傳六祖惠能爲不識字之柴房舂米之人。此禪宗之興起，無論自僧徒在中國社會中之生活方式說，與其談論佛學之方式說，皆表示其與中國原有之社會文化有更多之結合。此中若專就其談論佛學之方式，重師徒之直接對語而言，實正上承孔門師弟講學之風。此乃大不同于南北朝之高僧大德之依經論講義學者。義學之講習，必須博學，並用佛典之專門名辭，求所講者之系統化，依義理之位次，循序講述。對語則知之爲知之，不知爲不知，亦可用日常語言，與文學中之語言，更不須求系統化，唯要在使學者之心直下有所開悟。在此對語中，其引用佛家之經論之文，亦要在取其當機者，加以活用。此活用之智慧，則不同于講義學者之須有一對種種義理，加以分析綜合安排組織之智慧。此後一智慧，可依一定方法訓練而成。活用之智慧，則恆賴于天資，其訓練亦無一定之方法。然人有此對經論活用之智慧，則佛家經論中之義理，亦無不變活；而由人之言說無礙，卽得眞顯其義理之無礙矣。

依上述禪宗之于經論之文，恆表現一活用之智慧，以顯其義理之無礙；故宗下之學風，大不同于敎下之學風。在敎下之中，最重此無礙義者，乃華嚴宗。華嚴宗能知此無礙義之重要，又于其五敎中特立頓敎，並言依頓敎悟道，可不歷位次，則正可用以說禪宗。然華嚴宗雖知頓敎之不歷位次，然又置之于五敎之第四位，于此不歷位次者，亦爲之定位。此則非禪宗之所許。禪宗之施敎，則不特不如講敎義者，須循義理之位次講述，並知佛家之修行證果，亦無一定之位次。依修行證果之位次之說，天臺言圓教可使學者當身入五品弟子位，三生必成。華嚴宗亦言三生入法界。此較印度佛教恆須歷無量刼數方成佛之說，固大爲簡易直截。然禪宗則可更言卽當下一念心，以直悟佛心。依華嚴義，頓教亦原可有此義。在華嚴必以華嚴圓教爲至極者，乃以唯此圓教，乃能融攝此頓教與小始終三教之漸教而說。然若由頓教已可直悟佛心，則禪宗人亦可說：不須更多此一融攝之事，而禪宗卽可獨自脫穎而出于前此之諸教之外，而更與教門教下相分別，以自稱爲宗門宗下，而不必依傍于一定之教矣。

上文乃本章一導言，以便讀者于禪宗與他宗之不同，有一總括之印象。其中若干義，後文更有發揮。下文正論，重在介紹宗密之禪源諸詮集都序書之大旨，再及于禪宗之特性。蓋宗密既習教于澄觀，又學禪于神會。此書乃一依教義以說禪之書，正足爲本書上文論佛家諸宗教義以至論禪之一通郵也。

## 二　禪宗之三宗與三教

此宗密之禪源諸詮集都序之一書，乃言禪之原于教者，其意在通教與禪，而重在以教義明禪。其言禪宗內部之各宗所本之教義，亦未嘗謂其皆本于華嚴所謂之圓教。其分別禪宗爲三宗，乃意在言其所本之教義，亦有三宗。此其分禪宗爲三宗之說，蓋大體可盡當時之禪宗之說。此自與後之禪宗之開爲五宗者不同。禪宗五宗之宗師，如臨濟、曹山、洞山等皆後宗密而興。此後之五宗，與諸佛教教義之關係如何，後亦當略論。吾于惠能壇經之旨，已于原性篇論之。今不擬重複。故唯姑就宗密所言之三宗，屬早期禪宗者，與其所本之經教之關係，先加以述論于下。

此宗密之言禪宗之三宗與所本經教之關係，初未特重六祖惠能，亦未特重南北宗之分，此與後世之觀念不必同。而就禪宗之歷史發展以觀，由達摩至六祖惠能，亦非直線相傳。達摩以壁觀爲教，亦猶是印度之禪法，與後之天臺之禪法亦相近。其以楞伽經授學者，而楞伽經初屬瑜伽宗或法相唯識宗之一流之經典。傳爲禪宗二祖之惠可，亦講楞伽。攝山之慧布講三論，參學于慧可。傳爲三祖之僧璨，有信心銘，其書未知眞僞，似唯廣用佛家常語而成。傳爲四祖之道信，講般若，道信下之牛頭，更以講般若名。傳爲五祖之弘忍，則六祖壇經謂其以般若教惠能。但張說之弘忍傳，謂弘忍以楞伽教授。弘忍弟子神秀特重楞伽，而重經旨由心悟。弘忍或兼講楞伽般若者。今存大藏經中弘忍之最上乘論，言守本眞心，以去妄念，似近楞伽之旨。其書眞僞則未考。六祖惠能，則據壇經乃初聞無盡藏尼講涅槃經，後聞金剛經，乃至黃梅就弘忍學，其所得者以般若義爲多，故壇經多明般若。然吾之原性篇嘗論其心性即佛性之義，可出于涅槃經，及前此言自性淸淨心如來藏一流之佛學。則于由達摩至弘忍所重之楞伽經之言如來藏者，惠能亦可有所承。要之自此禪宗之歷史發展而觀，其中大有曲折，其宗旨亦非直線相傳。宗密禪源諸詮集所言江西、荷澤、北秀、南侁、牛頭、石頭、保唐、宣什等十室之學，畢竟如何，後傳燈錄所載師弟相承之迹，是否可信，中日學者于此禪宗史之考證甚多，此屬專門之學，其中問題繁碎。但禪源諸詮集之分禪宗為三宗，則要在以宗風，與其所連之義理判，而非以地域與師弟之傳承判，則吾人亦可據其書，以理解其分為三宗之理由與義理宗旨之所在也。

宗密之禪源諸詮集，謂一切禪之源，卽「一切衆生本覺眞性，亦名佛性，亦名心地，悟之名慧，修之名定。定慧通稱禪那。此性是禪之本原，故云禪源，亦名禪那。理行者，此之本源是禪理，忘情契之是禪行。」但「此眞性，非唯是禪門之源，亦是萬法之源，故名法性；亦是衆生迷悟之源，故名如來藏藏識；亦是諸佛萬德之源，故名佛性；亦是菩薩萬行之原，故名心地。萬行不出六波羅密，禪門但是六中之一，當其第五」。此卽見宗密非卽以眞性為禪，亦非以禪行為一切行。然下文更謂「禪定一行，最為神妙，能發起性上無漏智慧，一切妙用萬德萬行，乃至神通光明，皆從定發。故三乘學人，欲求聖道，必須修禪。離此無門，離此無路。至于念佛求生淨土，亦須修十六觀禪，及念佛三昧、般舟三昧。又眞性則不垢不淨、凡聖無差；禪則有淺有深，階級殊等。謂帶異計欣上厭下而修者，是外道禪。正信因果，亦以欣厭而修者，是凡夫禪。悟我偏眞之理而修者，是小乘禪。悟我法二空所顯眞理而修者，是大乘禪。若頓悟自心，本來清淨，元無煩惱，無漏智性，本自具足，此心卽佛，畢竟無異，依此而修者，是最上乘禪。亦名如來清淨禪，亦名一行三昧，亦名眞如三昧。此是一切三昧根本。若能念念修習，自然漸得百千三昧，……達摩門下展轉相傳者，是此禪也。達摩未到，古來諸家所解，皆是前四禪八定。諸高僧修之，皆得功用。南岳天臺，令依三諦之理，修三止三觀，教義雖是圓妙，然其趣入門戶次第，亦只是前之諸禪行相。唯達摩所傳者，頓同佛體，迥異諸門；故宗習者，難得其旨……」云云。

此謂達摩所傳頓同佛體，爲迥異諸門，是否事實，尚待考究。達摩禪法，蓋未必迥異諸門。唯後之爲禪學者，祖述達摩，謂其法由釋迦靈山會上之迦葉拈花微笑(註一)得教外別傳，歷二十八祖「以心傳心，不立文字」，次第傳來，以爲中華禪宗初祖，然後可說。此達摩禪法迥異諸門。實則此唯是中國之禪宗之教學方式，迥異前此之禪法而已。

至于宗密之下文謂「佛說頓教、漸教，禪開頓門、漸門。二教二門，各相符契，今講者偏彰漸義，禪者偏播頓宗，禪講相逢，胡越之隔」……下文更說其欲通此禪教之隔之旨。然以漸道修禪，正是前此十六觀禪、四禪、八定之類。中國之禪宗，則所趨既在頓同佛體，自是偏在頓悟。唯啓廸心悟，亦自當有言。而所言之義，自亦當與習禪者所浸漸之教理有關。故宗密可于當時之禪宗，就其與諸教理關係之不同，以分別其宗趣所存也。

至其後文之分禪宗爲三宗，今可依次述之于下：

「初息妄修心宗者，說衆生雖本有佛性，而無始無明，覆之不見，故輪廻生死，……故須依師言教，

**註一**：據范古農佛學問答卷六謂拈花傳法出大梵王問佛決疑經云。

背境觀心，息滅妄念，念盡卽覺悟……如鏡昏塵，須勤拂拭，塵盡明現，卽無所不照。又須明解，趣入禪境方便；遠離憒鬧，住閒靜處，調身調息，跏趺宴默，舌拄上齶，心注一境。南侁、北秀、保唐、宣什等門下，皆此類也。」宗密于此書共說五教。後文更說此宗乃依佛教中之密意依性說相教中之第三教，將識破境，教相扶會。其前第一教爲一般人天教，說善惡因果業報者，第二教斷業或修道證滅之教，皆與禪不相干。此其前之一、二教，卽小乘佛教所說者。此第三教將識破境，宗密則以唯識宗之言境由識變，我法二執空之義說之。故謂「息妄者，乃息我法之妄；修心者，修唯識之心」。此卽禪宗之漸教，爲神秀禪師所弘揚。而亦合于達摩以壁觀教人「安心，外止諸緣，內心無喘，心如牆壁，可以入道」，「亦與天臺及侁、秀門下意趣無殊」云云。

今按宗密說此息妄修心宗爲禪宗之第一宗，乃自其先自信有佛性，或如明鏡之無所不照之心說。然其工夫，則要在次第息妄，以顯此心，是爲漸教。然謂其與唯識宗相扶會，則蓋未切。因唯識宗並不言人原有此如明鏡無所不照之心。依唯識宗此一心乃轉識成智所修成。然唯識宗所承之楞伽一經，則謂人有如來藏心原爲淸淨，人能止息對外境攀緣之妄念，而深信有如來藏爲眞性，而自緣之，卽爲攀緣如禪，而此心亦自隨其所攀緣之如而變。此亦具境隨心變之理。達摩言壁觀，更以楞伽授學者，則其壁觀之教理，應卽在此楞伽經，而以息妄修心言楞伽之旨，亦更適當。按楞伽經卷二亦嘗分禪爲四種，一愚夫所行禪。卽執有法不空，而行禪者。此卽宗密之帶異計之外道禪。二觀察義禪。此卽于定中對義諦作靜慮之禪。三攀緣如禪。此卽宗密之欣上厭下之凡夫禪。四如來禪。此卽成內自證之聖智境界之禪，此內自證界，楞伽經恆言其離妄想與不可說，亦卽息妄而清淨如來藏或眞心之顯現之境。然楞伽一經在印度，自屬法相唯識宗一流之所承。則謂此息妄修心宗，卽連于此一大流之佛學而生之中國禪宗之一宗，固亦可說也。

至于宗密所言之第二宗，則彼名之爲泯絕無寄宗，所謂泯絕無寄宗者，卽謂「凡聖諸法，皆如夢幻，都無所有，本來空寂，非今始無。卽此達無之智，亦不可得。平等法界，無佛、無衆生。法界亦是假名。心旣不有，誰言法界？無修不修，無佛不佛。設有一法勝過涅槃，我說亦如夢幻。無法可拘，無佛可作，凡有所作，皆是迷妄。如此了達，本來無事，心無所寄，方免顚倒，始名解脫。石頭、牛頭，下至徑山，皆示此理，便令心行與此相應，不令滯情于一法上。日久功至，塵習自亡；則于怨親苦樂，一切無礙。……」

後文更說第二敎之密意破相顯性敎，言：「心空卽境謝，境滅卽心空。……故未曾有一法，不從因緣生。是故一切法，無不是空。……生死涅槃，平等如幻。但以不住一切，無執無著，而爲道行。諸部般若，千餘卷經，及中、百論等三論，廣百論等，皆說此也。」謂此敎與禪門之泯絕無寄宗之旨全同，卽謂泯絕無寄宗，乃承印度般若三論宗，而生之禪宗之一宗。今觀道信卽重般若，牛頭一派，原與攝山言三論宗之人相接。則見宗密所言者之諦當。大約由達摩慧可之重楞伽，至道信牛頭之接般若三論，乃一禪宗思想之發展。其發展之序，乃由息妄修心，至不見有妄可息，有心可修。此自是進一層義。如唯識法相之教，至般若之教，在華嚴之判教中，亦屬進一層之義也。

宗密所謂禪之第三宗，爲直顯心性宗。此宗「說一切諸法，若有若空，皆唯眞性。眞性無相無爲，體非一切。謂非凡非聖，非因非果，非善非惡等。然卽體之用，而能造作種種。謂能凡能聖，現色現相等。于中指示心性，復有二類。一云卽今能語言動作，貪瞋慈忍，造善惡、受苦樂等，卽汝佛性。卽此本來是佛，除此無別佛也。了此天眞自然，故不可起心修道。道卽是心，不可將心還修于心。惡亦是心，不可將心還斷于心。不斷不修，任運自在，方名解脫。性如虛空，不增不減，何假添補？但隨時隨處息業、養神，聖胎增長，顯發，自然神妙。此卽是眞悟、眞修、眞證也。二云諸法如夢，諸聖同說，故妄念本寂，塵境本空。空寂之心，靈知不昧。卽此空寂之知，是汝眞性。任迷任悟，心本自知。不藉緣生，不因境起，知之一字，衆妙之門。由無始迷之，故妄執身心爲我，起貪瞋等念。若得善友開示，頓悟空寂之知。知且無念現形，誰爲我相人相？覺諸相空，心自無念。念起卽覺，覺之卽無。修行妙門，唯在此也。故雖備修萬行，唯以無念爲宗。但得無念知見，則愛惡自然淡泊，悲智自然增明，罪業自然斷除，功行自然增進。既了諸相非相，自然無修之修，煩惱盡時，生死卽絕。生滅滅已，寂照現前；應用無窮，名之爲佛」。

宗密于後文，更謂此禪宗之直顯心性宗之教義，卽第三教顯示眞心卽性教。「此教說一切衆生，皆有空寂眞心，無始本來性自清淨，明明不昧，了了常知，盡未來際，常住不滅，名爲佛性，亦名如來藏，亦名心地。……開示此心，全同諸佛。如華嚴經出現品云：佛子無一衆生而不具有如來智慧，但以妄想執著而不證得。若離妄想，一切智、自然智、無礙智，卽得現前。……」後文更謂達摩之壁觀，歸在「默傳心印，……至荷澤時，……恐宗旨滅絕，遂明言知之一字，衆妙之門。」

此上文破相顯性教，與此顯示眞心卽性教，極相似，但實不同。故宗密後文，以一、法義眞俗異；二、心性二名異；三、性字二體異；四、眞智眞知異；五、有我無我異；六、遮詮表詮異；七、認名認體異；八、二諦三諦異；九、三性空有異；十、佛德空有異。」加以分別，皆可助人理解此二教之差別，亦理解禪宗第二宗與第三宗之差別。今不繁引，讀者宜加以參考。今按此禪宗第三宗，宗密又或名之爲圓宗。其所依之教，應是圓教。但謂人有此自性清淨如來藏心，則在法藏所謂終教經論，如思益、楞伽、起信等中已有之。而就對心性之教義說，圓教與終教，亦本無殊別。皆謂眞如如來藏之理，卽在衆生之生滅事中，而不相礙；一切衆生當下無不具足如來智慧，爲其本覺。但不自覺，未有始覺，卽有妄想，而名衆生。故在宗密，于圓教終教之心性義，只說爲一顯示眞心卽性教。宗密以教配宗，除人天教與小乘教，有教無宗外，共爲三教三宗。此卽與法藏之判教稍異。亦見其更重禪宗，故開之爲三，以與大乘三教相配。宗密嘗學于荷澤神會而通宗，又學于澄觀而通教。則其志在會通宗教，亦卽所以會通其師承所自也。

## 三　禪定、禪觀、與教義關係之理解

然吾人于觀宗密之會通宗教之言之後，亦可問宗與教，畢竟有何不同？是否修禪者，必先習教義？其關係畢竟如何？此二問題，乃言會通宗教時，人所及必思者。今加以提出，並試爲代答如下。

吾意以禪宗發展之實際情形看，修宗門者並非皆如論教者之須知種種教義。其所修教義，亦事實上可甚少。則講宗、講教者，在事實上仍可分途。一人既習教，又修宗，其在習教義時，與修宗時之用心方式，仍必有不同。如宗密于此書之自序中，亦言先學教，而後捨教「入山，習定均慧，前後息慮，相計十年」，方見「清潭水底，影像昭昭」是也。則吾人如何言此習教與修禪之用心方式，當是一問題。

此修禪與學教之不同，吾意是在學教，須次第知未知之義之境，而修禪則皆是本已知義已知境，而更求實證其義其境。此中之知與證之不同，在知一義一境之時，此義此境，初只爲此知之所對，便有能所。而在證義證境之時，則此心更能與所知之此義此境，冥合爲一，更無能所之分。此後一事，言之易，行之則甚難。此不僅對種種勝義勝境，吾人之心難與之冥一。即一極平凡之境，如一色一香，吾人之心亦難與之冥一。此冥一，待于此心之止或定于此一色一香。然人心于見一色一香時，必由之而思他色、他香，或其所附著之實體實物……；此吾人之心，卽不能止或定于此一色一香。然于此不能止，卽見吾人之心，不能自作主，而只是隨念遷流生滅。一切宗教，一切哲學，以至一切內心之精神修養，凡要求有此心之自主者，卽皆可以求此心之能止能定，爲其目標。而其工夫之下手處，則皆可是求此心之止于或定于其知之所對，而更與之冥一。印度佛學中之禪定，或譯爲心一境性，卽謂此心能定于其所對之境　，止于此所對之境。更能觀，則爲禪觀；能實證此境，而與之冥然爲一，卽禪定禪觀之極致。此皆非對尚未知而求知之境之義，冥然爲一也。對人尚未知之境之義，人之知之，初只是對之作尋求。此中無禪定工夫可說。卽吾人于佛家之境之義，未解求解時，此中亦不能有禪定、禪觀工夫。只在對一義一境，已解已知，而更求定止于其中而觀之之時，方有禪定禪觀可說。故禪定禪觀工夫，與一般之知解，決定不同其層次。此禪定之工夫之特性，初只在心之定止于一境，更自觀照之。故由一切宗教信仰或哲學思想，或內心精神活動，而知有一境，想及一義，更使此心定止于其中，而觀之，皆可說是廣義之禪定禪觀。如宗教徒之思及一上帝、天國、梵天，而于祈禱時專注其心，于此上帝等，或專注其心于此上帝之一字一名，而觀之，皆是廣義之禪定禪觀。人之默想任何事、任何物之性相，而有境，有義，更反復念之，使心定止于其中更觀之，皆是此廣義之禪定禪觀。凡此廣義之禪定禪觀，皆只是使其心之相續之知之活動，定在其原所已知。蓋人在知原所已知者時，固有心之明在，今更由定在此所已知，而更觀之，卽使相續之明，繼之而起，以增益其明，卽引出其原內具之心之明，使其明明不盡。在一般人求知未知之境之義之情形下，此心之知之明，只向其所求知求明者，望更有所知所明，由此以增益知識。然在此求知識途程中，此心之知之明，只向其所不知不明者沉入，以自竭其知其明，于所得之知識成果之中。故其知識愈多，則原始之聰明智慧，必然愈少。能見及此一義者，不限佛家。中國之儒道與世界其他之哲學宗教家，亦多有能見及此一義者。循此義，則人不可只用其天賦聰明智慧，更當求開其聰明智慧之原。此原如何開闢，其道亦有多端。若在儒家，則養得眞性情與至誠惻怛之仁，亦可開闢聰明智慧之原。若在道家，人能去僞存眞反樸，亦卽開闢聰明智慧之原。若在一般神教，則對神忘我、知罪、懺悔、與由上述之心定于神，以成祈禱等，亦可開闢聰明智慧之原。但在佛家，則以此神，初乃由想像思維等所虛構之境。此虛構之境，在開始一點上，卽在經驗中無可證，人亦隨時可依此經驗，以對此境生疑。生疑則心不能定止于此境，以境可自動搖故。又人心之求定止于此所虛構之境者，雖可由心自堅持其虛構，以恆存此境，而視爲一超越在上之境。然人必離此在下之經驗中之境，方能定止其心于此在上之境。則此心一方于在下之境，有所厭棄；于此在上之境，有所欣慕。此一厭一欣，卽是一心之分裂，掛帶于上下之二境，而不能使心實定止此在上一境者。則如依廣義之禪定，而認此中亦有禪定，卽宗密所謂帶異計之欣上而厭下之外道禪也。帶異計，卽指此境由計慮想像等構成。欣上厭下，卽于下之經驗世間有厭，而希慕神之境界也。此外人尚可于此所欣慕之境，不說之爲神，如說之爲拍拉圖之理型世界等。然要之，凡先依一計慮想像，構成一境，更欣慕之，而對世間生厭棄者，亦此宗密所謂帶異計之欣上厭下之外道禪也。

至于佛家所謂凡夫禪，則是指無此上之異計，而知善惡因果報應，遂修善行，以使心定止于善行而望得善報者。在此凡夫禪中，人心可定止于善行，以與善行爲一，然所望果報則在後。于是此中之心，亦有二境，卽不能眞使心，定止于善行。此義易知。至于小乘禪之進于凡夫禪者，則在凡夫禪中，有由我行善以自得報之想。小乘禪則能知我之空，唯見法有而不見我，遂能定止其心于法。然其不知法亦空，故宗密謂其爲悟我空偏眞之理而修者。以我空、法空，皆固是眞理。今知其一，不知其二，卽只知偏眞也。

至于能悟我法二空，所顯眞理而修者，則爲佛家之大乘禪。此中知我法二空爲眞，有我法之念爲妄。知此妄，而求息妄以修眞，卽上文之息妄修心宗。知眞妄皆原自空者，卽上之泯絕無寄宗。至于所謂最上乘禪，卽知此心此佛之無異，卽直顯心性宗之禪。此如上已說，今不贅。

此宗密所說大乘禪，或最上乘禪，其所依之敎理，固與外道禪、凡夫禪、小乘禪大別。但自其爲禪定禪觀工夫上說，意在實證心與所知之境之義，與之冥一，則初無別。唯如一境爲虛構，則勢終不能一。又凡夫之修善行于今，而欣果于後者，其心亦二向而不一。又小乘禪不知法空，則法之有，與其外之空，相對成二。則此心之念一法時，同時念其外爲空，則心亦歧出而二。爲二，亦勢不能如一。而上所謂吾人之自求定止其心于所念之一色一香，而不能作到者，亦即恆由吾人念一色時，意此色爲有，而其外爲空；吾人之心遂即依此空，而由色中轉出，以起他念，而念念生滅不已。然今如設吾人能本宗密所謂第二宗之般若教義，以知此色即是空，而空此色法，則心止于色，即止于空。則可無上述之轉念之事。故能于此色觀空，或于一切法一切境觀空。即能眞正作到心之定止于其所觀之法或境，而心與境一。此可細思之。

此所謂于色見空，或于法見空，而不見其只是有，以與其外之空相對，及使心念歧出而不一，依佛家一般義，皆非謂不見色。唯是見色，而不住于色，則色亦不自住，即是空。念念見色，念念不住，即念念中色色自空。人欲不住于現色，可由析一色爲一集結之部份或相續之片斷，而見其無常。然人不住現色，恆住于此色所由成之部份、片斷、與繼起之色。又人見色，亦恆不能不住，乃由人之以色或法，有其「自性」，以支持其有之故。此「自性」之觀念，乃吾人對色或法既起一觀念，更將此觀念之內容，投射于現前之色之法之後而生者。然人可不自覺其是投射，故恆謂此色或法，有其自性。由此而人或謂此色或法，由其自性生，即自生；否則謂其原附于其他之物，而由他生；——而謂一法由其部份片斷集結而成，亦是由他生之一種——或由自他共生；或無因而自然生等。大乘空宗則破此等等，以謂其自性空而不自生、亦不他生、不共生、不無因等，而說此等等觀念，皆當空；教人即此法上見其此等等皆空，而即在此法上，觀此等等之空義。而此空義，亦即與此法不離而相即。此空義，既與此法相卽，而觀此相卽，亦卽觀此法空、無自性。此卽吉藏智顗所謂體法之眞空也。此體法眞空，乃卽當前之法，而體其卽空；非析之爲集結之部份片斷，見其無常，方見其爲空者也。人能卽當前之法，而體其卽空，以定止其心于此法，更使此心不住于此法，而觀之；此觀卽具智顗摩訶止觀所言之貫穿義、觀達義之觀；而能使心由透過、觀照，更實證此法之雖有而空者。亦正因其雖有而空，而後人得透過之、觀照之，更定止其心于其中；而不須于其法外別見不空或空，使心歧出爲二。故使心更得實證之，而與之冥一之事，眞正可能。此卽使禪定禪觀之事，眞正可能也。

上所說之禪定禪觀之事所以可能，在能卽當前之有以觀空。此卽當前之有，以觀其空，依于先知法之不自生、不他生、……而空無自性。此中所知者，初只是此般若宗之教義。此卽見由知此教義，至心能定止于當前之法，而觀照之；更實證之而與之冥一；當說共有三層之事，而非只爲二層之事也。

此依一切法不自生他生……而一法空無自性之教義，以使心實證此法之境，與之冥一，以成禪觀禪定，是宗密所言依破相顯性敎而有之第二宗之禪。而宗密所謂知所對之法之境，皆唯心識所現，不視之爲外法外境，以與內心相對成二，又是一教義；而亦可本之以定止于當前所對之法之境，而觀其卽在此心識之中，而實證此法此境與心識之冥一者。此則是依其所謂依性說相教之唯識唯心之教義，而成之第一宗之禪。此中教義，要在言人知其初視爲外之法之境，實與心不離，同時卽將其有獨立之自性之想銷除，而空其獨立之自性，而知其卽有卽空。此則不須先依其不自生、不他生等義用心，以見其空無自性。然此中之人，須先知一套唯心唯識之教義，此是一層。而依此所知之理，以止于當前之境，而觀其非獨立于外，不離心識，又是一層。更實證此不離，再是一層。此中仍有此三層之事也。

至于如吾人最初所知之教義，便是知得吾人現有之心境，卽依于空寂之眞心，其空寂非有，此眞心非無，而于若有若無，皆知爲一眞心所顯，而一切不二；卽本此教義，以觀其自有此不二之眞心，以撥除上述之心境之二、空有之二之一切想；卽定止于是，以觀之，而實證此眞心，卽止于此眞心而觀眞心之心；則是由知眞心卽性之教義，以成禪觀禪定之途。然其中有上述三層，則未嘗不同也。

上述之心之知教義，與心之止于一義一境，而觀之，及心之得實證此所止所觀者，與之冥一，合爲三層，成就此禪觀禪定之三層。今配之于三種教義，卽有三種之禪觀禪定之學。此卽可使宗密之言，更加明朗。人所以或只求知教義，而更不從事于禪觀禪定之工夫，亦由此中原有三層可分，人卽可只求有第一層之故。又人若于教義所知者多，而所欲觀者廣，或不易于所觀者一一皆得其止。于教義所知者少，而所觀者少，則如能專于所觀，亦易得定止其心。由此而人之習禪者，亦可有觀多止少，卽所謂慧多定少；或止多觀少，卽定多慧少之不同。此中之觀慧與定止之二工夫，亦可說爲分別成就，而教禪者，亦可或偏定或偏慧，更可相互爲用，以至卽定卽慧，卽慧卽定，定慧不二。若以此方才所說之偏定偏慧，與定慧之不二，配前說之三敎三宗，則禪已應有九種。而依一敎中有種種義，則禪亦可依此種種義，而更加分別，則禪法無量。然吾人亦可說，凡重定止者，恆皆重在攝妄境歸心，而息此妄，則皆屬息妄修心宗。凡重觀慧者，皆重在直下卽有而透過之，更觀空以空破有，而空有雙泯，則皆屬泯絕無寄宗。又凡能止觀不二，而止觀雙運者，皆能卽自止于此空寂而能觀之心，而卽此止成觀，定慧不二，皆屬直顯心性宗也。

## 四　禪宗之言說方式，與華嚴之事理無礙、事事無礙義

然循此上所說以釋宗密之旨，則吾人所能講之禪觀工夫，是否必能超出天臺智顗所言之止觀工夫，則亦可成問題。因在智顗所言之止觀工夫中，亦並有上述之種種，而歸在直顯法性心。則中國後之禪宗之所以爲禪宗，更當別有所在。宗密亦言達摩所傳之禪，不同天臺之止觀，而說達摩所傳之禪，有頓同佛體之義。然此頓之一字，當如何解？如只說其依在信有空寂之眞心，或如來藏之同佛體者，則智顗亦有此義。如以一念相應爲頓，則智顗之觀介爾一念無明法性心，以求破無明，而顯此法性心，亦是求頓入頓悟。則于此達摩以後之禪，與其前之禪，仍未能辨別界限所在。依吾人于此章之文初所說，則當說後之禪宗之禪觀，與前此言禪觀之不同，在此前之禪觀，多是須歷種種位次以成

觀，如五停心、四背捨等。即天臺之止觀之由假入空，由空入假，由假入中，亦有其位次。而其歷種種位次以成觀，乃依一一教義之知而後成；則此教義之顯于其心，亦成一定之次第。禪宗之禪觀工夫，則無一定之位次。而即此禪觀工夫之進行，亦須先依其所知之教義以成觀，此教義之顯于其心，亦可無一定之次第。故禪宗大德之教人習禪，而說及教義時，亦不須有一定之次第，而可隨學者當時之機，而自由應用經論中之教義爲答（註二）。此中之教者須有一自由活用教義，而無礙之智慧，亦使學者之依教義，以成禪觀之事，得自由無礙。由此方有載禪宗人對語之語錄。在此隨機問答之中，須自由運用語言，亦可取日常生活中之語言，一般文學中之語言爲用。此皆如吾人篇首所已說。而宗密所說禪學三宗之師徒，世亦皆傳其機感相應之對語。在其對語中，亦即表現其當下自由活用某教義之智慧。而其語言亦皆不避日常語言，亦恆帶文學性。故其所作偈語，恆無異作一詩，亦恆以詩句言道。即見吾人此言之不謬也。然吾人于此更當進而說，由此禪宗之重自由活用教義，隨機問答，其語言兼用日常語言、文學語言，即使禪宗最長于即日常生活中之事、日常生活中所對之自然境物，以喻說種種甚深微妙之義理，而使此等等義理，皆由當前所見之平凡事物中顯示。而其言說之帶文學性，

註二：永明禪師萬善同歸集中引「思益經云：入正位者，不從一地至十地。楞伽經之寂滅眞如，有何次第？何乃揑目生華，強分行位」。此正禪家之意，至其下文曰「于無次第中而立次第，雖似昇降，本位不動……」則調停之說也。

則使此諸義理所形成之境界，皆同時成一審美境界，爲人所欣賞，而有一親切感。此中其所取以爲喻之事物，乃隨機而自由取用無礙，亦如其于佛家之經論教義，乃隨機而自由取用無礙。此後者乃于理無礙，前者卽于事無礙。而說之之語言之帶文學性，使人有親切感，則使人與此事理，更能相卽相入，而更無礙（註三）。此卽與華嚴宗言事理無礙、事事無礙之旨，最相契合。誠然，此卽事物以顯理，或謂一切事物皆可顯示譬喻佛法，而如能自說佛法，在佛家華嚴經以外之經，亦多有其言。釋迦說法，見于四阿含者，原善以譬喻顯義。衆經皆有譬喩。天臺宗之法華經則說九喩。近般若宗之維摩詰經，菩薩行品云：「有以光明而作佛事……有以佛所化人而作佛事……有以佛衣服臥具而作佛事……有以園林臺觀而作佛事。」近唯識法相宗之楞伽經卷二云：「非一切刹土有言說……，或有佛刹瞻視顯法、或有作相，或有揚眉，或有動睛，或笑，或欠，或謦欬，或念刹土，或動搖，……普賢如來國土，但以瞻視，令諸菩薩，得無生法忍。」而阿彌陀經中之林池樹鳥，亦皆演法音也。然華嚴經之全經，言佛之法界之相卽相入，卻整個是卽事事之無礙，以顯事理之無礙。禪宗乃卽吾人衆生于其所在之世界所見之事物，取以喻佛家之義理；而于此當前之世界，得見此事理無礙，事事無礙。此則無異使華嚴經中

註三：如永嘉證道歌、黃蘗太和集卽詩歌。景德傳燈錄卷二十九至卷三十五，並是讚頌、偈詩、銘記、箴歌。宋法應集之頌古聯珠通集四十卷，全部是詩。世儒之注意及此者，則如胡應麟少室山房筆叢卷四十八雙樹幻鈔下，所錄禪宗大德之詩句，亦有數十則。然不免陋矣。

之佛世界，入于吾人當下所見之世界；而莊嚴佛土，即成本地風光，而相入相即。在此點上，禪宗固與華嚴經之意趣最近。禪宗大德之善觀此無礙，于吾人日常生活之事物所成之境中，雖高遠廣大，不及華嚴，而親切平易，則又大過之；以使人更能即其平日生活所行之境，以見佛境，即其平日之心以見佛心，即其平日之事見佛事。故永明宗鏡錄序謂「無邊義海，咸歸顧眄之中；萬像形容，盡入照臨之內，斯乃曹溪一味之旨」；則亦更能表現華嚴所謂「心、佛、衆生無差別」，或宗密所謂「一切衆生，皆有空寂眞心」之直顯心性之教，于當下可即事物而成之禪觀之中。由此以觀，則宗密所謂禪宗之三宗，無不重即平日生活之事物取喻，而皆善觀此事理之無礙與事事之無礙，于吾人平日生活所行之境中。又不只其所謂直顯心性宗，方能如此也。然此亦不須廢除宗密所謂三宗之分。以三宗之教義有分，則其所取以喻義之事物，與說之之語言，亦仍可有分。但禪宗之所以爲禪宗，及其與華嚴宗特相契應之處，則當涵吾人所說。唯依此而華嚴宗人有宗密，能了解此禪。禪宗固有宗密所謂三宗，然三宗之所以皆爲禪宗，則在其能依日常生活中之事事無礙，以說事理之無礙，而重此無礙之教義者，則爲華嚴宗。在大藏經中，有宋人本嵩，「華嚴七字經題法界觀三十門頌」一書，于華嚴宗所言眞空觀、理事無礙觀、事事無礙觀中之各各門，皆以宗門之具體譬喻說之，而爲之釋。而以「深明杜順旨，何必趙州茶」二語之一節終之。即意在言華嚴與禪之不二也。清代慈雲續法集五教義開蒙，有一附章名法界宗蓮花章，更將華嚴宗之全部教義，以蓮花爲喻。如謂從一本種生開多花，名依本起末，雖多支派，不離原種，名攝末歸本。花蕊初開爲小教，花泛蓮現爲圓教，下風則合爲空教，上風則開爲相教，日沒花合爲頓教」之類。此書之配比，雖嫌機械，然亦由華嚴原重以事喻理，而與禪宗之重以事喻理之旨，相合使然也。

此上言華嚴宗與禪宗之契合之處，自非謂禪宗談禪所本之教理，皆是華嚴宗之教理。即在六祖門下，與由唐至五代次第興起之五宗，皆可說其各有所偏尚之教理。如永嘉玄覺證道歌，明由天臺宗教義轉手。南嶽懷讓歷馬祖、百丈、黃蘗，至臨濟之重破奪，則般若宗之精神。然法眼宗之十玄六相，曹洞宗之依理事言五位君臣，又取諸華嚴。法眼宗之永明延壽著宗鏡錄，輯教下諸宗教義，以爲禪宗之鏡。延壽則師德韶，德韶乃兼禪與天臺者。然延壽宗鏡錄共百卷，其第一百卷則歸于華嚴義，餘卷及其萬善同歸集，與唯心訣，亦多本華嚴義和會諸宗。其餘宗下之人與教下之人交涉甚多，亦難一一指出其所偏尚之教理所在。禪宗自馬祖、石頭以下，尤重接機。故論五宗之別，與其說在其所偏尚之教理之不同，不如說在其用言說以施教之方式態度，更有細微之別。故「雲月是同溪山各異」。今觀論五宗書，如宋智昭所集人天眼目（大藏經四十八卷），朝鮮僧退隱禪宗龜鑑，明虛一宗門玄鑑圖（續藏經一一二卷），日僧圓慈五家參詳要路門（禪學大成），及清法藏五宗原（續藏一一四卷）等；要皆自五宗施教方式態度之有別，言其宗風之別。蓋法眼禪師十規論（見禪學大成第三冊）謂「曹洞敲唱爲用，臨濟互換爲機，韶陽則函蓋衆流，溈仰則方圓默契」，即已是自其前諸宗之施教之方式態度，言其宗風之別。然此五宗之施教方式態度之不同，亦不易說。如在人天眼目，只舉禪宗宗師原有之言此方式態度之名辭，如臨濟宗之四料揀、三玄、三要、雲門三句，加以輯集，尙不見多少問題。虛一之宗門玄鑑圖之分十二門，更言三玄論、四大式論、八棒論、五句論、八大勢論等，以下論五宗之別，則已過求整齊。圓慈之五家參詳要路門，謂臨濟戰機鋒，論親疎爲旨；雲門擇言句，論親疎爲旨；曹洞宗究心地，論親疎爲旨；潙仰宗明作用，論親疎爲旨；法眼宗先利濟，論親疎爲旨。更無異將五宗宗風，各以一概念，加以說明。其當否更難言。唯要可見此五宗宗風之不同，在其言說施教方式耳。至于不欲只以概念看五宗之別者，則于五宗之言說施教方式，亦以譬喩之言說之。如人天眼目之一節五宗問答，以「五逆聞雷」，說臨濟宗風；以「紅旗閃爍」，說雲門宗風；以「斷碑橫古路」，說潙仰宗風；以「持書不到家」，說曹洞宗風；以「巡人犯夜」，說法眼宗風。再如退隱禪家龜鑑之謂「要識臨濟宗麼？青天轟霹靂，平地起風濤」。「要識曹洞宗麼？佛祖未生空劫外，正偏不落有無機」。「要識法眼宗麼？風送斷雲歸嶺去，月和流水過橋來」。「要識雲門宗麼？柱杖子踍跳上天，盞子裏諸佛說法。」「要識潙仰宗麼？斷碑橫古路，鐵牛眠小室」。宗門玄鑑圖亦有七律五首，分別詠頌五宗。再如續傳燈錄卷二十七，人問景元禪師如何是臨濟宗？曰：「殺人不眨眼。」如雲門宗？曰：「頂門三眼耀乾坤。」如何是潙仰宗？曰：「推不向前，約不向後。」如何是法眼宗？曰：「箭鋒相敵不相饒。」如何是曹洞宗？曰：「手執夜明符，幾個知天曉。」此則皆以文學性之譬喩，以說五宗宗風之別。然此以文學性之譬喻之語，說五宗宗風之別，使人在解與不解間見煙雨樓臺，亦自有其趣味，而又正更代表禪宗之言說方式之特色，重在以事喻理，以見其于事理之無礙，亦見其于事事之無礙者也。

## 五　禪宗之言說與超言說，及道之通流

上言禪宗之五宗之別，要在其言說施敎之有種種方式態度之別，又皆重即事喻理，以見其于事理之無礙，事事之無礙，而其言說皆重文學性之譬喻。此自尚不足以盡禪宗之所以爲禪宗。因禪宗亦可不用言說，而直用棒、喝、燒菴、斬貓之日常行事代言說。而此言說與行事代言說，又皆原是可多可少，可有可無。其目標唯在敎人默悟本心，而默證本性。此則超于外表言說與行事之事。然此由聞言說，而歸于默證，又非禪宗之所獨。因一切佛學之言說，皆必歸于默證。然吾人可說于師徒之直接對語，而隨機問答之際，說者聞者，覿面相看，直下由言說聲音動作之互相表示之中，默證其不可表示者，而各直下承擔，不再轉念擬議；才作轉念擬議，即被聞者所知；而或如馬祖至臨濟，以喝止喝，以言破言，左來右打，右來左打；四邊來，旋風打，虛空來，連架打；或如曹洞之一敲一唱，回互叮嚀；或如潙仰之方圓默契等；皆旨在以使說者聞者，同返本還原于其所默證，使對語者之言，如古德

所謂「兩個泥牛鬪入海，直到而今無消息」。此則應說爲中國後之禪宗之所獨。依此以言禪宗之悟道之道，當說不在說者，亦不在聞者，不在師，亦不在徒；亦不在說者聞者、或師徒相對時所共在之情境，或山河大地；而在此三者之通流之際。此則賴于說者、聞者，皆不住于所說所聞之義理或法，而恆將此所說所聞，收歸各自之默證，而亦互證其所默證，于互不見更有轉念擬議之處。此蓋即惠能壇經所謂「心不住法，道即通流」之旨。此通流，蓋尚非只如吾于原性篇所言之通流于聞者或說者之心間，亦通流于此心與其身所在之情境或山河大地間，然後可說爲以心傳心，而亦「無心爲道」，以上契迦葉于靈山會上之默然無語，而自拈花微笑之旨也。默然無語，自證「即心是佛」之事。花則猶山河大地，笑則對佛而笑。道通流于其間，則亦「不是心、不是佛、不是物」（南泉語）也。

如上之所述爲不謬，則禪宗師徒之對語，皆唯在當機有用，亦不容蹈襲。其對語若不能使學者直下得悟，更留此對語中問題，爲一公案，或一句話頭，使學者再自行參悟，如大慧杲之拈話頭，亦初各對一學者有用。然事過境遷，而將此對語、公案、話頭加以記下；容後人再想像當時情境，體同一之問題；再加參究，拈同一之話頭，更求話尾；即已是今古遙隔，未必相應。至于將此古德之對話之語錄輯集成書，以評唱指點，如雪竇以下之頌古、拈古，或更加以比較研究，以論古德之宗風，如通論五宗者之所爲，則漸成知解宗徒，與禪宗之原始精神或距千萬里。此即大慧杲之所以只拈話頭，而必焚燒其師圓悟輯集前人公案，加以評唱而編成之碧巖錄也。然碧巖錄迄今猶存，而大慧杲亦輯前人之語錄，爲正法眼藏。後人依語作解，以比較宗風之事，仍不可以已。吾之謂只參公案、頌古、拈古，比較五宗宗風，乃與禪宗之原始精神不同，此本身亦猶是比較之論，依然「平蕪盡處是青山，離人更在青山外」。然吾人又畢竟可再越此千萬里與古今之遙隔，湧身千載上，與禪宗古德之原始精神，覿面相看，更廢對此原始精神之所說之一切，以及此原始精神之一名；則亦無古無今，無遠無近，而古德之德，皆近在眼前，卽吾心今德。「早知燈是火，飯熟已多時」。而吾今所說者，亦皆是說不說，不說說。則吾與讀此文者，亦皆可不住此文所說，而道亦可通流于吾心與讀者之心間，而見此禪境之當下卽是也。唯吾今只一人作文，與讀者之心間，有無此道之通流不可知，則吾亦尚未在此禪境中，只在哲學境中。凡談禪者，若不能輪刀上陣，證此道之通流，于與人當機問答之境之中，更把臂共行，相期于其言之如兩泥牛之共入于海，以自遂其老婆心切，亦仍在哲學境或獨覺禪，或他宗之一人觀想所成之禪境中，而未至昔之禪宗師徒所在之禪境中者也。此義可更細思之。

# 第十五章　湛然以後之天台宗之佛道與他宗佛道之交涉

## 一　湛然以後之天台學中之論爭，及湛然之學與智顗之學之不同

在隋唐之佛學，智顗先出，玄奘繼起，法藏又繼，方有禪宗之惠能。然法藏後有澄觀，大弘華嚴，而智顗後湛然，復興天臺，惠能後有神會，而宗密又兼師澄觀神會而通禪敎。五代至宋天臺宗人則承湛然，而于宗密之言，或迎或拒，更有天臺之山家、山外之分流。此中諸佛道之交涉，其關係至爲微妙。今補此章，略論湛然以後之天臺宗之佛道，以見天臺宗之敎義之發展，及其所生之新問題，以及天臺之山家、山外所以分流之故。並當論其立義之相反，而未嘗不相涵。卽以結束本書之論佛道者。唯此章後數節所論之問題，更入深山深處。此文雖于此山中行跡，略加點示，以便初學。然初學者卽具慧根，若于佛學之名相，及前此所討論之佛學問題，與諸家義理，不先習熟于心，亦可感艱難，或味如嚼蠟，則暫緩讀亦可。

前文所述智顗之學，要在就其法華玄義、摩訶止觀二書立義之哲學義理之大處言之。智顗弟子有灌頂，灌頂既筆錄智顗所講，亦更有其著述。繼有湛然，爲智顗摩訶止觀、法華玄義、及法華文句三

大部作疏記；更作十不二門、撮玄義大旨；作金剛錍，辯佛性；作止觀義例，辯止觀；爲一代大師。然其學與智顗之學，是否全同，則是一問題。湛然之書，對五代宋以後之天臺學影響至大。宋之天臺學者對其十不二門及金剛錍、止觀義例等，更作注疏，今見正續藏者，亦十餘種；討論其言之義者尤衆。宋之天臺有山家、山外之分，初由山家知禮與山外之晤恩之爭金光明經之廣本之眞僞而起，更及于種種教理之問題。然山家、山外皆宗湛然。山家知禮，力爭天臺一家教法別于他宗，以闢山外晤恩、慶昭、智圓、源清、洪敏、宗昱等之說，謂其襲華嚴宗人之意。然山外之學，出于行滿、道邃，亦原于湛然。知禮弟子仁岳，助知禮作別理隨緣十門析難等書，斥山外之說。然仁岳後又著十諫書及雪謗書，與其師辯佛尊特相之身之問題。其後一書，知禮不及答而歿。仁岳更作十二門論文心解，于知禮之十不二門論指要，亦多持異議。知禮之門徒衆多，由梵臻下之可觀、宗印；尙賢下之繼忠、處元、法登、善月；本如下之處謙、處咸、了然。並有書論天臺教義之問題，多扶知禮之說、而斥仁岳。唯繼忠門下之從義，又有異論，近仁岳。遂與仁岳，並被斥爲後山外。然即宗知禮諸人，其所著書，亦不必全同其說。由元至明，梵臻系下，有懷則與傳燈；至明末而有智旭崛起，由天臺義以疏通他宗義，其影響更及于今。故自中國佛學各宗派之傳承言，天臺實最爲源遠流長。智顗以後有唯識宗、華嚴宗、禪宗之興起，天臺宗人，爲自護其傳統，固須一一與之劃清界限，而不免有爭。而天臺宗人與他宗之佛學相接，亦自不免受其影響，並引起其自身之教義上之種種問題，其自相爭辯之事，亦最多而最烈。大率宋之知禮，因被視爲山家正統，故後人之言天臺宗者，多依知禮以講湛然，更依湛然以講智顗；此乃由流溯原，以明天臺敎旨。然此則非吾前章論智顗之學之所取。吾之前章論智顗之學，要在更由智顗之前之佛學，以見智顗之學與其前之佛學者異同何在。此乃更由其學之原，以觀其所成之學。吾意欲論智顗以後之天臺學，亦當更觀其與智顗之學之異同何在，及其後之天臺學之流之所以別；而亦不可逕以知禮釋湛然，以湛然釋智顗。然後可見此天臺之學之發展，其種種敎義之問題之所由生，其後之對外對內之爭辯之所由成，以及後起之人對天臺學之貢獻之所在。此則專家之業，非吾書之所能詳及者。然于由湛然以降至宋之天臺學，其思想發展重點之轉移與新問題所在，則當略說。

湛然對智顗三大部作疏記，其功之大，人所共認。其十不二門一文，亦原在法華玄義之疏記中。此文撮述玄義之十妙大旨，亦是順智顗之旨而說。然湛然之學之思想方向及重點所在，則與智顗不必同。如湛然之以十不二門撮智顗之十妙，其思想方向，乃重在將智顗所開爲之十妙，以言四敎之分者，及言法華之純圓獨妙之種種義者，加以收攝而說。此以「不二」標名，乃還至吉藏、智顗以前之如僧肇維摩詰經、成實論、中論之重此不二之義者。蓋自成實論師至吉藏、智顗，皆由不二義言中道、中諦，以成三諦，今湛然再以十不二門收攝智顗之十妙，正是還至智顗以前之重此不二義者也。

此湛然之以十不二門撮智顗之十妙，乃重撮迹門十妙之義，以顯本門之十妙，又重在此迹門十妙所及之內容與結論，而不重智顗所以言此十妙之思想形式及次第過程。故十不二門論中之要義，不必與智顗之學之精彩處相應。大率此十不二門中之後五門，卽依正不二門、自它不二門、三業不二門、權實不二門、受潤不二門，皆連于佛果上事；以之總攝智顗之感應、神通、說法、眷屬、功德五妙，自更可見智顗言佛果妙之歸趣。然其以色心不二門攝智顗之境妙，以內外不二門攝智妙，修性不二門攝行妙，因果不二門攝位妙，染淨不二門攝三法妙，則與智顗之言之精彩，不必相應。如智顗言境妙之精彩處，在言七種二諦、四諦、三諦、一諦、無諦，以判四教之次第，及諸諦之形式的義理之相通。今只約之爲心色不二，則只成一平面之義。再如智顗之言智妙、行妙、位妙，亦重在言種種形式與次第之智與行及修道之位之相通攝。今只約之爲內外、修性、因果之不二，亦只成一平面之義理，而亦不見此中形式與次第相通攝之妙是也。唯以染淨不二門攝三法妙，則以三法之妙，原在其不縱不橫，亦可以不二之義，加以橫攝。然三法之三，則非所攝。要之，以十不二門，約十妙，不必與十妙之精彩處，皆相應。然湛然對智顗之言十妙所及之內容與歸結之義，則有凝聚的加以提示之功，使之逼向于一焦點。而後此之天臺之學，亦卽緣湛然之所提者，更環繞之以用其心思，而發現焦點性之問題，更于此湛然提示者，起種種之爭辯。此則與湛然以前之天臺學大不同者也。

在此後來之天臺學，其由湛然所提示之義，而引起後之天臺學者種種問題者，其要者有三：其一爲緣湛然之重言心色、依正不二、無情成佛，而引起者；其二爲緣湛然之以一念理具三千，言內外因果不二，而引起者；其三爲由湛然之重言染淨、性修不二、及佛性有惡，而引起者。而此三者，又皆湛然引申智顗之義，向焦點而趨之所成，而初非智顗之言之所明具，明加以重視者。由此卽可見由智顗至湛然之天臺學之一發展。玆試分別說之如下。

## 二　湛然之心色不二義、依正不二義，及草木成佛義

上述之第一點所謂心色不二，固非智顗言境妙之要義，如上所說。言心色不二者，在智顗之言中，固多有之。如摩訶止觀之言觀「一色一香，無非中道」，四念處卷三之言「若圓說，亦乃唯色、唯聲、唯香、唯觸、唯識」，此皆心色平觀，而言心色不二也。然智顗之學，要在以觀心爲主，故以觀心釋釋法華，著摩訶止觀言觀心；臨終著觀心論，以概其一生之學。其摩訶止觀言一色一香，無非中道，亦是言以心觀此色香，無非中道。其四念處卷三，于圓說唯識唯色之後，更謂總在一念。故四念處卷四言「觀衆生一念無明心，此心卽是法性」，爲此書之宗旨。湛然爲智顗作疏記，亦自深契此義；而湛然之學，亦同重觀心。其在色心不二門中言心之色心，卽以心統此色心。其言色心不二，亦當是于一念心中，見色心之不二也。然湛然之特以此色心不二標名，則重在觀色心之平等而不二，以使人于觀行中，于色心，不作分別之殊見。由此而能于佛之依正，卽佛之心身之正報，與其所在之山河大地之依報，不生分別之殊見。故當言人成佛時，不只此心身成佛，此山河大地中之草木無情，亦莫

不成佛。故無情之草木，亦當同有此佛性。此卽其由心色不二，以言依正不二，以至言無情有性、草木成佛之旨，而見于其金剛錍一書，及止觀輔行傳卷一之二，以成一當時之「惑耳驚心」之說，亦智顗明言中所未有之一義也。

此湛然之由依正不二，以成其金剛錍中之無情有性、草木成佛之說，其意乃在反對當時之華嚴宗人分佛性與法性，講草木無情有法性而無覺，不能成佛，亦無佛性，唯有覺有情方有卽佛性之法性，而能成佛之說。從義所謂「金錍……正爲破於清涼，傍爲斥於賢首」（止觀義例纂要卷三，續藏經九十九册三百三十頁）是也。此謂有覺有佛性，無覺者具有法性，亦見天臺宗所宗之涅槃經及大智度論。亦原非不可說。昔之論此一問題者，則吉藏已謂無情有佛性、無佛性皆可說，如前論吉藏時所已及。李通玄華嚴經合論卷六，亦謂：于有情，無情、無二見……無成佛者、無不成者，正是華嚴經之旨，非法華經所有。其言亦早于湛然。至在華嚴宗之澄觀，則雖一方分有覺與無覺、佛性與法性，一方亦有「二性互融，無非覺悟」以通之。（華嚴疏抄、卷三十九七十七頁華嚴印經處刋本）然湛然則蓋仍不以此爲滿足，唯言佛性、法性無二，而無情草木，皆能成佛。此則由其重此色心不二、依正不二之義而來者。此則不能不成爲其所謂「惑耳驚心」之說，而亦引起天臺宗人與其餘之華嚴宗人間及後之天臺宗人之種種疑問與討論者矣。

## 三　以一念理具三千說體用、因果義

此湛然所特提示之第二義，爲其依一念理具三千，以說因果染淨不二之義。此一念三千之名，在智顗之摩訶止觀，言不思議境下有之，前文已及。此外于法華文句亦有十界、百界、千如、三世間之語。四念處有觀心十界之語。然智顗之書，言及此者甚少。今觀摩訶止觀言一心具三千法之下，智顗更以四句推檢，言說此三千法爲心具、緣具、共具、離具，皆不可得，以成一不思議境。此在智顗乃是以此一念具三千之說，爲一例證，以明不思議境；而非以此一念三千爲其主要之教義。湛然止觀義例，謂智顗以三千爲指南，似智顗之學之方向卽依此而定。則亦唯是在湛然之意，智顗之學之發展方向，宜向此一念三千之義而趨；固非謂智顗必以此一念三千爲主要之教義也。今觀智顗文，唯有此三千爲心具、緣具之問。而湛然之輔行傳，則肯定是心具，並以理具說明此心具。謂必觀此理具，乃爲其「天臺一家教法觀門，永異諸師」者。又謂「具卽是假，假卽空中。理性雖具，但言觀心，則不稱理」云云。此皆湛然之言，非智顗原文所有者也。

依吾等後人以觀湛然之特重此一念理具三千之義，乃緣智顗之重觀行之思想方向，而兼往轉向一本體論、因果論之思想方向，而持之以與大乘起信論、及華嚴宗人之本體因果之論，互相對揚者。此一念理具三千之要義，在言吾人之一心念卽理具十界之一切法或三千法，以爲吾人此現有心念之體。此三千法，湛然更依三諦三觀，而詳說其爲卽假、卽空、卽中，以爲吾人此現有心念之體之因；而吾人之現有心念，卽其用、其果。此卽兼爲一本體論、因果論之思想。今按起信論，乃以一心具攝一切世間出世間法爲體，華嚴宗則以一法界性起心爲體。依湛然之說，則此應卽是一心本具十界三千世間法爲體。故宋天臺宗之善月之臺宗十類因革論卷一，卽謂起信論一心之爲一大法門，應以臺宗一念攝三千之義說之。後智旭注起信論，更依此旨而注。華嚴之法界中之一切法互攝，以成其重重緣起，亦固可以一念攝三千言之也。故此湛然之提示此一念三千所成一本體論、因果論，固足與起信、華嚴之論對揚也。

依此一念理具三千，以言此理具之三千爲現前一念心與其所對境之體，乃不同起信論說一心之總法門之似一元論者，亦不同華嚴之萬法互攝中，有一多相攝，卽一卽多之論者。此三千之名，直下引起一「多」之聯想，而似一多元的本體論。然此唯是一聯想而已。實則天臺之言此三千爲體，要在言其理，是三諦之卽假、卽空、卽中之理；而當依三觀以觀之，以見其理之具于吾人之心，卽吾人之三德、或三佛性者。此三千之法，就其有數量、性質之差別，而言之者，只是三諦中之假諦。然自此假諦之圓融于空，中二諦以言，則此差別卽無差別，而此二者平等不二；故亦非一非多，卽一卽多，而具華嚴之旨。然此一念理具三千之說，乃尅就一心念而言其理具三千以爲體，則不同起信論先立一心大法門之體，更說到其用與相者；亦不同于華嚴自佛心境界中，所見之萬法互攝，更由上說下來，至衆生心念者。此乃卽吾人之衆生之現前心念與其境，以言其有此卽三諦之三千爲體，而見此心念之卽其用。則依此心念而修道成佛果之事非他，卽悟此「三千之體之三諦理與三德，初在無明中者」以爲因，而修此因，以見其用于此果之成。故湛然十不二門曰：「三千在理，同爲無明；三千果成，咸稱常樂。」此三千原爲十界之佛與衆生之三千。故言此三千爲體，最易見佛界之佛之心身，與其餘九界之衆生心身，相卽不二，及體用、因果之不二。而此中之知一念之理具三千爲體，則湛然所視爲一最重要之事。故謂：「若不談唯心，了體具者，一切大教，全爲無用。」金剛錍更言此體之「隨緣不變爲性，不變隨緣爲心」。此則更能通于起信論華嚴宗人之旨，而與智顗之學之重在言判教之義理、與觀心之工夫之次第歷程者，其思想之重點方向，正不必相同者也。

## 四　佛不斷性惡義

依上所言之吾人之心念理具三千爲體之說，則吾人之修行之工夫，要在本三諦以觀三千，以成三德。此觀法，卽仍如智顗所說：在人未能本三諦以觀三千之時，則在迷三諦之境中；而對此三諦，分別有三惑、或三障。必破三惑、三障，以如實觀知三諦，方得依之以成三修德。人之所以能修，由于能修之性，卽上所及之三佛性之三德。故修皆依性而起，而修亦不外開顯此性之事。是爲全性起修，亦全修在性。此義亦智顗之所有，湛然之所承。然此佛性乃純淨善之佛性，由翻破惑障之惡染而顯者。在未翻破之時，則此純淨善之佛性在障惑之惡中；故必推此惡，乃見善。故智顗謂：「凡夫一念……悉有惡業性相，祇惡性相，卽善性相。由惡有善……遇緣成事，卽能翻惡……惡中有善，善成還破惡；故卽惡性相，是善性相也。」（法華玄義卷五）此乃以惡業之性相爲表層，其所卽之底層，則爲純善之佛性，故智顗在法華玄義、摩訶止觀諸書，亦初無佛性有惡之說也。

然傳亦爲智顗所著之觀音玄義一書中，則言佛亦不斷性惡，如闡提之不斷性善，因佛能現惡相作惡事，以化度衆生故。性以不改爲義，佛亦不能改故。故佛與衆生之不同，唯在佛通達于惡，而不染于惡，故只修善不修惡。然此非謂其斷性惡也。此書之大旨，吾于原性篇嘗略及之，並謂其不必足證佛性之有惡；因其通達于惡或現惡相，以化度衆生，皆是純淨善故。此書之言佛不斷性惡，亦不見智顗之他書，故後之子濬疑其爲僞著。然湛然則極重此佛性有惡之義，故于止觀義例言：「佛不斷性惡法，性惡若斷，普現色身，從何而立？」其摩訶止觀輔行傳弘決卷五之三，何必須明六道法邪之問下曰：「爲欲知性惡法門遍故。」又特引觀音玄義言佛不斷性惡之一節文于下。于法華文句記卷七下曰：「忽都未聞性惡之名，安能信有性德之行？」然此以智顗書原文按之，皆不必須以此性惡之義注之。此性惡之義，乃湛然之所重，而與智顗之除觀音玄義一書外，初不重此義，唯言佛性之淨善大不同者也。

智顗雖不重此佛性惡之義，觀音玄義亦可能非其所著；然由智顗之論，亦非不可引申發展出此佛性惡之義。此則由于依智顗說吾人之佛性原與三惑三障相卽，而與惡相卽。則吾人之翻破此惑障而顯佛性之後，亦是一「原有與此惑障相卽義」之佛性。此與惑障有相卽義，乃吾人之佛性之所以爲佛性。故此佛性原當稱爲「卽于惑障之佛性」。此佛性又卽法性。吾人之能破惑障之法性或佛性之明，亦原當稱爲「卽于無明之明」。此惑障無明乃先有，更有佛性之明以破之，而自顯其三德。然無明旣破，卽明；三障破，卽見三德之法身，則亦無先後新舊可說。故智顗嘗謂：「三障先有，名之爲故；三德（卽佛性）破三障，今始得顯，故名爲新……三障卽三德，三障非故；三德卽三障，三德非新……無明先有名爲故；法身是明，破于無明，名爲新……無明卽明，無明非故；明卽無明，明則非新。」（摩訶止觀卷二歸大處文）然若吾人之佛性之明，原有此「卽于障惑無明之染惡之義」，則吾人之成佛，亦卽只顯得此一「卽于此障惑無明之染惡之義」之「佛性」。此佛性之義中，卽不能斷此性惡之義。此佛性之不斷此性惡義，亦必爲佛所知。此亦卽佛之所以亦能通達于惡，以現惡相作惡事，以化度衆生之根據所在也。若佛斷此性惡義，則亦不能通達于惡，以現惡相矣。則由智顗之言吾人之佛性，原是「卽于惡」之性，轉進一層，以觀吾人成佛時所實現之佛性；亦固當說其仍是一「卽于惡而不斷此惡之佛性」。吾人與佛之不同，唯是在吾人則惡性在外，在上，淨善之性，若在內、在下；而佛則上下加以翻轉，而其淨善之性顯于外，而居上層，惡性則只爲其內心所通達所知，而亦如在其心之下層而已。其善惡之性，固俱在也。

依此一佛性有惡之義，可使吾人知佛心之常護念在吾人之惡，並知此佛心，乃恆可以惡事成其化度之業者。而吾人于其所遭遇之惡事，亦卽皆可視爲佛之所以成就其對吾人之化度以觀之。然尤要者，則在由此以知吾人之一切修惡，在爲佛所護念時，亦與此佛之惡性相卽而不二。亦如吾人之善性與佛之修善之相卽而不二。此便使吾人之惡及善性與佛之善及惡性，互相涵具，成一圓，以相卽而不二。而將此義連于一念三千之說，則是衆生之九界，攝得佛界，而佛界亦攝衆生界。九界衆生心念，以佛界爲體；佛之心念，亦以衆生界爲體。二者亦相互爲用；更可本卽假卽空卽中之三諦，以圓觀之，以共顯一不可思議之法界妙境。則此湛然之申智顗之言三障、三德、法性、無明之相卽，以成此佛性亦有惡，固爲天臺教義之一大發展，不可輕心忽之者也。

上文二三四節湛然所特提示之三義，其中，尤以由此華嚴宗以至唯識宗所共許之法界互攝心識交遍義，是否可言佛性有惡，不許佛性有惡，是否卽爲緣理斷九而非圓教，尤爲一主要問題。

## 五　天台宗山家、山外所爭之問題，與山家、山外在中國佛學中之地位

此山家與前山外之爭辯，自歷史言之，其往復答辯，前後歷七年之久。初由前山外晤恩作光明玄

發揮記，以金光明經之廣本爲僞，而其弟子源清、洪敏爲文助之，而知禮則作釋難扶宗記辯之，而引起。所謂後山外仁岳與知禮之爭，則由辯佛之尊特身之相而引起。此前者似純屬經典眞僞之考證問題，後者則純爲宗教信仰中之佛相問題。然實關乎山家、山外所本之教理之不同。晤恩門下源清、洪敏之文，吾未及見，似已佚。今由知禮釋難扶宗記，及四明十義書，可推想前山外之所以以金光明經之廣本爲僞，蓋由以金光明經略本中，言佛之十種三法，卽「妙性、眞源、若法若心、卽金光明，契此卽是觀法性，成理觀，不須更別談觀心」，故以廣本之觀心爲僞。此卽見山外教理，近乎華嚴之直契眞心者，方有此廣本爲僞之說。而知禮之必爭此廣本之眞，則由其重此觀心之論，而其觀心之論，乃以觀一念妄心之事爲主之故。此後文當再及。至于仁岳與知禮之辯佛之尊特身，則仁岳以佛之身相，由感應而見，「法身無相，相必屬應」（四明十諫書所引），而知禮則以佛身相卽性。故成諍論。而此中雙方爭論之教理背景，則爲相與其體其性，是否相卽之問題。仁岳言法身無相，而唯由感應而顯相，近華嚴之敎。而知禮卽相見性，則以感應所顯相用，皆屬此法身之性之體，故言「性卽相，相卽性。」自謂此言爲天臺一家之旨。是見知禮、仁岳之爭，亦由其所本敎理不同之故。此後文亦當再及。由此可見，山家、山外之爭論，就其表面觀之，爲經論之眞僞文句之解釋問題，或純宗教性問題者，皆可更探其所本之敎理之異同。今純就其敎理之異同而說，則可循上所說湛然特提示之三義，以觀山家、山外所討論之主要問題，及其對湛然之書之解釋所根據之敎理之不同。

此上所說由湛然所特提示之三義，以觀山家、山外所討論之主要問題，一爲言色心不二，是否眞視色心爲平等，或仍當以心爲本之問題；二爲言一念三千，此三千諸法，以三諦觀之，此三千之體，畢竟有無此三千之相，及是否只有心法具此三千之體之問題；三爲言佛不斷性惡，通達于惡之通達之心之全體，是否仍可以惡說之之問題。大率在所謂前山外與後山外之天臺宗學者，如智圓、源淸、宗昱、仁岳、從義，皆多少受華嚴宗之影響，而主雖色心不二，然畢竟當以心爲本。故無情之有佛性，亦是依有情之心而說。如後山外之從義止觀義例纂要卷三，卽宗智圓之「有情體遍，卽無情有佛性」之說；並謂「湛然亦是約于有情體遍，以明無情有佛性」是也。此則可以湛然之十不二門，言色心乃「心之色心」，金剛錍言「法名不覺，佛名爲覺，只是有情（之）性徧心徧」語證之。至對一念心具三千法爲體，此三千法是否有相之問題，則山外派傾向于此三千法之數量性質之差別，唯自假諦說；若通空諦與中諦，以圓觀之，則無此三千之差別可說。此卽如仁岳謂「三千之法，定屬于假；空、中之體，斷非數量」（十不二門文心解）。此亦可以湛然十不二門「照故三千恆具，遮故法爾空中」、「三德三諦三千，自行唯在空中」等語證之。對是否只有心法具三千之問題，則山外派自智顗初言一念三千，乃自心念說，卽主心法具三千，而色法則不能單獨具三千。又衆生由心悟三千，而成佛，故可只說心具三千。此亦可由湛然之只言及一念心具三千，未言色法具三千，亦未說心、佛、衆生各具三千，以證之。再對佛不斷性惡之問題，亦可依此湛然之言佛之自行唯在空、中，而言其不斷而斷，更無此惡。此如湛然謂：「一理之內，而分淨穢，別則六穢四淨，通則十通淨穢，故知刹那染體悉淨……忘淨穢故，以空以中；仍由空中，轉染爲淨。」（十不二門）則佛由通達染淨，所證者，亦只是淨善，而不當言其性終有惡也。故依此山外以釋湛然，非無所據。而由此可與起信論、華嚴宗之以本覺眞心或法界性起心爲無相，而純淨善之旨相通；更與華嚴宗之宗密，以空寂靈知純淨無染，言心體之旨相合。則不可謂山外之天臺學，非天臺學之一發展也。

然在宋之天臺之山家自知禮以降之說，則深以此山外之說與起信、華嚴宗義相結爲不然，尤以華嚴宗之宗密之言空寂靈知之心體爲異說，足以壞天臺一家之圓教。故山家之人，雖與山外諸人，同註湛然之十不二門、金剛錍、止觀義例等書，而註解之立義大異。山家于心色不二、無情成佛之義，視爲乃直下泯息心色之「情想分別」之論；而以說必是有覺之有情，方能成佛者，乃「心慮不亡，故爲荆谿之所破」云云（處元止觀義例隨釋卷三、續藏經九十九册四百三十九頁）。而于此三千之體，則既當本三諦觀之，而三諦中有假諦；今作假諦以觀之，則必有相；故三千之體，自有其假相。唯可說其與空中圓融，而爲妙假之相，不可說爲無相也。于此，知禮十不二門指要鈔，更謂湛然十不二門，因果不二門文中，只有空中之句，皆由漏脫，當以義補一假字云云。至對是否只有心法具三千之問題，則知禮依湛然之心色不二之說，言心法既具三千，色法亦應具三千。又心、佛、衆生，既爲三無差別，則佛與衆生，亦應各具三千；故不可說只心具三千。此亦可由湛然之言引繹而出。對佛性惡之問題，知禮謂天臺一家教法，正在言佛之不斷性惡，以別于他宗。于其指要鈔，更謂染淨與善惡不同，染淨之分卽悟與不悟之分。佛旣悟一切善惡法，自是染體悉淨，如湛然所說；然所悟之善惡之性，則固不改，而佛之惡性，固仍不斷，而當說佛性惡也。

由上述山外、山家對湛然所提示之三義，不同其解釋，更連及于吾人之修行工夫，當以知空寂靈知之眞心爲主，或當觀吾人現有之一念無明妄心之問題；只言一爲純淨善之佛之性之理，能隨緣而不變，不變而隨緣，是否可稱爲天臺之圓敎之問題；及吾人一念心之具三千法，只是理具三千，或兼有事用三千之問題。對此諸問題，在山外，則言修觀要在直契此眞心中之純淨善之佛性之理，自能隨十界緣而不變，亦不變而隨緣，是卽見此理之具三千。而山家知禮，則以觀心當以一念無明妄心爲所觀，以眞心非在聖境，不能顯現故。又以純善之佛性之理中，若無九界惡，而斷九界惡之理，則其隨緣，非能與九界惡之理相卽。是爲別理隨緣，而非圓理隨緣。因其理不「當體全是」此九界之理故。又吾人之一念妄心，亦不只理具三千。此一念妄心爲事，其事不只與三千事同依一理而有，亦可更相緣，以變造彼三千事。故理具三千之外，亦有事造三千，或事用三千之義。又謂必由此理具三千、事用三千之二者，以言性具，乃能言性修之相卽不二，言衆生與佛以智顗所謂「六卽」相卽。此「由具以言卽」，乃山家知禮最重之義。此上之山家、山外之異說，亦皆各可由智顗與湛然之言，得其若干之根據。智顗、湛然皆言觀一念無明妄心，卽山家觀妄心之所據；然能觀此無明心而破之之心，則亦可說為法性眞心，亦為可觀者。是卽山外觀眞心之所據。又智顗言十界互為因果，湛然言佛性有惡，則佛之性之理，固應為具九界惡之圓理；但亦皆言佛之修中無惡，則亦可引出佛之性之自為純善之義。又智顗只言心具三千，湛然乃言理具三千，初無事造三千之明言。知禮十義書卷上、不辨事理二造節，謂湛然止觀輔行記中有之，乃依義推衍。蓋理事不離，知禮固可由理具三千，引出事用三千之義也。是則山家、山外之論，皆同可于智顗、湛然之言中得其據，以成其諍論之無已也。

關于此山家與前後山外之爭論，其相連而討論之問題尚多，其在義理上與如何釋其前經論上之互相辯駁，尤多曲折。山家責山外，要在言其失天臺一家教法。山外責山家，則謂不顧他家之義，如人謂知禮鯨吞起信論。此亦皆未為不是。就天臺論天臺，則山家亦實最能于湛然所提示之新義，如無情成佛、一念三千、佛不斷性惡等，更堅執不捨，方成知禮之重觀一念妄心中之事理三千等。故仁岳嘗言知禮「一生所悟法門不出三千……指要二卷凡四十二紙，有一百五十餘處言乎三千」云云（據可觀山家義苑卷上所引。續藏卷百零一册一八三頁）。觀湛然于止觀義例嘗謂智顗「以三千為指南」，知禮則全自位于此南方中矣，故亦實可稱為天臺之正統。知禮之重視妄心之事理三千，亦自更有其更切實于當下之修行工夫之義。由此以言全性起修、全修在性，亦更有警切之功。後虎溪懷則著天臺傳佛心印記，謂知禮之「立陰觀妄、別理隨緣、究竟蛣蜣、理毒性惡、十不二門之指要、十種三法之觀心，三雙之論佛身，卽具之判經本，判教說實，說性說修，章安荆溪，未暇結顯之諸深門，莫不表而出之」，宋法登之議中興教觀文、則謂知禮之立別理隨緣，乃中興天臺圓頓之教；其立陰觀妄，則顯天臺之境觀云云。而吾人亦可緣此懷則與法登所標出者，以知知禮之所學也。

唯山家知禮雖能承湛然所提示之新義而發揮之，然亦未必能盡湛然之所學之全體。因湛然之學固原承于智顗，而其言心性三諦三觀等義，則承智顗而說。山外之承于湛然者，亦正可是此湛然之承于智顗者之一方面。山外固不免受華嚴宗人之影響。然其所受于華嚴宗人之影響，亦可正同時爲上契于智顗湛然之旨者。華嚴宗固初亦受智顗之影響。如以心統色心，以三諦圓觀三千，或一切法，以心法爲佛法與衆生法之本、及第一義之性爲淨善，固華嚴與智顗之所同，而湛然亦可無異辭者也。則山外之說，固亦不能謂其爲天臺之叛徒。而當說其與山家合爲天臺宗之二流；而其教義之能通攝于起信論華嚴宗之義，正所以見天臺、華嚴之教義之可相攝，而可使二宗之人，各破其門戶之見，而顯此二宗之差別，乃差別而無差別；此差別亦假相而可空，以見其教義之亦有不可二處，而並加以圓觀者也。則吾人生于後世，亦不必本昔天臺宗人之門戶之見，以爲抑揚也。

## 六　山家山外之論義之相反與相成

對天臺之山家、山外之所爭之問題與所持之理由，如一一循文論述，其事甚繁，當另文別論。唯吾人若細觀天臺宗人在爭論時，各在思想上所預設或隱涵之義，及雙方爭論中所持之理由，各有改變，以漸趨共許對方所持之義；則亦可說其持義相反，而未嘗不相成。此可就以上所提示之諸問題，更分別略加點示，聊使初學知此中之持義相反者，可能有相成者，存于其中而已。

如以心色內外、依正之二不二而生之無情是否有佛性、草木是否成佛之問題而論，山外固許一心之能見此心色之不二，此卽須涵山家之義。至山家之順湛然之說，而卽此心色平等不二、以言無情有性、草木成佛者，初亦必先意許此色心，乃心所知之色心，而在此心知中，觀得此色心之不二；並先許此色心乃當前一念心之二方面。此卽仍隱涵此一念心，爲外色內心之統。故其言佛之依報土，屬于無情色法者，亦應與佛之正報之有情心身，俱時成佛云云，亦先意許此二者並爲佛之所知所證，而屬于一佛心。其謂依正不二，實亦先意許此依正之二名，而此二名亦自是二義。在此依報中之草木，乃依其正報，而與之俱成佛；然其自身則不能爲正報，更以佛之心身爲依報。此卽亦見此依正之不二而二。此中，除非謂草木自身，亦有覺性，而亦能自以其心身爲其成佛之正報，更以佛之心身爲其依報；則佛之國土中草木之無覺無情，仍不同于佛之正報所在之心身之爲自身有覺性；而有情者。則色心依正，亦不二而二；而依報中之無情草木，與佛之正報所在之心身，亦不二而二。能爲此二之統者，仍當是一心知或心覺。此則須涵山外之義。對此問題，山外智圓之金剛錍顯性錄，與山家可觀之金剛經論義，及善月義解所論，其中翻折至多，非今所能詳。然觀其翻折之多，亦正可見其相反而必相涵也。

復次，對于卽三諦之三千之體是否有相，是否只有心法具三千，色法與佛衆生法是否亦具三千之問題，則山家知禮承湛然之言佛悟三千之體，仍有其依之以赴物（卽與衆生相感應）之事，以對衆生顯相，而說此三千之體與佛心之證此三千之體中，亦應有妙假之相。山外如仁岳等，則謂在此體中之假，旣與空中不二，而空中無相，則應無相。此二說更顯然爲一相反相成互相涵攝之說。因由此佛心之赴物而有相，遂推其未赴物亦當有相，乃由果說因，由用說體，以言其有相。然此中旣用因果體用二名，則亦意許因果體用，可有不同之義；而在用上、果上有相者，在因上、體上，亦可無相。知禮說此是妙假之相應有，然假旣妙矣，卽不同有相之假，而兼爲無相，而只能說爲一無相之相。則卽亦涵具仁岳所言無相之義矣（註一）。山家善月亦謂四明（卽知禮）所說之相，卽無相，「四明霅川（卽仁岳）不當矢石」也。（臺宗十類因革論卷二、續藏卷九十五四五六頁）至于仁岳之謂佛所悟三千之體爲無相者，則自佛之赴物之假，在佛之自行境中，以空中圓觀之，必亡泯其相而說。然說亡泯其相，亦必有所亡泯之相，在能忘泯之之佛心中，亦卽此佛心有其所無之相。則此無相，亦卽相之無相，而

註一：了然十不二門論樞要卷下（續藏一百卷百三三頁），謂佛之寂光境，在知禮乃「卽相之無相」，而仁岳則只說一無相，故二者殊。然無相者乃相之無，亦卽相之無相；而仁岳之言無相，亦自可涵此了然所謂知禮之「卽相之無相」之旨者也。

亦即一無相之相，而非單純之無相，亦同知禮之所謂妙假之相之爲一無相之相矣。

至緣此以論是否只心具三千、色與生佛不具三千之問題，則山家只言心具三千者，乃自色爲一念心之所知所統，衆生、與佛皆以其有心有覺而成，故可舉心之三千，以統色之三千，亦統生、佛之三千。然心既統色，亦與色不二而在于色；心既使衆生得成爲衆生、佛成爲佛，心亦在此生佛中；則說心具三千，亦當說其所在之色，及生佛亦皆具此三千。則山家之言色具三千，觀色則心趣色，觀心則色趣心，二觀之用無殊，又言外觀佛與生之三千、與觀心三千，二觀之用無殊，固皆可爲山外之說所隱涵之義矣。反之，山家之謂心色與生皆具三千者，亦必謂知其皆具三千者，乃此心之事，而非必色之事；又必謂生佛無此心，亦不能具三千。則亦將意許此心之具三千，有一特殊義、根原義。心色及心與生佛之不二、無差別中，仍有不二之二與差別在。則亦即可依此差別，以專說心具三千，暫不說色與生佛具三千。則山家之義，亦可隱涵山外之義矣。

至于就染淨之不二，而連及之佛性是否有惡之問題而論，則知禮之承湛然之言佛定不斷性惡者，亦謂佛悟善惡性，而不染，其悟純是淨。然此淨正當是一善之別名。依佛之悟之淨，以說佛之性，仍當意許其純善，此中惡已斷。其所不斷之性惡，則屬于所悟所通達之下一層次之性。謂佛可依此不斷之性惡，爲化度衆生而現之惡之相，與衆生之惡之相之依于其惡性而有者，其相固可同。然此中之二性，所居之層次則不同，其義亦不同。則吾人于佛亦即可依其無此衆生之惡性，而可說其性之無惡，而只爲淨善矣。至于言佛性之爲純淨善者，亦必不謂佛之悲智不足以通達于惡，而現惡相，以化度衆生，而有此能現惡相之惡性，則亦當意許佛有此義之惡性。則此佛性有惡無惡，皆可分別層次，而見其義之未嘗不相成矣。

至于山家山外之別理隨緣問題之爭，則在山外，謂佛性斷九界惡，而只證一眞之理，此理亦能隨緣者，乃是意謂此斷九界惡之佛，亦能以其悲智，隨緣而下徹于九界之衆生。則此佛實未嘗斷九界，而亦必能依其悲智，以通達九界惡，方便爲惡事，現惡相，亦有通達惡而現此惡相之性。則其斷九界惡之性，卽是斷而不斷（註二）。若非「斷而不斷」，則此佛之悲智不足，其善非全善故。則此全善之佛之所以成佛之性之理，亦卽須同時爲一不斷九之圓理，而亦非只爲一別理。則此山外之義，亦涵山家之義矣。

自另一方面言之，則山家固必主佛性不斷性惡，方能與九界之惡相卽，以通達于惡，現惡相爲惡事；然後此佛性之理，乃爲不斷九之圓理。唯山家亦必以佛之不斷九，正所以成此佛之悲智之下徹于九界之全善，而謂斷九之佛之悲智，不及此不斷九之佛之爲全善。則此佛所以不斷九之惡，乃正所以成就此佛之全善之一內容。今自具此全善之佛之性之理之自身言，則可只謂其是一全善，更不須再以

註二：如法藏入楞伽經心玄義謂「有惑之智，此智亦須斷；諸惑之性空，此惑不須斷」。此卽謂證諸惑性空之智中，此諸惑亦不斷也。

此九界之惡說之者。則言此全善之佛之性之理爲圓理，亦可以此「斷九界之惡」說之。而其不斷九界惡，是不斷而斷。若必說此不斷而斷，而圓理成別理，則此不斷九界惡、亦別理矣。則此山家之義，亦涵山外之義矣。

至于連于此緣理之斷九與否之問題者，則上文說尙有觀眞心與觀妄心之問題。如佛之心性純善，吾人之眞心性純善，則觀心歸于觀此眞心，卽契佛心，觀佛心亦宜歸于觀佛心全是其眞心性顯現，以自還契其眞心性。如佛之心性有惡，則觀吾人之妄心之惑障惡性，亦卽有契于佛性。由吾人平日之心正是妄心，若須別觀眞心，則工夫不切。今只揀此現前之妄心爲所觀，則工夫自切。此卽知禮十義書與十不二門指要，言揀妄心爲境而觀之旨也。然知禮所謂觀妄心者，乃依三諦而觀其卽假、卽空、卽中。而此知其卽假、卽空、卽中之心，又當卽一義之眞心之顯現。此豈不可以還自觀之，以契眞心？故十義書亦嘗以觀妄心成眞心爲言，則于此一義眞心顯現處，更自觀之，亦可歸于觀眞心之說矣。然自觀其眞心之顯現者，亦可由更自染着于此眞心之顯現，而有妄執起妄心；便亦當更自觀其妄。則觀眞心者，豈不可再歸于觀妄心？實則能觀妄而知其妄者，應卽一義上之眞心；而眞心之所觀，亦原可是妄心。則眞妄相卽而相涵。至如知禮之說，謂觀妄心者，初仍是妄心。此自亦可說。然妄心觀妄之假、空、中，要必有所觀之妄之次第破，亦有能觀之妄之次第破；卽有能觀之眞心之次第顯，否則觀行無功，修道無成（註三）。知禮既言觀妄心成眞心，則亦當謂有此次第顯之眞心，可爲其所自觀。然此眞之顯，又卽在妄之破中顯；破妄時，亦自先有妄爲所觀，方有妄之破。則觀眞心中，亦自涵觀妄。是見此眞心觀與妄心觀，亦自可相涵也。

至于上所提及之理具、事具之問題，則山外之言理具三千之理，乃卽天臺宗之三諦理，或能知三諦之法性心之理，或起信論之心眞如理，或華嚴宗法界性起心之理、法界之理。此三者在山外，皆可說是一理。此一理，則爲三千事所由成之共理。則所謂理具三千，卽謂「理」之義中，具有此三千之「所由成之義。」此理卽此三千之「所由成」。故對三千言，則理爲總，三千事爲別。至山家之更謂一念心之事中，具事理三千者，則是直下視此一念之心之事爲總，更言其理之具三千事，而此事之自身，更自有事用，而具事用三千。此中事理各有三千，觀理具三千，爲實相觀，觀事具三千，爲唯識觀。此則較山外之論，大爲複雜矣。

然山外之謂理具三千者，亦由理原爲三千事之所由成，如上所說。然事既成，則理亦卽在事中，而可說事具此理。然此理亦爲餘外之三千事所由成之理。故一事具此理，亦卽無異具三千事所由成之理。而亦卽可說其有成就三千事之用，或知禮所謂變造三千之用。此卽由山外之理具三千，以引

**註三**・四明尊者敎行錄卷三「今圓實敎中既詮性具九界，則見思王數，卽是性惡，惑既卽性，只以此惑而爲能觀……能所一如，境觀不二。輔行所謂非但所觀無明法性體性不二，抑亦能觀觀智，卽無明是。是義故，方知初心修觀，造境卽中，無不眞實，功由性惡」。由觀此性惡，而造境無不眞實。卽眞心之顯也。

致知禮之一事之兼有理具三千、與事用三千之說矣。

反之，山家知禮之言事理三千，謂一事中不只其理具三千，其事亦爲有能變造或成就三千事之用者，則此後者唯依于此事之理，亦爲三千事所以得變造，而成之理說。此仍是依理成事、理總而事別說。知禮于此亦有理總事別之說。至于知禮所說之一念心之事，固可自爲總。然今若將其與餘一切事平觀，而見其同依此理而變造成，則又是以理爲總。此一念之心之一事，即仍亦可視爲別，以爲總之之理之所具之三千之一矣。則此山外之理具三千，亦可攝盡知禮之事理兩三千；而知禮之言兩三千，亦可歸于只言一理具三千矣。此理即心之性，則人亦可只言理具三千，亦即可只言心具三千。唯此心具之三千，可爲吾人當前之一念心之體。此即又同山外以一靈知之心爲體，以具一切法之義，亦還通于起信論及華嚴宗人之以一心眞如，或法界性起心爲體之說。此即智圓之金剛錍顯性錄卷一之旨也。

總上所論，則山家山外之爭中，其立義相反者，如就其所意涵者而觀之，亦可相反相成。則吾人可更于其所言中，見法藏所謂「相奪中之極相順」，而相即相入；再圓觀此天臺山家之圓教、與山外及華嚴之圓教，其二圓之合爲一圓。但此中人所明說及之義理，與其所意許隱涵者，又畢竟不同。前者爲顯，後者爲隱。由此人所說者其所顯所隱之不同，則其對聞言者之感應亦不同。人依之而用修持工夫者，所得之效果，亦不同。則二教仍相別。故山外之以一眞心爲純善，而教人觀之，以直契其理者；與山家之言性有惡，教人觀一念之妄心之事，而即此事觀其所具之性之理者，其教仍大別。此即不能只依哲學義理，加以融通混合，以成一圓教。此中自有種種隱顯相涵之義理，可往復翻折，以至無窮；終不容人于此妄分高下，而一切融通混合之論，亦皆可捨，人果能知此中義理隱顯相涵，固可後據一端，前引一端，以成其互相破斥之論。則兩相對辯時，先開口者必錯，後說者終勝。此卽成一場戲論。至于眞正依敎言理者，其所以必各引一端，則所以應合于人在修行工夫上之眞實需要。蓋由人之氣質之差別，一時心態之差別，及所在情境之差別，而人在修行工夫上，亦恆有不同之需要。如以上述之山家山外而論，大率人之氣質篤實，而能面對其妄染而修行者，必多契于爲天臺正宗之山家。至其氣質高明，而能直契其一念清淨而修行者，必多契于山外及山外所攝之華嚴宗人言一空寂靈知之心之旨。又人之自感其妄染之縛重者，則意自力不足，而恆信他力；在佛學中則恆趣于信淨土，念佛心佛境，而對之懺悔，以自見其本心，而達于清淨境。而天臺宗山家之敎義，言色心不二，佛自具三千，三千有相，正可使人緣之以觀佛之淨身淨土之色相莊嚴。故尤爲信實有淨土者之所喜。（註四）又人之緣其一念清淨心而信自力者，則不須信他力；在佛學中則恆或趣于重明自本心、悟自本性之禪宗。華嚴宗敎理之言法界性起心，能繁興萬法者，更爲禪者之所喜。此卽氣質之偏向也。然亦有氣質高明，或自感其輕浮，而改習淨土，以歸篤實者。又有氣質篤實，而自感其重滯，乃改慕禪境，以求高明者。此卽自求化其氣質之偏向之心態也。又人之多處逆境、而厭棄世俗者，易信淨土；而處在順境，以遊戲人間者，亦恆能習禪。此則所在情境之異也。然此亦大率而言。此中更有種種因緣，使人更或喜淨土或喜禪，並于教理或喜天臺山家，或喜天臺山外與華嚴。固非今所能備論者也。

註四：在宋以後天台之與淨土宗密切相接，亦正以山家知禮緣湛然所言之眞心不二、依正不二等義，以佛之依正報土亦有色相之論爲據。智顗止觀本爲禪觀，而原始之禪觀中，自亦包括觀佛境或念佛三昧，爲其一部份。但智顗摩訶止觀、法華玄義諸書，並以佛境太高，衆生法太廣，故歸于觀一念心法，以爲工夫。智顗觀無量壽經疏，亦仍以一心三觀，說此淨土經之義；並明謂「以心觀淨則佛土淨，爲此經宗致」。至其阿彌陀經義記，則以此淨土經乃挾別帶通之教，非純圓教也。宋以後之天台宗，乃與淨土更密切相接。今言淨土宗之教理、若只持唯心淨土、實相淨土之義，則淨土卽在一心、實相卽無相，念他佛無異念自佛，淨土境將無異禪觀境。然在一般人之信淨土，仍必先視爲客觀之他佛之依正報境，而有其色相者。在魏晉時僧肇主佛之法身有色相，道生主無色相。後唐曇鸞倡淨土，卽仍取僧肇之有色之說。正見此淨土之說，宜主佛之依正報爲有色之論也。

## 附說：天台山家、山外之爭後之中國佛學之一方向

上文所述對天台山家山外之爭之評論，多是吾一人之見。自佛家思想史之發展言之，此爭論之有無一定之結論，及其後之佛學思想如何發展，乃另一問題，爲此書所不及詳。然有二點，宜略加說明。

在天台之山家、山外之爭中，以知禮門徒衆多，而持義甚辯，以存天台一家敎法，故一般皆以山家爲正統，似此爭論之勝負已定。然實則知禮門徒如仁岳、從義，即與知禮異論，而成山家中之後山外。知禮所固守之十界互具之性具之論，緣理斷九、別理隨緣之論，此其所持以抵拒華嚴宗人及山外之天台中人，所受華嚴思想之影響者，皆可再加論辯，大可不必如知禮於此之故作張皇。如十界之性互具，在唯識中之衆生心識交遍之義中有之，亦華嚴之萬法互攝義之一端。此十界互具，必由佛之悲智之遍滿十界，方能有其眞知，以如實知見此十界互具。然知禮則以凡唯自佛之眞心眞智立根之言，皆爲緣理斷九，其所言者皆爲別理。此蓋遙本印度佛學中之分別論者：「心性本淨，客塵煩惱所染」之言，於是對凡只就本淨之心性，或佛之眞心眞智，以及衆生之眞心眞智，爲第一義者，皆以爲是分別說，亦別敎說，而非圓滿說之圓滿敎。圓滿說之圓敎，當無一法可捨，亦不離妄心情見之無

明，以言眞心眞智所悟之眞如眞理或法性；而當承智顗言「無明法法性」之旨，以言卽妄卽眞，衆生之無明與法性相卽，亦卽恒沙之佛法所在，故以觀當前「一念無明法性心」，以對抗華嚴宗宗密之言「一念靈知」，爲一切觀行之本。若只本一念靈知，求緣眞如眞心以爲觀行之本，卽無異分別論者之只言心性本淨，而以客塵煩惱爲其外之物。此其立說，卽分別取眞，非圓滿敎，亦不能使人卽無明煩惱，而見法性，知一切塵勞如來種，而亦不免於歸在求緣佛所證之一眞無妄之眞如理，而斷離九界矣。

然實則印度之分別論者之說，只是早期之佛學。其以心性本淨與客塵煩惱，相對並言，固未至圓融之論。若人于此，只取相對中之二者之一，而離客塵煩惱，說心性本淨。此則誠不如兼說二者，而言其相卽者之圓滿。然復當知：此所謂相卽，有種種意義。天台宗之六卽，亦實有六種之「卽」義。佛學言「卽」，並非邏輯中所謂「同一之是」，唯自不離爲說。而不離之卽，有種種之不同。又所謂無明卽法性，煩惱卽菩提，妄心卽眞心，皆對觀行而說。在觀行中之妄心卽眞心，乃謂能觀妄者，卽眞。觀行中之煩惱卽菩提，乃謂知煩惱者，乃無煩惱之智慧。觀行中之無明卽法性，依智顗摩訶止觀說，亦是謂知無明者是法性之明。而此中觀行之歸止處，則在知無明、煩惱、妄心之畢竟不實，其自性是空，以如實知見法性，證菩提、顯眞心，而亦更不對此法性等起執。此則重在超一般之眞妄之相對，以歸於絕對之一眞無妄之佛境。華嚴宗人，卽本此立言，而謂佛初成道時，卽先見此境，而說華嚴經，然後次第流出其餘之教。此其立義之根據，與分別論者之說，於眞妄相對之中，別取眞心之說，顯然不同。而與只說眞妄相卽者，相較而論，正是更上一層樓。依此更上一層樓之義，則言一念無明法性心，只可於當下之觀行工夫說。然在此工夫之究竟處說，則一切無明法之無明，乃以畢竟空爲其法性。除無明後，一切法之差別，自仍在此，爲唯識法相宗所謂證眞如之無分別之根本智後，其後得智所分別。然無明旣以法性爲性，卽畢竟要歸消除，仍只有法性心，更無無明與之同體，卽唯有眞心而無妄心，十界中之九界，卽以同歸佛界爲究竟，不可止于將十界平等並觀，以言十界互具矣。

此上之論，在知禮之意，蓋必將仍視之爲緣理斷九之別教理。並將謂此佛之唯一眞心之再隨九界緣而顯用，有待于外之九界緣，非其性具九界，以佛唯有一眞心，而九界中皆不能無妄故。人在觀行中，只希此佛境，亦與當前一念無明法性心，隔別不融。然吾人亦可說：華嚴宗人依起信論而言眞如隨緣不變，不變隨緣，原只是體用相涵之義。此佛之隨九界緣，正是隨其自性中所具九界緣，以九界之緣，皆與一眞法界同體之佛之眞心本性所起，而起必先具故。人在觀行中，希此佛境，卽破無明顯法性之事；故人一切觀行工夫中，皆有此卽心卽佛之境之次第顯示。此中之論辯，可翻折至無窮，而唯有將一切論辯之言說，皆分別納于不同根器之行者之工夫之諸階段而說，乃能使其融通無礙，此在前文，已及其義，非今所能詳也。

下文再擬說者，唯在言：知禮以後之天台學，自宋歷明，至明末之智旭，世稱爲天台最後之大師者，其論學卽大不同於知禮之唯意在存天台一家敎法，斤斤計較於經論所陳義理，是否合于其一人所定之圓別之分者。智旭以大乘起信論以及唯識之論，同不悖圓敎之旨。而由宋及明之中國佛家學者，於佛經所著注疏最多者，則爲圓覺與楞嚴二經。疏圓覺一經，始於華嚴宗之宗密。疏楞嚴之書，則首有宋之子璿。而子璿嘗疑傳爲智顗著，而言性惡之觀音玄義爲僞著，亦華嚴宗人。自此以後，天台宗人，亦漸競爲楞嚴、圓覺二經作注疏，而上所提及明末天台宗之大師智旭，其學之中心，亦嘗自謂在楞嚴云云。據今存續藏經，圓覺經注疏有十五種，楞嚴經注疏，則有四十種。此楞嚴經之言常住眞心，圓覺經之言「流出一切清淨眞如之圓覺」，皆同是承華嚴宗在第一義之言畢竟眞實，唯一眞心之說，則凡只言眞妄和合，一念無明法性心，其所異于性善惡混之說者，卽不易辨；蓋皆屬第二義，乃觀行工夫中一階段之方便說。則知禮之論，固不足爲天台宗思想之發展之最後定論所在。而其後中國佛家思想之發展，實歸向於華嚴宗之萬流赴海之敎、畢竟眞實、唯一眞心之旨，唯多藉對圓覺、楞嚴之注疏，而表現耳。關於此由宋至明之佛學思想之表現於注疏者，尚待人之爬梳扶剔之而出者，當亦不少。唯非吾之疏陋之所及耳。至讀者若欲問吾個人對此佛性問題之意見，則吾願借用西哲黑格耳之名辭，謂「衆生心之無明法性之矛盾的統一、其展開而對立，及其矛盾之超化而唯顯法性」之「全部歷程中之道」，卽衆生之佛性，則天台之論佛性，乃原其「始」之論；華嚴之論佛性，則要其「終」之論；而唯識宗之善惡染淨法對立之論，則居間之論也。讀者可自參詳之。

# 第十六章　略論佛學以外之南北朝至隋唐學術中之道，及宋以後學術中之重守道及辨道

## 一　佛學以外之南北朝至隋唐之哲學文學中之道

吾書之論佛法中之哲學之義理或道，暫止于唐。于宋以後者，雖或涉及，如上述禪宗，及于五宗，述天臺，及于山家山外，皆只爲隨文附及之論述。于南北朝至唐代之中國哲學中之道，吾亦只限在論佛家哲學中之義理或道。此亦非謂在此一時期，中國固有之哲學中之道，更不流行。實則中國儒道佛之學，自魏晉以後，即爲三教並行之勢。佛徒亦多皆初學儒道之學，如東晉之慧遠，更能言禮；其時之禮學名家，如雷次宗等，初皆從之問禮。北齊之顏之推，有顏氏家訓一書，則先言儒行，而終于言仙之非無；並以歸心之論，言佛教義。南北朝之君王，亦多兼倡佛、道、儒之學。道佛之教自不免有爭，而北周武帝嘗下破佛令。然唐之高祖、太宗則于朝廷，設三教互相講論之制。旣勅令孔穎達等編五經正義，亦定道教爲國教。唐玄宗封老子爲太上玄元皇帝，又封莊子等爲眞人。道教三洞四輔之經

典，固多倣佛經爲之，然亦次第成書，其中亦未必無進于佛儒與前此道教與老莊及魏晉玄學之書，所立之義者。然吾人于此所知太少，又其原之在老莊與魏晉玄學者，與其道之方向何在，前已論之。至于中國固有經史之學與儒道之學之傳，則歷南北朝至隋唐，自亦不斷，而注疏之著尤多。然其道之大方向，則蓋不出于兩漢魏晉人之所開，而學更加密。此亦專門之學，非今所能論，亦非今所欲論。至于就純言義理之儒家之諸子而觀，則如四庫全書所著錄，而屬之儒家者，有梁元帝之金樓子。其書卷四謂：「周公沒五百年而有孔子，孔子沒五百年而有太史公；五百年運，余何敢讓焉？」其自序言六歲能詩，齔年卽受咒、誦咒于法朗道人。顏之推顏氏家訓勉學篇，亦謂梁元帝自言年始十二，便已好學。其所著之金樓子中，又載其所著書，則經史子集皆備，共六百七十七卷，亦可謂天才。然吾讀其金樓子，亦不見其于「道」能開一新方向。此外四庫提要所著錄者，如傅子，亦只彙集陳言。唯隋唐之際，有文中子中說一書，則甚怪。其書直以孔子自比，謂唐之開國名臣，如魏徵等，皆爲其弟子，而向之問道。然四庫提要考其書所及之文中子之事，則于時代皆不合。然據楊炯文，則其人實爲王勃之祖，而嘗講學者。宋儒更稱之爲唐代之儒學之傳人。然今讀其書，亦不見精彩。其書問易篇有「三教于是乎可一也」之言，明指儒佛道三教。又周公篇謂：「梁國亡非釋迦之罪」，謂「佛爲聖人」；然又謂其爲「西方之教，中國則泥」，卽言其不宜行于中國也。今亦不知其如何合三教爲一。此外其書又有評斥南北朝之文家之語。此書蓋爲唐初之不滿南北朝之文風，而不免迂濶之一儒者之所著。唐世有經師，而罕有能言義理之儒者。故宋儒于王通，加以推尊，其名固不足以符實也。此外爲四庫提要所著錄之南北朝至隋唐儒家之書，更無足論矣。

然此整個之唐代，自是中國之國力最盛之時代，唐代之天子，西域諸國稱之曰天可汗，即無異一世界之君王。長安則無異世界之國都，爲中國人與印度人、西域人，以至西方人相接觸之地，亦世界之宗教與文化交流之中心。故景教、波斯教、猶太教，亦皆于其時傳入中國。然要以儒佛道三教爲最盛。此景教等之書，後皆在道藏中發現。此三教之學之影響，蓋由晉至唐，而及于當時之政治、社會、文學、藝術之各方面。在晉唐之時，更能以其文學表現儒家之道者，則在東晉之時有陶淵明，唐則有杜甫。淵明自言「游好在六經」，又稱孔子爲先師，則其人初爲一儒者。唯其「縱浪大化中，不喜亦不懼」之情，與形影神贈答之詩，則有道家意味。杜甫則自喻爲「乾坤一腐儒」，其篤于倫理之情、家國之感，更純然一儒者氣象。此二人，皆爲最能將哲學中之義理或道，融化于其生活與生命，更表之于詩，而由哲學境至超哲學之詩境者。此外則李白之表現道家與游俠精神于詩，王維之表現佛家意境于詩，亦皆可謂能將道佛二家之哲學義理或道，融化于其生活與生命，而由哲學境至超哲學境之詩境者。此亦皆如佛家之義理或道，在禪宗之語言中，皆漸入于詩境，成超佛教之佛教、超佛家哲學之佛家哲學境也。

總而言之，則在中國哲學中之道之大方向上，歷漢至唐，皆已全部開出。由哲學至超哲學之境，亦已達到。唐亦爲中國文化之世界化，世界文化皆攝入中國文化之一盛世。然盛極而衰，唐之國力之向四方發展，而其內政不足以自凝固，遂成藩鎭之禍。安史之亂後，而國勢日衰。佛道之徒，據寺觀以逃租稅、免兵役，亦足更使民窮財盡。于是韓愈遂諫憲宗迎佛骨，更作原道，言儒家之道之別于二氏，以成其闢佛之論。韓愈之時代，正與宗密同時。宗密沒于會昌元年，至五年而武宗下破佛令，而佛教亦微。唯禪宗之徒，遁跡山林，得傳其教于民間。韓愈作原道而闢佛老，以諫佛骨，而身遭貶謫，則有一特殊之時代意義之事也。

韓愈原爲一文人，而只言「好道」、「志道」。同時代有柳宗元，則言文以明道。而劉禹錫、李翺皆善文而能說義理。韓柳、韓李、劉柳，皆嘗爲人所並稱。其中以李翺之復性篇，能上接王弼之書言性其情之義，並承中庸，而下開宋儒心性之學。其論義理能及于精深。此吾于原性篇，已略及其言，今不擬贅。劉禹錫爲天論三篇，言天只爲自然之天，無預乎人，而廢漢人一切天人感應之說。柳宗元之天說，亦言天人不相預，天于人無賞善罰惡之意，亦無賞罰之事。此與王充之言天，無對人賞善罰惡之意，初不殊，而詳辯皆不如王充。而依唐代盛行之佛家義，言天地，亦原不過四大之色法，自亦不能視天如神聖，而謂其能與以禍福也。此劉柳之論天之文，一時傳誦，義實平常。柳宗元辯封禪，抑受命之符，謂「唐之受命不于天，而于人」，亦天地山川中原無神靈之自然結論。柳又辯封建，謂古之封建非聖人之意，只由于勢之不得已，故今之時勢變，而封建亦不可復云云。宋明之儒者，更多封建可復或不可復之辯論，皆初由柳引起。然柳于政道，亦難言能自有一規模，自開一方向。卽曰有之，亦未能申而明之，以爲世所共見。柳又以「明」與「志」，言天爵，不以孟子之仁義忠信爲天爵，自謂勝孟子。實則其明與志，亦正不出孟子下一句所謂「樂善不倦」之義。善固不必限于仁義忠信也。至其言「仲尼之志之明，授之于庸人，則仲尼矣」。近有人以此言盛稱其能縮減庸人與聖人之距，實則人皆可以爲堯舜，而能爲仲尼，此本是儒者之公言。此外柳更有辨史事、辨諸子之文，如辨桐葉封弟，及辨列子、文子、鬼谷子、鶡冠子，及論語中若干篇之僞等。或謂其開宋以後辨僞之業。然此亦實上同王充辨書說多僞。辨僞學之祖，更宜爲王充，亦可上推至孟子言盡信書不如無書，非子厚也。柳宗元之言天，重自然之勢、重辨僞，皆似王充。柳于道家之自然義，旣有所取，亦能知山水之美，故能爲山水之詩文。柳又有取于佛，謂其與易、論語合。又其無性和尙碑之文，嘗稱天臺宗之中道。然就其所辨說及義理而觀，非實嘗深究佛家義理者。蓋亦如唐代文人一般皆好佛耳。

至于韓愈，則辨理不如子厚之謹密，其言儒者之道，亦不能及于精微。其原性之篇言性三品，亦遠不若王充之言性三品之論之詳至；或亦併荀悅之言性三品之義，而未能及；更不能如李翺之復性之篇，及于心性之本體與工夫之精微。其原道篇與他文之闢佛之說，若只就其所及之義理而觀，正如其詩所謂「蚍蜉撼大樹，可笑不自量」。然韓愈之原道之文，直由「博愛之謂仁，行而宜之之謂義，由是而之焉之謂道，足乎己無待乎外之謂德」開始，謂唯由「博愛」、「行宜」之仁義，而「之」者，方爲道。進以言古之爲民者四：士農工商之行，皆有其所宜，以合乎義，使人相生相養，以合乎仁。更言僧道之不事生產而衣食，卽足使民窮且盜，則正對應其時代之僧道之據寺觀，以逃租稅、免兵役，所引起之問題。故其大聲疾呼，欲于僧道之徒「人其人，火其書，廬其居」，明先王之道以道之，以矯一代之所偏向。其言儒者之道，「堯以是傳之舜，舜以是傳之禹，禹以是傳之湯，湯以是傳之文武周公，周公以是傳之孔子，孔子以是傳之孟軻，軻之死不得其傳焉」，而志在上承孟子之闢楊墨，以闢佛老自任。孟子善養浩然之氣，韓愈則學孟子之養氣以爲文，以求配義與道。而其原道等文，亦確有一氣勢貫注，如有一雷霆萬鈞之力。則其所見于道之義理，雖不能及于深微廣大，而足配道義以生氣；然能專用力于爲文，而善安排字句，使文之自身有其氣，亦自有其一道。韓愈之爲文人之雄，卽在于此。其于儒佛之義理之未深究，而亦力能闢佛者，亦在于此。故在宋以後之闢佛者，如石介、歐陽修等，皆推尊韓愈。凡爲佛家辯護者，如宋張商英之護法論，契嵩之鐔津文集卷十四至十六非韓三卷，元劉謐之三教平心論，皆以韓愈之論，爲其所辯駁之主要對象。韓愈直下提出一「堯以是傳之舜」，直至「軻之死不得其傳焉」之道，而志于此道，亦卽有湧身千載上之大段精神在，然後宋之石介、歐陽修、與范仲淹、蘇軾，並盛推其文。朱子雖以韓愈于義理，所見不精，然亦謂其「有些本領，大綱是」（朱子語類百三十七）。朱子之道統之說，亦可謂由韓愈原道之言開其先。韓愈在中國文化史中之地位，柳子厚終不足以相比。此則要在其行文之氣勢中，卽有一闢佛之力，其闢佛亦對應于其時代之一需要之故。至于朱子之謂其晚年覺沒頓身處，他人之謂其闢佛之事，不能貫徹始終，並議及其爲人之種種，則與此所說皆不相干。卽吾此上所說其闢佛之論中義理之不足，亦不于此相干。蓋以韓之闢佛之論中之義理而言，則觀宋之契嵩之文，不止其「非韓」之文，足以破韓愈之論，卽其言儒學與治道，亦非韓愈所能及。然韓愈之在一舉世之上下皆信佛之時，作諫佛骨表，致遭貶謫，其與孟尙書書言「雖被萬戮亦無悔」之一大段精神，表現于其行文之氣者，則非契嵩所能破，亦非其所能及。其文之精神可超乎所辯之義理之上，以求配義與道，讀其文者可自知之。此亦超哲學之義理之辨之上之物也。吾書以雖論哲學義理爲主，然吾亦恆信有在哲學義理之上之物之存在；言哲學義理，亦只所以明其物；而能明其物者，亦可是文學藝術或宗教道德上之實修實行，而非必對義理之論說也。如專以論說道爲言道，則文學之言與藝術及宗教道德上之實修實行，皆不言之道、不道之道也。中國哲學中諸道之大方向之次第開出，始于周以前之禮樂人文中之不言之道，而歸于唐代之詩文藝術，與三教之徒之實修實行中之不言之道、不道之道。至于五代與宋以後之道之流行，則吾下文另有說。

## 二　五代宋以後中國哲學中之守道精神

此五代宋以後中國學術思想中道之流行，在一一大方向上看，實亦未能更有所增。自五代以降至今之中國，亦自盛世而衰世，由世界性之國家，成一為北方夷狄及今之西方勢力所壓迫之國家。故此五代至宋以後之中國文化精神，亦不復以開拓勝，而只以求自保自固勝。其學術之言哲學上之義理或道者，則重在對其前之先哲所開出之種種之道，再重加以自覺、反省、批判、討論，擇善而固執之、保存之，而處處亦表現一保道、守道，以明道之精神。如在五代之時，禪宗之徒，則保佛學之傳于山林。五代不出大學者，然禪宗之五宗門下，則正多堅苦卓絕之豪傑之士。道教之流，至于陳摶，亦有其所保之道教之傳。傳陳摶初有志王業，聞宋太祖卽位，知天下大定，而撒手入華山，爲道士，亦是豪傑之士。邵康節之術數之學，其傳正遙出于陳摶。然陳之事蹟不詳，亦或是後人想像中人物。然後人之必想像此一人物，以見道教之傳，仍出于一保此傳統之一意識。而宋代儒學之起，則當依宋元學案所述，以孫明復、石介、胡安定開其先，范仲淹、歐陽修之獎勵人才繼其後。孫明復之講春秋尊王之義，乃義在明夷夏之防，而保華夏文化之統。石介承韓愈，而闢二氏，其意亦在是。胡安定敎學湖州，則所以養人才。范、歐爲名臣，更提拔人才。歐陽修作本論，言佛敎之入中國，在中國文化之不能自樹其本。周、程、張、朱之理學，則正是在義理之學上，求見此本根之在易傳、中庸、論語、孟子、大學之諸書者。朱子定四書，以代漢唐所重之五經，而保此先秦儒者之義理之傳。此諸人之闢佛老，亦皆意在自保自固其學之傳統。故朱子依韓愈之言，而有其道統之說。在道之大方向之樹立上，宋明之儒固亦不自謂別有所增也。

此一宋儒之學之重保存華夏文化之傳統之精神，表現于宋代之史學中之對政治上之正統與偏霸之辨。如司馬光之以三國之魏居中原之地，而定爲正統；朱子則自劉備爲漢宗室，蜀之諸葛亮之治近于儒，而定蜀爲正統。在學術思想之中，則石介已上承韓愈之言道之傳授之說。朱子爲中庸序，更言孔子、至曾子、子思、孟子之道統之傳；又爲伊洛淵原錄一書，以述宋代儒學之傳。朱子門人黃幹，爲朱子行狀，更以唯朱子能承此道統之傳。此言學術之傳授，漢之司馬遷、班固之儒林傳已有之。漢初之經今古文經師，皆上溯其師承至孔子。然尚未有一道統直線相傳之說。此乃始于韓愈之原道之闢佛，以保中國文化之統。宋儒繼之而重此道統之傳，以闢異端。此則由其更重保存一學術義理之統之故。故陸子與朱子異，朱子與後之爲朱學者，即必斥之爲異端。其流至于清初熊賜履之爲學統之分正統、翼統、附統、與異學。唐鑑國朝學案小識，更分清儒之學爲傳道、翼道、守道，以與經學心學相別。明末之爲陽明之學者，則有周海門爲聖學宗傳一書，由伏羲以來，至孔孟程朱陸王，以及其師羅近溪，以言陸王之學統。其時之孫奇逢，則兼取程朱陸王之傳，更爲理學宗傳一書。清儒之反對宋明儒學之傳者，而言漢學者，如江藩之著漢學師承記，則又欲別建立一學術之正統者也。在佛學之中則智顗之祖述慧思、慧文，以接龍樹，禪宗之神會爲六祖爭法統，固已是在建立一佛學之正傳。然至宋世，道原著景德傳燈錄，契嵩著傳法正宗記及定祖圖，皆本寶林傳，以奠立由西天由迦葉至達摩二十八祖之統，以接中國之禪宗之傳統。然在天臺宗，則宋有宗源錄、釋門正統之書。此乃天臺定佛門之正統，而斥禪宗之說者。志磐刪補宗源錄，爲佛祖統記，其書依史記法，分祖紀同本紀，更有世家列傳等，而佛祖之傳，皆同帝王。其書斥禪者之二十八祖之說，謂在西方只二十三祖，東土則只有天臺宗八祖之相承所成之統云云。宋之天臺宗虎溪懷則，著天臺傳佛心印記，更謂禪宗之迦葉「傳此心印，的在法華」。直至明末天臺之智旭，乃不斤斤于爭一家正統。凡此儒佛之人之爭學術之正統，在近人觀之，或覺其無多意味，亦如以近人之眼光觀宋人之政治上之正統偏霸之辯無多意味也。吾初亦甚不喜之。然後更試與以同情的理解，則知其原皆爲一保存學術文化之統緒于不斷，以守道、而明道之精神，亦代表吾人所說爲五代至宋以後之文化學術之精神者也。至于此言學術宗派偏正之說，影響及于文學之論，則有種種文體正宗之爭。論文學宗派者，則唐末張爲有主客圖，宋呂本中有江西詩派圖，宋末方回之瀛奎律髓，有江西詩派之一祖三宗之說。明董其昌以禪言畫，清包世臣言書法，皆有南北宗之說。此皆正如儒佛學者之伊洛淵原錄，傳法正宗記之類也。

然此五代兩宋以後之儒道佛之徒，對所學之儒道佛之學，亦自更有所發明。然此發明，不在大方向之道之開拓，而在義理之精微細密之方面。如宋以後佛學，更無新宗派。在儒學，則明末高攀龍嘗謂：宋明之儒者濂溪、明道與顏子一脈；陽明、子靜與孟子一脈；橫渠、伊川、朱子與曾子一脈；康節、白沙與曾點一脈；敬齋、康齋、和靖與子夏一脈。（高子遺書卷五會語）此皆大致不差。宋儒中更有永康永嘉之功利學，其中之葉適，嘗稱子貢。則凡爲功利之學者，皆與子貢一脈者也。故宋明儒亦皆未嘗于儒學之大方向上，自謂別有所開。清人之言經學者，亦不能大出漢之今古文經學家所開之道之外。金元之道教之全眞教，爲新開之道教。然其特色唯在「其遜讓似儒，其勤苦似墨，其慈愛似佛」（陳敎友長春道教原流所引金辛愿文）以合數教之精神爲教。則在道之大方向上，宋以後之儒佛道三教，皆不能更有所開也。

然此唐以後之中國之學術，亦自有進于其前世者。此則要在其于「舊學商量加邃密」之一方面，及諸分流之學術之互相影響，而參伍錯綜，或相互討論辯論之一方面。故于道之大方向雖無所開，然于義理之精微，則更有辨析之功。朱子嘗言「道字弘大，理字細密」。宋以後之儒學之精神，皆在辨理，故有理學之名。此理自亦是道之理，然重在道之理、與重在道之大方向之開拓亦不同。唐以前之儒，重在道之大方向之開拓，宜名之爲眞正之道學。宋儒之道學，則眞理學也。宋以後佛道家之學之辨理，其趨于精密者，亦皆可名爲其敎之理學也。

## 三　宋以後講學之重宗旨，及學術之辯爭

此宋以後之理學重辨義理之精微，而偏向一理以言道，其講學遂或重在先提一定之宗旨。此或

始于禪宗之五宗之各有宗風，或教人參話頭。周濂溪以主靜、無欲，立人極，而配太極之道，爲聖學宗要。張橫渠言太和所謂道，以變化氣質，窮神知化、立心立命、爲乾坤孝子，爲聖學宗要。程明道言「學者當先識仁」，伊川以「主敬」與「致知窮理」並重。朱子承程門之學更言太極，以接濂溪言太極人極之義。其時之陸象山，則以理卽在人之本心，而重人之自明其本心，而以此爲大中之道或皇極之道。象山之前，邵康節有皇極經世之書，同時之葉適習學記言，以皇極言道統。稍晚之蔡沈有皇極內篇之著。宋儒言太極、人極、皇極之三極者，皆對不極者，樹立一極爲標準之道。以便人之持守固執者也。至于明之陳白沙言「靜中養出端倪」。陽明言「致良知」，湛甘泉言「隨處體認天理」、劉蕺山言「愼獨」歸于立人極，亦皆各有其講學之宗旨所在。而淸以後之爲詩文者，或標神韻，如王漁洋；或標性情，如袁子才；或標格律，如沈德潛；或標義法，如方苞，亦皆此宋明理學家講學標宗旨之遺風所及也。然此宋明理學家之標出一宗旨，要在教學者依一理言一工夫，以爲入道之門戶。宋明儒之言工夫，恆兼有正反二面。如濂溪之「主靜」爲正面，「無欲」卽其反面。橫渠之言「神化」爲正面，其「變化氣質」卽反面。程朱則「存天理」與「去人欲」並重。象山之「立大」與「去意見」並重。陽明之致良知，則善善惡惡並重。此人之學聖賢必去反面之私欲意見、以及習氣之不善者，亦卽人在道德生活上所以自保自固其善之工夫。此中人由正反二面之工夫，爲門戶，以入于道，則其中自另有「宗廟之美，百官之富」。立宗旨爲門戶之意，亦初不可非。然必以宗廟只有一門戶，唯此門戶可入，其餘之門戶必不可入；則各持一定之宗旨以講學者，亦可相爭辯無已。此即在不重言說之禪宗之徒中亦有之。如朱子所常稱引之臨濟宗大慧杲，即力斥曹洞宗宏智之默照禪。程朱與陸王學派之相爭辯，更人所共知。此儒佛之學者，多相討論爭辯之事，亦可視爲宋以後之儒佛之學之特色。其爭辯之事，則皆是意在以其所見之義理之是者，斥人之所見之異者爲非。然其所言之道之大方向，則又未必不同。其必謂人非而己是，亦意在自保自固其所見之義理，以自通于道；則其爭辯之事，亦不得已，亦依其有其所特見之義理，以存道脈而有，亦不能只以門戶之見斥之者也。

今如順上來所說，更擴大而觀此宋以後之儒佛之學者，由義理之討論爭辯，以存道脈之事，則五代末宋初，已有天臺宗之山家知禮與山外之慶昭智圓之論爭，後有知禮之後嗣廣智、處元、與咸、繼忠等與後山外仁岳及從義之論爭。前已略述其爭論之問題，並言天臺山外之義，兼攝華嚴，而知禮以降之山家，則志在存此天臺一家敎法，使不亂于他宗。故知禮名其書爲釋難扶宗記，繼忠名其書爲扶宗集，與咸名其書曰復宗集。知禮更言天臺之佛學之宗旨，全在性具之義，而謂「只一具字，彌顯今宗」，則所爭者，只是有關此「具」字之義理之精微，以存其天臺宗旨而已。禪宗之宗杲，斥默照禪，其文雖多，則不過言只事默照則有定靜之功、失活潑潑地之慧而已。宗杲又燒其師圓悟之碧巖錄之分析前人公案之書，以爲可貽誤來學。則其意，蓋亦在免學者之成知解宗徒，而慧命不流。至清代，則更有法藏之作五宗原，而其師密雲闢之；法藏弟子弘忍，又爲五宗救，以救法藏之說。雍正乃以帝王之尊，作揀魔辨異錄，破弘忍，更以帝王之命，奪法藏之法嗣。淸代禪宗之衰，此蓋其一因。凡此天臺與禪宗內部之辯論之爭之烈，皆唐以前所未有。其所及之義理之精微細密處，亦前所未有。而其所以必相爭者，亦唯由其各欲自保自固其所見所宗之義理。名曰五宗救、曰揀魔辨異，亦皆志在存其宗風以揚佛道，皆佛學中之義理之精微細密處之爭，而非其學之大方向之道之必不同也。

至于在宋儒之中，則朱子嘗言宋儒好議論，而北宋之洛蜀朔與王安石之新學，卽互相議論以成爭。南宋則有朱子與陸子、陳同甫等之論學而成之爭辯，其所爭辯者，亦皆可說在義理之精微細密處。陽明之評朱子，亦謂其學與朱子之學初入門處，有毫厘之辨。其時之湛甘泉、呂涇野、羅整菴、黃綰之疑陽明之學，亦在少數之觀念上。而陽明學與陳白沙、湛甘泉之異，尤非深入諸人之學者不能辨。後周海門、許敬菴與之辯，李見羅與高攀龍、顧憲成之評陽明學，其所爭皆只在一善字。劉蕺山之疑陽明，所爭者，則在言意之至善。此皆及于義理之精微細密處，而不在道之大方向者也。誠然，小大爲相對之辭，差以毫厘者，亦可謬以千里，其道之方向，亦卽可以此而有千里之隔。然此亦誇大之辭。二線其始之有毫厘之別者，固未必皆直線進行，以成千里之距，而亦有再自繞折而回，以相涵接者矣。吾昔爲文言朱陸之爭辯，非無交會之義，則于明代之王學與他家之爭，或王門諸子間之辯論，更可作如是觀。唯亦須知其毫厘之差處果何在，如何可由其義之環繞以相接，則非今之所及論耳。

貫于此宋明之時代之學術之爭，其有關儒佛之辯者，所爭者則較大。大約宋儒多闢佛，以自固儒學之傳，唯楊慈湖、眞德秀，不闢佛。至明而儒學之勢旣盛，佛學之光輝爲宋元以來儒學所掩，明初之宋濂、陳白沙皆不闢佛。陽明亦用佛語論儒義。王龍溪更以良知之義通三教。王學之徒，有趙大州，著經世通、明儒學；又著出世通明佛學。有李卓吾，著三教歸儒說。其餘如焦竑、管東溟、陶望齡、以至晚明之方以智等，皆兼綜佛學，亦或會通三教爲論。明末之佛教高僧，如株弘、眞可、德清、智旭，又皆尊儒。德清及智旭，更注周易老莊諸書。此與吉藏、智顗、玄奘之輕視中國固有之學之態度，已大不同。而其原則在華嚴宗之澄觀、宗密，已喜徵引儒道之言，宋之天臺宗之山外之智圓，已自號中庸子，于其孤山閑居篇卷十九，謂儒釋異而理貫；契嵩亦論儒家之內聖外王之學；禪宗之宗杲，則言佛義可改頭換面爲儒說。然唯至明末，而後三教思想之交流之勢乃大盛，爲前此所未有者也。

然明末之思想家，由劉蕺山而黃梨州，與其同時之王船山、顧亭林，則又皆嚴闢佛老。蓋其皆志在經世成外王之業，而佛老之學，于此初無所用。黃梨州承蕺山陽明之心學，而言盈天地皆心，于是研天地間之一切事之學，皆心學。梨州遂研治歷算之學與史學。王船山則卽事言理、卽器言道，亦研治經史子之學。而在黃王之心中，天地間之學，亦無非理學與道學或心學。顧亭林則以能經世易俗之經學，便是理學。船山避世，學無傳人。梨州、亭林之傳，卽開後之清人之經史之學者。然自明中葉以後，有西方天主教義之傳入，此則另說一宗教之道。由利瑪竇天主實義，至清初孫璋之性理眞詮，亦大體能明其道之義。利瑪竇之流，以補儒、益儒、超儒之學自許，而反對佛家之教，與宋明以下之儒學。其時爲佛學之株宏，及儒家之王船山與楊光先等，皆嘗斥其學。此亦明末之一學術辯論，其爭亦甚大。然以羅馬教廷之禁天主教徒祭祖與祭孔子，而康熙帝亦禁其再傳教于中國。故其與中國固有之儒佛之學之辯論亦斷，亦不更爲清之學者之所知。直至鴉片之戰後，傳教士再東來，而儒佛之道與天主教或基督教之道之異同何在，乃再成一問題。

在清學之初，除顧黃與其同時之經學家，如毛奇齡、閻百詩所開之經史之考證之學外，亦有程朱陸王之學之傳。明末清初之孫奇逢、李二曲，于宋明之學，已無門戶之見，而二曲更尊陸王。陸王之傳，自王崑繩而與新興之顏李之學相接。然顏李只自謂承孔子之六藝之教、周禮格三物之學，亦非自謂于儒學之道別有所開也。清初之程朱之學者中，張履祥爲劉蕺山弟子，與陸桴亭同爲當時之醇儒。又有呂晚村能言民族大義。陸隴其、李光地，則得清帝之尊寵。孫承澤、張烈之流，則繼明之羅整菴、陳建之書，而力闢陸王。然李穆堂更爲陸學辯誣，並謂陸學之旨，在明義利、別是非。李亦以直言下獄，而講陸王之學者，乃後繼無人。朝廷以程朱之學取士，然承顧黃之經史考證之學者，則主在博古。于是先有惠棟之言漢學，更有戴東原之謂爲學要在以心知之明，照察物理，以斥宋之程朱言理爲「得于天而具于心」之說。然戴氏之言心知與物理之關係，以疏證孟子者，實近乎荀學，亦非能另開一儒學之道者也。惠戴重漢唐之學，與言宋學者宗程朱者殊科。爲宋學者之方東樹，遂有漢學商兌之書，與其時爲漢學者相爭。與戴東原同時而稍後之章實齋，又言六經皆史，而重史學。然其學不顯于其生前，唯聞名于今世。道咸以後之經學，由東漢而及于西漢，遂上接公羊家所傳之微言大義之學。公羊家自襲自珍、魏源，而論時政，魏源更爲海國圖誌。西方之學于道光後亦次第再入于中國。今文之經學發展爲康有爲之變法改制。清末爲古文經學者如章太炎，亦能依史事，而言民族革命。則皆無異漢儒之通經致用精神之再顯。凡此上所述清之程朱陸王之爭、漢學宋學之爭、與今古文經學之爭，皆上承宋明而來，亦皆由學者于先秦兩漢所已開之種種儒學之大方向中，更各有所偏尚，而有之爭。亦如宋之天臺宗之山外、山家之爭，宋至清之禪宗內部之爭，宋明之程朱陸王之爭，皆只是其前之種種儒學佛學之大方向中，各有偏尚而有之爭也。

## 四　清之文字訓詁等學之本原，及宋以後學者之守道、辨道精神之價值

若夫由清代之經史考證之學，而重文字之訓詁聲韻之學，對書藉之校勘、注疏、輯佚之學，對文物如金石之考證詮釋之學，則各爲一專門之學。其根本精神，則是由文字或文物，以上探古代之文化歷史，亦卽文字之訓詁、文物之觀摩，以求其義理之所存。文字之可表達義理，原爲人所共認。宋明之禪宗與爲儒學者之講學，皆重宗旨。標義理之宗旨，可只須數字，卽以此數字，爲入道之門。尊此

宗旨之數字，卽尊此道與義理。清儒之重對一一字之訓詁，蓋亦卽承此尊文字之意而來。則清儒如錢大昕、戴東原、阮元等之謂「訓詁明而義理明」，所以求聖人之道，亦初非虛言。唯文字所表之義，有大有小、有近有遠、有高有低，而不能如爲文字訓詁之學者，只一一加以平等而觀。又文字之義由于人之次第賦與，亦不能專以古義爲準。再諸文字之義，必互相貫通，恆沿諸文字之表面意義，而次第深入，乃得見其貫通。文字非復只是散列之形聲，而實爲人之所以通達于義理之天地或道之諸方向之媒介或橋樑。橋樑卽人所行之道，則文字亦可以爲道。唯橋樑必由人之通過，乃爲道。人亦必通過文字，以見義理之世界，或其所說道之諸方向，然後文字本身，乃亦成爲道。此皆未必爲清儒之爲文字訓詁之學者之所及知。然本吾人今之所言觀之，則文字既是道，文字之意義之只及具體事物者，亦皆可由其意義，與其他文字之意義之相通，以次第及于種種由小至大、由低至高、由近至遠之義理，而通乎道。凡文字之有意義者，亦莫不爲有關于道之義理之所貫注。如杯杓所盛之溪澗之水，皆爲江河之水之所注，而皆可循諸方向，以流入一大海也。爲文字訓詁之學者，求確定一一字之意義，使其意義不得與其他文字之意義，相混亂而俱泯，卽所以保存凝固此一一字之意義，亦間接所以保固其所通之義理之道，而亦爲人之于道求自保自固之事也。以此觀清之文字訓詁之學，與文字聲韻之學，以及緣此而有校勘注疏之學，輯古之佚書，以求復其舊之輯佚之學，與對文物如金石加以研究之學，皆由一保存文獻，而求明其此文字文物之意義之精神所貫注，亦皆志在由此以明義理或道，使中國學術中之道得保存而自固之道。吾之書之依先哲之名言，以探其義理與道，雖不同清人之訓詁之學，然亦是由古昔所留下之文字，以求見此義理之世界之道，而重辨之；而志在保存此中之道，而固執之，或多少發明之。此亦是承此宋明至清之學者精神以爲論，固不能自外于此精神也。

吾上文之說此唐以後之中國學術精神，不在于道有新方向之開拓，而在于道求自保自固，並只在義理之精微細密處，更有辨析之功云云，初無輕視此一唐以後學術之意。蓋于道有開拓固難，能自加以保固亦不易。辨析之功之及于精微細密，亦學術進步之徵。吾又觀宋以後之大學者之精神，其堅苦卓絕，以求保固中國之文化中之道；亦有非先秦學者之周游列國、爲時君世主所尊禮，漢唐之儒者與僧道之流，多居廟堂寺觀，養尊處優者，所能及。如宋初孫明復于泰山講學，石介從游，固極堅苦。胡安定教學湖州，亦居處簡淡。范仲淹、歐陽修，皆出自貧苦之家。程朱皆嘗遭貶謫，此則遇同韓愈。宋末之文天祥之殉難，亦遙出理學之精神。明初之方孝孺，十族見誅。陽明亦受廷杖，而流放蠻荒之地。王門後學，如何心隱、李卓吾，雖不免狂放，然亦以自守道不移，然後見誅戮。明末大儒，如黃道周，高攀龍、劉蕺山皆殉節。王船山則遁跡猺洞，方以智亦死難。李二曲之堅苦卓絕，爲亭林所稱。清之呂留良，承程朱之學，遭戮屍之刑。李穆堂承陸王之學，剛節自持，亦下獄幾死。顏習齋之學行，近墨子。清代乾嘉經師，亦多樸實有守。曾國藩、羅澤南，誦法程朱，而能治兵平亂。清末之從事革命以復中華者，亦正多成仁取義之士。此皆非有一保文教存氣節，以固守此道義之精神者，莫能爲，而未必爲唐以前之學者之所能及。吾之謂此唐以前學者于道諸大方向，無開拓之功，則唯由諸大方向以先開拓成之故，非謂此宋以後人，若生于前世，必不能亦成此開拓之功之謂也。若自學術而言，則對此諸大方向之道之進一步之事，亦自當在求對義理之精微細密處，切磋琢磨。而其間之爭辯之多，亦不可只說爲門戶之爭，或以莊子所謂「辯也者，有不見也」，荀子所謂「辯生于末學」概之。此亦是學至精微細密之地，不可免之事。故吾人今欲論此宋以後之學術義理，其事亦有難于論唐以前之學所開之諸大方向者，爲今書所不及。然人不能于唐以前之學術中之道之諸大方向所在，旁皇周浹，識其大體，則人之論此後之學術，必不免先心存偏尙，而難得其平，亦難爲此宋以後之學者之學，一一安排其適當之地位。故吾書亦卽暫以唐爲止。若吾欲再繼而論此宋以後之學術義理，則吾意可卽自諸家之辯論之問題入，觀其雙方之得失，以知其異而未嘗不通。對此宋以後之天臺山家、山外之辯、陽明與其同時學者之異同之辯、儒佛之辯、明世傳入天主教義與儒佛之異同之辯、清初程朱陸王之爭、漢宋學之爭、今古文學之爭、以至清末之中學西學異同之辯、民國與今日之世界中之西方文化與哲學及東方文化與哲學之異同之辯，莫不可由其辯之問題，與其辯爭之久而不決者，以見其雙方所必欲保存固執不捨者，其眞實義理之所在。更皆可由其義理之異，以求其會通之道；並于其爭辯之久而不決處，見其必求保存固執其所見之眞實義理之精神，亦皆同志在明道。則其固執而不求通，亦皆所以成通。如江河溪澗之水，各行其舊道，皆所以滙歸于大海，以成其通。能知此異而不通，皆所以成通，則吾人更可對其異而初不相通之處，亦具敬意，而求加以同情的了解，如大海之還謝彼衆流。此卽易傳所謂「觀其會通，以行其典禮」之大業盛事也。朱子語類卷九十三，謂唐子西于一郵亭樑間，見「天不生仲尼，萬古如長夜」十字。然天旣生仲尼，則萬古皆如晝，而道之流行于中國，亦未嘗一日息。安可不觀其會通以行其典禮哉。

對此上之種種學術異同之辨，吾亦皆嘗有所加意。然欲先行一具同情敬意之了解，爲典禮，則其中亦有種種待研究之問題，而非一人之力所可辦。吾昔年曾爲王船山學述、朱陸異同探源、王陽明與朱陸異同重辨及其他論宋明儒學之文，合不下四五十萬言，亦只及于宋明二代，後此者尚未能及。然吾意凡此宋明以後之學術之辯，皆只是在辨道，而道之諸大原與大方向，則皆唐以前之學者所已開出，其辨道只在義理之細密精微處，有進于前，以求更能明道、守道而不移。故吾今只欲合吾前此所寫之論宋明之學之文別爲一編，名續原道篇或原教篇。其餘不更求一一備論。凡吾之所未及論者，吾意皆同可以「觀其會通，以行其典禮」之道，加以處理，乃可免于其門戶之見之弊害。而欲觀其會通，則必識此唐以前所開之諸大原、諸大方向之道然後可。此卽本書之所以述作之微意也。

# 附錄

## 前言

吾原道篇所論述止于唐代佛學，于宋明儒之道，不能更有所論，總不免使讀者有一中國哲學慧命之流，至佛學而極，更不向前之開拓之印象。此自非吾之意。蓋吾固謂宋明儒，亦有進于佛者。今除擬更輯吾論宋明儒學之文為一編外，並先將昔年所著有關宋明儒學之二文，附錄于此。此中第一文，原名宋明理學之精神論略，為舊作中國哲學史之一章，發表于民國三十五年，我與友人周輔成先生所編理想與文化第八期。此期乃在友人程兆熊先生故里，朱子象山嘗論學之鵝湖之書院印行。今改名宋明理學家自覺異于佛家之道。第二文原名「朱子理先氣後論疏釋——朱子道德形上學之進路」。原發表于三十六年友人牟宗三先生于南京所編之歷史與文化第一、二期。今改名為：由朱子之理先氣後論當然之理與存在之理。前一文發表後，支那內學院張德鈞、王恩洋二先生曾著文評斥，以為我意在反對佛學。實則吾之此文，乃述而不作。至于後一文，則吾意在說明宋明儒學之理，應由其為當然之理兼存在之理契入。此文要在反對當時馮友蘭、金岳霖二氏所為之「新理學」及「論道」二書，「本西方哲學以由邏輯分析而出之共相形式，爲宋明儒學中之理，以質或能爲氣，以邏輯上之先後，論理先氣後之說。此二文或亦多少有一歷史的意義。王張二先生于儒佛之學，著述弘富，雖所見不同，亦素相過從。馮氏之著，爲一時顯學；金著主「能」之出入于「式」爲「道」，尤具精思。然今則此評吾文者，及吾所評者，並爲政治潮流所淹沒，思之可悲。今重加刊佈，亦表紀念。此二文，皆不足言佳善，但亦大致不差。後文依西方式哲學思辯而爲之，乃今我所不肯爲。今除于後一文，刪去約四分之一，字句少有改正外，皆照舊重印。于儒佛之辨，在吾今之意，則以儒佛皆是大教。歷史上之儒佛之爭，使二教成一大相斫場，亦非幸事。吾今以爲一切哲學之中心問題，乃生命價值觀念問題。一切形上學知識論之玄思玄辯，皆爲護持其價值觀念而立，乃屬第二義。吾意佛家之根本精神，在對有情之生命心靈中之苦痛、染汚、迷妄、罪惡等，一切負價值之事物，原于生命心靈之自覺或不自覺之執着，封閉者，最能認識眞切，而于此動大悲願，求加以超化解脫之道。佛家以般若證空，是爲成就此超化解脫。龍樹大智度論卷二十，謂般若爲諸佛母，大悲爲般若母，諸佛之祖母。歐陽竟無先生定悲爲支那內學院校訓。其旨最弘深，世莫能及。又佛家深信生命心靈之存在與活動，不限于當生，而有無盡之前程，在凡則業力不失，在聖則功德無盡。此二者皆非儒者所重，亦非儒者所能反對。此卽佛之立根處不可拔者也。然儒者之精神則在對生命心靈之存在之美善等正面價值，先有一積極之肯定，而學者則當自求其生命心靈之存在與活動之原始的方向之端正，以切問而近思，下學而上達。至于其上達之所居之境界，則罕加以想像推述。而人果能以其全幅之生命，爲其所欲實現正面之價值所充實者，亦不必對此境界，與其生命之無盡之前程，先加想像推述，使人生外羨外慕之心。佛家之由此生命之有種種苦痛，而以求自此苦痛解脫，爲生命之目標，儒者亦恒以爲此非人之爲學，其原始的方向之所當在。此苦痛固爲人所欲避。于一切有情之苦痛，深心悲憫，固出于至仁。然一切有情苦痛之原，則在其不自覺或自覺的定限其生命心靈活動于一方向。此卽佛家所謂妄執。生命心靈活動，有其所定限之方向或妄執者，必有苦痛。此妄執與苦痛，固皆爲一負面而無價值者。然以苦痛對妄執，則有破妄執之用。合而觀之，亦未嘗不表現一正面之價值。故吾在另一書，謂此世界之有苦痛，所乃以成就生命心靈之破執，而使其存在得由封閉而開通之一「法界方便」。此非謂此生命之有苦痛與妄執之事，不堪動人之悲憫。唯當知此乃法界中之奧秘，于此悲，亦當知自節耳。至于人于其苦痛，能以堅忍心加以承擔，同時直下用之爲破執之資，以成更開通之生命心靈者，則在儒者，乃視爲一在本原上更端正之人生態度。在此態度中，則人必需同時先積極肯定此一能承擔苦痛之生命心靈之存在之正面的價值。生命受苦，以成其生命之開通。生命所受之苦，亦不能超于其所能承擔之能量之外。此卽生命之莊嚴與偉大，而生命亦非只爲可悲憫之存在者也。今體此莊嚴偉大，卽能更轉而尊生、樂生，並肯定此生命之存在卽是善，卽是有價值。此卽儒者之基本態度。儒者之言尊生、樂生，亦非于世間之苦痛、迷妄、罪惡等負價值，閉眼不見，漠然無情，唯認爲須于其正價值，先有一肯定，方能據之以化除一切具負價值之事物耳。佛家思想之發展，至于言一切衆生皆有常樂我淨之佛性，亦正是以此具正價值之佛性之肯定，以爲拔苦轉業之所據也。唯儒者之言尊生、樂生，肯定此生命之存在即是善，即是有價值，則又不必自其具佛性說之；而可直至其是人、是一生命存在，或只是一存在說。此即形成儒者對人與宇宙中之一切存在，直下加以一積極肯定，而視爲有眞實不虛之態度，而顯與佛家之敎重消極破執，而以成其救度之業，重本般若談空理，大不同者。然佛家所空者，只是生命中妄執染汚。空妄執染汚，乃意在成就一眞實不虛之常樂我淨之生命，則與儒者之目標，亦相應合。至其餘之體用本迹之抽象的形上學哲學觀念上之異同，皆次要者，亦莫不可加以疏通。儒者之積極肯定此人或生命存在之善與價值，亦不能否認：此人與生命存在之活動之有種種定限，而致之過失罪惡苦痛，待于超化拔除。吾觀宋明儒者，則正是除承受以前儒者之正面人生文化理想之外，兼能深知人之生存于此王龍溪所謂「缺憾世界」中，而有種種氣質之偏蔽、情欲、私心、習氣、意見、光景，爲吾人之生命存在活動之定限、桎梏、網羅、待于種種之工夫加以化除，方能致此生命之流行，皆合乎天理，而純亦不已，而達于至善之境者。則宋明儒者之精神中，亦正有佛家之去妄破執之精神在；故爲中國儒家思想之當有之一發展者也。吾年來所論宋明儒學之文，皆重其如何化除氣質、偏蔽等工夫論，故與吾在爲此附錄之二文時，多着眼在形上學之問題者，頗有不同。人類思想言說，總在發展中，個人亦然，只須不相矛盾，則今固可是，而昔亦未必非。故吾將此二舊文，併附于此，其意唯在使人不致以隋唐佛學大盛，中國之哲學慧命之流，即至此而極。吾意中國儒佛之學問，固有如華嚴宗所謂「極相奪」而「極相順」，以成此中國哲學慧命之流之大開大合之道在。其交臂而相失，亦猶詩人之言「縱然一夜風吹去，只在蘆花淺水邊」。此則非今所能盡論者也。

# 一　宋明理學家自覺異于佛家之道

## 一　為學之動機

欲論宋明理學家之學，不可不先明隋唐佛學思潮，所以自然轉為宋明理學思潮之故，及宋明理學家所以反對佛學之故。原小乘佛學之目的，唯是在脫生死苦海，其根本精神為超現世的，蓋無可疑。至大乘佛學雖有不捨衆生，為救度衆生而有不住涅槃、不離世間之義，然其救度衆生之目的，亦在使衆生同趣涅槃、同得解脫。雖所謂涅槃不外世間諸法之清淨寂滅相，解脫不外證此清淨寂滅相，然證此世間之清淨寂滅相以得解脫，必待多生之修行，非一生可辦。此涅槃境界雖即世間之清淨寂滅相，然于此相，吾人今生今世之心不能證之，則此涅槃境界，對吾人今生今世之心，仍為有距離的，超越而外在的。此涅槃境界必經多生多世之修行乃證得，則念念在此涅槃境界，即不免念念在多生多世以後之我所證得，而或不能念念在此生此世之我所應行應爲。是故佛學之精神，遂亦可謂之超此現世間的。然中國佛學經天臺、賢首之教理之發展，依圓教義，而言成佛入法界之事，三生可辦，即在縮短現界與佛界之距離。終成就禪宗之當下明自本心，見自本性之教。則更不重說明此涅槃之必經多世修行而得證一面，而重說明當下之轉念，卽可離煩惱得清淨一面。蓋所證之清淨，係于能證之心之清淨，而能證之心不待外求，當下卽是。故禪宗常就此當下之心，與人以提撕警覺，以「一念離境卽菩提」之言，使人超出凡情。于是有頓悟之教。離境頓悟，繫于一念之不執境，故可卽世間而出世間，于尋常心見道心。則運水擔柴、着衣吃飯，皆不爲修道之障，而爲悟道之資。今着衣吃飯、運水擔柴，諸世間法，旣皆可爲悟道之資，則政治上社會上倫理上之諸世法，又何不可爲悟道之資？故禪宗之義再轉進一層，則必爲將出家與在家，作平等觀，于現世政治社會倫理之道，皆予以肯定，而歸于眞正之入世出世平等觀。故宋明理學家闡揚世間之教理，匪特佛家不能加以貶斥，卽視爲禪學必然發展之一趨向可也。

吾人雖可謂宋明理學爲禪宗思想之進一步發展，然此進一步中卽有一根本之轉變，以顯示宋明理學與佛學之分水嶺。蓋禪宗雖可謂對世間諸法及世間，作平等觀，于世間諸法，加以肯定應許；然禪宗肯定應許世間諸法，可非積極之肯定應許。運水擔柴，固無不可見道，然運水擔柴之所以可見道者，惟是因運水擔柴，而心無繫著、無念、無相，則運水擔柴當體卽空，故可見道。故禪宗之肯定世間法，不可謂積極的肯定世間法，充佛家不捨世間救度衆生之義而極之，亦可在更高之意義中，積極的肯定世間法，肯定社會政治倫理之道必須有之理由。然卽在更高之意義中，所肯定之世間法倫理政治社會之道，仍可說爲求得解脫、達涅槃境界之方便：乃經一轉手，以間接加以肯定。儒家則不然，其肯定世間法、則可謂之直接加以正面的肯定。自來儒者所用心，皆直下求建立倫理政治社會之道必須有之理由。宋明儒者之用心，自亦在是。故宋明儒者謂佛「知上達而不知下學」，有「敬以直內，而無義以方外」（明道），能窮神知化而不足開物成務（伊川），或並以廢三綱五常爲佛之大罪（朱子等）。然宋明理學家更有進于漢唐儒者者，則在自覺的追求倫理、政治、社會之道之形上學、心性論的根據，緣是而自覺的重新提出儒家人生理想，而自覺的肯定種種倫理政治社會之道。此種種之自覺，則可說爲由佛家思想之刺激，與佛家思想相對照而後引起者。吾今亦唯在此處論宋明理學家之自覺異于佛家者，及其對儒家之貢獻。

宋明理學家之自覺異于佛之第一點者，爲學之動機不同。蓋佛學以求解脫證得涅槃爲目的。其所以欲求解脫，則初源于視世界爲無常，無常故苦，而無常之最苦者，則爲生死之無常，此爲世間諸學所皆不能解決之問題，故一般佛徒恆以生死事大，無常迅速之言，引人以信佛。人之信佛亦多出于解脫生死之動機。雖佛所謂解脫生死，非同道家之長生，而惟是自生死之執，生死心中解脫，故解脫生死之佛菩薩，仍有變現生死之化身；然亦畢竟是要自吾人之生死之苦、生死之心中解脫，以渡生死海。此一精神亦至偉大、崇高、莊嚴、神聖、不容輕視。然儒家則素缺「無常故苦」之世界觀，或以生死爲人生之大苦之人生觀。無常卽變易。自周秦儒家觀之，變易之義，卽含生生之義，變易之事，卽生生之事。而生生之事，乃被視爲可樂而非所苦者。佛家喜言生死或生滅，成住壞空。然儒家之則不言生滅，而言「生生」、「生成」、「始終」，不言成住壞空，而言元亨利貞。利非壞而爲變通，貞非空而爲完成。以成代滅，則死可唯是完成而非滅。孔子曰：「大哉死乎，君子息焉，小人休焉。」又曰：「君子曰終，小人曰死。」死之爲完成或滅，爲苦與否，繫于死者之爲君子與小人。死者爲君子，則君子一生之自強不息，惟在成德，旣成其德則非死而爲終。終者已完成其德之名也。君子終而無所謂死，故君子之終，可使後人懷念思慕，而非可悲憫。故陸象山與王順伯書，謂「吾儒中聖賢，豈皆只在他生死海裏浮沈也」。至于小人之死，則其可悲者，亦在其德之未成，而不在其死。至于苦痛之問題，若自君子而言，則「殺身成仁、捨身取義」、「朝聞道、夕死可矣」，死本不視爲苦。小人之死而苦，則其過在其不能如君子之所欲有甚于生者，能欲仁義而得仁義。如其能之，亦將能生順死安，不以死爲苦。故儒家初不自生死之問題，苦痛之解脫問題出發，而唯自如何成君子、如何成德之問題出發。若能使人人有士君子之行，知所欲有甚于生者，復得其甚于生者之欲，則其死也爲終，而不可怖。其生也，則樂有甚于單純之生存欲之滿足者。如是而此生遂成眞可樂。故孟子「樂則生，生則惡可已，惡可已，則不知手之、舞之、足之、蹈之」，樂者何，得其甚于生者之欲，仰不愧俯不怍之樂，反身而誠之樂也。樂則生者，言有此樂而後眞有此生，此生乃眞可樂，而手舞足蹈也。故儒佛之辨，可說在：一以生死之苦爲首出之問題，一以如何成德爲君子爲首出之問題。以生死之苦爲首出之問題，亦自當引出捨染取淨、爲善去惡之道德問題。然此爲次出之問題。以如何爲成德之君子爲首出之問題，則至少可使生死之問題，暫不成問題。得成德之樂而生非苦痛，則此生中卽有眞樂。故論語首曰：「學而時習之，不亦悅乎！」孔子特稱顏子之不改其樂，稱曾點之鼓瑟自得，孟子以禮義悅心爲言。以種種成德之樂，與發鼓舞人之精神，原是孔孟之遺敎。卽與佛家喜說生死之苦，敎人力求解脫者，正成一對照。漢唐儒者皆未能提出孔孟之此種精神。然自經佛學之輸入，宋明理學家復興儒學，則首提出儒家之此種精神。故理學家本成德爲人生目的之態度，斥佛家之求自生死解脫，不免于自軀殼起念之自私心。謂其欲自生死解脫，卽「愛身捨不得」（明道），謂「聖賢以生死爲本分內事，無所懼，故不論死生，佛之學爲怕死生，故苦說不休，皆利心動之。」（明道）。此視佛家之求解脫生死，爲功利心自私心，同時卽標出孔孟相傳遺敎中，德樂一致之旨，爲學之歸趣。自二程從周茂叔游，周卽敎以尋孔顏樂處所樂何事。程子作顏子所好何學論，卽論其所好者在仁，所樂者卽是仁。及伊川恐人誤會仁與樂爲二，故又有「非是樂這仁，仁中自有其樂」之言，以明由仁而樂，樂卽在仁中之意。橫渠之矢心儒學，亦感于范文正「名敎可樂」之一言。又謂「和樂道之端乎？和則可大，樂則可久」。邵康節則有「得自苦時終入苦，來從哀處卒歸哀。此非哀苦中間得，此樂直從天上來」。以明儒者之樂非與世間之悲苦相對，自悲苦中解脫而來，乃自別一根源而來。此根源爲何，實卽成德是也。樂由德來，德爲絕對，樂乃絕對。及至王陽明，更謂「樂爲心之本體」，而心之本體卽良知，則謂樂原于良知。致良知之樂亦卽成德之樂。而泰州之王心齋，更本「學不至于樂，不可謂之學」，作學樂歌，謂「學是學此樂，樂是樂此學，不學是不樂，不樂是不學」。此學之樂，亦成德之樂也。宋明理學家由德以言樂，則此樂非是凡情；德而必至于樂，則德非枯淡。樂則生趣盎然，而德適所以潤生。宋明理學家之所以能積極的肯定人生，肯定世間法，而與佛不同之故，卽在其爲學之歸趣上，已略乎可覩。

宋明儒自覺的教人尋孔顏樂處，以成德之樂爲歸趣，同時卽自覺的要講明聖學。故教人爲學之始，卽立志作聖。古者聖與王連，所謂內聖外王。孔孟教人皆偏重教人爲士，由爲士自可歸于爲聖，故曰：「人皆可以爲堯舜。」然孔孟教人殊少直截教人爲聖。荀子雖明言爲學「始乎爲士，終乎爲聖人。」亦未嘗直截教人人皆以爲聖自勉。漢儒則恆謂聖由天生，非由學而至。然宋明理學家之教人，則常在第一步卽要人立志爲聖。周濂溪答聖可學乎之問，而曰：「聖可學。」唯其「士希賢、賢希聖、聖希天」之言猶有層級。而程子則言：「學者必需立志作第一等人，才說且作第二等人，卽爲自棄。」第一等人者，聖也。二程遺書附載呂氏發明中特指出：「二程之學，以聖人必可學而至，而已必學而至聖人。」象山陽明教人，更處處要人知其本心良知之所在，卽聖心所在。至于羅近溪、王龍溪等，則更進一層教人自信當下此心卽爲聖心；赤子之心與聖心，更無二體。橫渠、晦庵教人，雖重循序漸進，然其講學亦教人有必爲聖人之志。此種教人于初發心卽以德行圓滿之聖果爲依歸，與其標示成德之樂，實爲一事之二面。蓋樂者自慊自足之謂，必成德，而後有眞正之仁者之樂。有眞樂乃德具于心之符驗，亦卽成德之果相。初學卽教人尋孔顏樂處，亦卽初學卽以聖賢之心爲依歸。由宋明諸理學家之自覺的處處以爲聖自勉而勉人，于是使宋明理學家自覺其所講之學爲聖學，而異于其他之學。宋明理學家講學重宗旨。宗旨卽作聖之功夫。一家之宗旨，卽一家之自覺的作聖之工夫。蓋佛家講學，初卽要人發菩提之心，立志得佛果，宗旨鮮明。宋明理學家亦以立志得聖果，以鼓舞羣倫；而其講學亦不可不有自覺之宗旨也。

由宋明理學家之自覺的以作聖自勉而勉人，講學務有自覺的宗旨，故宋明理學家遂有對形上論、心性論、修養工夫論本身之眞正哲學興趣。在先秦之儒者，孔孟荀諸哲固亦論性與天道及修養之道。然孔孟荀諸哲，皆志在重建當時之文化如禮樂政治制度之類。其栖栖皇皇，皆爲此事。故其眞正之興趣，初不在學問本身，而在文化事業。蓋託之空言，不如見諸行事之深切著明。至于漢儒，則重在論爲治之術，並喜論實際宇宙之構造。其哲學興趣，實鄰于科學之興趣。然在宋明理學家，則可謂之有純粹之哲學興趣。蓋宋明人之講聖學，乃自覺的欲講明此事。既是自覺要講明此事，則在講明此事之思想、言說過程中，必孳生一爲講明此事，而講明此事之純理的興趣。所謂聖人之心境，據孔孟以來儒者之言，皆謂其爲萬物皆備于我，與天地合德之一種通內外、貫物我的心境。欲講聖學，則須講明此聖人之心境，講明此聖人之心境所通貫之宇宙，與聖人心境所根據之心性，及由工夫以達此心境之方。由是而其純理之興趣，遂爲形上學、心性論、工夫論之純理的興趣。是卽爲宋明理家之哲學興趣之所由產生。此哲學興趣，但爲講明聖學之所以爲聖學而有，故亦附于學聖之事，而與西洋哲學家爲哲學而之哲學之興趣，終有不同。

上來論宋明理學家所自覺講學動機之異于佛者，及其講學態度之有進于以前儒家者。次卽當論宋明理學家所自覺之對宇宙看法之異于佛，及其有進于以前儒家者。

## 二　生滅與生生不已之幾

宋明理學家之自以爲其對宇宙看法之根本不同于佛家者，卽佛家以當前之現實宇宙爲空，而宋明理學家則多以之爲實。故橫渠詆釋氏曰：「誣天地爲幻妄。……溺其志于虛空之大。其過于大也，塵芥六合；其小也，夢幻人事。」二程評佛曰：「生死成壞，自有此理，何者爲幻。」朱子曰：「釋氏一切皆虛，吾儒則一切皆實。」宋代理學家始皆同有此意，惟或未明說。明代理學家則罕有以此斥佛者。今謂此爲儒佛對宇宙看法開始點之一種不同，似不無可疑。蓋先秦及漢代儒學家，雖皆未有以空說宇宙者，但亦未明言其爲實。佛家說空，據吾人以前所論，亦唯是空我法二執，空執以顯眞。佛家講緣生，緣生法卽諸行。空宗雖謂緣生卽空，然空卽在緣生上說。故在眞諦雖空，而俗諦不空。唯識宗空外境，不空內識；空遍計，不空依他、圓成，緣生法卽依他也。三論宗俗諦不空，唯識宗依他不空，卽可安立此現實宇宙。故宋明理學家謂佛家知空而不知實，誣天地爲幻妄，似未可謂爲得佛家意，不可持以辨儒佛。然以前儒家雖未明言宇宙爲實，佛家亦以緣生安立宇宙；儒佛之宇宙觀之出發點，終可謂有不同，其不同亦有可以空實之義辨之者。蓋佛家言諸法必待緣而生，而未嘗言諸法必待緣而滅。生必待緣而後可說，滅不必待緣亦可說。如依唯識家說，諸法刹那刹那不住，生已卽滅，滅已復生，以相續相似，故若暫住，而顯恆常相。實則生生滅滅，當體卽是無常。其相續相似而生，皆待緣。其刹那刹那而滅，則不必待緣。（事實上雖滅有違緣。然所謂違緣者，不過與其滅並有者。在理論上則並非必待違緣，而後可說滅也。）常相待緣，而無常相則諸法自相。此義唯識家言之最詳。諸法之生也待緣，故無緣則諸法無自而生。然一法之有他法爲緣否，非此一法中事。故對一法言，可有引生之緣，亦可無。一法可生，亦可不生。依他而起，則可不起。故生非諸法自性，而生已卽滅，乃諸法自性。夫然，故佛學雖安立緣生法，以說明世間，然緣生法之生，無內在之必然理由，則世間之一切法之存在，亦無內在之必然理由，而在理論上未嘗不可斷滅。佛家雖謂無依他起法則無圓成實法，依他起法之空性，卽圓成實法，然宇宙何必有相續相似之依他起法，則圓成實法，並不保證之，以圓成實法是無爲法也。故由佛家之義，但可謂法爾如是，相續相似之宇宙諸法，是依他起，其實性是圓成實。然此相續相似之宇宙，其不斷滅，乃事實上未斷滅，而未說其在理論上必不可斷滅。然在傳統儒家，則在其理論上根本不許宇宙有斷滅之可能。上節吾人已提及儒家言生生、生成、始終、元亨利貞，不言生滅之義。易之言「與時偕行」、「天地之道，恆久不已」、「日進無疆」，易卦終于未濟，以示物不可窮之義。孔子之言「逝者如斯夫，不捨晝夜」。中庸之言「天之道生物不測」，「唯天之命，於穆不已」，則儒家自始卽不許宇宙有斷滅之義甚明。其所以不許宇宙為有斷滅之故，則在以生生不已為宇宙之本性，此卽天道為生生不已，宇宙之誠為生生不已之義。探儒家之言生生不已，為宇宙之本性之義，非謂就宇宙一件一件生生不已之事上看，宇宙事實上在生生不已之過程中，而是于「天地之生物氣象」中，肯定一宇宙之生生不已之幾，由此幾以見宇宙之本性。此幾，不在一件一件之生生不已之事上，而姑可謂之在刹那刹那、一件一件，更迭而生之事之交，而復貫于此諸一件一件之生生不已之事，以表現其自身者。蓋就宇宙一件一件之生生不已之事上看，則在事實上雖有一件一件之事，不斷出現，然此諸事既分成一件一件，則在理論上為可相捨離者。可相捨離，則前者生已卽滅，後者之生，在理論上遂無必然之保證。後者可不生，而宇宙有斷滅之可能。且既已將生生不已之事，分為一件一件，則後件代前件而生，後件生，前件必先時，或同時滅。若謂前件可不滅或不滅，則為心之執着，掛累于前件。後件之生，本無必然之保證，故其生待緣而非自生。佛家于此立緣生，以說「有」。前件必滅已滅，而人或猶執着之，念念不捨，必滅而不知其必滅，已滅而猶執以為尚在，佛家于此乃破人之執着，而說空，使人卽有觀空、證空。然吾人自始卽不自宇宙生生不已之一件一件事上看，或不將此宇宙之生生不已之事，析爲一件一件而分別觀之，但直下承擔此生生不已之流，于諸事更迭之交，肯定一生生不已眞幾，潛運于其間，則佛家談空說有，皆失其所對。蓋一直下承擔此生生不已之流，觀此生生不已眞幾，則此流爲眞正前後無間，密密潛運之流，根本不許吾人孤立其中之一事，而執着之以爲常。心隨時運，與化同流，則「執着」先無畢竟之安立處。如此則不須破執着，不須說空。生生不已眞幾承前啓後，一直貫注，根本不能容吾人作斷滅想。由此生生不已眞幾之運，而後事不得不生。故後事之生，雖必待衆緣，然其所以具衆緣，而能生之根據，則本于此生生不已眞幾。此生生不已眞幾，卽在事之本身中，故爲事之生之理由。事之待緣生，實卽自生。事生之理由，卽在事之自身中之生生不已之眞幾。自此生生不已眞幾，以觀生生不已之事，則一切生生不已之事，皆同此眞幾之洋溢，故有生生之相續，而無生與滅之對舉。執今方生者，以觀昔所生，則若昔所生已滅。通今之生者，與昔所生者，視作一眞幾之表現而觀之，則今方生者，與昔所生者，乃一幾貫注，爲物不二。昔之所生者，以貫注于今之方生者，故似滅而實不滅。以不滅，故曰「成」、曰「終」，以與方生者之「生」、「始」對舉。有生成而無生滅，此宇宙之所以恆久不已，而不可斷滅。故儒家不須廣說緣生之義，而一切諸事之有，非無理據。佛家說空、說緣生、破執常，而儒家本未嘗執常。佛家談空、談緣生，而無宇宙不斷滅、諸法必生之保證；而儒家則以宇宙生生不已眞幾，潛運于緣生諸法，言宇宙之恆久不已，與宇宙恆久不已之形上學的根據。于是諸法之待緣而生，卽是自生。生而不滅，唯有相續不斷之生成。故宇宙之恆久不息，原于宇宙之本性；諸法之生生，本于內在之不容已之生幾而有。是儒佛之義，畢竟不同。佛雖未嘗謂緣生法爲無，然就其未嘗肯定宇宙之本性爲生生不已，在理論上未說明宇宙之必不斷滅恆久不已之根據言，則其宇宙觀仍可說爲空觀，而非實觀。故明道曰：「佛也言一前後際，純亦不已是也，彼烏知此哉。」至古代儒家，則雖未明言宇宙爲實，然就其肯定一宇宙生生不已之眞幾，爲宇宙之恆久不息之根據言，則爲絕對之實觀，而非空觀。此生生不已之眞幾，在孔孟之天道中言之，在中庸之誠之自成中言之，在易傳之乾坤之大生廣生中言之，漢儒則在元或氣中言之。然其肯定此眞幾之存在也，多用描述之語、暗示之語、象徵之語，而未嘗如宋明人之自覺的加以建立，蓋必待經佛家之學說之激蕩，而後乃有宋明儒之直接指出此眞幾之所在。此在周濂溪則指出之于一動一靜互爲其根之太極中，張橫渠則指出之于貫有無隱顯、虛氣不二之太和中，朱子則指出之于生生不息之理中，謂理爲實理，明儒王陽明、王龍溪、羅近溪則直指于良心本知爲生生不已之眞幾之所在，皆積極的加以肯定而後自覺的加以說明。此則宋明儒之進于以前儒者也。

## 三　心性與天理

宋明理學家之自覺儒之異佛者之第三點，爲謂佛氏知心而不知天命，知心而不知性。此乃在宋明儒程朱一派，最喜以此斥佛。自宋儒開始自覺的復興儒學，卽反對釋氏之自心說境空，而肯定宇宙之爲實。故周濂溪、張橫渠、程、朱等，卽皆以心與天對言。周濂溪之太極、橫渠之太和、程朱之理，皆爲天地萬物共同之本源，非我所得而私，故雖內在于心，復外在于萬物者。唯其不僅內在于心，然後不隨個人之心慮之起滅，而能永恆存在，爲天地萬物所以生之共同根據。萬物之所以生，皆賴此本源之所賦與，以爲其所以生之根據，或其所以生之性，生之理。此之謂天命之謂性。然以心爲本之釋氏不足以知此，故橫渠曰：「釋氏不知天命，而以心法起滅天地，以小緣大，以末緣本。」「釋氏妄意天性，而不知範圍天用，反以六根之微，因緣天地，明不能盡，則誣天地爲幻妄。」朱子曰：「吾儒本天，釋氏本心。」又答人問儒釋差處曰：「只如說天命之謂性，釋氏便不識了。」皆謂釋氏只知心而不知天命，與承天命而爲吾人所賦得之天性。在橫渠，則性原爲太虛與氣之合，心爲性與知覺之合，心之作用唯是知覺。在晦庵則性是實理，而心則虛靈不昧之明覺，而此明覺中，則具備萬理以爲性。心唯是虛靈明覺，性爲實理，故心虛而性實。故曰「吾儒心雖空，而理則實，吾以心與理爲一，彼以心與理爲二。彼見得心空而無理，吾見得心雖空，而萬理咸備也。」後來羅整庵，卽專就此點以論佛氏之「有見于心，而無見于性。」夫謂佛家知心而不知天命，不知性理，亦可謂之不當之評。佛家固亦言宇宙、言法界、諸法自性；佛家亦言理。然佛家唯識之義，終以吾人所見之宇宙，爲隨識變現，無心外境，諸有情各有一宇宙；則有相似之宇宙，而無眞共同之宇宙。天臺、華嚴以其一念三千，萬法互攝之說，雖可立一共同之宇宙，然彼等終是以全法界不出一心之外。如西銘之以乾坤爲父母，終當被釋氏斥爲顚倒見。至于言性言理，雖儒佛所同，然佛之言諸法實性，卽是空性，卽無自性性，其空者乃空所執，正是對心而言。無自性之性是遮詮而非表詮。菩提自性，則是心之空性。以宋明儒者者觀之，此可謂不外指心之虛靈不昧、無所執着之本然狀態。故謝良佐曰：「釋氏所謂性，乃吾儒所謂心。」佛之言理，亦只是我法二執畢竟空，諸法皆緣生，而無自性之理。其理是卽破我法執之理，諸法無自性之空理。故其證此空理也，非于空諸執外，別有一實理可得。其空執也，正不外顯心之虛靈，別無所得。此之無所得，雖同時卽是證得諸法之實性。然佛家于此實性，可不別有所說，並不名之爲實理。若于此安立一實理，便成法執理障。然宋明理學家所言之理，則是生生不已之實理，此理之在宇宙，卽萬物之所以生生不已之理。此理之在吾人，卽吾人之性，具于此虛靈之心，由心之虛靈之作用而顯現者。故非與虛靈之心，爲同一物。理雖爲吾心所具，而非卽繫屬于吾心。其所以爲吾心所具，而非繫屬于吾心者，蓋其不特爲吾心所具，亦具于他心及萬物，故此理爲客觀的普遍的。就其爲客觀普遍之理而言，則名之爲天理。就天理之賦與吾人及萬物言，曰天命。又由心之作用，原是虛靈，故心與萬物，可彼此相感通，萬物之理與吾心之理，又復不相隔絕。無論由心之自反而得，復驗之于物、或觀萬物以後，復證之于心，以得此理，皆實有所得。此理不得爲障，蓋理卽吾人之本性，卽吾人之眞自己。故伊川曰：「釋氏以理爲障，此把理錯看了。天下唯有一個理，若以理爲障，不免以己與理爲二。」既知理卽吾人之性、吾人之眞自己，不得爲障，故吾人不須如佛家之破理障，而可姑對理加以思維，以積極之語言，加以積極之表述，而以之爲天地萬物生生不已之根據，及率性、修道、成賢、成聖之根據。此又卽宋明儒之一自覺異于佛者。其由此以暢論性、天道、及心諸概念之意義，及性、天道、心之關係，言夫子之所罕言，則又有進于先秦漢代儒家者。程子「性卽理也」之言，明以理釋性。朱子又承橫渠、程子心性不同之意義，而分心性爲二，則周秦及漢代諸儒所未有。陸王一派，雖不以心性爲二，謂心卽性理，然此乃透過程朱「性卽理」之言以言心，其心實非徒一虛靈不昧之覺，而卽天理本然之性。故特標理字以論天道心性，誠爲宋明理學家之特徵。

## 四　天道、人性、與聖道之互證

由宋明理學家以成德之問題爲首出，而有「以德潤身」及「宇宙爲實」、「天命之謂性」之義，所歸結之一根本義，卽爲以天道人性爲至善，以至善說天道人性之至眞之義。蓋以成德之問題爲首出之問題，卽以求善之問題爲首出。得善而樂此生，卽此生唯由善，乃得安頓、得滿足。生于善乃得安頓滿足，卽證生之必以善爲其內容，生以善爲性，以實現善爲事。故謂生爲眞實、宇宙生生不已之幾爲眞實，不能止于以一樸素之生、或樸素之生生不已之幾爲眞實，而同時卽當本生之內容之以善爲眞實之義，謂此生生不已之幾，同時是善之相續顯現之幾，此之謂「繼之者善」。生生不已，善必求繼，故宇宙以生生不已而眞實，卽以善必求繼而眞實。宇宙之所以必須恆久，卽根于善之必須相繼。此之謂以聖道證人性，以人性證天道。此中理據，頗有可得而言。蓋一人之善，必須相繼，修德者皆可內證而自明。必善念念念相繼，而後眞善。凡善念，皆超越于小己之生，而通于人物之生。由己之生，以通于人物之生，仁也。故善以仁爲本。仁善必通乎己以外之人物之生，故仁善之心，必肯定人物之生。仁善之心之繼續，必繼續不斷肯定人物之生。由肯定人物之生，而仁善之心，必求有利于人物之生。如是而仁善之心，能潤澤人物之生。仁善之心、肯定人物之生、而利之、潤澤之，則仁善之心得暢遂。由吾仁善之心之暢遂，而吾亦自充實其生、擴大其生之意義。是由仁善之心之暢遂，卽所以潤吾之生。故我眞欲求所以繼續潤吾之生，卽必須繼續肯定仁善之心，而繼續肯定人物之生。故仁善之心之充量發展，必不能忍宇宙之斷滅。仁善之心由潤澤他生，以潤澤自生，卽以潤澤他生，爲其潤澤自生之意義，故此心爲普遍而客觀之心。由其爲普遍客觀之心，故其所欲肯定其繼續不斷者，非徒我之生，而爲宇宙之羣生之繼續不斷。而仁善之心之爲客觀之心也，博愛而大公，其利他生而潤澤他生之情流，遍注于所接之他生，而無所滯住，亦不滯住于他生之個體相。故此仁善之心所肯定之他生之繼續不斷，不必爲一個一個之他生之長久存在，而可但爲羣生之蟬聯相繼，一宇宙之生生不已。故此仁善之心，誠念念求繼，必念念求所以肯定羣生之蟬聯不斷、宇宙之生生不已。然此仁善之心之所以能念念求繼者，由心有向善、爲善之幾爲之根，有此根，而後善念善行之流出，乃沛然莫之能禦，而不容已。不肯定此向善爲善之幾，則善非不可已，善可無繼，而善非眞善。故不肯定宇宙生生不已之幾，則宇宙之生非不可已，生可無繼，而生非生生不已。然仁善之心必求繼，卽必求所以肯定宇宙之生生不已。于是肯定吾心有向善爲善之幾，卽必須肯定宇宙生生不已之幾。故吾人所以能肯定宇宙生生不已之幾，而肯定宇宙之恆久而眞實，其根據卽在吾人之肯定此心向善、爲善之幾之眞實，與善之必求繼上。善之必求繼爲必然，故宇宙之生生不已、恆久、而眞實，亦爲必然。

然尤有進者，則吾由吾心之有必求繼善之幾，卽知此心之善幾，所本之性善、所本之理善。吾心之善幾，不離吾之生，故吾心之性善、理善，而吾生之性善、吾所以生之理善。蓋若吾生之性，吾所以生之理非善，善何足以潤吾之生，使吾之生于善得安頓滿足，而使吾更樂吾之生更有生之樂？生而不樂，則生不若死。生必歸于樂，乃成其爲生。樂者，生之自己肯定之符驗也。生有眞樂，而生乃眞自己肯定。生之眞樂，則在于以善潤生。善能潤生，卽證生之性善。必以善潤生，有眞樂，而後生乃能眞自己肯定。卽必性善，而後我之生，乃能自己肯定。故我眞肯定我之生，卽必須肯定我生之性善。我生之性既善，則他人之生之性亦當善，而宇宙之生生不已之幾，所本之性亦當善。蓋仁善者無私。無私，則不特將不私其生，而通其生之情于他生，以利他生、潤他生；且亦不私其仁、不私其善。若私其仁、私其善，則不仁不善，而無仁善可私。不私其仁其善，則不當以仁善爲我所獨有，屬于我一人之生，而當視人之好仁樂善同于我，而亦有仁善之性。如程朱一派，且視一切有生之倫，皆以仁善之性爲其性，惟氣質障蔽不顯耳。夫然，而此仁善之性，卽可視爲普遍客觀的超個人的我與人共同所自生的宇宙之生生不已之幾之性，而吾之仁善之性，則可說爲宇宙之此仁善之性表現于我之生、賦于我之生者；故可轉而由天命以言性，由天道之仁善，以言人性之仁善。此之謂以天道之善證人性之善。然此天道之仁善之所以必需加以肯定者，其本正在吾性之仁善、不容我之自私其仁善，乃不得不肯定仁善之普遍性、客觀性，而承認其根原于超個人之宇宙。旣推其根原于宇宙，乃轉而謂我生之性之仁善，原于宇宙生生不已之幾之仁善之性所賦與。此卽謂此天道之善，亦初由人性之善而證得也。

上來所陳之義，乃宋明理學家大體共許之根本義。此最後一義爲前三義之總持，而前三義，則不外此一義之註脚。以人之生之性善，故成德可以樂生。以善必求繼，故宇宙爲恆久而眞實。以善性非我所得而私，故可言天道天命之善；更可言吾人之善性，原于天道天命之善。先秦儒家中，孔子言人心之安仁，孟子乃言性善，而未明言天道之善、天命之謂性。中庸易傳，乃發揮天道之善、天命之謂性之義。然漢儒皆未足解此，旣不知天道人性之至善，亦未能以至善說至眞。至宋明理學家乃以佛家之激蕩，而自覺此義愈親切。由此義，而宋明理學家之形上學，爲眞正之道德的形上學，而其道德爲形上學的道德。然非眞知儒家所謂德樂一致之旨，默契于其所謂性與天道之眞者，則殊難會此義。今略陳端緒，以俟學者之旦暮得之。

上來唯就宋明理學家之自覺異于佛者之數要點，加以指出，兼示彼等對儒家舊義，所特別提出加以發揮解釋之處，以明宋明理學家用心之所在。至于彼等用發揮解釋之理據，則非本文之所及。我今之疏釋，亦只以說明諸儒之自覺異于佛者爲止，至于衡其得失，則非本文事矣。

# 二　由朱子之言理先氣後，論當然之理與存在之理（上）

## 一　前　言

朱子之論理氣，爲後世所不滿，且不易解者有二。一爲理氣爲二，理先氣後之說。此不特爲王陽明學派及清代之反理學者所反對，亦且爲明清之宗朱名儒，如薛文清、羅整庵、陸桴亭所嘗議。二爲其所謂理是人心當然之理，故窮物理于外，卽窮此內心之理。然此二種理，如何可說爲一？如其不一，則窮物理於外，便成逐物，與聖學背道而馳。陽明卽于此反對朱子。而此問題之核心，在如何可眞說理是一。若眞可說理是一，則窮物之存在之理于外，卽窮此內心當然之理，亦有可說。本文卽旨在指出當依何意義，朱子所謂「理先氣後」及「理一」之義，可得其解。吾在此將先略斥流行之以邏輯上先後說朱子之理先氣後之說，如馮友蘭、金岳霖先生所代表；並說明朱子理先氣後之說可首于當然之理之先于實現此理之氣上，得其解。其次卽說明依何意義，朱子可說當然之理卽存在之理，並可說理一，使于當然之理可說理先氣後者，而于存在之理亦可說。此二者皆大費疏釋。熊先生新唯識論以本體說理，以用說氣，以立體呈用，卽用顯體，說理先氣後，此是截斷衆流句，非針對今日之哲學問題以釋朱子。至馮金諸氏之說，則可與西洋一派之哲學問題相應，使聞者易解。然實則彌近理而大亂眞。吾在此文，則將循今日之思想方式，以疏釋此了解朱子思想之凝滯。此凝滯恆順問題之發展，而自然孳生，而吾將隨波逐浪，以一一掃蕩之，由建立朱子之義，以說明朱子義。故此種疏釋之方式，非一般哲學史之尋文釋義之疏釋，而同于佛家所謂密義之疏釋。吾文中所陳之論辨，多非朱子之言中所已有，而唯是朱子理論系統中所當涵。吾之所言，既不能一一皆于朱子所已言者，得其明顯之根據，故對朱子所言，本可全不徵引。然對一般讀者計，仍一先羅列朱子論理氣之言，加以排比，以爲導言，作以後討論之準備。則此略同于一般哲學史之疏釋，而非吾之所以疏釋朱子之正文也。

## 二　朱子論理氣之不雜與不離義

一、朱子之論理氣，首明白決定說理氣是二。所謂理氣是二者，一方是自人物之所以生之二方面所看出。一方是自人物之所以成之二方面所看出，故在物上看，理氣二者又不可分。故曰：「天地之間，有理有氣。理也者，形而上之道也，生物之本也；氣也者，形而下之器也，生物之具也。是以人

物之生，必稟此理，然後有性；必稟此氣，然後有形。」（此下所引之言，除一條外，皆見朱子語類第一卷）

又曰：「理與氣決是二物。但在物上，則二物渾淪；不可分開，各在一處。」

二、在物上看理與氣雖不能分，然物既有此二方面，則可單自理之一方面看。單自理之一方面看，則不見氣與物。未有氣與物，亦可說有理。故上一語之下文曰：

「未有天地之先，畢竟也只有此理，便有此天地；若無此理，便亦無天地。」又曰：

「若在理上看，則雖未有物，而已有物之理。然亦但有其理而已，未嘗實有是物也。」

又從理一方面看，雖可無物無氣，亦可有理，然實際上則理不可離氣。因此理可謂只是一「潔淨空闊的世界，無氣則理無掛搭處」故理實際上不能離氣。理但可超乎氣而觀，以肯定其眞實而已。

三、然理雖可超乎氣而單獨觀之，氣則不能離乎理而單獨觀之。因凡有氣處必先有理，而氣凝聚處，理便在其中。于是氣不可離理而觀、以肯定其眞實性。故理之眞實性之肯定，可就其本身加以肯定，而氣之眞實性之肯定，則必賴于理之眞實性之肯定。故須先肯定有理，乃能肯定有氣。故曰理先氣後。理爲形而上者，氣則爲形而下者。形上者之肯定，先于形下者之肯定，故朱子曰理先氣後，乃自形而上下言。朱子所謂理先氣後，乃形而上之先後，非時間之先後，朱子亦未明言其是邏輯上之先後。故曰：

「有是理，便是有氣，似不可分先後。要之亦先有理。只不可說今日有是理，明日卻有是氣。」「理未嘗離乎氣，然理，形而上者；氣，形而下者。自形而上下言，豈無先後？」由理先氣後，故氣依傍理而行。于是理爲主、氣爲從。由氣之從理、依傍理而行，氣上乃顯理。氣上顯理，理卽寄托于氣中。故曰：「有此理而後有此氣；既有此氣，然後理有安頓處。」然以理主氣從之故，于是卽在具理之氣上物上看，亦是理在中爲主。故其文集中答王子會曰，「氣之所聚，理卽在焉，然理終爲主。」

四、理可超乎氣而觀，以肯定其眞實，理先而氣後。故肯定有此氣，雖必肯定有此理；不肯定有此氣，未必不可肯定有此理；肯定有此理，可不肯定有此氣。故理不以氣之有無，亦不以氣之聚散而聚散，而理爲實理。故曰：

「有覺者，皆氣之所爲也，故聚則有，散則無。若理則初不爲聚散而有無。」

理不以氣之有無聚散，而有無聚散，故理常而氣變。故曰：「理無形，故卓然而常存，氣有象，故闔闢聚散而不一。」又曰：「理常不移，而氣常有變。理常故理實，曰實理。」

五、理先氣後，理主氣從，理無聚散，而氣有聚散，理常而氣變：此卽理與氣之不同。然理之所以能先于氣、主于氣、卽在于氣之從理、隨理而行。若氣不從理、隨理而行，則氣無所謂後，理亦無所謂先，而理亦不得爲氣之主。理爲先于氣、主于氣之理，則理爲必有氣實現之之理，故理與氣既不雜，亦不離。理先故不雜，氣必後故不離。必理先而氣繼之，理乃實現。理實現乃有物，故物直接依氣而生，非直接由理而生，只有理不能直接生物，故曰：「理無情意。氣能凝結造物，理卻無計度、無造作。且如天地之間，人物草木禽獸，其生也，莫不有種子。不會無種子，白地生出一個物事。這個都是氣。若理，只是一潔淨空闊的世界，無形迹，他卻不會造作。氣則能醞釀凝聚生物也。」然理雖非直接生物者，而氣之生物，則本于理爲必有氣以實現之之理。此之謂理生氣。理生氣乃生物。故理爲眞正之生物之本。故曰生理，生生不息之理。

上文所析朱子之言理氣有五義。一、在物上看，理氣渾淪，理在氣中。二、自物之理一方面看，理可超乎氣而觀，無氣亦可有理。三、自氣一方面看，氣不能離理，必有理而後有氣，理先而氣後，理主而氣從。四、氣以聚散、有無不定而無常，故于氣不言實氣。理不以氣之聚散而有無，故不移而有常，故于理言實理。五、必理先氣從而氣後，而後理可爲主，以爲必實現于氣之理，乃可說「有理必有氣」。理實現于氣，而後可說「有氣必有理」，更可說「有物」、說「物有理」。故氣之若爲直接生物者，根據于理之爲必實現于氣之理，故理爲眞正生物之本。于是在究竟義上，理與氣既不相雜，亦不相離。

以上就朱子語，加以排比竟。此五義，一、三兩義爲一組，乃說明理氣之不離者。二、四兩義爲一組，乃說明理氣不相雜，理可超乎氣而觀，仍爲眞實之理者。第五義爲此二者之綜合或圓融。然此中實表面有矛盾。因如理可超乎氣，而爲實理，則理不待氣之眞實，而眞實，則理氣雖不相離，而可相離。如理與氣不可相離，則有氣處皆有理，唯有氣處乃有理，則理不能超乎氣而爲實理，理氣雖不相離，而可相離。唯理氣可不相離，乃可成就理先；唯理氣不相離，乃可成就氣之必後。然自理先以觀，則理氣可相離。自氣之必後以觀，則可但見理氣之相離。有理必有氣，則理不得單獨肯定，而似無所謂理先。理先而理可單獨肯定，則有理不必有氣，而似無所謂氣之必後。故理氣不相離，亦不相離，既謂理先又謂氣必後，乃不易同時肯定，而似有矛盾者。然如吾人不能同時肯定此二者，則綜合與圓融，成矛盾之拚湊。今欲去其矛盾，似必走入一端，或謂理只爲氣之理，而理後于氣，如明清反朱學者之所爲。或只謂理先于氣，而理可離氣，自爲潛在，如今人之所爲。信乎中道之難持，朱子之意之不易得，而此矛盾之不易避免也。然吾人今若不先正視此矛盾，亦終不能圓融此矛盾，而得朱子之眞意。故先特表而出之。以下卽當先辨朱子所謂理先氣後之先後，爲何種之先後，然後再由道德意識之現象學的解析，以明當然之理之先于實現此理之氣，且有形上學之眞實之意義，以使理先氣後之言有意義者。此爲本文正文之上篇。然後再說明當然之理卽存在之理，說明理先氣後之言，可應用于一切存在之理，此爲下篇。上篇重在明理氣之不雜，而重在理先。下篇重在說明理氣之不離，而重在氣之必後。下篇爲本文重心之所在，而上篇則爲導入下篇之根據。二篇之曲折皆甚多，而下篇尤甚。讀者如一粗心，卽不見其關聯。幸留意焉。

## 三　辨五種先後義，及邏輯之先後義等，非理先氣後之先後

吾今討論朱子所謂理先氣後，當先辨朱子所謂理先氣後之先，爲何種之先。自今日哲學上言，先後蓋有五種。今先舉出此五種，以辨朱子所謂理先氣後之先屬何種。一爲客觀存在之時間上之先後，如昨日之雲先于今日之雨。此種先後義，非朱子理先氣後之先義甚明。朱子已明說理先氣後非今日有理，明日有氣矣。二爲主觀心理（此心理二字取俗義）去認識客觀所對之自然之次序之先後，如心理學及根據于心理學之知識論上之先認識個體或先認識共相，即與理氣先後問題相似，然實全不同。以共相雖可說是理，而氣非個體物。且朱子所謂理氣，乃哲學上所創發之概念，以說明宇宙者，非自然心理之所對。論其在自然心理中之被認識次序之先後，則成爲問在朱子個人心理之發展過程中，究先認識理或先認識氣之問題。其爲不相干，尤爲明顯。三爲眞正之知識論上之先後，如康德之就知識之可能上言知識之成立，必有其先經驗之條件，爲知識或經驗成立之根據。此乃尅就「能知」之知「所知」所表現之形式，以發現此條件。必「能知」有此形式，然後得知「所知」，以成就知識或經驗，故謂此形式爲先于經驗知識者。此與朱子義亦不相干。以朱子思想根本非知識論之進路。近人亦有以康德之先驗範疇，釋朱子所謂理者，乃純爲望文生義者。四爲邏輯上之先後之意義，以此意義釋朱子之理先氣後，乃爲表面最易說者。所謂邏輯上在先之概念，即一概念所必須預設或涵蘊者。如動物之

概念在邏輯上先于人之概念，以人之概念涵蘊動物之概念，人之概念必預設動物之概念故。由此吾人可說$x$是動物之命題形式，先于$x$是人之命題形式，孔子是動物之命題，先于孔子是人之命題。凡邏輯上在先之概念，皆外延較廣而內包較少者，故所指示之事物之範圍較廣，而對事物之所說者較少。吾人之應用概念以指示事物，說明事物也，乃先以一較廣泛之概念，指出一大範圍，然後再以較專確之概念，指定一小範圍，先對事物之少數性質有所說，然後對事物之更多性質有所說。此乃概念之邏輯先後之名所由立。今根據邏輯上在先之概念所作之命題，卽爲邏輯上在先之命題。如以此邏輯上之先後，釋朱子所謂理先氣後，卽爲說理之概念爲氣之概念所預設或涵蘊，有理之命題爲有氣之命題，所預設或涵蘊。然邏輯上在先者爲在後者所涵蘊，而在先者不涵蘊在後者。故動物不涵蘊人。是動物不涵蘊其是人，而理不涵蘊氣，有理之命題，不涵蘊有氣，無氣亦可說有理。則自氣而觀，有氣皆有理，而理氣不離之義成；自理而觀，無氣亦可說有理，而理氣不相雜、理先于氣之義成。此意最淺近易曉。卽是吾之所以說以邏輯上先後，釋理先氣後之說之彌近理處。然此中實有一大亂眞處。卽謂理概念邏輯上先于氣概念，乃包含一大混淆。因尅就已實現理之氣言，此氣概念中固涵理概念，然須知已實現理之氣而涵理概念者，便已同于物之概念，而非只是氣之概念。（或謂氣爲存在，至少其中函一「存在之爲存在」之理。若如此說，便無所謂純粹之氣概念）。吾人在此時，便唯可說物概念中涵理概念。則吾人之說理在氣先，同于說理在物先。吾人亦唯可說理在物先，別無所謂理在氣先矣。然朱子又謂物由理氣二者渾合而成。對物之概念而言，不僅理爲邏輯上在先者，氣亦爲邏輯上在先者。以「有理」、「有氣」之命題，同在「有物」之命題之先也。如朱子所謂未有物亦有理，純爲自邏輯上說，則亦當純自邏輯上說，未有物亦有氣。而朱子並未言未有物亦有氣。此誠可釋爲朱子思想之邏輯上不一貫處，然亦可釋爲邏輯之分析，原非朱子之問題。復次，物既由理氣渾合而成，理氣二概念，皆各爲邏輯上先于物之概念者。二者平等爲物概念之內涵，乃不能歸併者。自其不能歸併處言，則對物概念而言，理氣二概念，互不相涵蘊，無所謂誰在誰先。然欲自邏輯上在先之義，以說理在氣先，又非將此氣混同于已實現理之氣、卽混同于物之義者不可。然「氣」概念本身不能混同于「已實現理之氣」。以此二概念，明明不同。已實現理之氣，而同于物者，明較氣之本身涵義爲豐。吾人唯可說已實現理之氣之概念，涵蘊氣之概念，卽氣之概念，邏輯上先于已實現理之氣。吾人不能逆轉之，謂氣之概念涵蘊已實現理之氣之概念。若然，則爲一邏輯上在先與在後之混淆。此自邏輯上在先之義，以說理在氣先者，卽惟賴此邏輯上之在先、在後之混淆。由一邏輯上在先、在後之混淆，以成就一邏輯上理在氣先之義；則所謂邏輯上之理在氣先，未必卽在氣先亦明矣。

然吾且將進而溯此將氣與已實現理之氣二概念，加以混淆之所由生。此蓋由朱子言有氣必有理、凡有氣處皆實現有理；則有氣處卽可分析出理概念，便可說氣概念中涵蘊理概念。然實則徒由有氣必有理，有氣處皆有理，並不可轉出氣概念中可分析出理概念之說。此中又有一滑過。所謂「凡有氣處皆實現有理」一命題，單自其形式觀之，可是一由經驗之概括而成之綜合命題。如有烟處皆有火之類。如其是一經驗之綜合命題，則主辭中並不能分析出謂語，如烟概念中並不能分析出火概念，而氣概念中，亦不能分析出理概念。朱子之此命題，自非一由經驗之概括所成之綜合命題，以理與氣，皆非通常所謂經驗事物，而爲形上學之概念。則所謂凡有氣處皆實現有理，當釋爲「有氣必有理」之先驗的形上學命題之例證。而待說明者，即此所謂有氣必有理，是否爲一分析之形上學命題。如其是一分析之形上學命題，或只可作一形上學之分析命題解，則主辭氣概念中必涵謂辭之理概念，而此「氣」非視同于「已實現理之氣」不可；而上述之「氣」概念與「已實現理之氣」之混淆，成不可避免。然吾人並無理由謂一切形上學之命題皆必爲分析的。以形上學之命題，即爲對宇宙之根本眞實，有所說之命題。只須對宇宙之根本眞實有所說，則此命題即爲形而上學之命題。此形上命題之性質與定義，並不含其必爲分析的。不含必爲分析的，而謂之必爲分析的，則此「必爲分析的」之謂語，成綜合上的。由綜合上此「必爲分析的」，以成之「一切形上學命題必爲分析的」之命題，並不能由經驗而證實。因吾人所經驗過而爲古人所作之形上命題，明明有綜合性之形上命題；而無盡時間中人，所能作之形上命題，吾人亦不能盡加以經驗故。于是此謂「一切形上學命題必爲分析的」一命題之本身，便非一經驗命題。又以其非分析的，而亦非一邏輯之分析命題，或形上學之分析命題。則此命題如有意義，此命題本身，即成一形而上學中之綜合命題，而陷于自相矛盾。然如吾人承認形而上學之命題，可非分析的而是綜合的，則朱子有氣必有理之命題，亦可是綜合的必然命題，而非必爲分析的必然命題，如其可爲非分析的必然命題，則主詞氣概念中可並分析不出理概念，而不礙其有意義。夫然。故將氣概念混淆于已實現理之氣之概念，混淆于物概念，乃並非不可避免；而將理在氣先之義混淆于理在物先，亦非不可避免者。然人唯先有此混淆，乃可以邏輯上之在先，釋理在氣先之語。今誠知此混淆之不僅當避免，而且可避免，則以邏輯上之先，釋理在氣先，全無可安立之處矣。

## 四　辨邏輯先後，不足以成就形上學之先後，及分析經驗事物以發現共相，而以之為理，不能卽建立朱子形上學之理先于氣、與理一、及理善之義

吾人旣不能以時間上之先後、心理認識上之先後、知識論之先後、邏輯上之先後，釋朱子所謂理先氣後，則唯有就朱子本人之言，與其意所謂形上之先以釋理之先。所謂形上之先者，以今語釋之，卽在宇宙根本眞實之意義上，理爲超乎形以上之更根本之眞實，而氣則根據理之眞實性而有其形以內之眞實性者；而吾人之論說宇宙之眞實，當先肯定未形之理之眞實，而後能肯定已形之氣之眞實。此形上之先後義，不僅與邏輯上之先後義廻別；而由邏輯先後之分析，亦決不足以成就此形上學中之先後義。邏輯上之先後義，可示吾人以必先肯定邏輯上在先者，乃能肯定邏輯上在後者。然邏輯不能示吾人以邏輯上在先者之必爲眞實，更不能示吾人以必先肯定邏輯上在先者之眞實，乃能肯定邏輯上在

後者之眞實。吾人純論概念之邏輯先後，可與所說概念之眞實與否之問題，全不相干。即諸概念皆毫無眞實性，仍可說其間有邏輯上之先後關係，如鬼先于三頭之鬼。形上學之在先者，或同時是邏輯上在先者；然邏輯上在先者，不必即是形上學之在先者。以邏輯上之先後，唯依概念內容之涵蘊關係而辨，形上學之先後，則依概念所指示者之眞實性而辨。吾人可惟賴對概念自身之分析，即可決定其邏輯之先後。然吾必須對概念所指示者有經驗、體驗或直覺，以證實其眞實性，及其眞實性之相依賴，乃能肯定孰爲形上學之在先者。否則吾人必須指出一概念眞實性，爲此概念自身所保證，或其眞實性，爲其他吾人所肯定爲有眞實性之概念所保證。然無論如何，吾人之用心，必須及于概念之所指，乃能有所謂概念之眞實性，及概念之眞實性之先後問題。此即說明辨邏輯之先後，與形上之先後，乃根本不同之二問題。朱子所謂理先氣後，唯是謂理之眞實性之肯定，先于氣之眞實性之肯定；氣之眞實性，根據于理之眞實性。故朱子于理，常名之曰實理，眞實不虛之理，曰天下無實于理者。其純爲以理爲形上之在先者甚明。故吾人今論如何說明朱子所謂理先氣後，必須就理氣二概念之所指，如實體會之，思維其眞實性之倚賴關係，乃能知理先氣後之說之是非。理先氣後，乃表述眞實界之情狀。眞實界之是否有此情狀，爲使此命題有意義，核定此命題之是非之標準。非先確定理氣二概念之所指，不能進入理先氣後之了解。

然吾人欲明朱子所謂理氣二概念之所指，有一最易墜入之陷阱：即以朱子所謂理，乃指觀察經驗事物所得之共相。因朱子所謂理，朱子常言卽物之性。而物之性由物之相而見，性卽表現如是相之性。又理必爲公共者。故吾人最易以觀察經驗事物之共相，卽物之共性，而共相之所在卽理之所在。如一切方物同有方之相，卽一切方物同有方之性、方之理，一切黃物同有黃之相，卽一切黃物同有黃之性、黃之理。吾在此文之末，亦承認此種由相以觀性、觀理之道，承認由此可以識取各物之特殊之理。然吾在此必須說明，如逕以物之共相，爲朱子之理，或徒自物之共相，以觀朱子之理，乃一入路上之錯誤。由此所建立之理，單自其本身而觀，乃不能建立其先于氣之眞實性者。蓋此共相乃由吾人之認識活動向外觀察經驗事物，經吾人認識活動之抽象作用，而認取者。如吾人不承認此共相之依心之抽象作用，而有眞實性，而但懸空獨立，如其所如而觀之，則此共相，無所表狀，無所隸屬，無所指示，卽無所謂眞實與否。如吾人謂其有眞實性，必陷于矛盾，其詳見本文下部。然吾今至少可指出，吾人對任何共相，如其所如而觀之時，吾人此時之直接體驗中，但有此相而無其他，則亦無附着其上之眞實之意義。吾人通常之謂一共相有眞實性者，恆自覺或不自覺的根據于此共相之爲吾人所肯定爲眞實之個體事物之共相之故。然若共相之有眞實性，根據于個體事物之眞實性，則此共相之眞實性之肯定，後于個體事物之眞實性之肯定。而個體事物則由理與氣渾合而成，則此共相亦後于理與氣之渾合而有。如共相卽理，則此理之眞實性，根據于理與氣渾合之眞實，則此理秉是後于氣而眞實。而形而上學上之理先氣後，于此適得一相反之建立。在此處，吾人誠不必謂此共相之眞實性，根據其所自抽出之個體事物而取得，而可姑許此共相本身之眞實性；並謂其眞實性，亦不根據于其吾人之心之認識活動之抽象作用之眞實性而取得，而謂吾人之心之抽象作用，只是其眞實性發現之條件；而非其眞實性之所繫。然即使如此說，吾人仍不能斷定此共相本身，所具有之形上學的眞實性，先于個體事物之眞實性，而爲個體事物之眞實性之根據。因不肯定此共相本身之眞實性，並非即不可肯定個體事物之眞實性故。（如吾人採一唯心論之立場，亦可自一義說不肯定心之共相，即不能肯定心所知個體事物。然此時則共相及個體事物本身，皆同爲無離心之眞實性者矣。此義今不論。）是此說亦但能成就共相與個體事物之同爲眞實。若此中之共相，即朱子之理，則此中亦無理必先于物、必先于氣之義。由此，故吾人之以共相爲理，絕不能成就朱子形上學之理先氣後義。凡以共相爲理者，吾將謂其只能成就邏輯上理先于物之義。如其欲成就理先于氣義，則只得混氣于物，如吾前文之所論。吾前文既不許混氣于物，亦不重邏輯上之理先于物義，且欲說明形上學的理先氣後義，亦不許直接以抽象之共相，釋朱子所謂理。吾在此文之末，將論物之共相得視爲物之特殊之理之表現。然此特殊之理，必須通過一根本之理，乃得視爲物之理。故吾絕不許直接以觀察經驗事物，所抽成之共相爲理之說。

復次，吾人如直接以觀察經驗事物所抽成之共相爲理，則恆忘物之相，不足以盡表現物之性、物之理，或物之相不足表現物之性、物之理所能表現、當表現之處。則吾人之執一時所經驗事物之相，以觀理、觀性，便成大過誤。蓋在性上、理上之所有，而只觀察其于外表現之相，不足以識之者，然自一與此觀察相異之他種認知機能，則足以識之。如吾人只直接以觀察事物所得之共相釋理，則不足以知此。于是以爲凡相上之如是有，性上理上亦如是有。如人物之善事，有善相，則有善理；惡事有惡相則有惡理。而其理之爲理本身，則無所謂善惡。任何物有各方面之相，而每一相均爲可與他物共同者，卽有各方面之理。由是而人或以任何物皆爲一大堆共相共理之集合體，而不見其共同之理。縱見其共同之理，亦被視爲無數共相所成之無數理之一。則朱子之所謂理有善無惡，性有善無惡，一切理皆善之說，與理一之說，皆不得其正解。然只就事物表現于外之相加以觀察，求自事物中抽出共相，而卽視之爲理者，則非至此不止。蓋此事物之生也不窮，新顯之可共之相不窮，而所可能抽出之共相，而可視之爲理者，亦益多，而皆散處並在；卽永不能得「一」理。卽得此「一」理，亦唯是已經驗事物中之共相。吾人並不能保證其爲未來事物之共相，則吾人思及未來可有之事物之共相時，此理便復被視爲與之散處並在者。此中人之抽出共相之活動，初無所謂善惡，故卽理本有善惡之性質，而此活動亦不足以發現之。蓋善惡之名理，若唯其是諸特殊之善惡事中，分析出之共相，則自其爲理處以觀，與其他一切理，平等平等，而依同一意義以爲理。故自其爲理處以觀，則善理本不善，惡理亦不惡，而理無善不善、性無善不善，成必然之結論。而由此活動之唯以發現共相爲事，故當人轉而反觀其由知共相，而形成之概念時，則立卽轉而分析此概念。于是但見由一概念之內容，可分析出另一概念之內容，此卽邏輯之分析。由邏輯之分析，卽能發現邏輯上之在先或在後之概念。然邏輯之分析，亦不能外此而另有所爲。緣此抽出共相之活動，既不能建立其所抽出之共相之形上學地先于共相所自出之個體事物，故此活動所轉出之對概念之邏輯分析，亦不能建立一概念之形上學地先于概念所指示之經驗個體事物。故吾人在此必須謂：由事物抽出共相而直接以共相爲理之說，與以邏輯上之先後，釋理先氣後之說，乃同一根長出之思想，而同與朱子所謂形上學之理先氣後，乃無緣，而必須徹底加以否認者。

## 五　辨「當然之理之自覺，先于實現此理之氣之自覺之體驗」乃使理先氣後之言，最初得其所指處者

吾今說明對概念之邏輯先後之邏輯分析，與觀察經驗事物以抽出共相，不足以建立形上學的理先氣後義，乃所以說明朱子之形上學的理先氣後義，必須先于吾人內在之當然之理，與實現此理之氣之關係之體驗中，得其所指示之意義。理先氣後之形上學的意義，亦必須通過此體驗，乃能透視出。由此透視，而可見吾心之當然之理，亦即一切存在之存在之理。故理先氣後之言，對一切存在之理與其氣之關係之有意義，並非直接建立，而爲間接建立者。吾人欲建立理先氣後，唯有先在吾人對當然之理與實現之之氣之關係之體驗上措思。吾人必須使當然之理與其氣，爲首出之理與氣，使理先氣後之言，在此有意義；而不能謂理先氣後之言，可先對一切存在之存在之理與其氣之關係，有意義。而觀

察經驗事物抽出其共相爲理，則是希圖以存在之理爲首出之理，而以存在之理爲首出，則理先氣後之言，卽自始不能對之有意義。吾之所以以當然之理爲內而非外者，則以此當然之理，初唯是直接呈現于我，而對我有意義；當其呈現于我也，可純爲己所獨知，而他人不知者。此非同通常所謂經驗事物之相之自始表現于外，而爲人可共見者。吾在以後將說明當然之理之自有其超主觀性。然此超主觀性，亦非同于經驗事物之相之超主觀性。經驗事物之相，所有之超主觀性，非直接呈現于吾心之當然之理之所有。對經驗事物之相之有超主觀性而言，則謂當然之理純爲我主觀之心所獨知者亦可。吾卽依此義，而謂當然之理純爲內在而初非表現于外者。吾以下卽將說明理先氣後之言，如何可先對當然之理與其氣之關係，有意義。然在說明此事之先，吾必須說明在朱子之心中理先氣後之言，亦必先對當然之理與其氣之關係，有意義，而非先對一般存在之理與其氣之關係，有意義。此可由朱子之學原爲如何爲人之學，其所言之理，十九皆是言人之當然之理，及朱子所承之宋代理學之一貫問題，以證之。吾在此將一述宋代朱子以前理學之一貫問題，及其理字之原義，以明理之爲純粹之存在之理，乃次于由理之爲當然之理之義者。

原宋明理學家之根本問題，唯是一如何作聖之問題，吾前已有文論之。由問如何作聖，而對宇宙人生加以反省。其反省乃所以知如何作聖之道。作聖之道，在乎以理導行，故其所求之理，初重在「應如何」之當然之理，而不重在宇宙「是如何」之存在之理。周濂溪通書謂「理曰禮」。此以理爲當然之理甚明。張橫渠雖較有純粹之研究宇宙是如何之興趣，然其言理，仍是就應如何上說。故正蒙誠明篇曰「義命合一存乎理」。義者當行之義，當行而行，以處我所受于氣之命者謂之理。彼言及理字時極少，而此語爲其對理字，最明晰而重視之註解。其言天理也，曰「所謂天理也者，能悅諸心能通天下之志者也」，亦卽就善而爲人心所共悅，而視爲當實現者，以言理。程明道之言理則曰：「天所付與謂之性，稟之在我謂之命，見于事業謂之理。」此則就性命之實現于事業上言理。而性卽仁，故理卽指仁之當實現于事上而言。程伊川又曰「在義爲理」。謂在義爲理卽純就當然之義以言理，此卽宋明儒言理之原義。故宋明儒之言理也，恆曰義理。義理卽初是自當然之義上所說之理也。雖義理之義可引申爲一切道理之通稱，而宋明儒之言理，亦確有純屬于存在之理者，如明道之言「有此則有彼，有上必有下，其理須如此」之類。然理之基本義爲當然的義理之理，則不可誣，而治宋明理學者不可不深切銘記者也。

吾人旣知朱子所承之理學問題，原是當然之理之問題，卽以言當然之理爲主，以言存在之理爲次。故吾人亦當先向內反省吾人對當然之理之直接體驗，以使朱子所謂理先氣後得其直接所可指處。然後再說明此理先氣後，何以于一切存在之理亦可說。

吾人如反省吾人于當然之理之體驗，吾人首發現者，卽當然之理之呈現于吾人也，乃首表現出一命令之姿態，命令吾人應遵此理而行，以實現此理。質言之，卽表現爲當實現之一理。而「當然」云者，卽當如此然之意，亦卽當如此實現之意。故吾人于覺一當然之理時，吾人卽有不容吾人之不遵此理而行，不得不使此理實現于我之感。此卽所謂道德義務之感。如人無道德意識，或有之而不加反省則已，如有之而加以反省，人皆可發現如此之義務感。然吾人但將此義務感重加分析，卽知吾人此時是先有當然之理之命令之自覺，而繼之以當然之理不容我不遵之而行，而卽往遵行之、實現之之自覺。吾人之遵之而行以實現之，爲氣之動。以氣之爲氣，卽就爲理之實現者而立名。氣之活動卽是一「去實現理」之「去實現」。然吾人于此乃先有理之命令之自覺，而後有氣從之動之自覺。吾今卽以此爲「理先氣後」、「理主氣從」之言之最初直接有所指處。吾人之一方覺理之命令，乃不容我不實現之，我卽有求實現之之心氣，遂更遵之而行，此卽「有理必有氣」之所指。吾人旣遵理之命令而以心氣實現之，吾人此實現之活動，卽爲理所貫徹、所寄託、所表現之處。故此實現之之心氣活動中，卽有所實現之理，此卽「有氣必有理」之所指。吾將以朱子所謂有理必有氣，有氣必有理，理先氣後，理主氣從，最初之尅實所指處在此。以唯在此乃可使此諸言，皆直接有意義也。

## 六　「辨理之自覺」先于「氣之自覺」，非時間之先後、知識論之先後與邏輯之先後

吾上文以在義務之感中，先有理之命令之自覺，後有氣從之動之自覺，以明理先氣後之所指處在此。然吾何以可說此義務之感或義務意識中自覺之先後，卽形上學之先後，義務意識中之當然之理，

如何有形上學之意義，又如何可視爲一切存在之普遍之理，而可說理先氣後之言，爲普遍應用于一切存在，而成之一普遍的形上學之命題。此則必須對上述之義務意識之反省之所示，深加辨析，以展露其意義，乃能答覆此問題。而吾將先辨此義務意識中所示之此種先後，非時間之先後、認識論之先後、邏輯之先後，與一般心理之先後，乃能指出其中展露一形上學之先後之義。

吾今當先說明在義務意識中先有理之命令之自覺，而後有氣從之動之自覺，以爲理先氣後之所指，非客觀時間上之先後義。以在義務意識之中，一方覺理，一方卽有心氣之從理而動，是以剋就此理此氣存在于吾人義務意識之時間意義言，此二者爲同時。蓋覺理之心覺本身，依朱子義，其中卽有理與氣之合。故覺理之心覺本身，卽包涵氣之活動之爲實現理之義。故理之呈現與氣之動，在此心覺中爲同時有。吾人只可說理之自覺在氣動之自覺之先，而不可說理之呈現在氣動之先。故在義務意識中，此理與其氣之存在于吾之義務意識中，無時間先後義。後陽明卽自此說卽知卽行，卽理卽氣。復次，此種先後，亦非知識上之先後，如康德之所謂先驗範疇之先于經驗。此當然之理之爲理，非如先驗範疇之爲理。先驗範疇唯純粹是人認識活動發出時，其自身所具之形式。其認識活動表現此形式乃自然發出而自然表現。故此形式，雖可被發現爲規定認識活動者，然並不能直接呈現于自覺之中，而對吾人未來之行爲活動，表現出規定指導之實作用。然當然之理之呈現，則恆正因吾之自然發出之行爲活動中，雖尚未眞具有此理；而此理則又恆對吾人之未來行爲活動施發之方向，表現出規定指導之實作用者。此二者之不同，卽康德所謂純粹理性與實踐理性之不同。康德已嚴別之，吾人更無理由混同之。復次、此種先後非邏輯之先後。以當然之理之表現，乃爲一命令之姿態。此命令之意義，卽是要變我以前未與此理相應之心氣，而生出一種與此理相應之心氣。如仁愛之理命我愛人，此愛人之理之表現，卽命我變化以前錮蔽痲木之心氣，而生一種與愛人之理相應之惻然藹然之心氣。故理之表現爲一命令之姿態也，卽表現爲一扭轉心氣之姿態，而此理卽在心氣之扭轉之樞上呈現。故此理非自以前之心氣之狀態中可分析出，以其正爲此理所命之去除者。然亦非立卽可自以後與理相應之心氣中，可分析出者，以此與理相應之心氣，乃此理正命之生、引之生者。雖在事實上有此理呈現時，吾已有心氣之動，所謂有理必有氣，然有理之自覺時；可尙未有與理相應之氣之自覺，而但有理之自覺，則理概念可成立，理概念卽有意義。而對氣之自覺可尙未有，則氣概念可尙未成立，或尙無意義。則理概念不必由與理相應之氣之概念中，分析出之義明。而由理之自覺到相應于理之氣之自覺，既覺理復覺氣，由理概念之成立而有意義，到氣概念之成立且有意義，仍爲有所增加之一綜合的思維歷程。理概念與氣概念之關係，卽爲綜合的關係。此卽一方根據于理之呈現對以前之氣，爲一綜合關係，一方根據于理之呈現之自覺，到氣之自覺，爲一綜合關係。由此而理如其理，氣如其氣，以思維此二概念，則其間無邏輯上之涵蘊關係、先後關係。誠然有理必有氣，有氣卽實現理，而此氣中可分析出理，則氣涵蘊理，然此乃既有氣之自覺，對理氣二者之全體（卽理之實現于氣所成之全體之物）有一自覺，氣概念物概念皆成立，復混氣概念于物概念以後之事。自事實上言，理之呈現與氣之動，及氣顯于理而成一全體之物，三者固同時。然其概念之成立，唯依于被自覺之先後，則三者非同時。以其概念之成立，不同時，故吾曰由理概念到氣概念，是一綜合歷程，其關係爲一綜合關係。吾人不能將「既綜合理氣二概念後所成之理實現于氣之物之概念，與理概念之關係」與「由理概念到氣概念之綜合歷程中之關係」混淆。故吾人亦不能據理概念可自「已實現理之氣」或「物」之概念中分析出，而卽謂理、氣二概念本身之間，有邏輯上之涵蘊關係、先後關係。故所謂有理必有氣，有氣必有理之必，決定非邏輯之必。

## 七　辨當然之理之自覺，先于氣之自覺，可說是一種心理認識之先後；然非一般之心理認識之先後，而可啓示出一形上學之理先氣後之命題者

吾上之就理之自覺先于氣之自覺，以釋理先氣後之言，必使人聯想及我乃以一通常所謂主觀心理認識上之先後，釋朱子所謂理先氣後。吾在此點，初不擬否認。以吾確是溯之于主觀自覺中體驗次序之先後，以使理先氣後之言，有其所指示之意義。然吾將說明此心理認識上之理先氣後，唯在義務意識對當然之理之認識中有之。在其他種心理認識活動中，皆非必先認識理，而後認識氣之動。如在人之順欲之行爲中，卽恆先覺心氣之鼓動，先覺欲有所實現，而初不知所欲實現者爲何，依何理而當有

如是之心氣之鼓動。卽在純粹之認識活動，吾人亦非必先覺理，然後覺「思此理」之心氣之動。而恆是所思之理，與對此理之思之活動，同時被自覺。人唯在感當然之理之命令之心理中，乃覺此理先昭露于前，氣從之以動。蓋吾人之感當然之理之命令，吾人必感吾人先尚未爲吾人所當爲，卽吾人必感吾人先尚有未能實現此理之處。唯以吾于此理尚有未能實現之處，乃感其當實現。故此中當實現某理之感，卽包含有「理與氣之距離之感」，包含有「理尚有未實現于氣處之感」。在此理尚未實現于氣之感中，如其所如而觀之，卽有一「純粹之理之自覺」，與覺「此理之在一意義上，尚無足與之相應之氣之存在」之自覺。誠然，在感一理當實現中，除有我先未實現此理之感外，尚包含一要去實現理之感。在此要去實現理之感之自覺中，卽有從理之氣之自覺。然此理呈現時，終是先覺我之尚未能依此理而行，先覺我之氣，未與此理相應，以實現此理，然後方覺我應去實現、而有此要去實現之心氣（註一）。在此，吾人必牢記當然之理之呈現于我也，乃呈爲一扭轉心氣之狀態，而表現于一去除吾人之舊習氣，更引生與理相應之心氣之命令中，卽表現于我之心氣之革故取新之樞扭或關鍵上。在革故取新之際，則唯有一理昭露于自覺之中。（如時時吾人均在革故取新，而新新不已，則時時均只有一理昭

**註一**：在形上學之一意義上，當說在一切心理活動、一切存在活動，皆是理先氣後。然吾此處唯是自主觀心理上說，謂唯在義務心理中乃覺理先氣後。吾在本文下篇之所以可說一切心理活動、存在活動，皆是理先氣後，亦是由此義務心理中發現其超主觀的意義以透入，然後能建立者。故此處必須辨此種心理之不同。

露于自覺之中。）故理必先行被自覺。吾人復須牢記：當然之理之所以被覺爲當然，即在其實際上之尚有未然。故在體當然之理之心境，必先有只覺理，而不覺氣之一境界。（如時時吾人皆在體一當然之理，則時時均只覺有理。）由此境界中，再自然轉出氣隨理動之自覺。氣既隨理動，而由氣以從理，即有理氣渾合之自覺，吾將只覺氣之包理、理之在氣中，而不覺理之先氣。而理先氣後之言，到此亦成無所指者。此亦即在其他種非義務超義務、之心理中，吾人之不覺理先之故。吾人欲使理先氣後之言有所指，必須尅就當然之理之呈現之際，如其所如而體驗之，乃得其所指之意義。故吾上文說朱子之理先氣後，雖可說是依于心理認識之先後而說，而非泛說在主觀心理中理之認識在先、氣之認識在後。吾唯說在義務之意識之如其所如之現象學的描述中，理之自覺，先于氣之自覺而已。故人如謂我之說，乃以主觀心理認識之先後，說朱子之理先氣後，如彼所謂心理認識，乃只指義務意識中之自覺之認識，及對此自覺之如其所如的描述而言，吾皆不否認。

然吾今所欲論者，即此義務意識之自覺理先氣後，雖是一心理現象，然此現象，即啓示，且根據于一形而上學之理先氣後。此即自眞實之意義，言理爲更根本之眞實，氣爲根據理之眞實性而有眞實性者。蓋在此義務意識中，理之自覺而被認識，與氣之自覺而被認識，非同一般認識中之認識。在一般認識中，其認識與意識相對之對象，如物之共相殊相等，吾人在此時恆設定對象，如有存在或眞實之意義者，乃意其屬于此對象之本身。故其被認識而入于認識，乃是外加上之關係。其爲眞實或存在，與其被認識乃二事；而諸對象之爲眞實之相互倚賴關係、先後關係，與認識之先後，亦二事。而認識上之先後與其形上學之先後，亦不必相應。然在此義務意識中，則此理此氣，皆非與意識相對而先有存在意義眞實意義之物事。在義務意識中，吾人認識一當然之理，然此當然之理，即我當如何行爲之理。吾眞對此理有認識時，乃在感此理對吾人下命令時，亦卽在此命令之貫徹于我時。如吾人不感此理之命令之貫徹于我，則不能認識之爲我所當如何行爲之理。我之能認識之，唯在其對我有所命令，我之有所感動上。故我之能認識其有，肯定其有，唯在其對我呈現一種作用，而顯露其眞實性時。我愈認識其有，肯定其有，則其呈現之作用亦愈大，而愈顯露其眞實性，其所呈現之作用愈強，亦愈顯露其眞實性。而所謂我之感其命令、感其呈現一作用而認識之，我卽有心氣之動，與之相應而去實現之。故其眞實性被認識被肯定，卽在其能轉移我之心氣或我有心氣之轉移上，被認識被肯定。故理之眞實性之肯定，與其被認識、及心氣之轉移三者，在此處乃相待而成，相持而長。故我不能外吾之認識與肯定，憑空思維其眞實性。蓋一憑空思維之，則彼非復爲對我有所命令者，而對我亦無轉移心氣之作用，亦無其眞實性之顯露。吾人亦不能外此理之呈現作用顯露其眞實性，而憑空思維爲此理所轉移之氣、或從此理之氣。以吾人不覺此理之作用，不覺其顯露其眞實性，則亦無其所轉移之氣或從之之氣故。夫然，故將此理此氣，離當下之義務意識之自覺與認識而推之于自覺與認識之外，以論其形上的先後，則此理此氣，皆成無眞實性者。而論其自身之形上的先後，亦成無意義者。然若吾人尅就此義務意識中之自覺與認識，以論理氣之眞實性，則吾人將發現：吾人前所謂之理之自覺先于氣之自覺，之現象學的描述。亦即包含形上學的「理之眞實性之肯定先于氣之眞實性之肯定」。蓋吾人雖可謂覺理之作用時，已有氣從之，然吾人必先覺理之作用乃有氣從之，即必先肯定理之眞實性，乃有從之而眞實之氣。吾唯愈肯定理之眞實性，吾之氣乃愈隨之而從理而生。吾之肯定理之眞實性之肯定一停止，吾之認識此理之活動即停止，而從理而生之心氣，亦即懈弛而退墮。此氣唯從此理之肯定而生，唯由理之肯定而氣從之生，吾乃有對從理之氣之肯定。此皆義務意識之體驗所昭示。吾人在此亦不能由當然之理自外觀之，可被人遵從或不被人遵從，而謂當然之理不同一般存在之理之有眞實性。因當然之理如不呈現則已，如其呈現，即呈現爲命令吾人之遵從，而不容吾人之不遵從者。吾人如細反省吾人之義務感發生時，便皆可知當然之理，乃對吾人乃有眞實作用者，而其有，即爲眞有實有，而使人不可不肯定其爲有眞實性者。吾人若試于此一懷疑其眞實性，疑其爲眞有實有，而謂之爲妄有或假有，或雖是有而無所謂眞妄假實，則吾人對此理之爲當然之理之意義，即不復認識，而亦不成爲一呈現于我之當然之理，而與此理相應之氣，立即退墮，不復循之而生。唯吾人愈肯定其眞實性，愈信其爲眞有實有，吾對此理之爲當然之理之意義，乃愈認識，而與此理相應之心氣，乃愈循之而生生不窮。故不肯定此理之眞實性，則氣之眞實性，亦不得肯定。必肯定此理之眞實，乃有氣得被肯定爲眞實。于是肯定此理之眞實，同時是形上學的先于氣之眞實之肯定。

人于此處可發一問題，即在義務意識中，當然之理之眞實之肯定，雖必先于從之而生之氣之眞實之肯定，然理之眞實性，既顯于其氣之隨之而轉移，則理之眞實性之肯定，亦待氣之眞實性之肯定。則自超主觀之純粹形上學之立場觀之，吾人亦可顚倒之，而謂氣在理先。此即宋明儒者中氣本論之說法。吾人今不擬詳爲評述。然吾人如直就當然之理之如何呈現，如其所如而觀之，吾人只能說氣之眞實性之肯定，待理之眞實性之肯定，而不能顚倒之。以在義務意識中，當然之理呈現時，吾人此時心中，初但有對當然之理之肯定，而無對與之相應之氣之肯定故。吾人此時必須只見理而不見氣，乃能一心于實現當然之理故。此即仁人志士，終身只見一理，只爲成就一個是之故。蓋當然之理被肯定時，同時即命吾人之氣轉易，使舊習氣去除，而使與理相應之氣生。舊氣不除，則新氣不生。人若不忘舊習氣，而專注一心于理，則舊習氣不得除。故當然之理被肯定時，吾人心中必念念在理，而只有此理被肯定。惟念念只在理，然後舊去新來，與理相應之氣，自循理而日生。故氣之應理而生，乃念念在理之結果。念念在理，便是忘氣；忘氣而念念在理，乃是去舊習之先行條件，同時亦爲與理相應之新氣生出之先行條件。只念理而忘氣，而後氣隨理生；即只肯定理之眞實，而不肯定氣之眞實，而後其氣乃得生，而有其眞實之可肯定。故理氣之眞實，不能先在一平面上同時被肯定。在此義務意識中，必先只肯定理之眞實，然後乃可繼以氣之眞實之肯定。唯在既肯定氣之眞實以後，再反省理之實現于氣，乃覺理氣在一平面上，爲同時可加以肯定者。在此時說理氣之眞實性爲平等相待而成立者，亦自有其意義。然理之既實現于氣之反省，乃後于氣之生，而氣之生，乃後于理之單獨被肯定爲有眞實者。理之單獨被肯定爲眞實者，既爲此氣生之先行條件：故先只肯定理之眞實，亦爲同時肯定此理此氣之眞實之先行條件。于是理之眞實之肯定，爲形上學之在先之肯定，而氣之眞實之肯定，則爲由理之眞實性之肯定，本身所引出而後有者。故于此唯可說理在氣先，不可說氣在理先。

## 八　辨吾人對當然之理之自覺或肯定中，同時顯示出當然之理之超主觀的形上的真實意義；當然之理之自覺，先于其氣之自覺，乃根據于此形上學的理之在先性

然此時讀者，仍可謂吾上所謂肯定理之眞實，先于肯定氣之眞實，仍不外一義務意識之現象學的描述。吾所證明者，仍可謂唯是一種主觀心理認識過程之先後，而此所謂先肯定理之眞實，後乃肯定氣之眞實中，之此肯定本身，仍可說只是一主觀心理上之認識活動。此仍是一心氣之活動。則肯定理之眞實之所以可能，仍本于氣之存在；而吾人肯定理之眞實活動性之時，乃此理與此氣俱眞實之時。吾人卽不能由吾人之有只肯定理之眞實之時，而謂理眞可單獨被肯定。肯定卽認識之之心氣去肯定，則肯定理之眞實，須同時肯定氣之眞實。不得說理先氣後。

爲答此難，吾卽可再進一層，指出在義務意識中肯定理之眞實，非肯定理之眞實于我之主觀之心

理認識活動內，而是同時肯定其于我之主觀心理認識之上。吾人在義務意識中之肯定當然之理之眞實，乃一超主觀心理認識之肯定，亦即肯定之于我之主觀肯定活動之上之肯定。蓋吾人肯定此理之眞實時，此肯定雖爲我之主觀活動；此肯定之所對，則非此肯定本身，而是此理。吾肯定此理爲眞實，眞實一名，初乃直接用以狀理，而初非所以狀吾之肯定。吾固可轉而肯定吾之肯定，而謂此肯定爲眞實，然吾人仍是先肯定理之爲眞實，而非先肯定此肯定之爲眞實。如肯定之活動爲氣之所爲，則吾人仍是先肯定理，而後肯定氣。汝謂肯定理時即須肯定氣，乃混對理之肯定，與對此肯定之肯定爲一，此乃一邏輯層次之混淆。如弄淸層次，則肯定理，不必即肯定此對理之肯定，便仍是理之眞實，可單獨先行被肯定之說，而理先氣後之說，仍有意義。誠然吾即可單獨肯定理，仍不足證理之必有超我之主觀肯定活動之性質，或超主觀之眞實性。如吾人之肯定痛，痛爲我肯定之所對，尙不足證痛有超主觀心理之眞實性。故吾尙必須說明此種當然之理之肯定，必含有當然之理爲超主觀心理之意義。蓋當然之理之呈現也，吾已屢說其顯爲一命令之姿態。其顯爲命令之姿態也，即表示吾初尙未能眞實現此理。吾之心氣，固可漸循理以生，然吾現實之心氣，必與此理間，有一意義之距離。若全無距離，則當然之理不復呈現爲當然之理，而只可視作吾之人格中實際上已具有之理，而只可視作實然之理，即不復爲吾今日之所論。此當然之理與氣間之有一距離，即表示當然之理所示之意義，超越于氣所已實現者之外。故在吾人覺當然之理時，必同時覺此爲超越于現實之我之心氣之上者。當然之理命我實去超越我現實之心氣，而新生與理相應之氣。唯前者尚未實被超化，而後者尚有未如理以生者，我乃繼續感此理之命令。故理之命令，必顯爲超越于我之現實心氣之上，貫徹于我爲心氣之革故取新之樞紐之中，而非局限于我已有之現實心氣之中者。故吾人前謂此理不能自現實心氣中，分析而出。夫然，故吾人之肯定此理，一方知其爲貫徹于吾主觀之心氣，其眞實之意義，卽表現在其與此現實心氣之關聯之中；一方卽知其不局限于此現實心氣，而超臨乎此現實心氣之上。故吾之肯定其眞實性，亦非只在其貫徹于吾之肯定之心氣活動中，肯定其眞實性，而兼是于其超越于吾之肯定之心氣活動之上，肯定其眞實性。吾亦不能謂吾之肯定活動接觸此理，此理自一義言，卽爲內在于吾之肯定活動中，因而謂此理卽失其超越性。因吾之肯定活動雖接觸此理，然當吾轉而肯定吾之肯定活動，而知其只爲一現實心氣之動時，吾人同時卽知此理之意義，溢出此肯定之心氣活動之外。其所溢出之意義，在此理乃命我改易此現實之我，以成理想之我者。理想之我雖尚未實現，然此理之命令，指示我以如何行爲，卽已指示出一理想之我。此理直接指示出一理想之我，吾不特知其尚未有足以實現之與之全相應之現實心氣，吾且知吾之肯定之，非卽眞能全實現之者。吾之求全實現之，必不止于只肯定之，必須進而作踐行此理之事，乃能眞實現之。吾之由肯定此理，循此理之所指示，而踐行此理以全實現此理，皆由此理引導以前進。卽復證明此理之意義溢出于我此時對之肯定之外。夫然，故吾人不得說此理唯對吾人之肯定活動，而有其眞實之意義，吾人必須承認此理之兼有超越此肯定活動之眞實意義。此卽爲純粹形上學之眞實意義。

關于吾人所肯定之當然之理之有超主觀的眞實的意義，吾人且可由當然之理之普遍性與永恆性以證之。

蓋當然之理之被吾人肯定爲眞實，而爲眞正之當實現之理也，吾匪特肯定之爲正覺當然之理之我之所當遵行，以實現之者，抑且肯定之爲未來任何時之我所當遵行以實現之者。並肯定之爲一切與我同類之人，一切能實現之者，所永當遵行實現者。故當然之理之命令于我，而呈現于我也，我不僅覺其命令對此時之現實之我，有意義，且對過去未來之我，亦有意義，對一切與我同類之已生未生之人，亦有意義。當吾見及一當然之理之眞實性時，吾不特求此時之我之遵行之，且以之衡量過去之行爲之不合于此當然之理者，而有懺悔；其望未來之我遵行此理也，則有立定志願之功夫。其望其他已生未生之他人亦遵行之，則我對人更有責備、勸告、敎化等事。故吾人見及一當然之理之眞實性時，即同時見及此理之普遍永恆的眞實性，爲過去未來之一切能實現之之氣所當實現之性質。然過去之氣爲已化去，而未來之氣爲尚未生出者，卽皆尚無眞實性者。然過去之氣之化去，未來之氣之未生出，無礙理之當實現于過去未來能實現之之氣中。氣之已生而化去或氣尚未生，皆無眞實性，唯正現實、正生之氣乃有眞實性。氣非于一物爲現實者，卽非此物眞實有之氣。以氣卽以爲現實者而立名。故唯現實之氣，乃眞實之氣。然應實現之理，則不以其不爲能實現之者所正實現，而不爲其應實現之理。

故此理乃普遍永恆地被視爲對能實現之者，有眞實性者。我或他人或其他存在者之氣，雖可根據于應實現之理之普遍永恆的眞實性，而可相繼不斷以生，以實現此理；然相續不斷之氣，仍是旋生旋滅、旋實旋虛。氣雖不斷根據此理以生，由生以取得其眞實性，然過去未來之氣，不能並在，則終不能將此理之永恆普遍的眞實性反映出，而此理之永恆普遍的眞實性，亦永不能眞全寄託于變化無常之氣中。變化無常之氣之眞實性，雖根據于理之眞實性，而有眞實性，然終不可與理之眞實同其眞實。此卽朱子恆就理常而氣變，理有定而氣無定，天理浩浩不窮，不隨人而絕續，以言理爲實理、眞理之故。凡此等等，皆吾眞見及當然之理之具此普遍永恆之眞實性時，所不能不承認者。此中卽包含此理之爲有眞實性者之意義，超出我個人一時之肯定之活動之外，且超乎一切但有一時之眞實性之心氣之外。

讀者于此如再生疑，而謂此吾人于當然之理雖知其有永恆普遍之眞實性，對一切時一切能實現之者皆永恆普遍的眞，然吾人之知此理對一切能實現之者之永恆普遍的眞，仍本于我之如是肯定；而我之肯定仍是我主觀之心氣，則此理之永恆普遍的眞，仍寄託于我此時此地之肯定之主觀心氣；則吾仍只有先取以前答覆難者之方式曰：汝此處仍是未辨眞理之意義與我對眞理之肯定活動之別。我之肯定活動，可只是我一人一時一地之氣，而此理則超出于我一人一時一地之氣之外。因我肯定一切能實現此理之他人或他存在者，皆當實現此理云者，乃尅就一切時、一切人、一切能實現之者身上說其「當」。故爲一切時、一切人之「當」，而非只此時此地之我之心氣之「當」。我之肯定其「當」，不同我肯定我之有此肯定，乃一純粹關涉于此地此時之我之命題。我只肯定我有此肯定，其意義，可只限于此時此地之我。而我之肯定一切時、一切人、一切存在者當實現此理，則其意義溢出于此時此地之我之外。而此溢出之意義，乃直接爲此理之所涵，而非直接爲我之肯定本身之所涵。我不能謂我所肯定之此理，無此普遍永恆之意義，然我不能直謂此時此地之我之肯定之心氣活動，有此普遍永恆之意義。以此去肯定之心氣，吾明知其轉瞬卽逝去，而非永恆者。唯此時之我有之，非他人所共有，亦非普遍者故。吾人在此自可由吾之此心氣能肯定永恆普遍之理，而反證此心氣亦有永恆普遍之意義。然此仍是先肯定理之永恆普遍之眞實性，而依理之永恆普遍之意義，以釋此心氣，將此一時之心氣之現實性、局限性解放，而視之爲一普遍永恆之心氣，則此肯定亦成永恆普遍之肯定。此卽走上陸王一派之思路，而朱子之論心，或不自心之氣上言，而自心之順理之所指，以流通于古今四海、無所不到言，亦有此義。然此則非否認理之永恆普遍之超主觀之眞實意義，而正是更成就理之永恆普遍超主觀的眞實意義。卽不特此理本身被視爲超個人一時之主觀，而關涉于一切時、一切能實現此理之一切人、一切存在，而對之有眞實之意義者；卽原被視爲只屬個人主觀之肯定之心氣，今亦以其聯繫于此理之故，而被視爲超主觀之氣。此超主觀之心氣，其意義固可與此理之意義相應合而爲一，然已非吾人原所說之心氣之意義。吾人仍是先肯此理之超主觀意義之心氣，乃能更進而肯定此超主觀意義之心氣。

故此理之超主觀心氣的形上的眞實意義，無論如何均是當肯定。而對此理之先于主觀心氣之自覺，所建立者，亦非特一心理上之在先，而同時是一形上學的在先者亦明矣。

## 三　由朱子之言理先氣後，論當然之理與存在之理（下）

### 一　前言

此文上篇唯是專就義務意識之分析，以展示理先氣後之爲形上學的先後之意義，故所說之理皆只是當然之理。吾由宋明理學之問題之發展，可以斷定朱子之理先氣後之說，乃首于義務意識中得其證實。吾人今欲了解其說，亦必須自義務意識中反省以透入。然朱子之理先氣後說，又爲一普遍之理先氣後說。彼未嘗只謂當然之理乃先于氣，乃普遍說理先于氣，則一切存在之理，亦概括于其中。故當然之理之先于氣之形上學的意義，雖可由義務意識中展示出，然當然之理似可不實現，而非屬于存在之理，更非一切萬物存在之理。自陽明義，說當然之理卽心之理，而此心卽通人物之心，而爲存在者，固可直接說此理卽一切萬物存在之理，此是另一思路，非今所及。在朱子，則理爲心所具，亦物所具。故徒由心具此理，不能直接證萬物皆同具此理。此理爲心之當然之理，亦不足證其卽一切萬物存在之理。吾人不能就吾心當然之理先于氣，以說當然之理卽屬于存在之理，更說一切萬物存在之理皆先于氣，則朱子之理先氣後說，仍不得其解。故吾必須進一層說明此見于吾心之當然之理，卽一切存在者存在之理，說明一切存在之理，皆根據于當然之理。此種當然之理卽存在之理，當然卽自然，乃宋明理學家之所共信。朱子亦明說一切理之爲善。必說明當然之理卽存在之理，乃完成道德的形上學之學說。然此朱子言之不詳，吾今唯有循其思路，代爲抉發當然之理，何以卽存在之理之密意，此則更不必皆有朱子之明言足證，而只視之爲吾個人之見，亦可也。此中須辨者有八端：

一、當然之理本身是一種存在者之理。

二、當然之理爲存在者所以存在之根據之一種。

三、一切存在之物皆自具仁之理之可能。

四、一切存在之物必具仁之理之先驗的建立。

五、仁之理之超個人自覺性，仁之理卽生之理。

六、一切存在之物之生之事，必根據一形上的生之理。

七、一切存在之物之理，皆根據生之理而名理。

八、論無不仁、不生之理，並總結本文大旨，

今依序論之于下：

## 二　當然之理本身是一種存在之理

今論當然之理爲存在者之理，此乃直接對主張當然之理非存在，故非屬于存在者之理而說。照此說，當然之理非屬于存在者，其根據卽在當然之理可不被人肯定爲當然。然人知不知當然之理，無礙于其爲當然之理。如人之不知守信之爲當然之理，吾仍可說其當守信。當守信之理，不以人之是否知此理，而失其眞實性。此吾前文所已言。朱子所謂天理浩浩不窮、不隨人絕續是也。當然之理雖從未實現，從未成存在之理，而仍是當然之理，則世間可有無盡之從未嘗存在之當然之理，此隨處可取證，如人類應當皆相敬，此理則從未實現，則當然之理可非存在之理可知。且吾人可進一層謂，凡吾人正覺其爲當然之理時，此理必爲尙未全實現者。亦正以其未全實現，乃爲當實現之當然之理。吾前所說理與氣有距離，爲當然之理呈現之條件，亦卽謂當然之理未成存在之理，爲當然之理呈現之條件。則吾謂其爲當然之理時，卽同時謂其非存在之理。則當然之理不同于存在之理更可知。凡此人之所以別當然之理于存在之理者，皆似爲義務意識中所發現之當然之理之性質，所必涵蘊者。吾今將說明此種種性質，並不涵蘊當然之理非一種存在者之理。蓋吾循朱子意，謂當然之理可不被人所知、不被人實現，而仍是對其人爲當然之理；非謂當然之理可不關涉存在，懸空與存在隔絕，而自成其爲當然之理。當然之理可不被存在之人實現，然仍是對存在之人，而爲當然之理，當然之理之爲當實現，仍是尅對存在之人，而有意義。當然之理卽當實現之理，其爲當實現，乃對一能實現之者而言。當實現而無一能實現之者，則當實現之辭無意義。吾固可泛指此理普遍爲任何人或任何存在者所當實現，不指定其爲某某特殊人所當實現。然任何人非無人，任何存在者非無存在。吾謂此理當普遍的爲任何人所當實現，乃謂此理應一一分別爲諸存在之個體人所實現，而非謂爲普遍的人所當實現。普遍的人唯是一概念，固爲不存在者。然任何人，乃指任何存在之個體人，而非普遍的人之概念。吾謂任何人當實現此理，以任何人之一名，指及過去之一切人，吾固不能一一謂其所指及之一切人，皆正存在，更不能一一認識其存在。然吾至少須設想其爲存在者，就其爲存在者之意義上，謂其當實現此理。設想其爲存在者，固可尚未存在、而非存在者，然吾不能就其爲非存在者之意義上，謂其當實現此理。故當實現之理，只能對存在者而有意義。無存在者卽無所謂其所當實現之理。吾人可謂有存在者，而存在者未嘗實現其當實現之理，卽此理雖未被實現，然仍有其眞實之意義之謂。然其所以有眞實之意義，仍以其爲存在者之當實現之理。吾謂當實現之理，爲存在者之當實現之理，此「當」是一超越之當。然超越之當仍對存在者，而爲其超越之當。故仍不能離存在者而有意義。此卽朱子所謂理不離乎氣，亦不離乎氣之一義。吾人論當然之理與存在或氣之關係，恆易犯二種錯誤之一。蓋吾念當然之理爲氣之理，當然之理爲心氣之當然之理時，則易自當然之理隸屬于心氣，無超心氣之主觀意義上設想；而以當然之理無超主觀心氣之超越的眞實意義。如吾人知當然之理，有超主觀心氣之超越的眞實意義，則以爲當然之理爲懸空，而與存在之氣相隔絕，而非存在之理，此理成非氣之當然之理。然實則當然之理，雖有超主觀心氣之眞實意義，然其爲超主觀心氣，乃對主觀心氣而爲「超」。其超越的眞實意義，乃對主觀心氣之現實存在的眞實意義，而爲超越。故當然之理之超越的眞實意義，不能離現實存在之眞實意義而說。當然之理卽存在者當實現之理，離存在者而說當然之理，則無當實現之者，則當然之理卽無所對，而無意義故。

## 三　當然之理卽存在者所以存在之根據之一種

以上論當然之理爲存在者之理之一種意義，以下當論當然之理卽存在者所以存在之根據之一種，以論當然之理卽存在之理。欲論當然之理爲存在者存在之根據之說，在西洋有自知識論上立言者。如謂一切存在之理，皆爲吾之知識在求眞理過程中，所當承認者、當肯定者。吾之所以必說存在之理是如此，是吾當說存在之理是如此。其是如此，與當說其是如此，二者同義。如吾不當說其如此，則亦不能說其是如此。存在上之是如此，必透過吾人之認爲當是如此，乃有意義。存在之理之是如此，卽根據在吾人之認爲當是如此。故存在之「是如此」之理，皆是「當是如此」之理，而根據于其爲當然之理。然吾今不取此路數，以論當然之理概括存在之理，謂存在之理卽當然之理。以此匪特非朱子之意，亦且包含種種問題，非今所及。吾今唯就當然之理，爲存在者存在根據之一種，以進而論一切存在之理，皆根據當然之理而成爲存在之理。

吾今之論當然之理，爲存在者存在之一種根據，將首指出當然之理爲知當然之理、行當然之理者之知行，及由此知行所成之人格存在之根據。此乃極易明者。蓋知當然之理，固不必卽實現之，然當其知此理時，已在知的意義中，實現之于此知之中。今如不採取知行合一之說，謂知之未必行之，則當然之理之被知，未必卽實現于行。然在事實上，實有能知之且行之者；則事實上，卽有實現當然之理于行之中者。由知行當然之理，卽形成一種人格。此種知行之存在、人格之存在，爲宇宙間一種存在，乃無人能否認者。此種知行之存在、人格之存在，純由有當然之理，爲其存在之根據之一，亦無人能否認。以此人格之形成，由能行此理；行此理，由于知此理；知此理，由于先有此理。（此自是本程朱之路而說，非本于陸王之路而說。）無此理，則對此理之知行，及所形成之人格，自不得存在。由人之實現一當然之理于其人格，恆須發生行爲。此行爲，又可使若干事物發生。則此當然之理，又爲此若干事物之所以存在根據之理之一。故宇宙間，至少有「人格之存在」及「此人格之行爲所使之發生、使之存在之事物」二種存在者，是根據有當然之理而存在。而此二種存在所以存在之理中，包含此當然之理。此當然之理，爲說明此種存在，所必需肯定之理，故此理卽此種存在之得存在之理。

然當然之理實現時，此理雖卽爲實現此理之人格之知行之存在之理，只足證當然之理，爲此一種存在者之存在之理之根據。然如何可證當然之理爲其他存在之根據？

吾今答此問題，先姑不問吾人所認爲應實現之當然之理爲何。然吾可謂如吾能實現當然之理，則能實現此理之存在者，如我之人格之知行等，亦爲具此當然之理，而爲當存在者。然吾謂實現此理之我之此存在者，爲應當存在者；則吾不能謂其他實現此理之存在者，爲不應存在者，以同爲實現此理者故。若吾之要求實現此理爲應當者，則吾不能謂其他存在者，要求實現此理爲不應當者，以同爲要求實現此理故。吾就此理之實現于我爲應當者，實現此理之我，爲應當存在者，則吾必須承認其他實現此理之存在者，亦爲應當存在。蓋吾人覺一理之應實現，吾固可先覺其應實現于我。然凡理皆爲有普遍性者，吾覺其應實現于此時此地之我之一存在者，吾同時卽覺其亦應當實現于彼時彼地之其他可實現之之存在者。由此轉進一層，則我之知其應普遍的實現之知，本身爲應有之知；而我之要求其普遍的實現于其他存在者，並以行爲使之普遍的實現于其他可實現之存在者，亦爲應有之行。故吾人自應當使吾所認爲應實現之理成一切可實現之之存在者存在之理。則吾對其他可實現此理之存在者，當先肯定其當存在，且當望其繼續存在，使其繼續存在。因如其不存在，則此理不能實現于其存在。吾之要求此理之普遍實現，乃對于任何可實現之之存在者，皆要求其實現此理。此要求，遍攝及于一切可實現此理之個體，而一一寄托我之此要求。故任何可實現此理之存在者之不得存在，皆我之此要求之所不能忍。吾之要求此理之普遍實現，既爲應當者，則吾之望一切可實現此理之存在者，得繼續存在，以實現此理，亦爲應當者。

此種求一切存在皆得繼續存在，以實現當然之理之要求，卽爲仁愛之要求。此仁愛要求之理，或求一切存在得存在之理，卽爲仁之理。此理照吾人以上之推論，乃不論吾人所謂當然之理之內容如何，吾人皆必須承認者。故此仁之理之爲當然之理，乃一切當然之理所根據之當然之理。故仁之理，爲吾人必須承認之當然之理。以仁之理爲當然之理，故吾一方當使吾人所認爲當然之理，實現于其他能實現此理者，一方當使一切能實現此理者，得繼續存在。而對于不知其能否實現此理之存在者，亦不能謂其不應存在，而應使之繼續存在，以便發現其爲能實現此理，變成能實現此理者。由此而有普遍之仁愛意識，于一切存在無所不愛之仁愛意識。此卽宋明理學家所謂渾然與萬物同體之仁。由是而此仁愛之當然之理，卽不僅爲實現仁愛之理者之人格之知行之存在，得存在之理；而對整個存在界一切存在者，亦爲一維持促進其存在之存在之理。仁愛之當然之理，又是一切當然之理之根據。如上段說，則一切當然之理之內容，無論如何殊異，皆不得與此仁愛之理相悖。如其相悖，則此當然之理，失其所以爲當然之理者，而不得稱爲當然之理。故一切當然之理之內容，必須爲此仁愛之理所規定。在人類之道德心理中，亦無人眞能主張「不仁愛」之爲當然之理之故，卽在于此。蓋如有任何人主張不仁愛爲當然之理，則亦必承認他人之不仁愛爲當然之理，且將要求一切他人之不仁愛，以普遍的實現此當然之理。姑無論事實上，人亦未有要求一切他人之不仁愛者。卽縱有人要求此他人之不仁愛，而此要求本于彼之相信此不仁愛之眞理，而望人信此眞理、獲得此眞理，則彼已對人有一種仁愛。如其無仁愛，則彼必不將此眞理告人，而望人知之，亦獲得此眞理故。彼如眞望此眞理爲普遍的實現于人者，則必須有人之繼續存在，且彼必須求維持人之繼續存在，以便此眞理得普遍之實現。故若有人主張不仁愛爲當然之理，仍須預設仁愛之當然之理，而以仁愛之當然之理，爲其根據。然以仁愛之理爲根據，而主張不仁愛爲當然之理，乃自相矛盾，而不能成立者，故人必不能相信任何與仁愛之理違反之當然之理。而一切當然之理之內容，均必爲合乎仁愛之理。由此而仁愛之理之爲絕對的當然之理，遂得建立。而一切當然之理，均爲合乎仁愛之理者，卽皆對整個存在界，而爲促進維持其繼續存在者，而亦皆爲存在之理。

## 四　一切存在物皆自具仁之理之可能

吾今更欲說明一切存在皆須根據此仁之理以爲其存在之理。蓋吾人誠肯定仁之理爲當然之理而體此仁，則必歸極于朱子所謂會天地萬物以爲己，而一無所私之境界。然所謂無私者，非特無只求個人生存欲望之滿足之私，亦將不私據此仁之理，謂此仁之理唯我能具有之。若我私據此仁之理，謂唯我具有此仁之理而能仁，不承認他人能仁，卽我未嘗望他人之能仁，卽我之不仁。仁者必視人如己，而望他人之能仁，亦不容已于望他人之能仁。此不容已之望，卽使其不能不承認他人之能仁，而使其普遍地肯定此能仁之理，于一切同爲人之人矣。

然讀者可謂仁之理雖爲我以外之其他存在之人所能實現之理，而爲一切由實現此理，以成爲仁人之存在者之存在之理。然尙不足證明此仁之理，爲一切存在者之存在之理。且一切具此理之人，未必皆實現此理而成仁人，則仁之理非即一切存在之人，所以如是存在之理。至曠觀充塞宇宙之禽獸草木，更非能如仁人之能實現仁之理，人之本具此仁之理者或不能實現之，而動若禽獸，靜如草木，唯知求其個體生存者，亦比比皆是，則仁之理非仁人以外之存在者之存在之理可知。

然吾人如了解上文所謂仁之理之實現之所以爲仁之理之實現一種意義，則吾人可在此種意義中，發現一切存在者與人之行同動植者之存在所根據之理，皆可謂具有此仁之理。此萬物與凡人與仁人之之不同，唯是充量實現仁之理與否之差別，而非性質之無別。（自辨人禽之別言，可言有性質之別，然非本文之論題。）蓋吾以上已謂仁之理之實現，所以爲仁之理之實現之義，即在吾人能超個體之現實存在之外，而去成就其他存在。由去成就其他之存在，以使此理得實現，即亦成就仁之事，而使仁之理爲存在之理。然此超一現實存在，而去成就其他存在，即生之事。仁之事根據于仁之理，仁之理實現于仁之事，即實現于生之事。故仁之理即可說是生之理。（今只言仁之理可說是生之理。證成其決定是生之理，讀全文乃知。）物必有變化，而凡有變化，皆有所生發。變化生發，即是有所超越，而另有所成就。既超越復成就，即變化生發之所以爲變化生發，亦即生之所以爲生。仁者所以成爲仁者之義，正在其超越一己之存在，而另欲有所成就。其所另欲成就者，極其心量之所及，乃全存在之一切存在，故能極大生、廣生之事，以變化裁成萬物、發育萬物，而大顯生之理。仁者極此生之事，以發育萬物，固非一切未仁之人，與萬物之所能。然一切物既皆在變化生發之過程中，則一切物無不本此生之理而生，亦可謂無不本此仁之理而生。蓋在其生發之過程中，無不對其現實狀態之存在，有所超越，而成就另有一狀態之存在故。生物之保其種族，生其子孫，以至延其自身之生命于未來，皆爲超越其當下現實狀態之存在外，成就一另一狀態之存在之事。吾人在此可謂萬物之超越其現實狀態之存在，而所成之存在，仍限于其種族子孫，與其個體之未來。故其超越現實存在狀態，乃非絕對之超越；而其所成就者，仍限于另一特殊之現實狀態之存在。其生之活動，頭出頭沒于此所自限之特殊現實狀態中，而終有所繫縛，故亦不能有：「于一切存在者，皆求有以成就之」之大生、廣生之事。遂與仁者之自小己之現實存在超越，會天地萬物爲一己，以曲成萬物，發育萬物爲事，成就一切之存在爲事者不同。故對此至高之仁者而言，則凡人與萬物，皆不能安仁而爲不仁。然其爲不仁，可只是尙有所未仁，可只是其未能大顯生之理、充量實現仁之理、自安于此仁之理；而不在其無生之理。充量實現與否，乃氣之實現能力之程度上差別，而非理之性質上之差別。夫然，而一切存在皆根據此當然之仁，以爲其存在之理之一義可明。吾人曠觀宇宙間鳥啼花笑、山峙川流，凡有存在之處，即有變化之處；凡有變化之處，即有生發之處，即有生之理爲其根據，亦可謂有仁之理爲其根據。而充實宇宙

**之存在，無非此生之理、仁之理之洋溢。**生之理、仁之理，卽一切存在者存在之理，若舉目可證矣。

然吾上本于生之事同于仁之事，遂謂生之事之生之理，皆可同于仁之理，仍只是擬想之言，尚不足以確立萬物皆有仁之理。因生之事之同于仁之事，可惟是外表之相同。此外表之相同，但可證其內部所根據之理，不必不同而可同，不可證其內部所根據之理之必同。欲證其內部所根據之理之必同，徒由此外表相同之經驗，尚不足以決定之。因自外表之經驗上觀之，人之仁之事與萬物之生之事，固有相同，亦有相異。自其外表同者觀之，謂有同一之理固可。自其外表之異者觀之，則雖不能謂無同根據之理，然大可不見其同根據之理。且自經驗上，吾人今固見一切皆在變化生發之過程中，可說其有所以變化生發之生之理；然吾並不能斷定未來經驗中，一切萬物亦將皆有變化生發之事，皆有此生之理，則謂萬物皆具生之理之普遍的命題，不能由經驗證實而建立。至于其所根據之生之理，是否卽仁之理，吾亦不能由一般經驗以親證之。其生之理大可是另一種，與仁之理，全無相同之處者。故上文所舉生之事之同于仁之事，今唯以之證萬物之不必無仁，以遮撥萬物必無仁，固已理由充足。然以之證萬物必有仁之理、生之理，尚不足。欲證萬物之必有仁之理、生之理，爲其生之事之根據，惟有自超經驗之先驗推論，以建立之。自陸王之直下承擔物我同體之義說，則不須待先驗推論，亦可當下建立此義。然此非朱子之思路。陸王以本心良知卽天理，以通物我，而朱子則由同具此理通物我。心知可當下自證，可不須以推論建立。然朱子以同具此理通物我，則必須輔以推論以建立其同具此理。

而吾人既已由生之事，有同于仁之事之經驗事實，以否證萬物之必無仁，證其可有仁，而自生之事、仁之事之相異之經驗，亦不可證其必無相同之理，則無人能根據經驗事實，以阻當吾人之先驗推論。

此由先驗推論所建立之萬物皆有仁之理，爲其生之事之根據，吾將論其同于謂他人有仁之理，爲其生之事之根據。吾人之謂他人之有仁之理，其爲一不可自經驗完全證實之一命題，與萬物之皆有仁之理同。吾之謂他人必有仁之理，其根據唯在我之不能私據此仁之理。我私據此仁之理，卽爲不仁，故我承認此仁之理，卽必望他人之能仁，而不能不承認仁之理，亦爲他人所具，如前之所論。然我之仁之充量發展，不特表現爲望他人之能仁，亦且未嘗不望禽獸草木如人之能仁，則吾又何不可承認仁之理，爲禽獸草木之所具？我望他人之能仁爲應當者，則望禽獸草木之能仁，亦爲應當者。由我望他人之能仁，卽不能已于承認仁之理，亦爲人所具，則由我望禽獸草木之能仁，我又何能已于承認仁之理，亦爲禽獸草木之所具？人之所以仍不望禽獸草木之能仁，或以爲吾人根本不當望其能仁者，蓋本于其不同于我。他人同于我而皆爲人，故我能仁，他人亦能仁。禽獸草木，不同于我，則我爲人，而能仁，彼非人亦卽可不能仁。然彼雖不同于我而爲人，然未嘗不同于我而爲存在。我爲存在而有仁之理，彼爲存在，又何不可有仁之理？則此問題轉而爲仁之理繫屬于我，是繫屬于我之爲人之特殊性，抑繫屬于我之爲一存在之存在性。如仁之理之繫屬于我，乃繫屬于我之存存之存在性，我爲存在而有仁之理，則任何物爲存在，亦有仁之理，而萬物皆具仁之理，可普遍建立矣。此將于下文論之。

## 五　論萬物必有仁之理之先驗的建立

由仁之理不可私據，而吾必望他人之能仁，由此望而普遍建立他人之能仁，經驗復示我以人我同仁之事，足證人之有仁，故謂人有仁易于見信。而由吾人望萬物之能仁，而普遍建立萬物之能仁，則大違於常識，而難使人喻。蓋在常識經驗中，人物之異，隨處可徵。有異，本不能證其無同。然多見異，則使人忽其所同，故以爲人物畢異之習，牢不可破。謂其同本一理，則人不待思惟，卽舉其全部經驗中所經驗之人物之異點，以抗之。而吾亦非泯人物之差別者。吾不特不泯人物之差別，且大重視凡人與聖人、仁人之差別。以聖仁之人與禽獸草木相較，固是天地懸殊。然吾將于至異中見至同焉。吾將由眞正之仁者，古往今來不二三數之仁者心境中，見一根本之原則，卽上所謂仁之理之繫屬于吾人之爲存在者之存在性本身。由此而可謂凡一切存在，但有存在性，皆可望其具此理，亦皆能具此理。所謂由仁者之心境中，可見仁之理繫屬于吾人之爲存在者之存在性本身者，卽仁之理爲絕對當然之理。其爲絕對的當然之理，本于其爲一切當然之理所根據之當然之理。此義前已詳之。然謂此理爲絕對當然之理，卽謂此理爲不可須臾離之當然之理，爲人在任何存在狀態下，所當然實現之理。故在能實現此理之仁人必自知其無論成任何狀態之存在皆當仁，而常自詔曰：「我但存在，我卽當仁」，以成一絕對無條件之命令。亦可自謂：我之存在卽此仁之理，對我有意義之唯一充足理由；我之存在卽仁之理爲我之當然之理之唯一條件。在眞正之仁者心境，決不計其存在之狀態爲何種，而以之爲其當仁之條件。卽此當仁之理，非對其爲存在之任何特殊狀態而有意義。吾將謂大仁之人，將不計及其眞是否爲人，故可以殺身以成仁。在大仁之人之心境，將覺其化爲草木，而可度衆生，卽願化爲草木，如佛菩薩之願淪入畜生、地獄諸趣，以救一切有情。此固是虛擬之辭。然此虛擬之辭中實包含一根本之肯定。卽仁之理，直接對其存在之存在性，而有意義，乃爲其存在之本身之理，而非其存在之任何特殊性狀態之理。若無此肯定，卽此虛擬亦不可能。此肯定乃仁者之心境所必含。而吾人若承認仁之理爲當實現，亦當有此心境便當承認仁之理，繫屬于我之存在性之本身，以成爲對我之存在本身之絕對的當然之理矣。

吾人既知仁之理，乃直接繫屬于我之存在性本身，無論我爲任何狀態之存在，吾均當實現此理。則本于吾之仁心，而望其他存在之能仁也，亦當對任何狀態之存在，皆望其能仁。凡當然之理皆有普遍之意義，對我爲當然者，對他人亦可爲當然。然一般當然之理，皆有一特殊之內容，恆爲對某狀態之我爲當然。故由其普遍意義之認識，我唯可肯定其對有某相同狀態之人，或相同情境之人，爲當然，而不能謂其對任何狀態、任何情境之人，以至任何狀態、任何情境之存在者，皆爲當然。蓋此理，初非對任何狀態之我而爲當然，其普遍之意義中，不含其對任何狀態之他人或存在者，皆有當然之意義。則我之謂其對其他任何狀態之他人或存在者，亦爲當然者，而望其實現此理，則爲我之不應當。然此仁之理，則爲一切當然之理，所根據之絕對之當然之理。此仁之理乃對任何狀態下之存在之我皆爲當然之理，此當然之理乃直接連繫于我之存在之意義；則我本于我之仁，而對任何狀態之存在，皆謂其當仁，而望其能仁，則爲絕對之應當者。然我之希望任何存在皆當仁能仁也，此希望爲超主觀之希望。此希望中亦包含一超主觀之承認或肯定，卽肯定任何存在之當仁能仁。我不能謂此希望，同于一般主觀心理上之希望，以此希望根據于仁之理而發生，以仁之理爲根據，而此理爲超主觀有形上之眞實義者。此文上篇已詳論。故此希望乃對我以外之客觀存在之本身，致其希望。（自陸王義可通我與客觀存在爲一，自程朱義必承認我以外之客觀存在。）此希望，繫託于此客觀存在之本身。而此希望中所必包含之客觀存在之當仁能仁之肯定，亦是有客觀意義者。常言此肯定，可確是一假定，然此假定中，無反面或其他之可能，則應言此是肯定。我不能說此肯定，唯是我主觀之肯定，以此肯定，乃以存在者爲主辭，而對之施此當仁能仁之肯定故。此亦已詳辨于當然之理之超主觀意義一節。由此而吾人但承認上段所謂仁之爲當然之理，乃直接繫屬于我之存在之存在性，我思及我之「存在」卽知我當實現此理，則思及任何存在時，亦知其當實現此理。我爲存在，我當實現此理，則任何物爲存在，皆當實現此理，此乃先驗推論之無可逃者。任何物爲存在而當實現此理，則此理卽任何存在者之當然之理。此乃吾順吾對仁之理之肯定，所必涵之一肯定。既不能由經驗之事實以否認之，則當順超驗之推論以承認之者。

然我雖已證任何存在，皆當實現此仁，吾若不能證其能實現此仁，此仁實被其實現，則此仁仍非任何存在者實際存在之理。則其于其他之人與萬物亦然。然吾可再進一步說明此理之被肯定爲當實現，卽被肯定爲能實現，且常在被實現之過程中者。蓋仁之理爲一切當然之理所根據之當然之理，故在吾人之應當意識之中，無時不有仁之理之呈現。吾之覺一特殊之當然之理也，吾初固覺其爲未實現。然卽在吾覺其尚未實現時，吾卽以此覺，而開始實現之于心氣之中。故理氣一方有距離，然吾人卽在感其有距離之感中，已多少將其加以聯繫。蓋吾覺其未實現而當實現，吾卽已去實現。此去實現，緣我之覺其未實現，而當實現以生，故理先而氣後。然有理必有氣，理先、氣必從而後，此吾人反省吾之義務意識，所不能不承認而之一種必然連繫。此連繫爲吾人心理之反省所發現者，然同時是有形上之根據者。因所謂當然之理卽應當然、應實現之理，亦卽應連繫于氣之理，而含連繫于氣之意義。故此理之實際連繫于氣本身，唯是此理之實現其意義。當然之理之有應實現之意義，爲形而上地具于此理本身者，故義務意識之反省中，所發現之理氣之必然連繫，乃有形而上之根據，而非徒一主觀心理上之必然。則吾由理之對我呈現時，必有氣之從而後，卽可形而上學地斷定理對任何存在呈現時，亦必有氣之從而後。唯以理對我呈現時，不必卽理對其他人或存在者呈現時，故吾在覺一理呈現爲對我爲當然之理，我之心氣已從而後時，而他人或存在者可尚未有此之理呈現，則我雖認此理對彼爲當然之理，而他人或他存在者，以尚未有此理之呈現，故亦可尚未有氣以實現之。在此情形中，則我之說他人或存在者之有此理，當實現此理，便唯是超越的當、超越的有。如孤立此理而論之，可謂在一意義上，與其氣相離。然此唯由此理根本尚未呈現于彼，不是理之呈現于彼而無氣從之。然此種我謂彼有，于彼可不呈現之當然之理，唯在特殊之當然之理為然。蓋特殊當然之理，唯我在一特殊之狀態特殊之情境中時，乃呈現于我；其呈現也有時與條件，則呈現于他人他存在也，亦有時有條件。然據此以論仁之理，則不可。蓋仁之理，為普遍絕對的當然之理，此理乃顯示為仁者之任何狀態之存在，所當實現、不能不實現之理。如上文所說。則本于此理之超主觀之普遍意義，即同時顯示為任何狀態之存在所當實現、能實現、不能不實現，而貫徹于任何狀態之存在之理。亦即必然顯示為遍在于一切存在之理，而在一切存在內部鼓之舞之之理。

## 六　論仁之理之超個人自覺性，仁之理即生之理

對上節所述仁之理之普遍建立，在一般之讀者最易生之問題為：何以解于萬物及人之有不仁。此問題吾將在最後答之。然在稍深思之讀者，則問題將集中于仁人之自覺之問題。蓋難者可謂在吾上述仁人之心境中，雖有此理為其任何存在狀態所當實現、能實現、不能不實現之理，然此理乃顯于仁人之自覺中。唯仁人之自覺，只以實現仁為事，乃覺彼縱為任何狀態之存在，皆當實現、能實現此理，彼在此自可推其自信之心，而信其他任何狀態之存在，亦為當實現、能實現此理者。然須知此全部之

理，乃顯于其自覺之中者，亦卽唯對其有自覺，而有意義。故仁人雖自信其在任何存在狀態下，皆能實現此理，實則彼如非人或不自覺，則此理之爲其任何存在狀態，所當實現之義，不顯于彼。而彼實際上轉爲其他非人、非能自覺之存在狀態下，亦未必能實現此理。故如其由此發現任何狀態之存在，皆當實現、能實現此理而信之，則其所發現所信，亦唯對其主觀之自覺，而有意義，而不足爲一超主觀之眞理。

吾對此問題答復曰：任何狀態之存在，皆當實現、能實現此仁之理，雖爲自仁人之自覺中，所發現，所顯示，而爲其所承認相信，然其意義自始卽超出其個人之自覺之外，而有意義。其自覺之覺此理，乃覺此理之超主觀的普遍意義，覺此理之對任何狀態之存在之意義，非覺其對其一時之自覺之意義；而是覺其對彼個人一時之自覺外任何其他狀態之存在，及彼個人以外之其他狀態之存在而有意義。故此理雖顯示于其個人一時自覺之中，而非由其個人一時之自覺而建立。蓋當彼知此理時，卽知此理之眞實性與其個人之覺之與否無關。故仁人之實現仁之理也，可自動求入于全不自覺之存在狀態，以實現之，是乃有所謂殺身以成仁。殺身成仁者，可使其身成任何狀態之身，以實現此仁，卽任何狀態之身皆可以爲實現仁者。吾人不能謂殺身成仁者之所以爲仁人，唯在其自覺此殺之際，而其仁唯表現于此時之自覺中。蓋其欲成仁，卽要求此殺後之身，則其殺後之身，亦正是表現其仁者。仁人之要求成殺後之身，卽要求一不能自覺之存在狀態，以實現此仁。此所實現之仁與此殺後之身，爲其死後不朽之英靈所自覺，固屬可能。然在成仁者之自覺中，則不必先念及有此死後之自覺，謂惟在此死後之自覺心中，可表現仁。彼在殺身成仁之際，可明知其死後身，成另一存在狀態，而無任何自覺之能力者，仍自動要求此不能自覺之存在狀態，以實現其仁。則知在仁者心中，一方雖有仁之理之自覺，然一方亦知此理之意義，超乎彼之自覺外。彼要求入于不能自覺之存在狀態，以實現其仁，即表示彼之承認且相信彼之是否爲能自覺者，非所考慮之問題。此問題與彼之是否當成仁、能成仁，且在實現仁，乃不同之問題。彼未嘗以必有自覺爲成仁、實現仁之條件。彼之入于不自覺之存在狀態以成仁，則仁之理，不特爲其自覺之存在狀態所實現，亦且爲其繼起之不自覺之存在狀態所實現。則彼求入于不自覺之存在狀態時，一方固自覺此仁之理而爲有自覺之存在，一方亦自覺此仁之理之實現時，與自覺狀態是否仍存在無關。吾人如識此仁之理之實現時，與其自覺狀態是否尙存在無關，亦爲仁者之自覺中的啓示，則吾人不得說仁之理，惟存于其個人自覺之中。蓋其自覺，即啓示此仁之理之超自覺的意義故。此中似有一矛盾。然是一必須同時兼肯定之矛盾。惟同時兼肯定之，謂自覺此理，即自覺此理之超自覺意義，乃能去此矛盾。故吾人若承認仁之理呈現于仁者之自覺，即須承認仁之理有超主觀自覺之意義，不能謂上節之先驗推論，唯依于仁者之自覺，而謂其無超仁者主觀自覺之意義也。

復次，吾人深觀仁者之自覺，復可見仁者之實現仁，必忘其自覺之重要性，而以其出于自覺求仁，所爲之仁之事之價值，並不高于不自覺的實現仁之理之事之價值。蓋仁者之感仁之理當實現，而實現此仁也，其目的全在爲仁之事，以成就其他之存在。彼惟感物有未成就，乃曰：吾當有仁之事、仁之行爲，以成就之，而自謂：吾之仁之行爲，固是直接實現我自覺之當仁之理，然吾之行爲之目的與意義，則直接在物之成就。故吾之爲有仁之行爲時，復可自覺此行爲，爲一達到其成物之目的之一事。此事乃以目的未達而存在，如此目的已達，則此事可不存在。故在仁者之心中，唯物之成爲重要者，而其個人之行事之有不有，亦爲不重要者。唯其愈能感其個人之行事之有不有之不重要，乃益見其人之仁。故在仁者之心中，如得見他人之能代爲其成物之事，或得見其所欲成就之物之能自成，亦覺其無異于其自爲此仁之事，而彼之仁心未嘗不滿足，仁之理仍爲實現于彼之人格者。仁人之爲仁之事之所以無盡，唯以物之當成者無盡。然仁人之爲無盡之仁之事之目的，卽在達于無物不成，而無仁之事可爲。然此無仁之事可爲，正其仁之理完全實現。夫然，故萬物若皆能自然成就，如仁者之所望所欲，則仁者雖自始無仁之事可爲，而但觀物之自然變化而成就，如其所望所欲，彼之仁心亦無不滿足，彼仍覺仁之理之實現于其人格。吾人試思此時仁者既未爲仁之事，其所自覺之仁之理，既未由其行爲以實現之，彼何以亦覺此理之實現？便知此中預設一對我之有意的自覺的遵此當然之理而發生行爲之所成就者，與由自然而成就者之平等觀。此乃由于我之依仁理而有仁心，只是以成物爲目的，乃于物之自然成就上，卽覺此理之實現、此心之滿足。然後對我之本有意之自覺所爲仁之事，可與自然成就者，作平等觀，覺其可相代替。然此代替之所以可能，卽顯示：在仁人之心爲求實現仁之理時，是否有其個人之本有意自覺所爲之仁之事，乃非重要者。同時又見仁之理，在仁人之心中，唯所以顯爲仁之事，而仁之事在仁人之心中，唯是一去成物之事。仁之理之作用，唯是使此成物之事，成爲可能。此視仁之理之作用，唯是使其成物之事成可能，即意涵：在仁者之心，此理之被自覺一面，非此理之必須有之屬性，而此理之使成物之事可能，乃此理之必須有之屬性。同時意涵：凡眞能使成物之事成可能者，即可謂具此理，而此理之是否被自覺，非此理呈現之必須條件，唯其能成物，乃此理之必須條件。夫然，故人能自覺此理而實現之，固爲能具此現者；而不能自覺此理之其他萬物，亦未必不能具此理而實現之者矣。

吾人之討論，乃首由一切存在之物之表現之生之事，與仁者所表現之成物之生之事之相同，以說一切存在之可有仁，而本道德理性作先驗推論，以建立萬物之當有仁而能仁。再論仁之理之超自覺的意義，仁者之唯以成物爲心，仁之理唯是使物成之理，以明不能自覺之萬物，未必不能實現仁。由此三途會合，即可以證仁之理，當即一切生之事所根據之生之理。蓋循仁者之唯以成物爲心，其去使物成，即其仁理之實現處，則見仁者之事，除成物以外無事。而成物即生物，故仁者之事，除生物之事外無事。故仁之理之呈現于仁者也，唯是滿腔生意，一片生幾。此生意、生幾之所表現者，即一去生物之理；而仁之理，即此去生物之理；舍此生物之理外，無仁之理；舍此去生物之意外，無仁之意。故仁者之表現于外者，是實有此生之事、成之事，而其具于內者，亦唯是此去生之意、去生之理。其去生之理，卽謂當有此生之事，去生之意卽去有此生之事；而生之事，所實現者此生理，所完成者此生意。生意周流而不息，生物之事亦不窮。唯有諸內者乃形諸外，其有諸內者，是「去形諸外」，故此實形諸外者，便唯是有諸內者之完成而不可分。夫然，故仁者有仁之心，卽有仁之事，仁之事唯是生之事，仁之心亦唯是生之心，仁之理唯是生之理。不可說仁者外有生之事，而內無生之理。于其他存在，吾旣先驗地推斷其能實現仁，當有仁之理。而彼又顯有生之事。今如彼之顯有生之事，亦必據一具于內之生之理，則其生之事，卽不能不說爲此生之理之表現，亦卽其仁之理之表現。仁之理、生之理之必求表現，旣可由對仁之理、生之理之反省，而知其必然；則吾人之問題，唯在問吾人所明見之萬物之生之事，是否必根據于一內在之生之理，一如吾人之爲生物之事時，必先有去生物之理之具于吾人內部者然？此則須尙待討論者。

## 七　論一切存在之物之生之事，必根據一形上的生之理

吾以上旣明仁之理，卽吾人之「成就其他存在」之「生之事」之「生之理」，又謂一存在之能自覺與否，與其是否具此生之理或仁之理無關，則吾今討論其他存在之物是否具此理，將不問其是否自覺之，而唯問其是否眞可說具有此理，且具有之于氣之先，而爲其生之事或其變化，而能成就其他存在之物之事之根據？吾以下將謂吾人眞欲說明存在之物之生之事之所以可能，或一存在之物所以能變

化，以成就其他存在之物之所以可能，必須肯定一存在之物具有一眞實之此理，于其變化之氣之先，以爲其能成就他存在之物之根據。至于此理在最後意義上，是否亦屬于一本心、天心等，則此問題，今文所不討論。

緣吾人之所以不易承認物有先于氣而眞實之生之理者，其極大之阻礙，爲吾人易以生之理，爲由吾人觀察萬物之生之相，而視之爲理者。常人恆謂事物先于其所抽出之相而眞實，故由相直接撰成之理，亦被視爲後于事物與事物之氣而眞實，而不能謂其形而上的先于事物、先于氣而眞實。然朱子所謂生之理，非生之相。生之相惟是生之事之物外表之共相，乃無實作用者。而朱子之生之理，乃生之事物之所以生之內在根據，而爲有實作用者。生之相無實作用，唯自生之事物中抽出，邏輯的先于生之事物，而非形上學的先于事物之眞實而眞實者，因而在形上學上，此生之相，亦可後于生之事物之眞實而眞實，而不能形而上的先于氣者。然朱子所謂生之理，非由生之相直接撰成。生之相之後于事物而眞實，不足證生之理之後于萬物而眞實。故此難不成立。而問題之關鍵，遂在是否可說一有眞實作用之形而上的生之理，爲生之事物所以生之內在根據，如仁之理之爲吾人之仁之事之內在根據然，以同爲先于氣而眞實之理？對此問題，常人恆以爲一生之事物，可由其他事物之作用影響而說明，故一物之生之事之根據，可求之于此物以外之他物，而不必另求之于形而上的先于氣之一生之理。或則以爲一物之一所以生他物之根據，可由此物之潛在的可能或種子等說明，亦不必求之于形而上的先于氣之生之理。故吾人之問題卽爲：形上眞實之生之理之肯定，是否爲不必須？物生之事是否可由其他事物之影響作用，或潛在的可能之類，加以說明？吾之論點，將集中于論後二種說明之不可能，以明形上眞實之生之理之肯定爲必須。吾之所以說物之生之事不可由其他事物之影響作用說明者，以凡此類說明，皆假定其所欲說明，而同于無所說。因如一物之生之根據，但在他物之影響作用，則他物必先變化，而生發出一種作用影響。此他物之變化生發，又根于其他物之變化生發，則此追溯成無窮之後退，而吾人思想之所停之處之物之變化生發，仍不得其解。復次，吾人經驗中，唯見一物之生之事，繼他物之生之事而起，然此不足證明此物之生之事，卽根據他物之生之事爲理由。因此物之生之事，與他物之生之事，明爲不同時之二事。吾人思惟之亦明見有不同之性質，而對之可有不同之概念，在彼物之生之事之性質中，無此物之生之事之性質。則由彼物之生之事之概念，以推論出此物之生之事之概念，在思惟中爲不可能。然吾人于一事物之由未生而生，必要求一根據，因其原是未生，卽現實世界中原無此事物，其由無而有，不能不有一根據，然後方可說明其由無而有故。

人于此或謂一事物之潛在的可能，爲一切新生之事物繼起之眞正根據與眞正理由。然此說唯是對一繼起之事物之如何如何，指出一根據與理由，而仍非對于繼起之事物所以生之本身，指出理由與根據。卽唯是爲一切繼起事物之生之特殊性，指出理由與根據；而非對一切繼起事物之「生」，指出理由與根據。此說不能說明何以潛在者之不永只爲潛在，可能者之何以不永只爲可能，而由潛在的可能轉爲現實；則何以有此去轉爲現實、或去生之事，仍不可解。此具特殊性之潛在的可能，唯是去生之事中之氣之所實現。然此氣唯在有此去生之事時乃有，在未有此去生之事前，無此氣。由無此氣到有此氣本身，仍須有一理由與根據。若無其理由與根據，何以不長無此氣，而必有此氣？其先之物事之氣，非新生之氣之理由，以先有之氣非繼起之氣故。先有之氣，存在于一時，新生之氣，存在另一時。先有之氣只是先有之氣，新生之氣非先有之氣，則新生之氣之理由與根據，不在先有之氣中。新生之氣之理由與根據，不在先有之氣，故吾人必須承認一超乎先有之氣之形上的生之理，以爲新生之氣所以生之根據。此超乎先有之氣之生之理，卽使先有之氣消逝，而新生之氣之繼起，成可能者。吾人不得謂此理非眞實。因如無此理，則新生之氣不得生。氣眞實則所根據者亦必眞實。不眞實者，不能爲眞實者之根據故。

## 八　論一切存在之物之理，皆根據生之理而名理

吾人上文旣已明生之理之眞實，則今當進論一切物之理，皆根據于生之理之眞實，而有眞實之意義。此所謂一切存在之物之理，本當概括通常所謂物之存在之理、及仁之理以外之人物之當然之理。然我前已說仁之理卽一切當然之理所根據之理，故以下唯說通常所謂物之存在之理。緣吾之上文已別「生之理」于「說明物之特殊性之特殊之理」，物有特殊性，此自當有其理。如潛在可能之狀態、形

式、共相，皆可用以說明物之特殊性，卽皆物之特殊之理。此吾人所不否認，以萬物現見各不相同故。此亦朱子之所許。故朱子謂桌子有桌子之理、階磚有階磚之理。吾人如只承認物有共同之生之理，固可說明萬物之所以生，然不足以說明萬物之各生其所生。吾人旣在萬物共同之理內，承認各別之特殊之理，則此各特殊之理，各自其爲理處而觀，與此共同之理平等平等。此生之理雖爲普遍之理，然在其爲理之意義上，同于其他特殊之理之爲理，則獨謂此理爲形上之眞實，便失其所據。故吾人必須進一層論一切物之理，均通過此生之理而有眞實性，以論肯定一切理之眞實，皆必在物之生之理中肯定。而此生之理卽爲一切理之中心之理。一切理皆通過此中心以爲理，卽皆存在于中心之理中。由此而吾人將可言一切理之表現于存在物，唯是此生之理表現于存在之不同方式，然後可說理一分殊，說統體一太極，一物一太極。

吾之所以說一切理必通過此生之理，一切物之理之肯定必在此生之理中肯定者，以一切物之特殊之理，若離此生之理則不能被實現。一切特殊之理之實現，皆氣實現之。然氣之去實現，必根據此生之理。唯此生之理，乃氣之去實現任何理之根據。唯此生之理，能爲新生之氣之所依，而爲氣之存在而眞實之根據。一切特殊之理，如不被氣實現，則不得爲眞實。吾不能謂其雖未實現而可實現，故有眞實之意義，更不能謂其雖不實而眞。蓋如只是可實現，卽有眞實之意義。則其眞實之意義純由其可實現之性而取得。然特殊之理旣爲特殊者，則對一類之物之氣，爲可被實現者，對另一類物之氣言，爲可不被實現者，如自其可實現，而言有其眞實性，則亦可自其可不實現，而謂其無眞實性。吾人亦不能謂其可實現之性，可不與物之氣相對而立名，遂言卽無物之氣能實現之，彼仍有可實現之性。因所謂無物之氣能實現之，只能謂爲某一類物之氣，不能實現之。而不能謂爲任何物之氣，皆不能實現之。唯其雖爲此類物之氣所不能實現，而可爲另一類物之氣所可能實現，然後謂其可實現。故所謂可實現，必涵有能實現之物之氣。因所謂可實現，卽可爲氣所實現之義。如任何物之氣，皆不能實現之，則可實現，爲無意義。對一特殊之理所加之可實現之謂辭，乃一綜合上之謂辭。故惟有物之氣能實現之，乃謂可實現。非將一特殊之理，如其所如而觀之，卽可分析出可實現之謂辭。故謂特殊之理，可無任何氣以實現之，而仍具可實現性，乃自相矛盾者。然若吾人承認理之可實現性，惟對一能實現之之物之氣，而有意義，則理對一物之氣爲可實現者，並不排斥其對另一物，爲可不實現者，而凡可實現者，皆爲可不實現者。夫然，故一特殊之理之有眞實之意義，如唯由其可實現而得肯定，則由其可不實現之意義，亦可謂其無眞實之意義，而歸于上之所論。

復次，吾人亦不能離一特殊之理可實現，亦可不實現之意義，但如其所如而觀之，見彼之是其自身，而謂之爲眞。因如此之眞，唯是邏輯上之自語重複之眞，而非形上學之眞。唯是「一概念是一概念」之眞，而不足證此理之眞有，爲形上學之眞有。吾人亦不能惟就吾人能思及之，卽謂其爲眞有，因如徒就吾人之能思及之，卽謂其爲眞有，則謂其眞有；乃謂其有于我之思。如其有乃爲有于我之思，則我不思之，彼卽非有。復次，吾人亦不能就一思及之對象本身，而謂之爲眞有。因如只爲一對象卽是眞有，則無所謂幻妄之對象。眞對幻而有意義，有眞象則必有幻象。如謂幻象如其所如而觀，則無所謂幻，則須知任何對象，但如其所如而觀之，則心中但有此象、但見此象，而不見其眞。若謂于一象如其所如而觀之，卽可見彼之是其自身，此是爲眞是，則重將彼概念化，而落入邏輯上之眞，非形上學之眞，而還至前之所論。

由上二者，故吾人若欲肯定特殊之理有眞實性，既不能由其可實現上建立，更不能由其本身建立。唯可由其必能被物之氣所實現上，乃建立。吾謂此樹將開花，如此語而眞，卽謂此樹必開花，此樹之氣必能實現其開花之理；或謂此樹及其所受陽光水分之氣，必能實現此開花之理。我謂此水冷至零度成冰，如此語眞，卽謂水冷至零度必成冰，其氣必能實現成冰之理。故凡謂某一物眞有某特殊之理，或謂有一特殊之理，對此物爲眞，卽爲對此物作一定然命題，而非只作一假然命題。此定然命題之意義，卽謂其必能實現此特殊之理，此特殊之理必可被其實現。然此特殊之理之本身，並不涵必被實現之意義，以其本身，不涵有實現之之氣也。故吾人于此必須肯定一生之理，爲實現之之氣，依之以生，此特殊之理，乃眞成爲必被實現者。若吾人不肯定此生之理，則此物之自轉變其氣以引生新氣不可能，而此特殊之理卽可不被實現。則謂其必能實現此理之定然命題，卽不能作，而吾人亦不能謂其眞有此特殊之理。故吾欲肯定任何物之有特殊之理，均只能通過生之理，而作此肯定。如離此生之理，則吾根本不能作任何特殊之理必被實現之肯定，亦無任何特殊之理可被肯定爲眞實，便只能有科學上之假然命題。吾人之肯定任何特殊之理之眞實，亦唯在知其必可爲依生之理，而爲生之氣所實現，然後得肯定其眞實。一切所謂形而上的潛在可能，而尙未實現爲事物之特殊之理者，吾人若欲肯定其眞實，亦唯可通過一形而上之生之理肯定，以肯定其眞實。否則，吾人之謂其是眞實，即無意義故。夫然，故一切特殊之理，由**潛在可能而實現于物也**，**唯是在形而上之生之理實現過程中實現**；其顯爲存在之理也，唯是在生之理之顯爲存在之理中**顯示**。**由是而一切特殊之理之實現於存在**，皆可謂爲生之理實現于存在，所表現之各種特殊之方式。由是而吾人可將一切特殊之理，隸屬之、內在之，于一生之理，而觀之，而可以了解理一分殊之意義。

然吾人尙須答一疑難，以完成上述之義。卽人可謂吾所謂一切物之理，唯可在生之理之肯定中肯定者，乃限于預測物之未來變化之理。然物卽在現實之狀態中，亦有其性質，**如此桌是黃的、方的**，此黃與方卽桌之所以爲桌子之理。此理爲現實之物之狀態上，所直接顯示之理，而此類理之肯定，似可不在生之理中肯定。又凡物之理均可視之爲性。吾人言物之理，易思之爲必須能實現者。然吾人謂物有某性時，吾人可根本未考慮及其性之將實現，仍可謂其有某性。卽在實際上吾人謂其有某性，彼必能實現某性，然吾謂其有某性時，亦可並不思及其能實現一點，仍可謂其有某性。此卽轉而證吾之肯定物之理，可不思及其能實現，而不須肯定之于生之理之肯定中矣。

對此一疑，吾將答曰：一切物之理、一切物之性之肯定，皆必須包含生之理之肯定。卽物之現實狀態中所抽出之性質，如吾人眞視之爲物之性、物之理，而不徒視爲物之相時，亦必須在生之理中肯定。蓋吾人謂物有某性，雖可不念及其能實現某性，然如彼不能實現此性，則不得說其眞有某性，而謂其有能實現之之性。其實現卽生之事，此性卽爲一生之理，而爲其所以有實現之氣之根據。蓋吾人凡言物有某性，皆謂此性爲物之內部者，非尅就其外表所表現之相，而卽指之爲其性。吾必超越物之相，而對物之本身有所肯定，乃爲物之性之肯定。吾人可視物之相卽出于物之性，物之相卽表現物之性。然此時仍預設性之超于相，而爲在物之內部、屬物之自身者。故吾謂此桌是方黃的，此黃方之相，非卽桌之性。吾謂之爲桌子之性，乃溯此方黃之相所自出，而肯定一表現如此相者，卽名此桌子之方性、黃性。然此黃性、方性，卽是在物之內部，而屬之物自身者。唯性爲屬于物之自身者，故吾必有一根據，而謂其屬于物之自身。吾何以可說某物有某性。吾將言其根據正在其能表現某相。如吾何以可說此桌之性是黃，正由其表現此黃。由是可知性相之互爲根據。而一物如不能表現某相，則我不得說其有某性，而表現之事卽生之事。 又如此桌表現黃相後，卽不復再表現此黃，吾亦不得說其有黃性。吾在此如仍可說其有黃性，必意謂其可再表現此黃。而意謂其可再表現此黃，卽謂其能根據一生之理而表現此黃。夫然，物之理固由物之相，反溯而得知，然物之相與物之性之二概念，截然不同。物之相乃物外表狀態所直接顯示，而此相之肯定，乃或可不在生之理中肯定者。物之性則必須爲具于物之本身內部，且含能表現之意義，而必在生之理中肯定者。物之理卽物之性，故吾人之說某特殊之理具于物之本身內部，且能表現之，卽謂其有表現此特殊之理之理。而此表現此特殊之理之理，卽生之理。如吾人謂桌有方之理，雖可由此方相而知，然吾人眞謂此桌有方之理，則必此桌能繼續表現方。如其不然，則不得再說此桌有方之理。而此能表現之理，卽生之理。此生之理，卽其所以能表現方之理之理。由此而凡謂物有某種某性，皆含有預測未來之意義，皆爲對物之現實狀態，當前直接顯示之相之外，有所肯定。吾人所肯定之物之理、物之性，爲對物之本身之肯定，同時卽爲超于物之現實狀態、當前直接顯示之相之超越的肯定。謂其有某特殊之性、某特殊之理，皆是超越的有、形上的有。此形上的有，卽根據于生之理之爲形上的有而有；亦根于生之理之爲形上的眞實，而後實現此特殊之理之氣，乃依之以生；而此特殊之理乃得顯于氣，以成形以內之有、現實之有。由是而一切物之理物之性，惟根據于生之理之肯定，乃得肯定之說，遂得確立。而一切物之特殊之理，卽以此生之理爲中心，而依于此中心而名理，而可謂存于此中心之理。一切物之特殊之理之各種表現，皆此中心之理之表現之不同方式。而朱子所謂理一分殊，一物一太極，統體一太極義，亦可得其解矣。

## 九　論無不仁、不生之理，並總結本文大旨

吾人今再回顧吾人論證仁之理，卽存在之理之過程，首在由仁之事與萬物之事之相同，以證萬物

之可有仁之理。次則本仁者之道德意識作一先驗推論，以肯定萬物必有仁之理。再次，則由仁之理卽去成物之理，卽表現生之事之生之理，而謂仁之理卽生之理；仁之理之爲理，與其是否被自覺無關。再次則言生之事必根據之一生之理。最後則明一切特殊之理皆本于一生之理。事爲外，而理爲內。故吾人之論萬物與我皆有此仁之理、生之理也，乃先由外者之同，以測其內者之可同。次由我之有諸內者，以推證其亦有于萬物之內。再本于我有諸內者之必形諸外者，同于物之形諸外者，而謂仁之理，可卽萬物生之事之生之理。再由萬物之有形諸外之生之事，以推證其必有生之理。合此「內必形諸外」，與「外必根諸內」二者；而本于道德意識之先驗推論之所建立，與爲說明經驗事實、說明生之事之純粹理性之所要求，兩相契合。卽初只由我與物之外表之事之相同，以測其內在之理之可同者，得其證實。由是而我匪特應于凡仁之理、生之理呈現于我心之處，知卽其意在有生之事，而必表現于生之事；且當于凡有生之事之表現處，卽知其有與我所直接體驗者同一之仁之理、生之理。而我卽應本于我對仁之理、生之理之直接體驗，以體驗萬物生之事。而由一切物特殊之理，皆依于一生之理，一切物之特殊之理之表現，皆生之理之表現；則吾人可唯見一生之理，而不見特殊之理。而吾之體驗萬物之生之事，可唯是體驗此生之理。由吾人之本于吾之仁之理、生之理之直接體驗，以體驗其直接呈現于吾之生之事，而唯見一生之理、仁之理；則生之事之生之理，匪特爲超越生之事之外表之相，而存于其內部者，亦且爲內在于生之事之外表之相中，而表現于其外部者。而其所表現于外部等，又內在于我之體驗，而為我生之理、仁之理之直接表現者。由此而當前之宇宙之一切生之事，卽皆此「通物我之仁之理、生之理」之直接表現，而皆可于其中見我之仁矣。

吾人誠能識得此仁之理卽生之理，而于一切生之事之體驗中，見此生之理、仁之理無不在，則一切生之事，皆是此理之表現；亦無此理以外之理，無不生之理，亦無無生之理之物。夫然，濂溪窗前之草、程子座上之魚、鳥啼花笑、山峙川流、江南草長、塞北梅開，以及人之饑餐渴飲、夏葛多裘，天之日月相推、寒來暑往，凡有變化之處，卽有生之事處；凡有生之事處，卽有此生之理、仁之理之呈現。凡存在之物，林無靜樹，川無停流，皆有此生之理、仁之理，以各變化其所變化，各生其所生，各仁其所仁。自其生而觀，則無不生，自其仁而觀，則無不仁。宇宙唯是一生之理、仁之理之充塞瀰漫處。萬物之生，誠有所不生，仁有所未仁，而或害其生以賊其仁。然不有所生于此，必有所生于彼，不仁于此，必仁于彼。不仁于物者，仁于人；不仁于人，仁其家；不仁其家，仁其身。獸殘而不傷其子，落葉以養其根。風雲變化，花草精神，皆將有所成、有所生。其有所不仁也，而非無所仁也。唯有其所仁，而不能充其仁，乃害他生以賊他生之仁，則舍其所仁，亦無以害他生賊他生之仁；離仁，而不仁亦不可能。則世間焉有眞不仁之存在哉。若乎萬物：有所不仁，而害他生以賊其仁，則宇宙固顯有不仁之事矣。在人則愚癡傲慢，橫起貪嗔；骨肉相殘，利奪權爭；年年戰伐，大地血腥。在物則弱肉強食，相逐相吞；饑膺厲吻，禽鳥悲鳴；迅雷風烈，禾黍飄零。斯固可使仁人惻然生悲，黯然傷神，而疑天地之無情。然反求其所以有此不仁，皆由人物之不能如仁者之贊天地化育以爲心，擴充其仁，盡實現此仁之理。若人物皆如仁人之以贊天地化育爲心，則萬物亦將但有相成，而無相毀，其相毀以相成，亦將如仁人之自損其已而利他人，成物而已亦成。此所謂人物之不能盡實現此仁之理，其咎不在其不具此仁之理而有不仁之理，而咎在其所以實現仁之理之氣。理必求普遍實現而無限。氣有所實現，而實現者，皆一特殊而有限。氣有限，而其仁也有所未仁。未仁非無仁。故氣有限而將不限其所限，而循理以破其限，以從仁，則氣亦無咎。此卽于人之不安于不仁，而得其實，亦可于萬物之愈高等者；而其變化發育之仁愈顯，以得其徵。而仁人之所以欲贊天地之化育，化人類衆生之相殘爲相親者，亦正以人類萬物皆有此當仁之理，而萬物之氣未能實現之，故求有以助其實現之。不可由萬物之有不仁，卽證萬物所以生之理，有不仁之理，或仁之理中有不仁之理。不仁之理卽不生之理，亦非仁之理。謂萬物所以生之理中，有不生之理；仁之理中，有不仁之理，明爲矛盾之言。萬物之有所不仁，其根據唯在其氣之未全實現仁之理。氣之未全實現仁之理，卽有不仁。全實現此仁之理而無不仁。則不仁唯可在氣上說。而其在氣上說者，亦反照于氣之仁之理而說也。

至于人若問氣之何以不能盡量實現理，氣既能依理生，何不將實現理之氣，一齊生了，則無理可說。蓋凡有理，皆在生之理中肯定，亦當在仁之理中肯定。氣未盡量實現之理，卽此氣對此理而言，有所未實現，而此氣于此理之意義，有所無。其無此理之意義處，卽理未實現處。其所以有無理之意義，卽無理可說處。無理可說處，亦卽以無理說之。無理，卽無理之理也。以無理說不仁可。如以無明之貪嗔，說殺害業是也。謂有不仁之理不可，無明本身實無理可說也。故無明所以爲無明，則惟以未明此理、未顯此理；以于理尚有所無，故曰無明。則無明卽無理可說，別無一無明之理也。無理卽無明之理，不可別求。氣之不能盡量實現仁之理、生之理，卽不仁不生之事，所以有之理，而另無一不仁不生之理也。如氣而有此不仁之理、不生之理，則氣不實現仁之理、生之理，乃所以實現此不仁不生之理。氣之有此理，唯可以「不實現仁之理、生之理」實現之。若氣而果有此理，則氣永不能實現仁之理、生之理，而氣成不生之氣。不生之氣，無所表現，因表現卽生。無所表現，則于此氣如何可說之其有？如有，將何由知之？此中矛盾無窮，不必細說。至于氣既能依理生，何以不將實現理之氣，一齊生了，亦無理可說。因氣之依理生，正以氣不盡實現理，故須依理生。如一切實現理之氣，一齊生了，則亦無生，更何得言氣依理生。唯不能將氣一齊生了，氣之依此理而生者乃不窮，而理爲生理也。

故于氣之有限制，不能盡實現此理處，依上說，實不能有追問。如問之，則反其所以問，卽證其不能再問。故于此問，大智在所不慮，而惟觀物之所已實現、當實現，而知此理之不離氣；觀氣之自破其限，而知氣能循理以生生不窮；更不疑此理之純一無不仁，謂另有不仁之理；而將唯以未仁說不仁。若夫仁者，則將于此人物之氣之尙有限制而未仁處，悲其未能實現其當實現之理，而益見此理之當實現，求所以實現之之道，使人物之耳目聰明、血氣和平、移風易俗、天下皆寧，人人有士君之行，萬物並育，無不遂其生暢其仁，莊嚴世界，普渡有情。卽本此理之普遍與永恆，顯爲悠久無疆之事業。彼之自實現其仁，卽實現萬物之仁，成己卽成物，必成物而已乃成。則其于宇宙之不仁之事，烏能不悲之。然悲之之心，出于此仁之理，益悲之而仁之理益見。悲其不仁，正所以顯其仁之理。則宇宙之所以有此可悲之不仁與仁人之悲，正所以顯此仁。而仁人由悲以顯此理，此理顯，而知此理之遍于萬物，則爲德不孤，友信羣倫。此仁者之所以悲而不失其樂。悲樂相生，如環無端。悲而樂，則無絕望之情；樂而悲，則無怠肆之意。其悲之也，以理先而氣有所未從也。其樂之也，理先而氣未嘗不從也。理先，乃見理爲當然之理；氣必後，乃證理爲存在之理。由此理之爲當然之理，見此理之尊嚴；由此理之爲存在之理，見此理之廣大。仁人觀此理于其爲當然之理而踐之，則其事業乃先天而天弗違之事業；由仁人之觀存在萬物，無不表現此理，而體愛之也，則其事業爲後天而奉天時之事業。先天故盡其在我，邵堯夫所謂「宇宙在乎手，萬化在乎心」；後天則樂取諸人，游心萬物，明道所謂「觀雞雛可以觀仁」，而堯夫所謂「月到天心處，風來水上時」，皆可見此生生不息之理也。先天之事業，「振衣千仞崗」之事業；後天之事業「濯足萬里流」之事業。凡此乃仁人所以宅心，更烏能容宇宙間有一不仁之理之念哉。

唯世之論者，或以相爲理，謂有不仁之事，卽有形上之不仁之理。善有善理，惡有惡理，謂有此相，卽有此概念，卽有此理。或又謂生唯是流轉，善念相續生，惡念亦相續生，由此而善惡二元之說立。或者謂善之理並不善，惡之理並不惡，先有生而後有善惡，生本身亦無所謂善惡，而無善無惡之說生。凡此諸說，或混邏輯之分析之理，于形上之理；或混心理學之說明中之理，于形上之理。不知「相」與「概念」之本非物之理，而惡念之生皆由有所不仁、有所不生。依其有所不生，而爲惡，非依其生而爲惡。又或者以生爲生物學上之生，而生之理，唯所以指自然生命之進化。不知先儒說生，皆爲形上之意義。而生之理之實義，是仁之理，而當由此仁之理說之。當以說人者說物，不可以說物者說人。以說物者說人，則齊人于物；以說人者說物，乃升物于人。齊人于物，則人之異于物者，不可得見。升物于人，則人未嘗不知物之所不足也。吾人雖可謂物亦有生之理、仁之理，然彼之生至小，仁至微。而人之生、人之仁，則擴大之而可無極。而有覺無覺之別，雖非具此理與不具此理之別，而關係至大。由覺之義，乃可見萬理之統于一心。不覺則行不著、習不察，安于所限而不能充之。覺之則充之，而不能自已。此中深義尚多，固非今之所及。然要在先識以物之生說人之仁之理之不可，以仁之理說物之生乃可。或者又謂在當然之理上可說善，而此理不存在，存在之理則無所謂善惡，存在者可合于當然之善，亦可不合；當然之理惟由內心之體驗得，存在之理，惟賴經驗之觀察，或純粹理性之推論得；于是裂人道天道，當然自然而二之。人道無根于天道，天道無繼于人道。凡此等鹵莽滅裂之論，皆悖于道，而足以亂朱子仁之理卽生之理，而理先氣後、理無不善之形上學也。

吾之此文，首則辨邏輯先後等非形上先後。次由當然之理之直接體驗，以明其超主觀之意義，而顯其爲形上的先于氣之意義。再則由當然之理之超主觀的意義，以明其爲存在者所以存在之理，一切存在之特殊之理所根據之理。吾之論此理之爲存在之理也，乃由外表之類比，以知其可有；本道德理性爲先驗之推論，以建立其必有；以仁者唯以成物爲事，明仁之理即生之理；以純粹理性之推論，明一切生之事皆根于生之理，一切特殊之理，皆根于一生之理。四途會合，內外乎應、而後歸于即萬物之生生，以體驗仁之理即存在之理。由是而仁之理即爲當然之理，亦爲存在者所以存在之理乃明。其間設疑作答，或視爲過多，或容有未盡。然古人往矣，墜緒茫茫。欲探朱子之微旨，兼袪當今之惑亂，又烏能不順理路之所之，破疑障，而覩重光耶。辭雖繳繞，苦心則寄，而以爲過多者未必過多矣。至其所未及，亦可引申以通之。則匪特可將朱子全部思想，加以說明，象山、陽明之進于朱子者何在，更可加以指出，則必更能見得一具更高勝義之道德的形上學、形上的道德學，所必由之路。後之來者，其將有意于斯。三十五年暑于重慶化龍橋。

# 索引

索引說明：

一　索引區分爲二部分：㈠人名索引，㈡內容索引。

二　內容索引以名詞概念爲單位，同一名詞之下無特別說明者，僅標明其頁數；有特別說明者，該名詞概念以符號～代表之。

三　索引以筆劃多少爲序。

四　索引中所標示的頁數，卽本書每頁兩旁的頁數。

五　本索引編製人伍至學。

# (一) 人名索引

## 四　劃

## 五　劃



## 六　劃

## 七　劃



## 八　劃

## 九劃



## 十劃



## 十一劃

## 十二劃

## 十三劃

## 十四劃



## 十五劃

## 十六劃



## 十七劃



## 十八劃



## 十九劃

## 二十劃

# (二) 內容索引

## 一 劃



## 二 劃

## 三　劃

## 四劃

## 五　劃



## 六　劃

## 七劃

## 八　劃

## 九劃



## 十劃

## 十一劃

## 十二劃

# 十三劃

## 十四劃

## 十五劃



## 十六劃

## 十七劃



## 十八劃



## 十九劃

## 二十劃



## 二十一劃



## 二十三劃

## 二十五劃

國家圖書館出版品預行編目資料

中國哲學原論 原道篇・卷三
中國哲學中之「道」之建立及其發展
唐君毅著. – 校訂版. – 臺北市：臺灣學生，民 75
面；公分 –(唐君毅全集；卷 16)

ISBN 978-957-15-0518-3 (平裝)

1. 哲學 – 中國

120　　82003069

唐君毅全集 卷十六
中國哲學原論 原道篇・卷三

著作者：唐君毅
出版者：臺灣學生書局有限公司
發行人：楊雲龍
發行所：臺灣學生書局有限公司
臺北市和平東路一段七五巷一一號
郵政劃撥戶：〇〇〇二四六六八號
電話：（〇二）二三九二八一八五
傳真：（〇二）二三九二八一〇五
E-mail : student.book@msa.hinet.net
http : //www.studentbook.com.tw

本書局登記證字號：行政院新聞局局版北市業字第玖捌壹號

定價：新臺幣五〇〇元

一九八六年十月全集校訂版
二〇一八年五月全集校訂版四刷

12003-3

ISBN 978-957-15-0518-3 (平裝)